Aufbruch in die Utopie //
Utopia

Aufbruch in die Utopie -
Auf den Spuren einer deutschen Republik in den USA

//

Utopia -
Revisiting a German State in America

Herausgegeben von Reisende Sommer-Republik
und Stadtarchiv Gießen //
Edited by Traveling Summer Republic and City Archives of Giessen

Edition Falkenberg

Diese Publikation wurde gefördert von //
This publication has been funded by
Transatlantik-Programm der Bundesrepublik Deutschland aus Mitteln des European Recovery Program (ERP) des Bundesministeriums für Wirtschaft und Technologie (BMWi)
Magistrat der Universitätsstadt Gießen
Der Ministerpräsident des Landes Hessen
Gießener Kulturstiftung

Inhaltsverzeichnis //
Table of Contents

"History is not the past.
History is the story of the past."

Ralph Gregory in einem Videointerview //
in a video interview, 2011

Wir widmen dieses Buch Ralph Gregory in
Marthasville, Missouri.
//
We dedicate this book to Ralph Gregory, in Marthasville,
Missouri.

Segelschiff „Olbers", auf dem die erste Abteilung der Gießener Auswanderergesellschaft
von Bremerhaven nach New Orleans segelte
//
Sailing ship "Olbers", upon which the first division of the Giessen Emigration Society
sailed from Bremerhaven to New Orleans

Foreword // Vorwort

Peter Roloff

Im Frühjahr des Jahres 1834 besteigen in Bremen rund fünf–hundert Deutsche zwei Schiffe in Richtung Amerika. Sie haben die Hoffnung, in den USA einen eigenen deutschen Staat zu gründen. Sie wollen ein besseres, ein vorbildliches Deutschland schaffen – mit demokratischen Regeln, freier Meinungsäußerung, staatlicher Einheit.

„Vaterland, daß mich geboren,
Lebe wohl, ich scheide nun.
Glück und Freue war verloren, –
Thyrannei, du seist verschworen!
Will in freiem Lande ruhn."

In spring of 1834, around five hundred Germans board two ships headed for America. They have the hope of founding their own German state in the USA. They want to create a better, an exemplary Germany – with democratic law, freedom of expression, state unity.

> "Fatherland that bore me,
> Farewell, I must now leave
> Happiness and Joy had left thee
> You had conspired, O Tyranny!
> Want to rest amongst the free."

Friedrich Muench wrote this for the departure. The Hessian pastor, together with Paul Follenius, a lawyer from Giessen, formed the organizational head of the "Giessen Emigration Society". Their members came from many German states, from around present-day Hesse, Thuringia, and Bavaria.

The Giessen Emigration Society is an early and unique contribution to the history of German democracy – and almost forgotten. This book tells all about how this daring project of state foundation came to be and what resulted from it. This much can be said: the founding of a state remained a utopia, but the members of the Society integrated themselves into the American society and left their tracks behind.

Originally we had the idea for the book "Utopia" from which came the traveling exhibition of the same name, migrating from Giessen to the USA. The whole project is implemented by the Traveling Summer Republic, a free collective of artists and scholars who research the Giessen Emigration Society and its inspiration for the present, bringing this into the public sphere. This book, designed by Ulla Schmidt, offers both an artistic interpretation by photographer Folker

Dies schrieb Friedrich Münch zur Abreise. Zusammen mit dem Gießener Rechtsanwalt Paul Follenius bildete der hessische Pfarrer den intellektuellen und organisatorischen Kopf der „Gießener Auswanderergesellschaft". Ihre Mitglieder kamen aus vielen deutschen Staaten, etwa aus dem heutigen Hessen, Thüringen und Bayern.

Die Gießener Auswanderergesellschaft ist ein früher und einzigartiger Beitrag zur deutschen Demokratiegeschichte – und fast vergessen. Dieses Buch erzählt, wie es zu diesem kühnen Projekt einer Staatsgründung kam und was daraus wurde. Soviel sei hier bereits verraten: Die Staatsgründung blieb Utopie, aber die Mitglieder der Gesellschaft brachten sich vielfältig in die amerikanische Gesellschaft ein und haben ihre Spuren hinterlassen.

Ursprünglich gab es die Idee zu einem Buch „Aufbruch in die Utopie", daraus wurde eine ganze gleichnamige Ausstellungsreise, die von Gießen bis in die USA wandert. Umgesetzt wird das Gesamtvorhaben von der Reisenden Sommer-Republik, einem freien Zusammenschluss von Künstlern und Wissenschaftlern, die über die Gießener Auswanderergesellschaft und ihre Inspirationen für die Gegenwart forscht und dies vielfältig in die Öffentlichkeit trägt. So bietet etwa dieses von Ulla Schmidt gestaltete Buch beides, eine künstlerische Interpretation durch den Fotografen Folker Winkelmann und eine historische Erarbeitung durch die Textautoren. Unser Dank geht dabei an viele Forscher, Nachfahren und Institutionen in Deutschland und den USA. Ohne ihre häufig jahrzehntelange Auseinandersetzung mit diesem Thema und ihre großzügige Unterstützung für unser Projekt hätte dieses Buch niemals entstehen können.

Kilian Spiethoff sucht in seinem Beitrag nach den Vordenkern eines deutschen Bundesstaats in den USA. Rolf Schmidt erzählt von der erfolgreichen Gründung der Gießener Auswanderergesellschaft, von der gefährlichen Reise über den Atlantik und der frühen Ansiedlung in Missouri. Dorris Keeven-Franke beleuchtet die inneren und äußeren Konflikte denen die Einwanderer ausgesetzt waren – etwa die erbitterten religiösen Auseinandersetzungen der Deutschen untereinander und die Fremdenfeindlichkeit der Amerikaner gegen die deutschen Neuankömmlinge – und wie sich unsere Protagonisten kräftig

Winkelmann and an historical development through the texts' authors. Our gratitude goes to the many researchers, descendants, and institutions in Germany and in the USA. This book could only have come into being with their generous support and their often decades-long analysis of this subject.

In his contribution to the book, Kilian Spiethoff searches for the intellectual pioneers who had the idea to establish a German state in the USA. Rolf Schmidt recounts the successful founding of the Giessen Emigration Society, of the dangerous passage across the Atlantic and the early settlement in Missouri. Dorris Keeven-Franke illuminates the internal and external conflicts which the immigrants were subject to – for instance the bitter religious disputes amongst the Germans and the hostility of the Americans towards the newly-arrived Germans – and how our protagonists became heavily involved in American politics. The fight against slavery, sometimes through military action, was given priority.

Contributions from Ludwig Brake, Steffen Wiegmann, and Walter D. Kamphoefner bring depth to the social and political landscape or portray a member of the Giessen Emigration Society. Henry Schneider recalls how he stumbled upon the Giessen Emigration Society in the GDR in the 1970s, became fascinated, and planned to make a movie about it. This movie remained a utopia, but Schneider provided the impetus for the founding of the Traveling Summer Republic. It is the power of an idea which generates the new.

Translated by Andrew Cook

in die amerikanische Politik einmischten. Der Kampf gegen die Sklaverei, auch mit militärischen Mitteln, stand dabei an erster Stelle.

Beiträge von Ludwig Brake, Steffen Wiegmann und Walter D. Kamphoefner vertiefen gesellschaftliche und politische Hintergründe oder portraitieren ein Mitglied der Gießener Auswanderergesellschaft. Henry Schneider berichtet, wie er in der DDR der 1970er Jahre per Zufall auf die Gießener Auswanderergesellschaft stieß, davon fasziniert war und dann darüber einen Film plante. Dieser Film blieb Utopie, aber Schneider gab den Anstoß zur Gründung der Reisenden Sommer-Republik. Es ist die Kraft einer Idee, die neues anstößt.

Friedrich Münch, zusammen mit Paul Follenius, Leiter der Gießener Auswanderergesellschaft, ca. 1859 //
Friedrich Muench, together with Paul Follenius, leader of the Giessen Emigration Society, ca. 1859

Aeckhoff, C.
- Olbers
37,m,farmer

Alsdorf, Frederick
Wilhem
- Medora
33,m,farmer
Rengersdorf

Arens, A.
  Olbers
32,m,farmer

Arens, J.
- Olbers
4,m,none

Arens, M.
- Olbers
35,f,none

Arens, T.
- Olbers
2,m,none

Atorf, J .
- Olbers
25,m,farmer

Baer, Catharina
- Medora
24,f,none
Rohrbach

Baer, Conrad
- Medora
1,6,m,none
Rohrbach

Baer, Conrad
- Medora
16,m,none
Rohrbach

Baer, Frederick
- Medora
23,m,none
Rohrbach

Baer, J.
- Olbers
20,m,farmer

Baer, Johannus
- Medora
58,m,farmer
Rohrbach

Baer, Marie
- Medora
43,f,none
Rohrbach

Bauer, J.W.
- Olbers
32,m,farmer
Altenburg

Becker, Carl
- Medora
7,m,none
Niedergemünden

Becker, Carolina
- Medora
10,f,none
Niedergemünden

Becker, Catharina
- Medora
11,6,f,none
Niedergemünden

Becker, Christina
- Medora
15,f,none
Niedergemünden

Becker, Elizabeth
- Medora
2,f,none
Niedergemünden

Running through this book is a long list containing the names of new arrivals from the ships "Olbers" on June 4 1834 in New Orleans and "Medora" on 24 July 1834 in Baltimore. Listed are — as far as possible — last name, first name, sex, age, profession, place of birth. The passenger list was transcribed, completed, and corrected by Dorris Keeven-Franke, Gerd A. Petermann, Sala Deinema, Ludwig Brake, Rolf Schmidt, Peter Roloff, among others. As far as we are aware, no register of members of the Giessen Emigration Society exists, meaning that not every person on the passenger list was automatically a member of the Society.
//
Die sich über dieses Buch erstreckende Liste beinhaltet die Namen der Ankommenden von den Schiffen „Olbers" am 4. Juni 1834 in New Orleans und „Medora" am 24. Juli 1834 in Baltimore. Aufgeführt sind — soweit angegeben — Nachname, Vorname, Geschlecht, Alter, Beruf, Geburtsort. Die Passagierlisten wurden transkribiert, ergänzt und korrigiert von Dorris Keeven-Franke, Gerd A. Petermann, Sala Deinema, Ludwig Brake, Rolf Schmidt, Peter Roloff u.a. Unseres Wissens existiert keine Mitgliederliste für die Gießener Auswanderergesellschaft, darum muss auch nicht jede Person auf der Liste automatisch ein Gesellschaftsmitglied sein.

"Olbers" Passenger List, 4 June 1834, U.S. National Archives, New Orleans Quarterly Abstracts, Microcopy, Series M272, Roll 1; "Medora" Passenger List, 24 July 1834, U.S. National Archives, Microcopy, Series M255, Roll 1

Becker, Henrich
- Medora
36,m,farmer
Niedergemünden

Becker, Juliana
- Medora
5,f,none
Niedergemünden

Becker, Juliana
- Medora
40,f,none
Niedergemünden

Benner, E.
- Olbers
8,f,none

Benner, J.
- Olbers
43,m,farmer

Benner, M
- Olbers.
18,m,farmer

Gießen um 1853 //
Giessen around 1853

Zuflucht Amerika. Auswanderung, Auswanderungsgesellschaften und die Idee einer deutschen Staatsgründung in der neuen Welt (1816 - 1834) // America, Land of Refuge. Emigration, Emigration Societies, and the Idea to Establish a German State in the New World (1816 - 1834)

Kilian Spiethoff

In the truest sense, the transatlantic vision of the Giessen Emigration Society of 1833 - 18 34 certainly appears "utopian" from our modern vantage point. What fascinating yet absurd thoughts to have at the same time: the founding of a democratic "replacement" Germany as a counterpart to the monarchy-influenced German Confederation in the early 19th century – the building and settling of such a state in the middle of North America – and finally its complete acceptance and integration into the States!

And yet it came from the daring plans first presented to the public 180 years ago by Friedrich Muench and Paul Follenius, which in no way originated simply from the obsessive ideas of two naive intellectuals. This undertaking had its historical roots in a longer tradition of similar projects and conceptions set against a background whose intellectual history can be traced to the time after the Napoleonic wars. The thoughts first arose to guide and coordinate expatriation through society-building under the influence of the broad social emigration movement which was developing in those years. In the light of the domestic political stagnation and suppression of the liberal-democratic mo-

Die transatlantischen Visionen der „Gießener Auswander-ergesellschaft" von 1833/34 muten aus heutiger Sicht im wahrsten Sinne des Wortes „utopisch" an. Was für ein faszinierender und absurder Gedanke zugleich: Die Gründung eines demokratischen „Ersatz"-Deutschlands als Gegenstück zum monarchisch geprägten Deutschen Bund im frühen 19. Jahrhundert – der Aufbau und die Besiedlung eines solchen Staatswesens inmitten von Nordamerika – und schließlich auch noch seine vollberechtigte Eingliederung in den Staats verband der USA!

Und dennoch handelte es sich bei den verwegenen Plänen, die Friedrich Münch und Paul Follenius vor 180 Jahren der Öffentlichkeit präsentierten, keineswegs nur um die fixen Ideen zweier weltfremder Intellektueller. Historisch betrachtet stand das Vorhaben durchaus in einer längeren Tradition vergleichbarer Entwürfe und Konzeptionen, deren geistesgeschichtlicher Hintergrund in der Zeit nach den Napoleonischen Kriegen zu suchen ist. Unter dem Eindruck der breiten sozialen Auswanderungsbewegung aus Deutschland, die sich während dieser Jahre entwickelte, entstand der Gedanke, Migrationsvorgänge durch die Bildung von Gesellschaften zu lenken und zu koordinieren. Später, angesichts der innenpolitischen Stagnation und der Unterdrückung der liberal-demokratischen Bewegung in Deutschland, gewannen diese Projekte auch ein immer größeres Interesse für Angehörige

vement in Germany, these projects later gained more and more interest from members of the oppositional intelligence. Persecuted "demagogues" like Karl and August Follen developed great plans to guide the emigrants to separate areas overseas in order to create a German state as an asylum for persecuted republicans and liberals. Muench and Follenius based their train of thought upon these initial steps; to understand and appreciate the worth and reality of the Giessen Emigration Society we must track their development.

The wave of emigration from southwest Germany in 1816 - 17

Whoever stopped by Mainz, Koblenz, or Cologne in spring of 1817 could have been witness to a shocking spectacle: impoverished emigrants from all over southwest Germany and Switzerland flowing hopelessly into overcrowded boats and barges by the thousands, to labor their way to the Netherlands, to Amsterdam with only the most meager provisions.[1] Very few of them had ever left the narrow horizon of their home. Yet now a remote destination awaited them beyond the Atlantic which they projected all of their wishes and aspirations upon; a hope which they had sacrificed their house, farm, and not uncommonly their last possession for: – America.

der oppositionellen Intelligenz. Verfolgte „Demagogen" wie Karl und August Follen entwickelten groß angelegte Pläne, die Auswanderer in separate Gebiete in Übersee zu leiten, um dort einen deutschen Staat als Asyl für verfolgte Republikaner und Liberale zu schaffen. Auf diesen Vorstufen bauten Münchs und Follenius' Gedankengänge auf; ihre Entwicklung gilt es nachzuvollziehen, um Wert und Realitätsgehalt des Projekts der „Gießener Auswanderergesellschaft" angemessen zu verstehen und zu würdigen.

Die Auswanderungswelle aus Südwestdeutschland 1816/17

Wer sich im Frühjahr 1817 in Mainz, Koblenz oder Köln aufhielt, der konnte Zeuge eines erschütternden Schauspiels werden: Zu Tausenden strömten verarmte Emigranten aus weiten Teilen Südwestdeutschlands und der Schweiz auf hoffnungslos überfüllten Kähnen und Booten den Rhein hinab, um sich, notdürftig ausgerüstet, in die Niederlande, nach Amsterdam durchzuschlagen.[1] Die wenigsten von ihnen hatten jemals zuvor den engeren Horizont ihrer Heimat verlassen. Nun aber erwartete sie jenseits des Atlantiks ein fernes Ziel, auf das sie all ihre Wünsche und Sehnsüchte projizierten; eine Hoffnung, für welche sie Haus, Hof und nicht selten ihren letzten Besitz geopfert hatten: – Amerika.

Die breite Auswanderungswelle aus Südwestdeutschland nach den Napoleonischen Kriegen hat bereits die Zeitgenossen überrascht und sie zur Suche nach Erklärungen veranlasst.[2] Sicherlich: Deutsche Migrationsbewegungen in die nordamerikanischen Kolonien hatte es schon seit über einem Jahrhundert gegeben; von den ersten Siedlern unter dem

Auswanderer auf dem Rhein.
Nach der Natur aufgenommen von H. Leutemann.

Auswanderer auf dem Rhein, um 1840 //
Emigrants on the river Rhine, about 1840

```
Benner, M.
- Olbers
41,f,none

Benner, P.
- Olbers
21,m,farmer

Berchelmann, M. A.
- Olbers
24,f,none

Berg, Gottlieb
- Olbers
39,m,farmer
```

Juristen Franz Anton Pastorius im Jahr 1683 bis zu den religiösen Sektierern aus Württemberg um Johann Georg Rapp, die 1805 in Pennsylvanien die Siedlung Harmony begründeten.[3] Keine der früheren Wanderungen jedoch hatte das alarmierende Ausmaß von derjenigen der Jahre 1816/17 erreicht.[4] Wo lagen die Gründe für jenes vielbesprochene „Auswanderungsfieber"[5], das so schlagartig breite Bevölkerungsschichten erfasste? Es gibt auf diese Frage keine einfache Antwort. Tatsächlich scheint es sich um eine Verschränkung mehrerer unterschiedlicher Faktoren gehandelt zu haben, die sich gegenseitig verstärkten und insgesamt eine Konstellation herbeiführten, welche viele Angehörige des Bauernstandes und der unterbürgerlichen Schichten an ihrer Zukunft in den Ländern des Deutschen Bundes verzweifeln ließ.

Eine entscheidende Rolle in dieser Entwicklung hat sicherlich das demographische Wachstum gespielt: Die Bevölkerungsexplosion des frühen 19. Jahrhunderts kollidierte in verhängnisvoller Weise mit dem Prinzip der Erbteilung und der kleinräumigen landwirtschaftlichen Struktur im deutschen Südwesten, sodass sich die wirtschaftliche Lage des Bauerntums vielerorts drastisch verschlechterte.[6] Hinzu trat nicht erst seit 1815 die Überschuldung vieler deutscher Staaten und Gemeinden im Gefolge der napoleonischen Kriege. Einigen Regierungen blieb schlechthin keine andere Wahl, als die Kosten von Feldzügen, Einquartierungen, Besatzungen und Durchmärschen durch die Erhöhung bestehender Abgaben und die Einführung von Kriegssteuern auf die Bevölkerung abzuwälzen.[7] Wo dann die Situation der „kleinen Leute" überdies durch Korruption und Selbstherrlichkeit lokaler Beamter verschlimmert wurde, konnte die Lage rasch unerträglich erscheinen.[8] Er wisse im Grunde gar nichts weiter zu klagen, erklärte ein württembergischer Auswanderer von 1817 lakonisch auf die Frage nach den Gründen seiner Emigration, als dass sein Vermögen von Jahr zu Jahr abnehme.[9]

Berg, H.
- Olbers
8,m,none

Berg, J.
- Olbers
5,f,none

Berg, M.
- Olbers
2,f,none

Berg, M.
- Olbers
29,f,none

Berg, Marie
- Medora
23,f,servant
Niedergemünden

Bertel
? ? ?
none
Altenburg

Blattmann, X.
- Olbers
28,m,farmer

Bohms, H.
- Olbers
31,m,farmer

Bouch, J.
Olbers
30,m,farmer

Braner, Franz
- Medora
23,m,joiner
Altonburg

Bredschneider, A.
- Olbers
2,m,none

The broad wave of emigration from southwest Germany after the Napoleonic wars surprised the contemporaries and caused them to search for an explanation.[2] To be sure, there had always been German migration movements to the North American colonies, from the first settlers under the jurist Franz Anton Pastorius in 1683 to the religious sectarians from Württemburg with Johann Georg Rapp, who founded the settlement "Harmony" in Pennsylvania in 1805.[3] However none of the earlier emigrations had reached the alarming magnitude of those in the years 1816 – 17.[4] What were the reasons for the widely discussed "Emigration Fever"[5] which suddenly seized broad sections of the population? There is no simple answer to this question. In fact it appears to have arisen from many different factors interlacing and mutually strengthening each other until a whole constellation came about which placed in doubt the future of many farmers and lower class citizens in the German Confederation states.

The demographic growth certainly played a decisive roll in this development. The

In dieser ohnehin schon krisenhaften Situation ereignete sich 1816 zu allem Überfluss auch noch eine folgenschwere klimatische Katastrophe: Der gewaltige Ausbruch des Vulkans Tambora in Indonesien schleuderte ungeheure Aschemengen bis in die Stratosphäre und brachte vielen Regionen der Welt ein „Jahr ohne Sommer".[10] Unwetter, Stürme und niedrige Temperaturen ließen die Ernten verderben; Hungersnöte, Teuerungskrisen und Arbeitslosigkeit waren die weitverbreiteten Folgen.[11] Aus Reutlingen in Württemberg berichtet ein Chronist dieser Zeit, die ärmeren Menschen hätten sich in ihrer Verzweiflung von Schnecken, Pferdefleisch und Brennnesseln ernährt[12]; anderen Gebieten Zentraleuropas, vom Elsass bis nach Bayern, erging es kaum besser.[13] Hilfsmaßnahmen der Regierungen und der wohlhabenden Schichten wie Getreideimporte auf Staatskosten oder die Einrichtung von Vereinen zur Armenspeisung stießen angesichts des verbreiteten Elends meist rasch an ihre Grenzen.[14]

Mit der Hoffnungslosigkeit der Lage stieg in weiten Teilen der Bevölkerung die Bereitschaft, jedes nur denkbare Risiko auf sich zu nehmen, um dem Teufelskreis von Arbeitslosigkeit, Hunger und Armut ein für allemal zu entrinnen. Hierbei kam nun der Faktor zum Tragen, dass nicht wenige deutsche Familien schon seit Jahren sporadische briefliche Kontakte zu emigrierten Angehörigen jenseits des Atlantiks unterhielten.

Diese Vorgänger verschwiegen zwar keineswegs die Strapazen der Reise über den Ozean und die Mühen der ersten Jahre, aber sie erzählten auch von billigem Land und fruchtbaren Böden, von niedrigen Steuern, blühender Wirtschaft und persönlicher Freiheit – kurz: von der Möglichkeit, in den USA ein neues, besseres Leben zu beginnen.[15] Im hungernden Südwestdeutschland begannen sich überschwängliche Berichte aus der neuen Welt wie ein Lauffeuer zu verbreiten; gelegentlich wurden entsprechende Schriftstücke sogar in Wirtshäusern öffentlich herumgezeigt und verlesen.[16] Noch weiter geschürt wurden die Auswanderungshoffnungen schließlich durch umtriebige Agenten von Reedereien und Kaufleuten, sowie durch Rheinschiffer, die öffentlich dafür warben, den Transport von Emigrationswilligen bis an die Nordsee zu übernehmen.[17]

Die Vorstellungen, welche die Emigranten von ihrer zukünftigen Heimat entwickelten, verbanden Mythos und Realität.[19] Auch wenn im Nachhinein manche überzogene Erwartung enttäuscht worden sein dürfte, ist durchaus zu konstatieren, dass die Lebensbedingungen in Nordamerika den Zuzüglern eine Reihe handgreiflicher Vorteile boten. Die gewaltige wirtschaftliche und territoriale Expansion der USA im frühen 19. Jahrhundert setzte (auf Kosten der indianischen Bevölkerung) eine bemerkenswerte gesamtgesellschaftliche Dynamik in Gang. Die ständige Ausdehnung der „frontier" ins Hinterland des Kontinents trug dazu bei, die Bodenpreise im Vergleich zu Europa niedrig zu halten und verschaffte einem beachtlichen Teil der Neuankömmlinge die Möglichkeit, sich binnen einiger Frist durch den Erwerb kleinerer Farmen selbstständige Erwerbsgrundlagen aufzubauen.[20] Schichtenspezifische Abstufungen zwischen den sozialen Gruppen der Gesellschaft waren freilich auch den USA nicht fremd; im Vergleich zu den rigiden Klassenschranken in Deutschland aber weitaus durchlässiger. Überdies vermochten auch deutlich höhere Reallöhne (bei vergleichbaren Preisen der Grundnahrungsmittel), niedrigere Steuern sowie die weitgehende Freiheit vom Kriegsdienst denjenigen Auswanderern, die Nordamerika erst einmal erreicht hatten, durchaus eine spürbare Erhöhung des Lebensstandards zu bieten.[21]

Als eine unerwartet hohe Hürde hingegen stellte sich gerade für die Ärmsten der Armen nicht selten die Finanzierung

Brühl, Fredrick
– Medora
36,m,apothecary
Lich

Brühl, Heinrich
– Medora
3,m,none
Rodheim

Brühl, Wilhelm
– Medora
0,4,m,none
Rodheim

Bunding, Johannes
– Medora
18,m,farmer
Niedergemünden

Bunsen, C.
– Olbers
3,m,none

Bunsen, C.
– Olbers
5,m,none

Bunsen, G.
– Olbers
1,m,none

Bunsen, G.
– Olbers
12,m,none

Bunsen, G.
– Olbers
40,m,farmer

Bunsen, L.
– Olbers
13,f,none

Bunsen, M.
– Olbers
7,m,none

Bunsen, M.
– Olbers
36,f,none

Cire, L.
– Olbers
27,m,farmer

Claris, M.
– Olbers
27,m,farmer

Coerper, C.
– Olbers
25,m,farmer

population explosion in the early 19th century collided disastrously with the precept of the distribution of estates and the small-scale agricultural structure of the German southwest, such that the economic condition of the peasantry in many places drastically worsened.[6] Furthermore, the excessive indebtedness of many German states and municipalities in the wake of the Napoleonic wars had not yet been dealt with. For many governments there was plainly no other option than to foist the costs of campaigns, billeting, occupation, and troop processions onto the population through raising levies and the introduction of a war tax.[7] Moreover, in many places the situation was exacerbated through the corruption and arrogance of local authorities, making life seem insupportable.[8] When asked for the reasons of his emigration, a man from Württemberg succinctly explained in 1817 that he basically didn't know where to turn anymore as his property diminished from year to year.[9]

Adding to this already critical situation, a climactic catastrophe of great magnitude occurred in 1816: the violent eruption of the Tambora Volcano in Indonesia flung enormous amounts of ash into the stratosphere, providing many regions of the world with a "year without summer".[10] Storms, tempests, and low temperatures ruined many harvests; starvation, uncontrollable price increases, and unemployment were the widespread consequences.[11] A chronicler of this time period from Reutlingen in Württemberg reports that the poorer people had eaten snails, horse meat, and nettles in desperation;[12] many other areas of central Europe, from Alsace to Bavaria, did not fare much better.[13] The governments and the affluent did their best to introduce remedial measures like importing grain at the state's expense or the establishment of soup kitchens to feed the poor, but they were pushed quickly to the limits of their capacity in the light of the pervasive misery.[14]

With such prevalent hopelessness many sections of the population were prepared to take significant risks to break the vicious circle of unemployment, hunger, and poverty once and for all. Enter now the fact that not a few German families had sporadic contact through letters with relatives who emigrated to the other side of the Atlantic. Most of these predecessors did not keep secret about the hardships of the journey across the ocean and the efforts of their first years. However, they also told of cheap land, fertile earth, low taxes, a blossoming economy, and personal freedom – in short: of the possibility of starting a new and better life in the USA.15 In starvation-ridden southwest Germany extravagant reports from the new world spread like wildfire; occasionally such writings were even passed around and read out loud in taverns.[16] Stoking the hopes of emigration even more were the shrewd agents of shipping companies and merchants, as well as the Rhine ships that publicly advertised transport to the North Sea for potential emigrants.[17]

//

Minutes of the Royal Württemberg account Council Friedrich List about an
emigrant survey in the Heilbronn tavern „Zum Kranen" (April 30, 1817):
"On this they (the emigrants) claimed that one should only give them over to work so that they may earn their
bread – that they wanted no welfare to feed themselves, they were men who were able to work, and they hoped
to be able to earn at least the most meager food in America, which is not to be found here. They said that as they
had already sold off all their assets they were able to return no longer. But one should not believe, added Strähle, a
carpenter, that this was an imprudent whim of theirs, it was very hard for them, they had to shed bitter tears that
they had to turn their back on their Fatherland, and it could also be that they were approaching great perils, yes
it could be that one would be in bondage in America, yet the oppression of the poor man and his plight could not be
greater than that which was here certain."[18]

der Überfahrt heraus.[22] Lange Zeit nämlich war es den Auswanderern im Rahmen des so genannten „Redemptioner Systems" möglich gewesen, ohne Bezahlung die Reise anzutreten, um sich anschließend im Hafen von amerikanischen Kaufleuten, die nach billiger Arbeitskraft suchten, auslösen zu lassen. Für diese hatten sie anschließend einige Jahre unentgeltlich zu arbeiten, bis die Kosten der Passage abgedient waren.[23] Dem genannten System waren allerdings seit 1817 von amerikanischer Seite aus deutliche Beschränkungen auferlegt worden, nachdem es infolge der Abhängigkeit der Passagiere von den Schiffskapitänen nicht selten zu Vertragsbruch, unmenschlicher Behandlung und regelrechten humanitären Katastrophen gekommen war.[24] Darüber hinaus führte auch der allmählich sinkende Arbeitskräftebedarf in den Staaten dazu, dass sich Schiffe immer häufiger weigerten, Passagiere auf ihre Kosten und ihr Risiko mitzubefördern.[25] So mussten tausende Emigrationswillige in Amsterdam zu ihrem Entsetzen feststellen, dass sie die lange Reise umsonst unternommen hatten. Ihnen blieb oft nur die Möglichkeit, sich mithilfe von Taglöhnerei, Betteln und Diebstählen wieder zurück in die Heimat zu retten; dem Spott und der Verachtung der Zurückgebliebenen ausgesetzt.[26]

Protokoll des kgl. württembergischen Rechnungsrats Friedrich List über eine Auswanderbefragung im Heilbronner Wirtshaus „Zum Kranen" (30. April 1817): „Hierauf erklärten sie [die Auswanderer, Erg. d. V.]: Man solle ihnen nur zu arbeiten geben, dass sie Brod verdienen können. Nahrungsunterstützung wollen sie keine, sie seyen Männer, die arbeiten können, sie hoffen wenigstens in Amerika die nothdürftigste Nahrung sich verdienen zu können, welche ihnen hier fehle. Da sie bereits ihr ganzes Vermögen veräußert haben, so können sie nicht wieder umkehren. Man möge aber nur nicht glauben, sezte der Zimmermann Strähle hinzu, dass diß ein leichtsinniger Streich von ihnen sey, es sey ihnen sehr schwer gefallen, und sie haben bittere Thränen darüber vergießen müßen, daß sie ihr theures Vaterland so mit dem Rüken ansehen müßen, und es möge auch seyn, daß sie großen Gefahren entgegen gehen, ja es möge seyn, daß man sie in Amerika als Leibeigene behandle, doch könne der Druk des armen Mannes und die Noth nicht größer seyn als diejenige, welche ihnen hier gewiß sey."[18]

The perceptions which the emigrants developed about their future home combined myth and reality.[19] Even if many expectations had to be let down in retrospect, it is certain that the living conditions in North America offered the newcomers many obvious advantages. The immense economic and territorial expansion of the USA in the early 19th century set into motion a remarkable societal progression (at the expense of the native population). The constant expansion of the frontier into the back country contributed to keeping price of land low in comparison to Europe and provided for a considerable portion of the newcomers the possibility of building the basis for livelihood through acquisition of small farms within a certain time period.[20] Gradations of social class were of course not unknown in the USA; but these were certainly much more fluid compared to the rigid class barriers in Germany. What is more, the explicitly higher real wages (compared to basic foods), low taxes, as well as the almost complete freedom from military service offered the emigrants who had first reached North America a noticeable increase in standard of living.[21]

However an unexpectedly high hurdle for the poorest of the poor proved to be the financing of the journey overseas.[22] For quite a while it had been possible for the emigrants to enter into the so-called "Redemptioner System". This allowed passage to the USA, later to be worked off over a few years on the docks of American merchants who were looking for cheap labour. They received no money until the overseas trip was paid off.[23] The Americans imposed explicit restrictive measures on the system, however, once it became clear that the dependence of the passengers on the ship captains led frequently to breach of contract, inhumane treatment, and unequivocal humanitarian disasters.[24]

Above and beyond this, many ships increasingly refused to transport passengers at their own cost and risk due to the gradually sinking demand for labor in the states.[25] In this way, many of those in Amsterdam willing to emigrate learned to their dismay that they had undertaken the long journey in vain. For these people the only way left to return home was through day-labor, begging, and thievery; exposing them to the mockery and contempt of those who remained behind.[26]

The development of "emigration societies": Hans Christoph von Gagern and Ludwig Gall

While the situation of the emigrants on the Rhine and in Amsterdam became increasingly extreme, many federal and local administrations were left clearly perplexed and overburdened.[27] This was not due solely to objection caused by the implicit government criticism in such a movement.[28] In addition, many of the civil servants still under the spell of the Enlightenment philosophy interpreted poverty as self-inflicted and as consequence of one's own misconduct.[29]

From such a narrow-minded perspective, one may understand a moderate emigration as an unburdening of the state from

economically "useless" subjects. For this reason, the governments of the southwest states had decided to bide their time during the beginning of the wave of emigration in 1816.[31] Countermeasures were introduced little by little only once the movement threatened to degenerate into a "no longer rational or controllable mass exodus"[32] in spring of 1817. Orders to "educate" the emigrants about the dangers of their decision addressed the root of the problem as little as the strict travel prohibition enacted by many governments in the summer of 1817[33]. The German Confederation had absolutely no interest in a logical and sociopolitical regulation and organization of the emigration.[34]

However the problem of emigration certainly did not go unnoticed by the higher social classes. In fact, many progressive-minded civil servants, who through professional reasons had been confronted frequently with this issue, took the emigration wave as an occasion for consideration – like how the state can control, coordinate, or even profit from such an emigration wave.[35] Three motives played a role: (1) the humanistic urge to support the emigrants, (2) the liberal opinion that emigration does not damage a state but rather actually serves as a safety valve to prevent revolution, as well as (3) their resolve to "bind" the emigrants culturally and economically to their country of origin, so that they do not get "lost" in their host country. In individual – even if isolated – cases these observations combined into all-embracing utopias which aimed for the founding of a German-speaking state in North America – a "new Germany" beyond the Atlantic – in the long term.

The Dutch envoy to the German Confederation, Hans Christoph von Gagern

Schreiben des Direktoriums des Schwarzwälder Dreisamkreises an die Badische Regierung vom 2. Dezember 1816: „Die Auswanderungen diesseitiger Unterthanen nach Nordamerika, obwohl dieselben seit einiger Zeit etwas bedeutender werden, sind noch lange nicht von dem Umfange, dass durch dieselbe eine Entvölkerung des Staates oder Mangel an arbeitenden Händen für die betreffenden Gegenden entstehet. Größtentheils sind die Auswanderer ganz mittellose, oft auch arbeitsscheue Leuthe, durch deren Auswanderung die betreffende Gemeinden meistens gewinne, und der Staat nichts verliehret. Im Allgemeinen darf man sie auch in unserm Lande als eine nothwendige Ausleerung […] betrachten..."[30]

//

Writing of the Directorate of the Dreisamkreis to the government of Baden, dated December 2, 1816: "The expatriation of our subjects to North America, although this has been becoming more significant for some time now, is still not extensive enough to lead to a depopulation of state or a lack of labour for the affected regions. For the most part, the emigrants are quite destitute, often indolent people, whose expatriation is a gain for the relevant municipalities, and the state loses nothing. In general we should regard them also as a necessary disposal in our lands..."[30]

Die Entwicklung von „Auswanderungsgesellschaften":
Hans Christoph von Gagern und Ludwig Gall

Während sich die Situation der Emigranten am Rhein und in Amsterdam laufend dramatischer gestaltete, war die Haltung vieler staatlicher und lokaler Verwaltungsstellen geprägt von Ratlosigkeit und Überforderung.[27] Das beruhte nicht allein auf dem Unwillen, den der zumindest implizit regierungskritische Charakter der Massenemigrationen hervorrief.[28] Hinzu kam vielmehr auch, dass viele landesfürstliche Beamte – noch ganz im Banne aufklärerischer Staatsanschauungen stehend – das soziale Phänomen der Armut als selbstverschuldeten Zustand und Folgeerscheinung individueller Verfehlungen interpretierten.[29]

Da man aus einem solchen Blickwinkel eine mäßige Auswanderung durchaus als Entlastung des Staates von volkswirtschaftlich „nutzlosen" Untertanen verstehen konnte, hatten sich die Regierungen der südwestdeutschen Staaten bei Beginn der Emigrationswelle im Jahr 1816 zunächst einmal zum Abwarten entschlossen.[31] Erst als nun im Frühjahr 1817 die Bevölkerungsbewegungen zu einer „rational nicht mehr kontrollierten Massenflucht"[32] auszuarten drohten, begann man nach und nach mit der Initiierung von Gegenmaßnahmen. Befehle zur „Belehrung" der Auswanderer über die Gefahren ihrer Entscheidung trafen indessen ebenso wenig den Kern des Problems, wie die strikten Ausreiseverbote für vermögenslose Emigranten, welche die meisten Regierungen im Sommer 1817 erließen.[33] An einer konsequenten sozialpolitischen Regulierung und Organisation der Auswanderung bestand bei den Regierungen des Deutschen Bundes keinerlei Interesse.[34]

Dennoch blieb das Problem der Emigration innerhalb der höheren sozialen Schichten keineswegs unbeachtet. Vielmehr nahmen gerade fortschrittlich gesinnte Beamte, die aus beruflichen Gründen häufig mit dem Thema konfrontiert waren, die Auswanderungswelle von 1816/17 zum Anlass für Überlegungen, wie man derartige Bevölkerungsbewegungen leiten, koordinieren und möglicherweise sogar für den eigenen Staat gewinnbringend einsetzen könne.[35] Drei Motive pflegten dabei eine Rolle zu spielen: 1) Der humanistische Drang zur

Collenberg, A.
- Olbers
13,m,farmer

Collenberg, D.
- Olbers
20,m,farmer

Collenberg, G.
- Olbers
24,m,farmer

Craurer, C.
- Olbers
28,m,farmer

Craurer, M.
- Olbers
29,f.none

Crug, B.
- Olbers
27,m,mechanic

Crug, E.
- Olbers
7,m,none

Crug, F.
- Olbers
6,m,none

Crug, F.
- Olbers
23,m,farmer

(1766–1852), belonged to this first group of progressive thinkers as well as the Prussian Secretary of Government Ludwig Gall (1791–1863) from Trier. For Gagern, a representative of the moderate liberal bureaucracy, the initial consideration to prevent unrest by lowering the "pressure of population" was paramount, something he also associated with a strong sense of responsibility to society.[36] After he had occupied himself for a long time theoretically with the problem of emigration,[37] he sent his cousin Moritz von Fürstenwärther on a trip to the USA in June 1817. Fürstenwärther was to get a picture of the living conditions of Germans in the new world and communicate his observations to Gagern in writing.[38]

In fact, Fürstenwärther was able to send his mentor a number of valuable reports; he was even received and granted an audience several times by Secretary of State John Quincy Adams.[39] On the basis of his results, Fürstenwärther had to dissuade against the establishment of formal colonies in North America: the fundamental American will for sovereignty and governance over the regions between Canada and Mexico had long been too strong to allow the foundation of new separate states dependent on European monarchies.[40] By contrast, Fürstenwärther took a positive approach to the possibility of coordinating emigration by using assistance agencies which would send agents ahead and acquire land for the coming emigrants, for instance.[41]

An extremely influential principle was born with this idea, to which the Giessen Emigration Society was later also to be oriented. However, Hans von Gagern ceased pursuing the idea practically. First and foremost he endeavored to bring the German governments together to create an approach that would improve the emigration conditions. Even this plan, which

Ludwig Gall

Crug, J.
– Olbers
9,m,none

Crug, L.
– Olbers
4,m,none

Crug, M.
– Olbers
43,f,none

Cruise, F.
– Olbers
25,m,farmer

Daum, Auguste
– Medora
5,m,none
Altenburg

Daum, Carl
– Medora
2,m,none
Altenburg

Daum, Carl
– Medora
37,m,carpenter
Altenburg

Hans Christoph von Gagern

he presented to the Federal Assembly in the memorandum "The German in North America" (Der Deutsche in Nordamerika), proved ultimately unsuccessful.[42]

However, the commitment of the Dutch envoy created considerable resonance with the German educated classes. Many people only first became aware of the emigrants' dramatic situation through excerpts of Fürstenwärther's observations printed in the newspapers.[43] The young, idealistic Ludwig Gall, Secretary of Government in Trier, found himself prompted to action by Gagern's example.[44] Unflinchingly throwing his famous precursor's warnings against colonialization to the wind, he drafted a clearly ambitious plan that must surely count as the earliest practical attempt to bring about a new Germany in North America.[45] Gall imagined the founding and construction of a city called Rosenau,[46] a German settlement in Missouri, Ohio, or on the Mississippi, around which German immigrants would live, eventually becoming a large colony – but this quickly ran up against serious impediments. For starters, the Prussian government abruptly refused the support hoped for by the project.[47] With this, the naive belief that the allied German monarchies could be brought together to discuss an all-German colony – and democratic at that! – was thrown to the wind in one fell swoop. Many private patrons of the project jumped ship shortly afterwards because they feared political "vexations".[48] In the end Gall led a group of 200 emigrants – mostly Swiss – to America in spring 1819, but the community quickly fell apart shortly after their arrival due to a substantial number of financial disputes. The ordinary members were of course primarily

Unterstützung der Auswandernden; 2) die liberale Auffassung, dass Auswanderung einem Staatswesen nicht schade, sondern sogar als Ventil zur Revolutionsvermeidung dienen konne; sowie 3) der nationalistische Wille zur dauerhaften kulturellen und ökonomischen Bindung der Emigranten an das Ausgangsland, damit sie nicht an das Gastland „verloren" gingen. In einzelnen – wenn auch isolierten – Fällen verbanden sich diese Betrachtungen zu weitausgreifenden Utopien, die langfristig auf die Gründung eines deutschsprachigen Staatswesens in Nordamerika – eines „neuen Deutschlands" jenseits des Atlantik – abzielten.

Zu den Vordenkern solcher Konzeptionen gehörten der niederländische Gesandte beim Deutschen Bund, Hans Christoph von Gagern (1766-1852), sowie der preußische Regierungssekretär Ludwig Gall (1791-1863) aus Trier. Für Gagern, einen Vertreter des gemäßigt liberalen Reformbeamtentums, stand dabei zunächst der Gedanke der Prävention von Unruhen durch Senkung des „Bevölkerungsdrucks" im Vordergrund, was er indessen auch mit einem starken sozialen Verantwortungsgefühl verband.[36] Nachdem er sich theoretisch schon länger mit dem Problem der Auswanderung befasst hatte[37], schickte er im Juni 1817 seinen jungen Vetter Moritz von Fürstenwärther auf eine Reise in die USA. Dieser sollte sich selbst ein Bild von den Lebensbedingungen der Deutschen in der neuen Welt machen und ihm seine Beobachtungen schriftlich mitteilen.[38] Tatsächlich konnte Fürstenwärther seinem Mentor eine Reihe wertvoller Berichte übersenden; er wurde sogar einige Male vom amerikanischen Außenminister John Quincy Adams empfangen und angehört.[39] Auf der Basis seiner Ergebnisse glaubte Fürstenwärther freilich ganz zu recht, von der Bildung förmlicher Kolonien in Nordamerika abraten zu müssen: Der grundsätzliche Souveränitätswille der USA und ihr Herrschaftsanspruch über die Regionen des Kontinents zwischen Kanada und Mexiko waren längst zu ausgeprägt, als dass die Gründung separater Tochterstaaten in Abhängigkeit von europäischen Monarchien dort noch realistisch erscheinen konnte.[40] Positiv bewertete Fürstenwärther dagegen die Möglichkeit einer Koordination der Auswanderung durch Hilfsgesellschaften, die beispielsweise Agenten vorausschicken und vorab Land für die Auswanderer erwerben sollten.[41] Mit dieser Idee war ein äußerst

concerned with their livelihood in the new world and scattered themselves immediately all over the land.[1v]

This phenomenon proved to be a fundamental problem for most of the "secular" emigration societies in the early 19th century – different than certain religious sectarian groups like the settlers of Johann Georg Rapp (1757–1847). Despite all these setbacks, Gall tried on his own to create a homestead for Germans (Deutschheim) in the USA until 1820. The vision of establishing a German colony in the sparsely populated West had meanwhile given way to the much more humble plan of bringing the German emigrants together into an already existing state within the Union, and in this way help them retain their language and culture.[50] Northwest Pennsylvania seemed particularly suitable, as German settlers already made up a significant portion of the population.[51] Gall had the idea to persuade some major land owners to sell reduced, undeveloped land to German settlers – after some small initial success, his plan nevertheless fell through[52] and he finally returned, disillusioned, to Germany.[53]

Political emigration after the Carlsbad Decrees of 1819

The emigration from Germany to the USA gained some new momentum from around 1819 through the influx of political refugees who left their homeland due to the increasing monarchical repression of the liberal and democratic opposition. As previously mentioned, the emigration projects of Gagern and Gall struck a significant chord with the educated classes, the latter receiving over 100 letters from officers, doctors, civil servants, and students[54] – groups which were clearly not being forced by econo-

einflussreiches Prinzip geboren, an dem sich später auch die „Gießener Auswanderergesellschaft" orientieren sollte. Hans von Gagern hat es indessen nicht mehr praktisch weiterverfolgt. Im weiteren Verlauf bemühte er sich vor allem noch, die deutschen Regierungen für ein gemeinsames Vorgehen zur Verbesserung der Auswanderungsbedingungen zu gewinnen. Auch dieser Plan, den er in Form der Denkschrift „Der Deutsche in Nordamerika" der Bundesversammlung vorlegte, blieb jedoch letztendlich erfolglos.[42]

Dennoch rief das Engagement des niederländischen Gesandten ein beachtliches Echo innerhalb der gebildeten Schichten Deutschlands hervor. Vielen machten die auszugsweise in den Zeitungen abgedruckten Beobachtungen Fürstenwärthers die dramatische Lage der Auswanderer überhaupt erstmals wirklich bewusst.[43] So fand sich etwa im Winter 1818/19 auch der junge, idealistische Trierer Regierungssekretär Ludwig Gall durch Gagerns Beispiel zum eigenen Handeln veranlasst. Die Warnungen des berühmten Vorgängers vor einer förmlichen Koloniegründung bedenkenlos in den Wind schlagend, entwarf er jedoch einen deutlich ambitionierteren Plan, der wohl als frühester Versuch gelten muss, den Gedanken eines neuen Deutschland in Nordamerika in die Tat umzusetzen.[45] Prompt stießen Galls Planungen zur Anlage einer deutschen Ansiedlung am Missouri, Ohio oder Mississippi River um eine neu zu gründende Kernstadt „Rosenau"[46] allerdings tatsächlich auf gravierende Hindernisse. Zunächst versagte die preußische Regierung dem Projekt in schroffem Tonfall die erhoffte Unterstützung.[47] Damit war der naive Glaube, man könne die verbündeten deutschen Monarchien tatsächlich zur Unterhaltung einer gesamtdeutschen Kolonie – noch dazu mit demokratischer Regierungsform! – gewinnen,

Daum, Johanne
- Medora
34,m,none
Altenburg

Dehner, Anna
- Medora
18,f,none
Weilheim

Dehner, Anna Marie
- Medora
52,f,none
Weilheim

Dehner, Anton
- Medora
15,m,none
Weilheim

Dehner, Dominicus
- Medora
11,m,none
Weilheim

Dehner, Heinrich
- Medora
21,m,none
Weilheim

Dehner, Johannes
- Medora
56,m,farmer
Weilheim

Dehner, Joseph
- Medora
16,m,none
Weilheim

Dehner, Lucas
- Medora
24,m,farmer
Weilheim

EUGENIE

Lithographie von C.F. Müller in Carlsruhe.

mic need to undertake the journey to the USA. Rather they were above all enticed onto the shores of the new world by the significance of the USA as the first great successful project of modern enlightened state thinking.[55] The fascination with freedom and equality not only enraptured republican circles but also open-minded followers of liberalism and reform conservatives such as the famous Freiherr vom Stein, who, in a letter to Hans von Gagern, expressed strong interest in examining the situation abroad personally.[56]

In particular, the idea of emigration started to gain increasing significance for the members of the secret democratic circles beginning to develop in Germany in 1817 – 18.[57] After the end of the Napoleonic wars, the relationship had become increasingly hardened between the supporters of the liberal progressives (Bewegungspartei) and the monarchical governments of the states of the German Confederation. Large portions of the middle class intelligentsia had been drawn into the "wars of liberation" by the hope that a victory would bring about national unity and the liberalization of the German states. The restorative politics of the Austrian State Chancellor Fürst von Metternich and of other German governments soon destroyed these illusions: by 1818 only two of the 33 German states had a constitution. Under the impression of the conflict between the liberal ideology of progress and the governmentally determined political standstill, numerically few portions of civil opposition began to radicalize and to merge into secret societies, which were largely comprised of students. Among the most significant of these groups were the "Giessen Blacks" (Gießener Schwarze) which arose from the fraternity movement and formed around the three brothers August, Karl, and Paul Follenius

schon binnen kurzer Zeit zerstoben. Wenig später sprangen auch viele private Förderer des Vorhabens ab, da sie befürchteten, sich politische „Verdrüßlichkeiten" einzuhandeln.[48] Als Gall im Frühjahr 1819 schließlich dennoch eine Gruppe von etwa 200 – hauptsächlich Schweizer – Auswanderern nach Amerika führte, brach die Gesellschaft schon kurz nach ihrer Ankunft aufgrund handfester finanzieller Streitigkeiten auseinander. Die einfachen Mitglieder, die natürlich in erster Linie auf die Sicherung ihrer eigenen beruflichen Existenz in der neuen Welt bedacht waren, zerstreuten sich unverzüglich über das Land.[49] Dieses Phänomen erwies sich als grundsätzliches Problem für die meisten „säkularen" Auswanderungsgesellschaften des frühen 19. Jahrhunderts – anders als für bestimmte religiöse Sektierergruppen, wie etwa die Siedler um Johann Georg Rapp (1757-1847). Trotz all dieser Rückschläge versuchte Gall im Frühjahr 1820 noch einmal auf eigene Faust, von den USA aus ein „Deutschheim" in Nordamerika zu schaffen. Die Vision einer deutschen Koloniegründung im dünn besiedelten Westen war mittlerweile dem weitaus bescheideneren Plan gewichen; deutsche Auswanderer in einem bereits vorhandenen Staat der Union zu konzentrieren, um ihnen auf diese Weise zu helfen, ihre Sprache und Kultur zu bewahren.[50] Nordwest-Pennsylvanien, wo deutsche Siedler bereits einen hohen Bevölkerungsanteil stellten, schien Gall hierfür besonders geeignet.[51] Seine Idee, einige Großgrundbesitzer zum verbilligtem Verkauf von unbebautem Land an deutsche Siedler zu motivieren, schlug

Gottfried Duden
Dorris Keeven-Franke

Gottfried Duden, was born in Remscheid, in the Duchy of Berg, on May 19, 1789, the fourth son of Leonhard Duden, and his second wife Maria Katharina Hartcop. His father died when he was six years-old. Instead of following his older brother, and entering the family's apothecary business, he was educated as an attorney. A prodigy, he entered the judicial system at an early age, and listened daily to the struggles of his fellow countrymen. He was young, and interested in the social problems his country was facing, and began studying the conditions of the young United States, where democracy had been embraced after defeating the British. In 1819, Duden was determined to see the U.S. first hand, and had two young men, Jacob Haun and Dabney Burnett, act as his agent and place a down payment on his first U.S. land purchase.[i] In October 1824, Duden arrived at Haun's farm with his cook, Gertrude Obladen where they stayed until '26. Even though Duden had jointly purchased even more U.S. land, with his traveling companion Ludwig Eversmann, Duden spent most of his time on Haun's farm. In '26 Duden moved into his cabin on his own land, south of Haun's farm, along Lake Creek. In between Haun and Duden was Eversmann's farm. Duden's land was cleared and gardens planted by Eversmann, using his own slaves he'd acquired by his wife's dowry. Eversmann would oversee all of the work of the farm, while Duden went duck hunting with Nathan Boone, the son of Daniel Boone, and other area "farmers" that Duden described as independent, care free and without any government authority. It was the freedom of the wide open territory that had drawn them here.

Duden's idyllic description of the Lake Creek valley, and the surrounding countryside described how a man was his own master, free to publicly state his opinion and vote, to purchase land wherever he wanted, to gather wood and have much meat as his family could eat, all whenever and wherever he wanted. The government did not decide who could marry, or inherit, and it did not tax its residents for anything other than a vote or road improvements. The Government didn't require you to "report" on your friends and neighbors in order to get a work permit. No such permits were even necessary! Every man was free to work as hard as he desired at his chosen profession.

Duden left the Lake Creek Valley in 1827, leaving Eversmann in charge of his farm. He and his cook returned to Europe, staying for a time in France, he readied his journal of "letters" into a manuscript of "A Report on a Journey to the Western States of North America". Duden published the first 1500 copies of the treatise in 1829, at his own expense, through a publisher in Bonn.[ii] For many it was the right words at just the right time. But some found reason to criticize. Duden could not face these attacks, and tried to justify and answer his critics with more editions of his Report. When Duden continued to be blamed for all the failures, the idealist sought to rectify the situation with one last book on the subject. "Its influence was thought to be so great and so one-sided that Duden himself felt called upon to publish in 1837 a 'Self-Accusation Concerning His Travel Report, to Warn against Further Rash Emigration'".[iii] He retreated and lived out his life quietly in Bonn, where he died and was buried, October 29, 1856.

//

Gottfried Duden

Dorris Keeven-Franke

Gottfried Duden wurde in Remscheid (Herzogtum Berg), am 19. Mai 1789 als vierter Sohn von Leonhard Duden und seiner zweiten Ehefrau Maria Katharina Hartcop geboren. Sein Vater starb, als er sechs Jahre alt war. Anstatt es seinem Bruder gleichzutun und die Apotheke der Familie weiterzuführen, erlernte Gottfried den Anwaltsberuf. Infolge seines Talents gelang es ihm sehr früh, in die Justizverwaltung einzutreten, wo er tagtäglich mit den Sorgen seiner Landsleute konfrontiert wurde. Jung und aufgeschlossen für die sozialen Probleme seines Heimatlandes, begann er sich mit den Verhältnissen in den aufstrebenden Vereinigten Staaten zu befassen, wo nach dem Sieg über die Briten eine demokratische Staatsordnung eingeführt worden war. Im Jahr 1819 war Duden fest entschlossen, die USA persönlich unter Augenschein zu nehmen: Von Deutschland aus gelang es ihm, zwei junge Männer zu finden (Jacob Haun und Dabney Burnett), die als Agenten für ihn fungierten und, von ihm beauftragt, eine Anzahlung für seinen ersten Grundstückskauf in Amerika leisteten.[i]

Im Oktober 1824 traf Duden zusammen mit seiner Köchin, Gertrude Obladen, auf Hauns Farm ein, wo sie sich bis 1826 aufhielten. Obgleich Duden gemeinschaftlich mit seinem Reisegefährten, Ludwig Eversmann, sogar noch mehr Land in den USA erworben hatte, verbrachten sie zunächst die meiste Zeit bei ihrem Bekannten. Erst 1826 zog Duden etwas südwärts in eine Hütte auf seinem eigenen Gebiet, entlang des Lake Creek. Zwischen Hauns und Dudens Farm lag diejenige Ludwig Eversmanns. Der letztere, der über die Mitgift seiner Frau einige Sklaven erworben hatte, ließ dieselben auch Dudens Grundstück urbar machen und darauf einige Gärten anlegen. Während Eversmann den Großteil der Arbeit auf der Farm beaufsichtigte, begab sich Duden mit Nathan Boone, dem Sohn des berühmten Trappers Daniel Boone (1734-1820), und einigen anderen „Farmern" aus der Umgebung auf die Entenjagd. Seine Begleiter charakterisierte er später als unabhängig, frei von Sorgen und Einflüssen der Regierung. Es war die Freiheit des weiten, offenen Landes, die sie in den Westen gelockt hatte.

Dudens idyllische Schilderungen des Lake Creek Valleys und der Umgebung beschrieben ein Land, das all seinen Bewohnern die Möglichkeit zu gewähren schien, als ihre eigenen Herren zu leben: Sie konnten frei ihre Meinung äußern und an Wahlen teilnehmen, sie konnten, wo es ihnen beliebte, Land kaufen, sie konnten Holz sammeln und soviel Fleisch beschaffen, wie ihre Familien essen konnten; alles, wann und wo auch immer sie wollten. Die Regierung entschied nicht darüber, wer heiraten oder erben durfte, und sie besteuerte ihre Einwohner für nichts, außer für die Wahlen und Straßenausbesserungen. Die Regierung verlangte nicht, dass man seine Freunde und Nachbarn bespitzelte, um eine Arbeitserlaubnis zu bekommen. Derartige Erlaubnisse waren hier nicht einmal nötig! Jeder durfte in seinem frei gewählten Beruf so hart arbeiten, wie er selbst es für gut befand.

1827 verließ Duden das Tal von Lake Creek und übergab die Verantwortung für die Farm nunmehr endgültig an Eversmann. Zusammen mit seiner Köchin kehrte er nach Europa zurück, wo er sich zunächst eine Weile in Frankreich aufhielt, um aus seinen gesammelten Reisebriefen sein Hauptwerk „Bericht über eine Reise nach den westlichen Staaten Nordamerika´s und einen mehrjährigen Aufenthalt am Missouri" zusammenzustellen. 1829 veröffentlichte Duden die ersten 1500 Exemplare dieser Abhandlung auf eigene Kosten über einen Bonner Verleger.[ii]

Viele Leser erblickten darin die richtigen Worte zur richtigen Zeit. Nicht wenige aber fanden an der Art und Weise der Darstellung auch Grund zur Kritik. Duden wusste mit diesen Angriffen nicht umzugehen und gab sein bestes, sich seinen Kritikern gegenüber in mehreren späteren Ausgaben des „Berichts" zu rechtfertigen. Als er aber dennoch auch weiterhin für das Scheitern zahlloser Hoffnungen verantwortlich gemacht wurde, versuchte der Idealist mit einem weiteren, letzten Buch zum Thema die Lage zu bereinigen. Nach den Worten des Historikers James W. Goodrich galt der Einfluss von Dudens „Bericht" als „so weitreichend und einseitig, dass er sich 1837 selbst verpflichtet fühlte, eine ,Selbstanklage wegen seines amerikanischen Reiseberichtes, zur Warnung vor fernerm leichtsinnigen Auswandern' zu veröffentlichen."[iii] Bald danach wandte er sich vom öffentlichen Leben ab und lebte ruhig und zurückgezogen in Bonn, wo er am 29. Oktober 1856 starb und begraben wurde.

Freiheitsliebende Geschwister // Freedom-loving siblings
von links // left to right: August Follen (1794-1855), Karl (Charles) Follen (1796-1840), Paul Follenius (1799-1844)

Nach dem frühen Tod seiner Mutter Rosine verbrachte Paul Follenius seine ersten Lebensjahre bei seinem Großvater, dem großherzoglichen Oberforstmeister, in Romrod
//
After the untimely death of his mother Rosine, Paul Follenius spent his early years with his
grandfather, the Grand Duchy's head forester, in Romrod

jedoch nach kleineren Anfangserfolgen fehl[52]; der verhinderte Koloniegründer kehrte schließlich desillusioniert nach Deutschland zurück.[53]

Die politische Auswanderung nach den Karlsbader Beschlüssen von 1819

Einen neuen Schub erhielt die Auswanderung von Deutschland in die USA etwa seit 1819 durch den Zustrom politischer Flüchtlinge, die infolge der zunehmenden monarchischen Repressionen gegen die liberale und demokratische Opposition ihre Heimat verließen. Wie bereits erwähnt, waren schon die Auswanderungsprojekte Gagerns und Galls auf große Resonanz unter den gebildeten Schichten gestoßen. So hatte beispielsweise der Letztere über 100 Zuschriften von Offizieren, Ärzten, Beamten, und Studenten erhalten[54], Bevölkerungsgruppen also, von denen man durchaus nicht ohne Weiteres voraussetzen konnte, dass sie allein aus wirtschaftlicher Not die Reise über den Ozean antreten wollten. Vielmehr lockte sie – nach dem katastrophalen Scheitern der Französischen Revolution – vor allem die Bedeutung der USA als erstes großes gelungenes Projekt des modernen, aufgeklärten Staatsdenkens an die Küsten der neuen Welt.[55] Die Faszination von Freiheit und Gleichheit schlug nicht nur republikanische Kreise in ihren Bann, sondern auch aufgeschlossene Anhänger des Liberalismus und Reformkonservatismus, wie etwa den berühmten Freiherrn vom Stein, der in einem Brief an Hans von Gagern starkes Interesse daran äußerte, die dortigen Zustände einmal persönlich in Augenschein zu nehmen.[56]

Dehner, Sebastian
- Medora
23,m,blacksmith
Grosselfingen

Deniel, B.
- Olbers
34,m,mechanic

Dentenberg, F.
- Olbers
19,m,farmer

Dickel, F.
- Olbers
2,m,none

Diesses, E.
- Olbers
25,f,none

Das studentische Fest auf der Wartburg bei Eisenach 1817. Referenz an Martin Luther und Aufruf zur nationalen Einheit // The student festival at Wartburg near Eisenach in 1817. A reference to Martin Luther and call for national unity

Radikale Universitätsstudenten // radical university students:
Jacob Carl Kahl, ca. 1819
Christian Sartorius, ca. 1818
August Follen, 1816
Next double page // nächste Doppelseite:
Wartburg

Besondere Bedeutung gewann der Auswanderungsgedanke vor allem für die Mitglieder der geheimen demokratischen Zirkel, die sich seit etwa 1817/18 in Deutschland herauszubilden begannen.[57] Nach dem Ende der Napoleonischen Kriege hatte sich das Verhältnis zwischen den Anhängern der liberalen „Bewegungspartei" und den monarchischen Regierungen der Staaten des Deutschen Bundes zunehmend verhärtet. Große Teile der bürgerlichen Intelligenz waren mit der Hoffnung in die „Befreiungskriege" gezogen, ein Sieg würde die nationale Einigung und Liberalisierung der deutschen Staaten herbeiführen. Die restaurative Politik des österreichischen Staatskanzlers Fürst von Metternich und der weiteren deutschen Regierungen – bis 1818 hatten nur zwei von 33 deutschen Staaten eine Verfassung erhalten – machte diese Illusionen jedoch bald zunichte. Unter dem Eindruck des Konflikts zwischen der liberalen Fortschrittsideologie und dem obrigkeitlich verordneten politischen Stillstand begannen sich einige zahlenmäßig sehr geringe Teile der bürgerlichen Opposition zu radikalisieren und zu revolutionären – meist studentisch geprägten – Geheimbünden zusammenzuschließen. Zu den bedeutendsten dieser Gruppierungen zählten die aus der Burschenschaftsbewegung hervorgegangenen „Gießener Schwarzen" um die drei Brüder August, Karl und Paul Follenius (die beiden ersteren „germanisierten" ihren Namen 1818 zu „Follen").

(the first two "Germanized" their names in 1818 to "Follen").

The political development of the three sons of Christoph Follenius, a senior civil servant of the Judiciary of Giessen, was shaped by their voluntary participation in the campaign against France in 1814. Even though – or perhaps because – only Paul actually saw any combat, the two older brothers glorified their wartime experiences in violent songs and poems long after their return. Ideologically they combined at that time a romantic nationalism characterized by religious antisemitism and influenced by "patriotic" agitators Friedrich Ludwig Jahn and Ernst Moritz Arndt, with the community ideals of the philosophers Johann Gottlieb Fichte and Jakob Friedrich Fries.

During their law studies Karl and August got involved in the founding of "Teutonic" gymnastic and reading clubs that were meant to awake a nationalistic feeling among students. From these circles (mistrusted and barely tolerated by the university administration) the student alliance The Giessen Blacks emerged in 1816, named after their black "old German"

Die politische Entwicklung der drei Söhne des Gießener Justizamtmanns Christoph Follenius war geprägt durch ihre freiwillige Teilnahme am Feldzug gegen Frankreich 1814. Obgleich – oder gerade weil – nur Paul am Ende tatsächlich zum Kampfeinsatz kam, verherrlichten die beiden älteren Brüder das Kriegserlebnis noch lange nach ihrer Rückkehr in blutrünstigen Liedern und Gedichten. Weltanschaulich verbanden sie zu dieser Zeit einen von den Volkstumsideologen Friedrich Ludwig Jahn und Ernst Moritz Arndt beeinflussten romantischen Nationalismus christlich-antisemitischer Prägung mit den Gemeinschaftsidealen der Philosophen Johann Gottlieb Fichte und Jakob Friedrich Fries. Während ihres Jurastudiums in Gießen engagierten sich Karl und August – der letztere 1815/16 auch in Heidelberg – für die Gründung „teutscher" Turn- und Lesegesellschaften, die der Weckung des Nationalgefühls unter der Studentenschaft dienen sollten. Aus diesen von den Universitätsleitungen misstrauisch geduldeten Zirkeln entwickelte sich seit 1816 die mehrfach verbotene studentische Verbindung der „Gießener Schwarzen" (so genannt nach ihrer schwarzen, „altdeutschen" Tracht), die sich u. a. mit Petitionen und Unterschriftensammlungen für die Schaffung eines geeinten Deutschlands und für die Konstitutionalisierung Hessen-Darmstadts einsetzte. Die Fruchtlosigkeit ihrer langjährigen Bestrebungen führte seit 1817/18 zur Radikalisierung der Gruppe, zur Entwicklung revolutionär-demokratischer Konzepte und sogar zur Aufstellung von „Grundzügen für eine künftige teutsche Reichs-Verfassung". Die engsten Mitstreiter Karl Follens – die sogenannten „Gießener Unbedingten" – vertraten zeitweise eine regelrecht fanatische Gesinnungsethik, die ihre Anhänger verpflichtete, sich zwar stets für „Belehrungen" offen zu halten, einmal für wahr erkannte Überzeugungen jedoch „unbedingt" – und notfalls auch mit Gewalt – in die Tat umzusetzen. Obgleich das tatsächliche Handeln der „Unbedingten" – auch mangels einer breiten Anhängerschaft in der Bevölkerung – letztendlich durchaus nicht der Schärfe ihrer Parolen entsprach, darf die Ambivalenz ihres zwischen aufgeklärtem Denken, grobschlächtigem Nationalismus und kaltblütiger Gewaltbereitschaft changierenden Weltbilds doch keineswegs relativiert oder verharmlost werden. Offen trat dies zutage, als sich am 23. März 1819 Karl Ludwig Sand, ein Freund des inzwischen zum Dozenten für Rechtswissenschaften an

costume, and were banned on several occasions. Amongst other things they campaigned for the establishment of a united Germany and the constitutionalization of Hesse-Darmstadt with petitions and signature gathering.

The fruitlessness of their repeated efforts led them in 1817–18 to the radicalization of the group, to the development of revolutionary democratic concepts, and even to the formation of "Essential Features of a Future German Imperial Constitution" (Grundzüge für eine künftige teutsche Reichs-Verfassung). Karl Follen's closest fellow campaigners – the so-called "Giessen Unconditionals" (Gießener Unbedingten) supported for some time an unquestioningly fanatical ethos obliging the followers to remain always receptive to the opinions of their dissenters, but to put into practice their convictions which they recognized as true, no matter how "unconditional" they were – and with violence if necessary. Even though the conclusive actions of the "Unconditionals" – also lacking support within the population – in the end did not live up to the slogans, their problematic world view, changing between enlightened thought, coarse nationalism, and willingness to use violence in cold-blood should in no way be relativized or played down. This became apparent when Karl Ludwig Sand, a friend of Karl Follen (who had in the meantime become

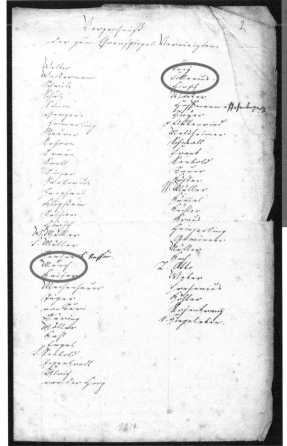

Disziplinarstrafe gegen Paul Follenius, Universität Gießen, 1820 //
Disciplinary punishment against Paul Follenius, University of
Giessen, 1820

„Paul Follenius
Stud. Paul Follenius hat
sich heute wegen seines
Streites mit dem Korporal
Weber in das schwarze Buch
schreiben müssen, zum Zwecke bei wieder vorkommender
Ille[ga]lität das consilium
abeundi [Ausschluss von der
Universität] zu erhalten."
//
„Paul Follenius
Student Paul Follenius has
had to be entered in the
black book today because
of his dispute with Corpo-
ral Weber, for the purposes
of obtaining the Consilium
abeundi [expulsion from the
University] in the case of
reocurring illegality."

Verzeichnis der zum Ehrenspiegel Vereinigten, 1817
Friedrich Münch (linke Spalte, 21. von oben) und Paul
Follenius (rechte Spalte, 2. von oben)
//
Directory of the Honourable and Virtuous, 1817
Friedrich Muench (left column, 21st from top) and Paul
Follenius (right column, 2nd from top)

Dressel, Elizabeth
- Medora
40,f,none
Coburg

Dressel, Ferdinand
- Medora
0,1,m,none
Coburg

Dressel, Johann E
- Medora
40,m,blacksmith
Coburg

Dressel, Margaretta
- Medora
7,9,f,none
Coburg

Dressel, Paul
- Medora
12,m,none
Coburg

Eirmann, C
- Olbers
2,m,none

Eirmann, C
- Olbers
5,m,none

Carl Sand

Karl Ludwig Sand, 1795-1820

August von Kotzebue, 1761-1819

Sands Ende auf dem Schafot

Ermordung August von Kotzebues
durch Karl Ludwig Sand, 1819 //
Assassination of August von Kotzebue
by Karl Ludwig Sand, 1819

Hinrichtung von Karl Sand, 1820 //
Execution of Karl Sand, 1820

Auszug aus „Das Große Lied"
von Karl und August Follen:
Brüder, so kann's nicht gehen,
Lasst uns zusammen stehn,
Duldets nicht mehr! Freiheit, dein Baum fault ab,
Jeder am Bettelstab
Beist bald ins Hungergrab:
Volk ins Gewehr!
Bruder in Gold und Seid, Bruder im Bauernkleid,
Reicht euch die Hand!
Allen ruft Teutschland's Noth,
Allen des Herrn Gebot:
Schlagt eure Plager todt,
Rettet das Land!

//

Excerpt from Karl and August Follen's
"Das Große Lied" (The Great Song):
Brethren, this must not be,
Let us stand together,
We'll bear no more!
Liberty, thy tree decays,
Each on his beggar's staff,
Will sink in famine's grave.
People to arms!
Brethren in gold and silk,
Brethren in the peasant's garb,
Take each other by the hand!

Eliza L. Follen, The Works of Charles
Follen, vol. I, Boston 1851, V, XI

professor for jurisprudence at the university of Jena), was enticed, presumedly without Follen's direct influence, into the political assassination of August von Kotzebue, a playwright and ally to the government.[58]

If the magnitude of this act in itself of course had to be deemed frightening, it was still far surpassed by its consequences. Metternich and some reactionary circles of the Prussian court used this opportunity to crush and subdue the whole democratic opposition in Germany, whom they felt were to blame for the act. Throughout Germany people were arrested or interrogated who were suspected of complicity in the crime or of supporting democratic "activities" – amongst them Karl Follen. The Federal Assembly in Frankfurt hastily approved and passed the "Carlsbad Decrees" on 20 September of the same year which allowed the dismissal of oppositional professors, the prohibition of fraternities, severe guidelines for press censorship as well as the establishment of a central investigation commission for "demagogic activities" in Mainz. Many republican-minded individuals, who had only narrowly escaped the "demagogue hunt" wave of arrests, did not see any more path to action after these events – including Karl Follen and the scholars Wilhelm and Ludwig Snell, who were acquainted with Follen.

From the middle to the end of November 1819, they laid the plans to found an asylum in North America for liberal-minded Germans, borne out of the inner conflict between their sense of responsibility for the political development of Germany and the total hopelessness of the situation.[59] The details of the enterprise were deliberated over several weeks in Ludwig Snell's house in Wetzlar, and then summarized in a memorandum by Karl Follen.[60] The concepts

noted in the memorandum differed radically to Ludwig Gall's romantic, civilization-critical vision of an isolated German settlement in the "forests" of northwest Pennsylvania.[61] Follen imagined an active role for Germans in American politics; and for the United States an active role in world politics. He considered the founding of a German-speaking university on the other side of the Atlantic as the most important step to achieving this goal. It was to function both as the workplace of persecuted German scholars and as intellectual center of a large-scale location of German-American culture.[62] The idea was to help needy emigrants settle in the region through cooperation with the "German societies" in the USA.[63] In the long term Follen and the Snell brothers envisaged the foundation of a formal federal state represented in Congress.[64]

These separatist tendencies did not seem to Follen – who gradually began to overcome the nationalistic origins of his thinking – to stand in contradiction to German immigrants' political involvement with American society.[65] In fact, the revolutionary saw the future of the United States as a kind of Federation of the three – European – "major nations" (England, Germany, and France) based on the model of Switzerland, where every "people" could be integrated into the whole.[66] In order to strengthen solidarity, each American would be obliged to master the three corresponding languages.[67] In the medium term, Follen hoped for each people to put pressure upon the politics of their European homeland and ultimately fulfill the historical mission which he attributed to the United States: the establishment and preservation of democracy throughout the entire world.[68]

To what extent the main intention of this project was realized – that is, the founding of a

der Universität Jena aufgestiegenen Karl Follen, wenn auch vermutlich ohne dessen direkte Einwirkung, zum politischen Attentat auf den regierungsnahen Schriftsteller August von Kotzebue verleiten ließ.[58]

Musste die Dimension dieser Tat an sich schon als erschreckend bezeichnet werden, so wurde sie durch ihre Folgen noch weit übertroffen: Metternich und hochkonservative Kreise am preußischen Hof nutzten die günstige Gelegenheit, um die gesamte demokratische Opposition in Deutschland, die sie für die Tat verantwortlich machten, zu zerschlagen und zu unterdrücken. Vielerorts wurden Menschen verhaftet oder vernommen, die man der Mitwisserschaft an dem Verbrechen oder der Unterstützung demokratischer „Umtriebe" verdächtigte – darunter auch August Follen. Die Bundesversammlung in Frankfurt billigte am 20. September des Jahres im Eilverfahren die „Karlsbader Beschlüsse", welche die Entlassung oppositioneller Professoren, das Verbot der Burschenschaften, drastische Vorgaben für die Pressezensur sowie die Errichtung einer zentralen Untersuchungskommission für „demagogische Umtriebe" in Mainz festsetzten. Viele republikanisch gesinnte Intellektuelle, die den Verhaftungswellen der „Demagogenverfolgung" vorerst noch mit knapper Not entgangen waren, sahen nach diesen Ereignissen für sich in Deutschland keine Handlungsperspektive mehr – so auch Karl Follen und die mit ihm befreundeten entlassenen Wissenschaftler Wilhelm und Ludwig Snell. Aus dem inneren Konflikt zwischen ihrem Verantwortungsgefühl für die politische Entwicklung Deutschlands und der völligen Hoffnungslosigkeit der Situation heraus fassten sie Mitte bis Ende November 1819 den Plan, in Nordamerika ein Asyl für freiheitlich gesinnte Deutsche zu gründen.[59] Die Details des Vorhabens wurden im

Schlüssel zu Snells Chiffre-Schrift

Der Hauptzweck der Unternehmung ist also dreifach; sie
soll werden:
1. eine Freistätte für be-
drängte Deutsche und eine
Erwerbsquelle, um für das
Freiheitswohl der Völker und
ihres Volkes insbesondere
(mittelbar und unmittelbar)
tätig zu sein;
2. ein Mittelpunkt der Vereinigung aller Deutschen in
Nordamerika zu einem Frei-
staate;
3. ein Mittel, um im nordamerikanischen Volke das Be-
wußtsein seines Berufes, der
Welt die Freiheit zu bringen,
aufzutragen.
//
The main purpose of the project is therefore threefold
and is to be:
1 a sanctuary for persecuted Germans and is to act as
a means of livelihood for the
freedom of the people and
their people in particular
(directly and indirectly);
2 a center of the unification
of all Germans in North America in a free state;
3 a means of making conscious
the North American people's
inner imperative of bringing
freedom to the world.

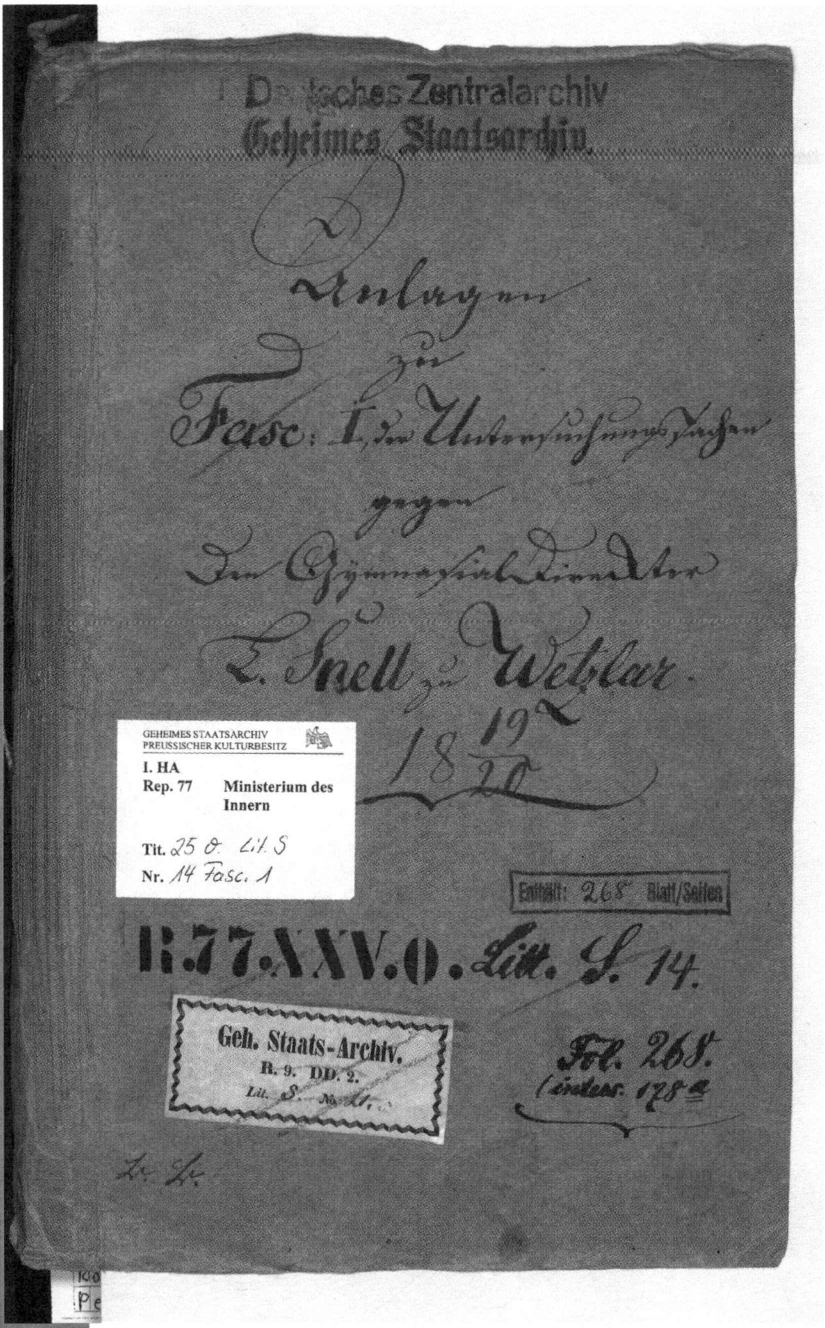

Auszug aus polizeilichen Untersuchungsakten. Karl Follens Plan einer
deutschen Universität in den USA
//
Excerpt from police investigation files. Karl Follen's plan to found a
German university in the USA

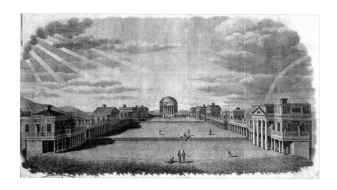

University of Virginia, gegründet 1819. So ähnlich mag sich Karl Follen eine deutsche Universität
in Amerika vorgestellt haben
//
University of Virginia, founded in 1819. Karl Follen may have envisioned a similar German
university in America

German university in the USA – is a question which has yielded differing opinions in scholarship.[69] In point of fact, the Snell brothers and Follen had good contacts to several prominent scholars who had lost their posts in the course of the demagogue persecutions of 1819. As lecturers for the newly founded educational establishment, there were – in addition to the juristically educated initiators themselves – exclusively important figures intended for the university such as the physician and scientist Lorenz Oken (1779–1851), the philologist and historiographer Joseph Görres (1776–1848), the idealist philosopher Jakob Friedrich Fries (1773–1843), the rational theologian Wilhelm Martin Leberecht de Wette (1780–1849), as well as the historian Friedrich Christoph Förster (1791–1868).[70] Measured numerically this would have sufficed for enough university staff at that time; measured by scholarly excellence, they would have competed with the best German and American universities.

In the end, the plan simply failed upon the discovery and confiscation of Follen's memorandum during a raid at Ludwig Snell's Hause Ludwig Snells zu Wetzlar über mehrere Wochen hinweg beraten und anschließend von Karl Follen zu einer Denkschrift zusammengefasst.[60] Die darin festgehaltenen Konzepte unterschieden sich radikal von Ludwig Galls fast zeitgleicher romantisch-zivilisationskritischer Vision einer abgeschotteten deutschen Siedlungsinsel in den „Wäldern" Nordwest-Pennsylvaniens.[61] Follen maß den Deutschen eine aktive Rolle in den Vereinigten Staaten zu; den Vereinigten Staaten eine aktive Rolle in der Welt. Als wichtigsten Schritt zur Erreichung dieses Ziels betrachtete er die Gründung einer deutschsprachigen Universität jenseits des Atlantiks. Diese sollte gleichermaßen als Arbeitsstätte verfolgter deutscher Wissenschaftler, wie auch als intellektuelles Zentrum einer weiträumigen Ansiedlung des Deutschamerikanertums dienen.[62] Durch Zusammenarbeit mit den „Deutschen Gesellschaften" in den USA plante man, hilfsbedürftige Auswanderer in der Region anzusiedeln.[63] Langfristig fassten Follen und die Gebrüder Snell auf diese Weise die Gründung eines förmlichen, im Kongress vertretenen deutschen Bundesstaates ins Auge.[64]

Diese separatistischen Tendenzen schienen Follen – der seit 1819 allmählich die nationalistischen Ursprünge seines Denkens zu überwinden begann – jedoch keineswegs im Widerspruch zu einem politischen Engagement für die amerikanische Gesellschaft zu stehen.[65] Vielmehr sah der Revolutionär die Zukunft der Vereinigten Staaten in einer Art Föderation der drei

Vorzeiger dieses

paßirt als Mitglied der Central-Untersuchungs-Commißion zu Mainz, frey von Entrichtung des landesherrlichen — Chaussée-Weg- und Brückengeldes an allen Erhebstätten des Großherzogthums Heßen

Darmstadt den   Merz 1820

GROSSHERZOGLICH HESSISCHES
GEHEIMES STAATS-MINISTERIUM

Passierschein für Mitglieder der Mainzer Zentraluntersuchungskommission des Deutschen Bundes zur Aufklärung
der „demagogischen Umtriebe"
//
Pass for members of Mainz Central Investigation Commission
of the German Confederation for the probing of "demagogic
machinations"

home in Wetzlar.[71] Shortly after receiving the news, Ludwig's older brother Wilhelm and Karl Follen fled across the Rhine to Strasbourg. Their persistent attempts to win over senior American government officials[72] and the above-named German scholars to the project were doomed to failure under these circumstances. Instead of emigrating to America en masse, the two revolutionaries found themselves fleeing from Strasbourg to Switzerland.[73] Nevertheless the on-going plans did not appear to be put completely behind them, until at least fall of 1820.[74] However, the situation of the demagogues in exile gradually began to stabilize, until their interest in such political adventures petered off little by little.[75]

Only two and a half years later did the emigration plans of the two older Follen brothers – August now also joining them, who had been provisionally released from custody in Berlin and had also gone to Switzerland – once again experience a renaissance.[76] The background

Erlinger, H.
  Olbers
2,m,none

Erlinger, H.
– Olbers
38,m,farmer

Erlinger, M.
– Olbers
11,m,farmer

Erlinger, M.
– Olbers
38,m,farmer

Espenhaim, Christoph
– Medora
26,m,musician
Altenburg

Friedrich List, 1789-1846

for this development could be found again in the turmoil of the German demagogue persecutions. New political allegations against Karl Follen began to form around the same time that August Follen was convicted, in absentia, to ten years imprisonment for his democratic "machinations" by the Higher Regional Court of Breslau in November 1823.[77] In February and August 1824, this together resulted in several German states, above all Prussia and Austria, demanding that Switzerland extradite the pair. Even though the Swiss states of Basel and Aargau vigorously tried to protect the refugees, the true balance of power quickly became evident.[78]

While considering flight, Karl and August, as well as their close friend Friedrich List, an economist, seriously considered once again the idea of founding a "rejuvenated, free, noble Germany" in the USA.[79] While they had given up on the idea of founding a university, they

– europäischen – „Hauptnationen" (Engländer, Deutsche und Franzosen) nach Vorbild der Schweiz, wobei jedes „Volk" sich in das große Ganze einzufügen hatte.[66] Um den Zusammenhalt eines solchen Bundes zu stärken, sollte jeder Amerikaner verpflichtend die entsprechenden drei Grundsprachen beherrschen.[67] Mittelfristig erhoffte sich Follen aus einer solchen Struktur eine Rückwirkung der Teilvölker auf die Politik ihrer europäischen Mutterländer und letzten Endes die Erfüllung der historischen Mission, welche er den Vereinigten Staaten zusprach: die Etablierung und Erhaltung demokratischer Staatswesen in aller Welt.[68]

Inwieweit zumindest das Kernvorhaben dieses ambitionierten Projekts – die Gründung einer deutschen Universität in den USA – zu verwirklichen gewesen wäre, ist in der Forschung unterschiedlich beurteilt worden.[69] Tatsächlich konnten die Gebrüder Snell und Follen auf gute Kontakte zu mehreren prominenten Wissenschaftlern verweisen, die im Zuge der Demagogenverfolgungen von 1819 ihre Stellen verloren hatten. Als Dozenten für die neu zu gründende „Bildungsanstalt" hatte man – neben den juristisch gebildeten Initiatoren selbst – keine geringeren Namen ausersehen als den Mediziner und Naturwissenschaftler Lorenz Oken (1779-1851), den aus den Befreiungskriegen berühmten Philologen und Geschichtsschreiber Joseph Görres (1776-1848), den idealistischen Philosophen Jakob Friedrich Fries (1773-1843), den rationalistischen Theologen Wilhelm Martin Leberecht de Wette (1780-1849) sowie den Historiker Friedrich Christoph Förster (1791-1868).[70] Zahlenmäßig hätte dieses Personal für eine Hochschule damaliger Ausprägung zumindest als Grundstock durchaus genügt; gemessen an der wissenschaftlichen Qualität hätte man mit den besten deutschen und amerikanischen Universitäten der Zeit konkurriert.

Letztendlich scheiterte das Vorhaben jedoch schlicht und ergreifend an der Entdeckung und Konfiszierung der Follen'schen Denkschrift am 9. Januar 1820 während einer Haussuchung bei Ludwig Snell in Wetzlar.[71] Kurz nach Erhalt dieser Nachricht retteten sich der ältere Bruder Wilhelm Snell und Karl Follen über den Rhein nach Straßburg. Ihre hartnäckigen Versuche, höhere amerikanische Offizielle[72] und die oben genannten deutschen Wissenschaftler für das Projekt zu gewinnen, waren unter diesen Umständen vorerst zum Scheitern verurteilt –

anstelle der erhofften Auswanderung nach Amerika „im Großen"
trat die gemeinsame Flucht der beiden Revolutionäre von
Straßburg in die Schweiz.[73] Dennoch scheinen entsprechende
weiterführende Pläne zumindest bis Herbst 1820 noch nicht
völlig ad acta gelegt worden zu sein.[74] Spätestens seit Mitte
1821 aber begannen sich die Verhältnisse der Demagogen im
Schweizer Exil allmählich so weit zu stabilisieren, dass sich ihr
Interesse an derartigen politischen Abenteuern nach und nach
verlor.[75]

Erst zweieinhalb Jahre später erlebten die Auswanderungs-
ideen der beiden älteren Follen-Brüder – nunmehr auch
Augusts, der im September 1821 provisorisch aus der Berliner
Untersuchungshaft entlassen worden war und sich ebenfalls in
die Schweiz begeben hatte – noch einmal eine Renaissance.[76] Der
Hintergrund für diese Entwicklung war erneut in den Wirren der
deutschen Demagogenverfolgung zu suchen. Wahrend August
Follen im November 1823 durch das Oberlandesgericht Breslau
aufgrund seiner demokratischen „Umtriebe" in absentia zu zehn
Jahren Haft verurteilt worden war[77], hatten sich etwa zur selben
Zeit auch neue politische Verdachtsmomente gegen Karl Follen
ergeben. Beides zusammen resultierte im Februar und August
1824 in Auslieferungsbegehren mehrerer deutscher Staaten, vor
allem aber Österreichs und Preußens, an die Schweiz. Obgleich
die betroffenen Kantone Basel und Aargau das Asylrecht der
beiden deutschen Flüchtlinge durchaus energisch zu schützen
versuchten, waren die realen Kräfteverhältnisse im Grunde doch
unverkennbar.[78]

Vor dem Hintergrund einer möglichen Flucht befassten
sich Karl und August, sowie der eng mit ihnen befreundete
Nationalökonom Friedrich List (1789-1846) nochmals ernsthaft
mit dem Gedanken der Gründung eines „verjüngten, freien,
edlen Deutschlands" in den USA.[79] Den Gedanken einer
Universitätsgründung hatten sie allerdings mittlerweile
aufgegeben, stattdessen erwogen sie nun die Gründung einer
kleineren deutschen Ansiedlung am Ohio River in der Nähe von
Pittsburgh.[80] Gleichzeitig wollten die Revolutionäre in dieser
Stadt eine deutschsprachige Zeitschrift herausgeben, von der
sie hofften, dass sie „unendlich mehr" eintragen würde, als in der
Schweiz die beste Besoldung.[81] Begründet durch die resignierte
Erkenntnis, dass im „elenden, matten, ehrlosen Europa [...] das
Recht keinen Schutz auf Leben und Tod mehr habe", sollte in

instead contemplated starting a small German
settlement on the Ohio River near Pittsburgh.[80]
The revolutionaries also planned to simultaneously publish a German journal, from which
they hoped to earn "infinitely more" than the
best salary in Switzerland.[81] Motivated by the
resigned realization that in "wretched, weary,
dishonorable Europe [...] justice can no longer
protect life and death", they believed that there
must be refuge for everything "that has remained healthy, in order to collect and to conserve
honorableness and reason for the children."[82]
At the end of March 1824, Karl Follen and Friedrich List traveled to Paris to discuss their intentions with some French acquaintances and
also with the US Embassy.[83] They were in fact
"most honorably and amiably" received by the
leading members of the French opposition, the
Marquis de Lafayette and the Marquis Voyer
d'Argenson, and introduced to the North American emissary James Brown (1766 – 1835).[84] August Follen already started dreaming of playing
a similar role as "Pann [sic!] and Washington and
Franklin."[85]

However shortly afterwards, the broad
ideas of the brothers seemed to have been

Wilhelm Snell, 1789-1851

der neuen Welt ein Asyl entstehen, um alles „was gesund sich erhalten hat, zu sammeln und die Redlichkeit und Vernunft den Kindern zu bewahren".[82] Ende März 1824 reisten Karl Follen und Friedrich List nach Paris, um dort mit französischen Freunden sowie mit der US-amerikanischen Botschaft über das Vorhaben zu verhandeln.[83] Tatsächlich wurden sie von den führenden Mitgliedern der französischen Opposition, dem Marquis de Lafayette und dem Marquis Voyer d'Argenson „aufs ehrenvollste und freundlichste" empfangen und dem nordamerikanischen Gesandten James Brown (1766-1835) vorgestellt.[84] August Follen erträumte sich unterdessen bereits, binnen kurzer Zeit eine ähnliche historische Rolle einzunehmen wie „Pann (sic!) und Washington und Franklin".[85]

Bald darauf scheinen die weitgespannten Konzeptionen der Brüder jedoch einen empfindlichen Dämpfer erlitten zu haben, denn Karl kehrte plötzlich unverrichteter Dinge nach Basel zurück.[86] Dieser Rückschlag bedeutete für die kolonisatorischen Aktivitäten der beiden älteren Follen-Brüder das Ende. Als Karl schließlich im Herbst 1824 nach New York flüchtete, tat er dies fast gänzlich auf eigene Faust. In den Vereinigten Staaten lebte er sich rasch ein, lernte die englische Sprache und avancierte zum Professor für Germanistik in Harvard. Später begann er sich für die Antisklavereibewegung zu engagieren und wirkte in seinen letzten Lebensjahren als Prediger der rationalistischen Glaubensbewegung des Unitarismus. August dagegen etablierte sich nach einem langwierigen politischen und

Ettling, C.
- Olbers
16,m,farmer

Ettling, D.
- Olbers
11,m,farmer

Ettling, D.
- Olbers
45,m,farmer

Ettling, F.
- Olbers
23,m,none

Ettling, J.
- Olbers
18,m,farmer

dampened, for Karl suddenly returned to Basel empty-handed.[86] This setback meant the end of the colonial ideas for the two older brothers. When Karl finally fled to New York in fall of 1824, he did so almost completely on his own initiative. He quickly settled in, learned English, and was promoted to Professor of German Philology at Harvard. Later he began to get involved in the anti-slavery movement and in his final years worked as a preacher for the rational Unitarian movement. August, on the other hand, firmly established himself as an author in Switzerland after a lengthy political and legal tug-of-war with Prussia.

Yet the Follen brothers' plans for creation of a German "sanctuary of freedom" did not completely sink into oblivion. In point of fact their dreams of founding a new Germany amidst the suppression of freedom movements continued to have an effect until well into the 1830s.

Emigration and political conflict in the late 1820s: the writings of Gottfried Duden (1789 – 1856)

After the years of famine between 1816 and 1819 the social emigration movements to the USA had in the meantime decreased by a little more than half, yet without ultimately drying up. In particular, the flooding of the Rhine in 1825 drove several thousand inhabitants of southwest Germany over the Atlantic. The emi-

juristischen Tauziehen mit Preußen dauerhaft als Schriftsteller in der Schweiz.

Völlig in Vergessenheit gerieten die Pläne und Konzeptionen der Gebrüder Follen zur Schaffung eines deutschen „Freiheitsasyls" in Amerika allerdings nicht. Vielmehr wirkten ihre Träume von der Gründung eines neuen Deutschlands in einer Atmosphäre der Unterdrückung freiheitlicher Bewegungen bis weit in die 1830er Jahre fort.

Auswanderung und politischer Konflikt in den späten 1820er Jahren: die Schriften Gottfried Dudens (1789-1856)

Nach den Hungerjahren von 1816 bis 1819 waren die sozialen Wanderungsbewegungen aus Deutschland in die USA zwar zwischenzeitlich um etwas mehr als die Hälfte zurückgegangen, ohne jedoch endgültig zu versiegen. Vor allem die große Rheinüberschwemmung von 1825 führte erneut mehrere tausend Bewohner Südwestdeutschlands über den Atlantik. Auswanderungsverbote der Regierungen von Baden, Württemberg und Hessen dämmten die Migrationsbewegungen zwar kurzfristig ein, erreichten aber keinerlei dauerhafte Wirkung: Spätestens 1827/28 waren die Züge wieder auf die alte Stärke angewachsen; wobei sie sich häufig in Form kleinerer Auswanderungsgesellschaften nach Vorbild von Gagerns organisierten. Seit 1831 traten überdies noch vermehrt religiöse Minderheiten, vor allem Mennoniten aus Kurhessen, Hessen-Darmstadt und der Pfalz, hinzu.[87]

Verfassungspolitisch war im Deutschen Bund seit Anfang der 1820er Jahre eine Phase der Stagnation und des Stillstands eingetreten. Wer zuvor der republikanischen Opposition angehört hatte, saß nun entweder im Gefängnis, war geflohen, hatte seinen Frieden mit den monarchischen Mächten gemacht

Bericht

über eine Reise

nach den

westlichen Staaten Nordamerika's

und einen mehrjährigen Aufenthalt am Missouri (in den
Jahren 1824, 25, 26 und 1827), in Bezug auf
Auswanderung und Uebervölkerung,

oder:

Das Leben

im

Innern der Vereinigten Staaten

und dessen Bedeutung für die häusliche und politische
Lage der Europäer, dargestellt

a) in einer Sammlung von Briefen,

b) in einer besonderen Abhandlung über den politischen Zustand der
nordamerikanischen Freistaaten, und

c) in einem rathgebenden Nachtrage für auswandernde deutsche
Ackerwirthe und Diejenigen, welche auf Handelsunternehmungen denken,

von

Gottfried Duden.

Gedruckt zu Elberfeld im Jahre 1829 bei Sam. Lucas,
auf Kosten des Verfassers.

Gottfried Duden: „Bericht über eine Reise…" //
Gottfried Duden's famous "Report on a Journey…"

gration prohibitions by the governments of Baden, Württemberg, and Hesse stemmed the flow of emigrants in the short term, but had no long term effect: By 1827 – 28 at the latest the movements had reached their former strong numbers; whereby they frequently organized themselves in small "emigration societies", according to Gagern's model. In addition, many several religious minorities started joining from 1831, especially Mennonites from Kurhesse, Hesse-Darmstadt, and the Palatinate.[87]

As far as constitutional politics was concerned, the beginning of the 1820s ushered in a phase of stagnation and inactivity. Whoever had previously belonged to the republican opposition was now either in prison, had fled, had made their peace with the powers of monarchy, or, like the more decided representatives of constitutional liberalism, saw themselves condemned to silence by censorship. Any possible revolutionary movements would have to fragment within the federal structure of the Confederacy, and anyway would be intercepted by the "Holy Alliance", forged by Metternich, between Russia, Austria, Prussia, and France. A certain forum – albeit limited and precarious – for liberal ideas was nevertheless provided by the corporative chambers of the southwest German states (Bavaria, Baden, Württemberg, and Hesse-Darmstadt), where constitutions had been permitted between 1815 and 1820.[88]

However, on the whole, The Biedermeier era meant a period of withdrawal and disillusionment for the political-intellectual middle classes. In this atmosphere, the news of the July 1830 revolution must have been all the more electrifying – the fall of the Bourbons and instatement of the "citizen king" Louis Philippe – and appeared to breathe new life into the ideas of 1789. All at once liberal-nationalist movements emerged throughout all of Europe: Belgium seceded from the Kingdom of the Netherlands, the Polish rose up against the Russian czars. Rebellions also erupted in certain German states, most of them caused by social problems and converted into liberal constitutional campaigns by the members of the moderate middle classes. In any case, the beginning of the 1830s saw four German states (Brunswick, Kurhesse, Saxony, and Hanover) forced to grant modern constitutions.[89]

Simultaneously these successes of the middle-class liberal opposition opened additional possibilities for the supporters of a radical republicanism in the spirit of the Follen brothers. The ground gained did not extend far enough for the democrats: their goal was and remained the absorption of the all the monarchical single states into one national German state with a representative constitution. At the "Hambach Festival", a large enthusiastic rally attracting supporters from all southwest Germany, and even France and Poland, calls for liberty and fraternity of nations could be heard everywhere loudly and clearly.[90]

Eventually these new hopes vanished as quickly as they had come. Austria and Prussia reacted with the enforcement of two obviously reactionary decrees which intensified the censorship of the press, strengthened the prohibition on associations and assemblies, and effectually deprived the individual states' parliaments of their rights with respect to the governments. Larger protests or even attempts at revolution nevertheless failed to appear, and many (if not all) German republicans lapsed into their former gloomy resignation. Starting in 1832, plans for emigration to the USA were discussed more than ever within German intellectual circles.[91]

oder sah sich, ebenso wie die entschiedeneren Vertreter eines konstitutionellen Liberalismus, durch die Zensur zum Schweigen verurteilt. Eventuelle revolutionäre Bewegungen hätten an der föderalen Struktur des Bundes zersplittern müssen und wären im Notfall durch die von Metternich geschmiedete „Heilige Allianz" zwischen Russland, Österreich, Preußen und Frankreich aufgefangen worden. Ein gewisses – wenn auch sehr begrenztes und prekäres – Forum für liberale Ideen boten immerhin die Ständekammern der süddeutschen Mittelstaaten (Bayern, Baden, Württemberg und Hessen-Darmstadt) wo zwischen 1815 und 1820 landständische Verfassungen gewährt worden waren.[88] Dennoch bedeutete die Ära des „Biedermeier" für das politisch-intellektuelle Bürgertum im Ganzen eine Phase des Rückzugs und der Ernüchterung. Umso elektrisierender mussten in dieser Atmosphäre die Nachrichten über die Ereignisse der Julirevolution von 1830 in Frankreich wirken – dem Sturz der Bourbonen und der Einsetzung des „Bürgerkönigs" Louis Philippe –, die zeitweise den Anschein erweckten, als seien die Ideen von 1789 zu neuem Leben erwacht. Mit einem Mal brachen sich in ganz Europa liberal-nationalistische Bewegungen Bahn: Belgien spaltete sich vom Königreich der Niederlande ab, die Polen erhoben sich gegen den russischen Zaren. Auch in einzelnen Staaten Deutschlands kam es zu – allerdings vorwiegend sozial bedingten – Rebellionen, die das gemäßigte Bürgertum erfolgreich in liberale Verfassungskampagnen umsetzte. Immerhin vier deutsche Mittelstaaten, Braunschweig, Kurhessen, Sachsen und Hannover, sahen sich Anfang der 1830er Jahre zur Gewährung mehr oder weniger zeitgemäßer Konstitutionen gezwungen.[89]

Gleichzeitig eröffneten diese Erfolge der bürgerlich-liberalen Opposition natürlich auch wieder neue Spielräume für die Anhänger eines radikalen Republikanismus im Sinne der Gebrüder Follen. Den Demokraten gingen die erreichten Verbesserungen keinesfalls weit genug; ihr Ziel war und blieb das Aufgehen der monarchischen Einzelstaaten in einem deutschen Nationalstaat mit Repräsentativverfassung. Auf dem „Hambacher Fest", einer enthusiastischen Großkundgebung von Oppositionellen aus ganz Südwestdeutschland, aber auch Frankreich und Polen, wurden im Zeichen von Freiheit und Völkerverbrüderung offen revolutionäre Töne laut.[90]

Ettling, M.
– Olbers
47,f,none

Ettling, S.
– Olbers
8,f,none

Eulenstein, G.
– Olbers
22,m,none

Fey, Catherina
– Medora
21,f,none
Babenhausen

Fey, Christian
– Medora
26,m,farmer
Babenhausen

Flach, Fredrick
– Medora
34,m,farmer
Stammheim

Flach, Herman
– Medora
7,m,none
Budingen

Flamm, A.
– Olbers
3,m,none

Flamm, E.
– Olbers
9,f,none

Flamm, J.
– Olbers
13,f,none

Flamm, M.
– Olbers
34,f,none

From Duden's descriptions about the region around Warren County (1829):

"Many times have I said to myself and my traveling companion (who I am most fortunate enough to be able to leave behind): No one will or can believe how easily and pleasantly one can live in this land. It sounds too outlandish, too fabulous. The belief in similar places around the world has been banished to the world of fairy tales for too long. The inhabitants of the Mississippi area believe the reports about the plight in Europe to be exaggerated. That there are so many white people who, even with the greatest efforts, can hardly eat enough meat in one year as is here thrown to the dogs in a just a few weeks; that many families, without the gracious donations of others, would simply starve or freeze to death in winter; the citizens of Missouri, and even their slaves, doubt all this so much that they believe the sole intention, upon hearing such statements, is to give America flattering praises, to foster relations."[95]

//

Aus den Schilderungen Gottfried Dudens über die Gegend um Warren County (1829):
„Mannigmahl habe ich zu mir selbst und zu meinem Reisegefährten (den ich in der glücklichsten Lage zurücklassen werde) gesagt: man wird und kann es in Europa nicht glauben, wie leicht und angenehm sich in diesem Lande leben läßt. Es klingt zu fremdartig, zu fabelhaft. Der Glaube an ähnliche Örter auf der Erde war schon zu lange in die Mährchenwelt verbannt. Die Bewohner der Mississippi-Länder halten dagegen die Berichte über die Noth in Europa für übertrieben. Daß es dort so viele weiße Menschen gebe, welche, bei der größten Anstrengung, kaum in einem ganzen Jahre so viel Fleisch genießen, als hier in wenigen Wochen den Hunden vorgeworfen wird, daß manche Familien, ohne die milden Spenden anderer, gar verhungern oder im Winter erfrieren würden, dieß bezweifeln die Bürger des Missouri-Staates, sammt ihren Sclaven, so sehr, daß sie solche Aussagen nur auf die Absicht, Amerika schmeichlerisch lobpreisen zu wollen, zu beziehen pflegen."[95]

```
Flamm, W.
- Olbers
15,m,none

Flamm, W.
- Olbers
48,m,farmer

Floer, J.
- Olbers
31,m,farmer

Flugg, J.
- Olbers
3,f,none

Flugge, C.W.
- Olbers
27,m,farmer

Flugge, E.
- Olbers
5,m,none
```

Letztendlich verflogen diese neuen Hoffnungen jedoch ebenso rasch, wie sie gekommen waren. Österreich und Preußen reagierten mit der Durchsetzung zweier offen reaktionärer Bundesbeschlüsse, welche die Zensur der Presse verschärften, das Vereins- und Versammlungsverbot bekräftigten und die Parlamente der Einzelstaaten faktisch ihrer Rechte gegenüber den Regierungen beraubten. Größere Proteste der Bevölkerung oder gar Revolutionsversuche blieben dennoch aus, viele (wenn auch nicht alle) deutsche Republikaner verfielen wieder in die alte bedrückende Resignation.[91]

Seit dem Spätherbst 1832 wurde darum nun auch in deutschen Intellektuellenkreisen wieder mehr denn je über Auswanderungspläne in die USA diskutiert. Eine in ihrer Bedeutung kaum zu überschätzende Grundlage bildete dabei der drei Jahre zuvor publizierte „Bericht über eine Reise nach den westlichen Staaten Nordamerika's und einen mehrjährigen Aufenthalt am Missouri"[92] aus der Feder des vormaligen Mülheimer Friedensrichters Gottfried Duden (1789-1856).[93]

Duden, dessen Vorstellungen über die Notwendigkeit der Gründung von Auswanderungsgesellschaften an von Gagern anknüpften, war in Begleitung seines Freundes Ludwig Eversmann von 1824 bis 1827 in den USA umhergereist, hatte längere Zeit auf einer Farm in Warren County (Missouri) verbracht und war anschließend wieder nach Deutschland zurückgekehrt. In seinem Reisebericht riet er von einer Ansiedlung in den östlichen Staaten eindeutig ab, zeichnete jedoch andererseits ein über alle Maßen romantisierendes Bild von den Ländern jenseits des Mississippi. Hier, im fruchtbaren und wildreichen Westen der USA, glaubte er den passenden Ort für die Gründung eines „verjüngten Germaniens" gefunden zu haben – eine Idee, die er mithilfe seiner Schrift gerade auch unter den gebildeten Schichten Deutschlands zu propagieren versuchte.[94]

Einer unter tausenden Lesern, die sich von Dudens einprägsamen Schilderungen einer bukolischen Jäger- und Farmeridylle an den Ufern des Missouri „mächtig angeregt" fühlten, war der Pfarrer von Nieder-Gemünden bei Alsfeld, Friedrich Münch (1799-1881). Als einem ehemaligen Mitglied der „Gießener Schwarzen", engen Freund der Gebrüder Follen[96], und überzeugten Anhänger einer rationalistischen Theologie hatten ihm die orthodoxen Vorgaben der hessischen Landeskirche

"March of Civilization, St. Louis, Missouri"
Uferlandschaft am Mississippi, undatiertes Ölgemälde von Andrew W. Melrose (1836-1901). //
Waterside scenery along the Mississippi River, undated oil painting by Andrew W. Melrose (1836-1901)

A foundation was provided by the quill of Gottfried Duden (1789 – 1856), a former Mülheim Justice of the Peace, who, three years earlier, published "Report on a Journey to the Western States of North America and a Stay of Several Years Along the Missouri"[92] – a paper which cannot be overestimated in its significance.[93]

Duden, who had taken up Gagern's position on the necessity of founding emigration societies, traveled around the USA from 1824 to 1827, accompanied by his friend Ludwig Eversmann, and had spent quite a long time at a farm in Warren County, Missouri, eventually returning to Germany. In his travel report he unequivocally advised against a settlement in the eastern states, yet in contrast painted an exceedingly romanticized picture of the lands beyond the Mississippi. Here, in the west of the USA, fertile and rich with game, he believed he had found a suitable place for the founding of a "rejuvenated Germany" – an idea he attempted to propagate among Germany's educated classes with the help of his paper.[94]

One of the many thousands who felt "powerfully moved" by Duden's memorable portrayal of the bucolic hunter and farmer idyll upon the banks of the Mississippi was a pastor from Nieder-Gemünden in Alsfeld, Friedrich Muench (1799 – 1881). As a former member of the Giessen Blacks, close friend of the Follen brothers,[96] and a confident devotee of a rational theology, the practice of his profession had become more and more detestable to him due to the orthodox dictates of the Hessian Church as well as the condescension and spying-system of the government.[97] At the same time he was tortured by the helplessness in the face of widespread hardship within his community, while the realization of his political ideals seemed always

Friedrich Münch, ca. 1832 //
Friedrich Muench, ca. 1832

ebenso wie die Gängeleien und das „Spionir-System" der Regierung nach und nach die Ausübung seines Berufes verleidet.[97] Gleichzeitig quälte ihn die Hilflosigkeit angesichts der weit verbreiteten Not innerhalb seiner Gemeinde, während die Verwirklichung seiner politischen Ideale stets nur in weitere Fernen zu rücken schien.[98] Schon seit längerer Zeit mit privaten Auswanderungsgedanken spielend, hatte er nun Anfang der 1830er Jahre Dudens „Bericht" als Abschiedsgeschenk von einer nach Ohio emigrierenden Mennonitenfamilie erhalten.[99] Unter dem Eindruck der Lektüre fasste Münch binnen kurzer Zeit den festen Entschluss, seinen Bekannten zu folgen.[100] Wenig später begann er damit, im engsten Freundeskreis nach Partnern für das Unternehmen zu suchen.

Auf den Spuren Gottfried Dudens: Die „Gießener Auswanderergesellschaft" von 1833/34.

Die erste und wichtigste Person, welcher Münch seine Pläne anvertraute, war sein Jugendfreund und Schwager Paul Follenius[101] – der jüngste Bruder der seinerzeit aus Deutschland geflüchteten Karl und August Follen. Paul, der in seiner Studienzeit ebenfalls den „Gießener Schwarzen" angehört hatte, ohne jedoch innerhalb dieser Verbindung besonders hervorzutreten[102], war während und nach den Verfolgungen von 1819 in Gießen geblieben. Indem er sich politisch

Friedrich Münch veröffentlichte diese rationalistische Schrift anonym, 1823
//
Friedrich Muench anonymously published the rationalistic book
"Jesus, the Son of God…" in 1823

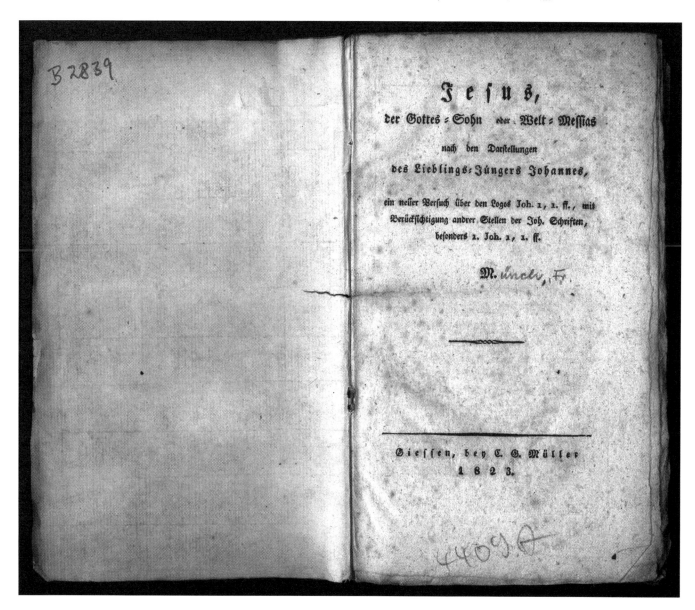

Jesus,

der Gottes = Sohn oder Welt = Messias

nach den Darstellungen

des Lieblings = Jüngers Johannes,

ein neuer Versuch über den Logos Joh. 1, 1. ff., mit
Berücksichtigung andrer Stellen der Joh. Schriften,
besonders 1. Joh. 1, 1. ff.

M. ünch, F,

Giessen, bey C. G. Müller
1823.

to be distant.[98] He had privately been playing with the idea of emigration for some time already when he received Duden's "report" as a farewell present from an emigrating Mennonite family on their way to Ohio in the early 1830s.[99] While under the impression of his reading, he came to the firm conclusion of following his acquaintances.[100] Only a little later did he begin looking in his close friend circle for partners for the endeavor.

On the trail of Gottfried Duden: The Giessen Emigration Society of 1833/34

The first and most important person whom Muench entrusted with his plans was his childhood friend and brother-in-law Paul Follenius[101] – the youngest brother of Karl and August Follen, these two having fled from Germany by this time. Paul, who had been a member of the Giessen Blacks, had stayed in Giessen during and after the persecutions of 1819. As he had held himself back from political demonstrations[102], he managed "brilliant exams" and attained a lucrative post as a court-advocate.[103] He had not, however, totally given up his democratic ideals: from 1830 onwards his name had appeared in the background of the most important "machinations" in the Grand Duchy of Hesse; in February of 1832 he became a member of the Giessen municipal council.[104]

After the publication of the reactionary government decrees of 1832, Paul rode personally to Kassel, to the Kurhessian parliament (the only one that was convened at the time), to prompt a closed protest against the measures.[105] The complete failure of his efforts had caused him increasing despair over the future of Germany, such that he found finally himself considering the idea of emigration, despite an initial skepticism.[106]

To: Peter Roloff
Subject: 1:0 for the Summer Republic
Att.: IMG_1335.jpg; IMG_1334.JPG

Hello Mr Roloff,
Dear Traveling Summer Republic,
Yesterday I was seized by a completely irrational madness for discovery and I finally found Muench's chronicle at 9 pm. It was in an old tome following several blank pages, disguised as an entry in the list of pastors starting with the Reformation. I am attaching photos. Perhaps they can be put into better quality when we meet in September.
Best regards,
Thomas Schill
Living colleague of F. Muench

Einblick in die Kirchenchronik in Nieder-Gemünden //
Insight into the church chronicle in Nieder-Gemünden
Von links nach rechts // from left to right: Thomas Schill, Rolf
Schmidt, Elfriede Wilhelm, Peter Roloff, Lothar Schwenk

fortan demonstrativ zurückgehalten hatte, war es ihm nach „glänzendem Examen" gelungen, eine lukrative Stellung als Hofgerichtsadvokat zu erreichen.[103] Seine demokratischen Ideale hatte er dabei jedoch nie völlig aufgegeben: Von 1830 an war sein Name wieder im Hintergrund der bedeutendsten „Umtriebe" im Großherzogtum Hessen aufgetaucht; im Februar 1832 wurde er Mitglied des Gießener Gemeinderats.[104] Nach der Publikation der reaktionären Bundesbeschlüsse vom Sommer 1832 war Follenius persönlich nach Kassel geritten, um die kurhessischen Stände (die einzigen, die gerade versammelt waren), zum geschlossenen Protest gegen diese Maßnahme aufzufordern.[105] Die gänzliche Erfolglosigkeit seiner Bemühungen hatte ihn mehr und mehr an der Zukunft Deutschlands verzweifeln lassen, so dass er sich, trotz anfänglicher Skepsis, schließlich bereit fand, die Idee einer Auswanderung wenigstens in Erwägung zu ziehen.[106]

Tatsächlich schlug Dudens schwärmerischer „Bericht" auch Follenius nur zu bald in seinen Bann. Allerdings musste es ihm im Hinblick auf seine engen Verknüpfungen mit der republikanischen Bewegung deutlich schwerer fallen, einen Schritt zu tun, der ihm von seinen Gesinnungsgenossen leicht als „Verrat" hätte ausgelegt werden können.[107] Auch sein älterer

Versteckte Pfarrchronik von Nieder-Gemünden. Eintrag von Friedrich Münch. //
Hidden parish chronicle of Nieder-Gemünden. Entry of Friedrich Muench.

Über Paul Follenius schrieb der Kunsthistoriker Ernst Förster in seinen Jugend-
erinnerungen:
„Eine prächtige Siegfriedsgestalt, schlank und schön, und waffengewandt und so
kräftig, daß er mit dem Schläger jede Parade durchschlug (…).“
(Ernst Förster: Aus der Jugendzeit, Berlin und Stuttgart 1887, 157)
//
Art Historian Ernst Förster wrote about Paul Follenius in his memoirs:
"A magnificent physique like Siegfried, slim and beautiful, and so skilled with
weapons and so strong that he penetrates any parade with his sword (…)."

Den 2. März 1834
Seit einem Jahr war ich, in Folge der in Teutschland eingetretenen
politischen Verhältnisse, entschloßen, mein bisheriges Vaterland zu
verlaßen und in den Freistaaten von Nordamerika zu suchen, was ich
von einem würdigen, den Forderungen der Vernunft entsprechenden Lebens fordern zu müßen glaube.
//
The 2nd March 1834
Given the political situation in Germany, I have been determined for
a year now to leave my Fatherland and seek a life in the free states
of North America which I believe must accord with the demands of my
reason.

Bruder August betonte am 31.10.1832 in einem Brief aus der Schweiz, Pauls „amerikanische Gedanken" gefielen ihm nur dann, wenn eine „große Auswanderung" zustande käme, die das „Vaterland und seine Bildung" nach Amerika „überpflanzen" würde. Dann jedoch gefielen sie ihm ausnehmend gut – „auch wegen der Rückwirkung".[108] So entschloss man sich zu guter Letzt, doch noch einmal einen Versuch zur Realisierung der alten Pläne der Gebrüder Follen zur Gründung eines „neuen Deutschlands" innerhalb der Vereinigten Staaten zu wagen. Auch der pragmatischere Friedrich Münch gab sich (trotz Zweifeln über die Realisierungsaussichten eines solchen Projekts) am Ende zufrieden – die Idee der „Gießener Auswanderungsgesellschaft" war geboren.[109]

Als erstes musste es nun darum gehen, eine geeignete Region für das geplante Unternehmen zu finden. Hierfür konnten selbstverständlich nur „Territorien" in Frage kommen; also Gebiete, die politisch den USA unterstanden, ohne aber bereits so stark besiedelt zu sein, dass sie einen formalen Staat zu konstituieren vermochten. Hiervon schieden jedoch nach

Münchs und Follenius' Ansicht die meisten schon infolge ihrer natürlichen Gegebenheiten aus: Das Michigan-Territorium an den Großen Seen schien zu kalt und unfruchtbar, Florida im Süden zu feucht und heiß; Oregon und das weite ehemalige Missouri-Territorium fielen aufgrund der „wilden Indianer-Horden" aus dem Raster.[110] Somit verblieb nur Arkansas. Ein mittelgroßes Territorium, das schon seit Ende der 1820er Jahre von mehreren deutschen Auswanderungsgesellschaften aufgesucht worden war. Das in drei Himmelsrichtungen von Bundesstaaten umschlossen wurde und durch seine Lage am Mississippi hervorragende Handelsmöglichkeiten zu eröffnen schien.[111]

Hier nun, wenig südlich von Dudens Idylle in Warren County, Missouri, glaubte man auf ein „Hochland [...] mit dem bezaubernden Klima der spanischen Hochebenen" rechnen zu dürfen, den Arkansas River hielt man für einen „zweiten Guadalquivir" und das Städtchen Little Rock für ein „künftiges Valencia".[112] „Zahllose Büffel-Heerden, Elennthiere, Rothwild, wilde Pferde usw." sollten nach Meinung der Pläneschmiede das Gebiet durchschwärmen, die Bäume nicht selten „von wilden

Hambacher Fest, 1832: Zug zum Hambacher Schloss //
Hambach Festival, 1832: march to Hambach Castle

In fact, before long Follenius was also brought under the spell of Duden's rapturous "Report". Certainly it must have been difficult for him to take a step, in view of his close connections to the republican movement, which would have easily been construed as "betrayal".[107] Even his older brother August emphasized in a letter from Switzerland from October 31 1832, that Paul's "American thoughts" pleased him only if a "great emigration" took place which would "re-root" the "fatherland and its development" – in which case it pleased him exceptionally much, "also because of the repercussions".[108] And so finally yet another attempt was ventured at the realization of the brothers' old plan of founding a "new Germany" within the United States. Even the more pragmatic Friedrich Muench was satisfied in the end (despite doubts about the chances of success) – and the idea of the "Giessen Emigration Society" was born.[109]

First of all a suitable region for the enterprise had to be found. For this only "territories" could come into question; that is to say, regions subordinate to the USA without being so settled that they constitute a formal state. This is where most areas came to be ruled out by Muench and Follenius owing to their character: the Michigan territory on the Great Lake seemed too cold and infertile, Florida in the south too humid and hot, Oregon and the far off former

„4.) Hofgerichts-Advokat Paul Follenius mit 128 Stimmen" in den Gemeinderat von Gießen gewählt, Februar 1832
//
"4. Manorial court lawyer Paul Follenius with 128 votes" elected to the council of Giessen, February 1832

Wahlergebnis zum Gießener Gemeinderat 1832

Nächste Seite // next page:
Hambacher Schloss heute //
Hambach Castle today

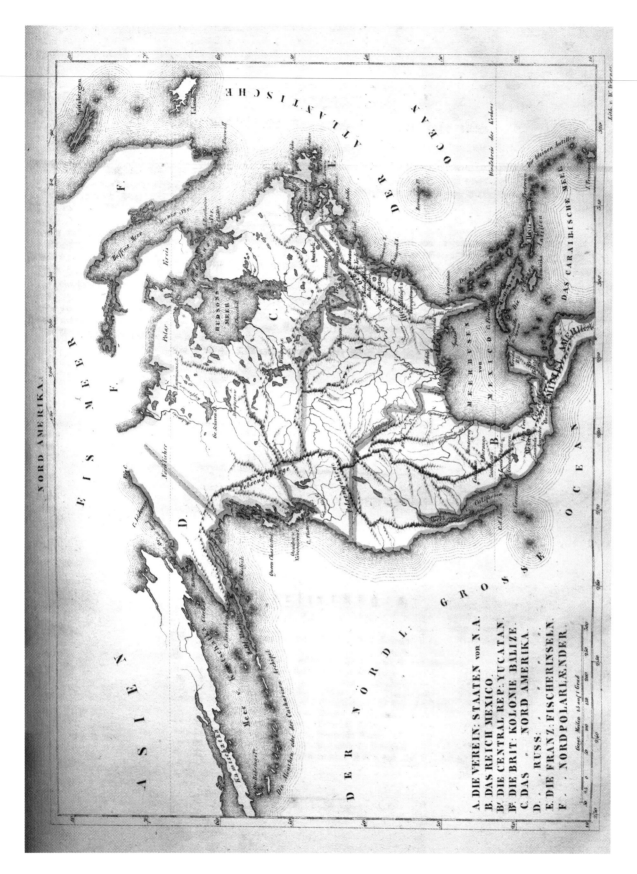

Karte von Nordamerika, 1830 //
Map of North America, 1830

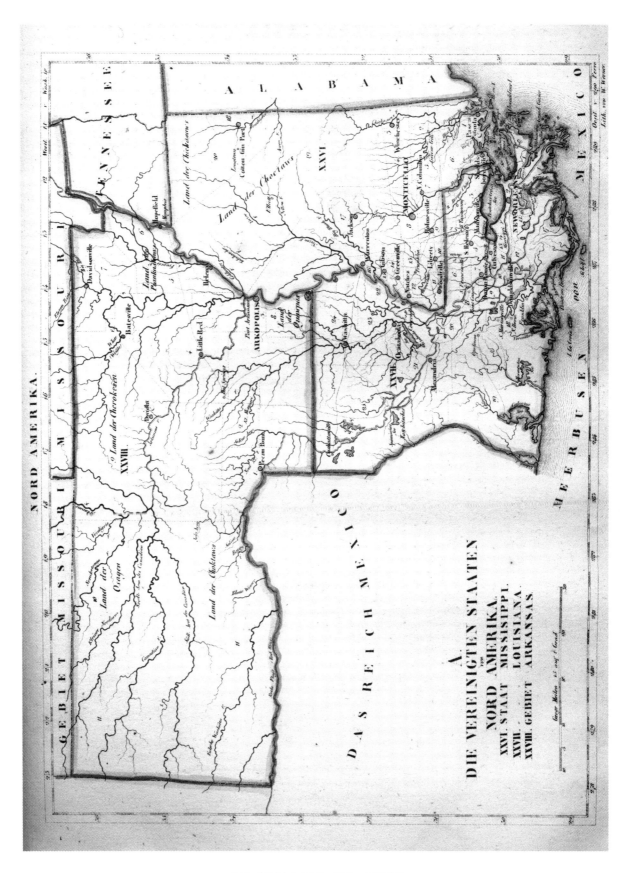

Karte des Arkansas-Territoriums, 1830 //
Map of the Arkansas Territory, 1830

Gustav Klingelhöffer in einem Brief aus Bremen vom 3. März 1833,
kurz vor der Abreise auf der „Olbers", auf der ein Jahr später auch
Paul Follenius auswandern wird:
Wenn Follenius von mir keinen Brief mehr bekommen kann, so sagen
Sie ihm, daß er durch [den Schiffsagenten] Traub die gewünschten
Aufschlüsse erhalten werde.
//
Gustav Klingelhöffer writes in a letter from Bremen on 3 March
1833, just before leaving on the "Olbers" — the same ship that will
take Paul Follenius to America a year later:
If Follenius cannot receive any more letters from me, tell him
that he will obtain any desired explanations through [the shipping
agent] Traub.

Missouri territory because of the "savage Indian hordes".[110] With that remained only Arkansas. A medium-sized territory, that had been sought by several emigration societies since the end of the 1820s. It was surrounded by states in three directions and seemed to offer excellent trading possibilities through its position on the Mississippi.[111]

Muench and Follenius believed to have found "highlands [...] with the enchanting climate of the Spanish plateau" only a little farther south from Duden's idyll in Warren County, Missouri. They regarded the Arkansas River as a "second Guadalquivir" and the small city of "Little Rock" as a "future Valencia".[112] In the imagination of the plan's authors, "Innumerable buffalo herds, elk, deer, wild horses etc" roamed the plains, trees were often "grown over with wild grapevines" and the mountains had "every kind of mineral" readily available.[113] And to top it all off, to have to share it all with only some "colonies of good-natured Indians and scattered Frenchmen from Louisiana" whose numbers hit around "30,000 souls".[114] Where did these extravagant expectations come from, which were later proved to be dramatically false? Friedrich Muench had ascribed them for the most part to his friend, Pastor Gustav Klingelhöffer from Bingenheim, who had left Mainz for Little Rock with his own emigration society in March 1833.[115] In point of fact, however, it seems Follenius had primarily created this "knowledge" from a book famous at the time, H. W. E. Eggerling's emigration handbook, dating from 1832.[116] Eggerling's Arkansas chapter had been largely plagiarized from a ten-year-old geography handbook, that in turn had taken its material from a number of still older travel reports.[117] Not only did they rely on such long-antiquated information; moreover, most of the critical notes and observations of the original sources

Weinreben überwachsen" sein und die Gebirge „alle Arten von Mineralien" vorrätig halten.[113] Zu allem Überfluss hoffte man auch noch, das Maß dieser Herrlichkeiten bei der Ankunft lediglich mit einigen „Colonien gutartiger Indianer und zerstreuter Franzosen aus Louisiana" teilen zu müssen, deren Zahl man auf etwa „30.000 Seelen" anschlug.[114] Woher rührten diese völlig überspannten Erwartungen, die sich später als dramatische Fehleinschätzungen erweisen sollten? Friedrich Münch hat sie rückblickend großteils den Aussagen eines befreundeten Pastors, Gustav Klingelhöffer aus Bingenheim, zugeschrieben, der im März 1833 mit einer eigenen Auswanderungsgesellschaft von Mainz nach Little Rock aufbrach.[115] Tatsächlich scheint jedoch Follenius sein diesbezügliches „Wissen" in erster Linie aus dem – damals durchaus renommierten – Auswanderungshandbuch H. W. E. Eggerlings von 1832 geschöpft zu haben.[116] Dessen Artikel über das „Gebiet Arkansas" plagiierte allerdings über weite Strecken ein zehn Jahre älteres Geographiehandbuch, das wiederum auf eine Reihe noch älterer Reiseberichte zurückgegriffen hatte.[117] Dadurch verließ man sich nicht nur auf längst veraltete Informationen; auch die meisten kritischen Anmerkungen und Beobachtungen der ursprünglichen Quellen waren im Lauf der Übernahmekette nach und nach verloren gegangen.[118] Follenius mögen diese Mängel vielleicht sogar selbst bewusst gewesen sein, da er nicht nur Klingelhöffer aufforderte, ihm über seine Erfahrungen in Arkansas zu berichten[119], sondern auch seinen Bruder Karl in Philadelphia in dieser Frage um Auskunft bat.[120] Überdies setzte er gleich zu Beginn der Vorbereitungen die Wahl einer zweiköpfigen Erkundungskommission durch, die der eigentlichen Gruppe vorausgehen und nach geeigneten Siedlungsplätzen Ausschau halten sollte.[121]

Abgesehen von der Wahl des Ortes waren die Emigrationspläne, die Münch und Follenius im März 1833 der Öffentlichkeit präsentierten[122], im Großen und Ganzen zwar vergleichsweise moderat gehalten und von mehr rationalem Unternehmungs-geist geprägt, als die Visionen ihrer Vorgänger. Dennoch war auch das Programm der „Gießener" durch eine Vielzahl von Illusionen und Widersprüchen geprägt. Durch die Ansiedlung immer neuer Auswanderungsgesellschaften um eine „teutsche Pflanzstadt" herum, sollte es gelingen, die bereits ansässige französische und angloamerikanische Bevölkerung allmählich

zu verdrängen und die für eine Staatsgründung notwendige Zahl von 60.000 freien Bürgern über 25 Jahren zu erreichen.[123] Die erforderliche Zustimmung von Senat und Kongress zu einem derart problematischen Projekt setzte man dabei offenbar als selbstverständlich voraus.

Die soziale Zusammensetzung der Gießener Auswanderergesellschaft entsprach alles in allem weitgehend dem liberalen Traumbild einer von Standesunterschieden und wirtschaftlichen Abhängigkeiten befreiten harmonischen „Bürgergesellschaft mittlerer Existenzen".[124] Angehörigen der unteren Schichten wie Tagelöhnern, Landarbeitern und Gesellen blieb die Teilnahme – zumindest Im Regelfall[125] – durch strenge Vorschriften zur Finanzierung von Überfahrt und Grundbesitz verwehrt.[126] Für den praktischen Alltag der Gesellschaft in Amerika sollte sich diese Tatsache rasch als verhängnisvoll erweisen: Viele Teilnehmer zeigten sich der schweren körperlichen Siedlungsarbeit nicht gewachsen; Knechte und Mägde mussten bei Bedarf teuer aus der bereits ansässigen Bevölkerung rekrutiert werden.[127]

Trotz all dieser unleugbar problematischen Voraussetzungen, resultierte das Unternehmen der Gießener Auswanderergesellschaft im Gegensatz zu vielen ähnlichen Projekten nicht in einem gänzlichen Fehlschlag. Münch selbst betonte in seinen Erinnerungen: „Ist nun auch, was wir in reinster Absicht unternahmen, nicht in der Art gelungen, wie es uns vorschwebte, so haben wir doch keineswegs vergeblich gehofft und gestrebt; vielmehr erfüllen sich unsere Hoffnungen mehr und mehr mit jedem Jahre, nur in anderer Weise."[128] Wie es dazu kam und wie sich die Erfüllung dieser Hoffnungen schließlich gestaltete, das werden die folgenden Kapitel beschreiben.

had eventually gotten lost bit by bit in the chain of citations and plagiarisms.[118] Follenius himself might even have been conscious of these problems, for he demanded Klingelhöffer report on his experiences in Arkansas,[119] as well as asked his brother Karl, who was living in Philadelphia, for information on this question.[120] What is more, at the beginning of the preparations he created a two-person reconnaissance commission that was to travel ahead of the actual group and look for suitable areas for settlement.[121]

Apart from the choice of place were the emigration plans which Muench and Follenius presented to the public in March 1833,[122] on the whole quite moderate and shaped by a more rational spirit of enterprise than the visions of their predecessors. Yet the plans of the "Giesseners" were still characterized by a variety of illusions and discrepancies. Through the settling of more and more emigration societies around a "re-rooted German city", they very seriously intended to replace the French and English American population and to reach 60,000 free citizens within 25 years, a number necessary for the founding of a state.[123] The required consent from the senate and congress for the problematic project was of course obvious.

The social composition of the Giessen Emigration Society largely corresponded to the liberal vision of a harmonious "classless society of middle-income bracket citizens".[124] Members of the lower classes, such as day laborers, farmhands, and journeymen were refused participation – at least implicitly – through the strict regulations[125] for the financing of the

passage and purchase of land.[126] This fact quickly proved disastrous for the practical everyday of the group in America: Many participants were simply not capable of the difficult manual labur involved in settling; servants and maids had to be recruited from the local population at high cost.[127]

In spite of all undeniable problematic requirements, the enterprise of the Giessen emigration society was not a total failure, as was the case with so many other similar projects. Muench himself emphasized in his memoirs: "Though we did not exactly succeed at our pure intention as we had imagined it, yet we in no way hoped and strived in vain; in fact our hopes are fulfilled more and more with each year, only in a different way."[128] How it came to this and how the fulfillment of their hopes took shape will be described in the following chapter.

Translated by Andrew Cook

i - Am 1. Februar 1819 kaufte Duden 139,26 Morgen Land auf der Parzelle SE 1/4 der Sektion 35 der Township 145N R1W (vgl. Index of Purchasers. United States Land Sales in Missouri. Bd. 1: 1818-1837. Ozarks Genealogical Society, Springfield, Mo. 1985, S. 12, Missouri State Archives, Jefferson City, Mo., Microfilm Box S, Roll 2, Abstract of all lands sold at the land office at St. Louis since its establishment, und Bureau of Land Management, Springfield, Va., St. Louis Missouri Credit Receipts (1818-1822), The abstract book for St. Louis, Bd. 2, hier Nr. 1493 über den Betrag von $ 69,63).
Wenn man durchaus will, kann man danach auch noch den Satz bringen:
Das „Abstract Book" beginnt mit einer Eintragung vom Februar 1819: Eintragung über erhaltene Gelder von Einzelpersonen durch Samuel Hammond, Empfänger von öffentlichen Geldern für den Distrikt von St. Louis, Missouri Territorium, für gekaufte Grundstücke oder mit der Absicht Grundstücke zu kaufen vom 1. bis einschließlich 28. Februar.

ii - Dorris Keeven-Franke: „The Man Behind the Book", in: Missouri's German Heritage, Don Heinrich Tolzmann (Hg.), Little Miami Publishing, Milford OH 2006, S. 85.

iii - James W. Goodrich (Hg.): A Report on a Journey to the Western States of North America and a Stay of Several Years Along the Missouri, The State Historical Society of Missouri und University of Missouri Press, Columbia & London 1980, S. 179.

1 - Vgl. etwa den Bericht der Mainzer Zeitung vom 3. Mai 1817, abgedruckt in: Günter Moltmann (Hg.): Aufbruch nach Amerika. Die Auswanderungswelle von 1816/17. J. B. Metzlersche Verlagsbuchhandlung, Stuttgart 1989, S. 191-193.

2 - Vgl. Moltmann (Hg.): Aufbruch, S. 363-399.

3 - Eine gute Einführungs- und Überblicksdarstellung zur Entwicklung der deutschen Auswanderung nach Nordamerika seit Ende des 17. Jahrhunderts bietet etwa Heinrich

Krohn: Und warum habt ihr denn Deutschland verlassen? 300 Jahre Auswanderung nach Amerika. Gustav Lübbe Verlag, Bergisch Gladbach 1992, hier v. a. S. 14-102.

4 - Vgl. Moltmann (Hg.): Aufbruch, S. 19-22 und Wolfgang von Hippel: Auswanderung aus Südwestdeutschland. Studien zur württembergischen Auswanderung und Auswanderungspolitik im 18. und 19. Jahrhundert. Klett-Cotta, Stuttgart 1984, S. 214-216.

5 - Der ursprünglich diffamierend gemeinte Begriff hat über Mack Walkers bis heute grundlegende Überblicksdarstellung Eingang in die Forschung gefunden (Mack Walker: Germany and the Emigration 1816-1885. Harvard University Press, Cambridge, Mass. 1964, S. 1-41).

6 - Walker: Germany and the Emigration, S. 4f., Moltmann (Hg.): Aufbruch, S. 23, und Michel Hubert: Deutschland im Wandel. Geschichte der deutschen Bevölkerung seit 1815. Franz Steiner, Stuttgart 1998, S. 84f. Für eine fundierte quantitative Untersuchung zur Situation im Königreich Württemberg vgl. Hippel: Auswanderung, S. 152-174.

7 - Moltmann (Hg.): Aufbruch, S. 26, Friedrich List: Abschlussbericht des Rechnungsrats List für das württembergische Ministerium des Innern über seine Auswanderungsbefragungen in Heilbronn, Weinsberg und Neckarsulm, Stuttgart, 7. Mai 1817. Abgedruckt in: Moltmann (Hg.): Aufbruch, S. 175-187, hier S. 175-179, Hans Medick: Teuerung, Hunger und „moralische Ökonomie von oben". Die Hungerkrise der Jahre 1816-17 in Württemberg. In: Beiträge zur historischen Sozialkunde 15 (1985), S. 39-44, hier S. 41, Hippel: Auswanderung, S. 178, und Walker: Germany and the Emigration, S. 1-4.

8 - List: Abschlussbericht, S. 179-185, Hippel: Auswanderung, S. 178, und Medick: Teuerung, S. 41.

Studierstube des Historikers Ralph Gregory, Marthasville, Missouri //
Historian Ralph Gregory's study, Marthasville, Missouri

9 - Friedrich List: Protokolle der Auswanderungsbefragungen des Rechnungsrats List in Heilbronn, Weinsberg und Neckarsulm vom 30. April bis zum 6. Mai 1817. Abgedruckt in: Moltmann (Hg.): Aufbruch, S. 128-166, hier S. 157.

10 - Eine brauchbare Einführung in die komplexen klimatologischen Zusammenhänge gibt Tobias Huff: „Jahr ohne Sommer". Die Klimaanomalie von 1816 und ihre Folgen für Rheinhessen. In: Zeitschrift für Agrargeschichte und Agrarsoziologie 58 (2010), S. 51-69, hier S. 53-57.

11 - Walker: Germany and the Emigration, S. 4-6 und Klaus J. Bade: Europa in Bewegung. Migration vom späten 18. Jahrhundert bis zur Gegenwart. C. H. Beck, München 2000, S. 129f. Regionale Untersuchungen bieten für Rheinhessen Huff: „Jahr ohne Sommer", S. 55-57 u. 61-68, für Bayern Gerald Müller: Hunger in Bayern 1816-1818. Politik und Gesellschaft in einer Staatskrise des frühen 19. Jahrhunderts. Peter Lang, Frankfurt/M. u. a. 1998, S. 11-43. Vgl. außerdem die Quellenedition von Moltmann (Hg.): Aufbruch, S. 44-83.

12 - Carl Bames: Chronica von Reutlingen in Freud und Leid, im Festtags- und im Werktagskleid (von 1803-1874), teilweise abgedruckt in: Moltmann (Hg.): Aufbruch, S. 46-48, hier S. 47f.

13 - Vgl. [Anonym]: Vom Rhein. In: Rheinische Blätter Nr. 105 (3. Juli 1817), S. 430f., hier S. 431, sowie Huff: „Jahr ohne Sommer", S. 62f., und Müller: Hunger, S. 37-40.

14 - Moltmann (Hg.): Aufbruch, S. 28 u. 44f., und Müller: Hunger, S. 70-73.

15 - Zur werbenden Funktion der Auswandererbriefe vgl. Peter Mesenhöller: Der Auswandererbrief. Bedingungen und Typik schriftlicher Kommunikation im Auswanderungsprozess. In: Peter Assion (Hg.): Der große Aufbruch. Studien zur Amerikaauswanderung. Jonas Verlag, Marburg 1985, S. 111-124, hier S. 116-120, Hans-Jürgen Grabbe: Vor der großen Flut. Die europäische Migration in die Vereinigten Staaten von Amerika 1783-1820. Franz Steiner, Stuttgart 2001, S. 276-280, und Peter Assion: Von Hessen in die Neue Welt. Eine Sozial- und Kulturgeschichte der hessischen Amerikaauswanderung mit Text- und Bilddokumenten. Insel Verlag, Frankfurt/M. 1987, S. 106-112.

16 - Assion: Von Hessen, S. 106.

17 - Agnes Bretting: Funktion und Bedeutung der Auswanderungsagenturen in Deutschland im 19. Jahrhundert. In: Dies./Hartmut Bickelmann (Hgg.): Auswanderungsagenturen und Auswanderungsvereine im 19. und 20. Jahrhundert. Franz Steiner, Stuttgart 1991, S. 11-90, hier S. 21-25, Grabbe: Vor der großen Flut, S. 265-274, und Walker: Germany and the Emigration, S. 7f.

18 - List: Protokolle, S. 134.

19 - Peter J. Brenner: Reisen in die Neue Welt. Die Erfahrung Nordamerikas in deutschen Reise- und Auswandererberichten des 19. Jahrhunderts. Max Niemeyer Verlag, Tübingen 1991, S. 99-102.

20 - Grabbe: Vor der großen Flut, S. 179-184, Assion: Von Hessen, S. 271-280, Wolfgang J. Helbich: Land der unbegrenzten Möglichkeiten? Das Amerika-Bild der deutschen Auswanderer im 19. Jahrhundert. In: Jürgen Elvert/Michael Salewski (Hgg.): Deutschland und der Westen im 19. und 20. Jahrhundert, T. 1: Transatlantische Beziehungen. Franz Steiner, Stuttgart 1993, S. 295-321, hier S. 310f. u. 316-318, Susan F. Martin: A Nation of Immigrants. Cambridge University Press, New York 2011, S. 88, und Leonard Beeghley: The Structure of Social Stratification in the United States. 3. Aufl., Allyn & Bacon, Boston 2000, S. 121.

21 - Grabbe: Vor der großen Flut, S. 153-179, Helbich: Land, S. 315f., und Martin: A Nation, S. 87.

22 - Walker: Germany and the Emigration, S. 8f.

23 - Moltmann (Hg.): Aufbruch, S. 29f., Bade: Europa, S. 125-127.

24 - Moltmann (Hg.): Aufbruch, S. 31f. Grabbe: Vor der großen Flut, S. 346f. u. 359-362, Bade: Europa, S. 127f. u. 132f.

25 - Moltmann (Hg.): Aufbruch, S. 30-32, Grabbe: Vor der großen Flut, S. 341-348, Bade: Europa, S. 128-132, und Walker: Germany and the Emigration, S. 28f. Eine alternative, mehr angebotsbezogene Erklärung vertritt Farley Grubb: The End of European Immigrant Servitude in the United States. An Economic Analysis of Market Collapse, 1772-1835. In: The Journal of Economic History 54 (1994), S. 794-824. Dieses Modell scheint mir jedoch mit den beschriebenen Verhältnissen in den niederländischen Häfen nur eher schwer in Einklang zu bringen

26 - Moltmann (Hg.): Aufbruch, S. 32f. u. 335-337, Bade: Europa, S. 130f., und Hippel: Auswanderung, S. 178-180.

27 - Walker: Germany and the Emigration, S. 16-24.

28 - Vgl. Peter Assion: Abschied, Überfahrt und Ankunft. Zur brauchtümlichen Bewältigung des Auswanderungsverlaufs. In: Ders. (Hg.): Der große Aufbruch. Studien zur Amerikaauswanderung. Jonas Verlag, Marburg 1985, S. 125-149, hier S. 127f., Walker: Germany and the Emigration, S. 17, Grabbe: Vor der großen Flut, S. 260-265, Helbich: Land der unbegrenzten Möglichkeiten?, S. 305f., und die Dokumente in Moltmann (Hg.): Aufbruch, S. 91-100, hier v. a. S. 99f.

29 - Vgl. die Dokumente in Moltmann (Hg.): Aufbruch, S. 91-100, sowie Wolf-Heino Struck: Die Aus-

wanderung aus dem Herzogtum Nassau (1806-1866). Ein Kapitel der modernen politischen und sozialen Entwicklung. Franz Steiner, Wiesbaden 1966, S. 13-15, und Müller: Hunger, S. 67-69.

30 - Stellungnahme des Direktoriums des Dreisamkreises an die Badische Regierung, Freiburg, 2.12.1816, abgedruckt in: Moltmann (Hg.): Aufbruch, S. 88f., hier S. 88.

31 - Vgl. Grabbe: Vor der großen Flut, S. 207, Moltmann (Hg.): Aufbruch, S. 85-91, und Struck: Die Auswanderung, S. 9-16.

32 - Hippel: Auswanderung, S. 175.

33 - Bayern und Preußen hatten eine solche restriktive Politik von Anfang an eingeschlagen. Vgl. Grabbe: Vor der großen Flut, S. 207-215, Walker: Germany and the Emigration, S. 29f., und die Dokumente in Moltmann (Hg.): Aufbruch, S. 110-119,

34 - Vgl. Moltmann (Hg.): Aufbruch, S. 220f.

35 - Stefan von Senger und Etterlin: Neu-Deutschland in Nordamerika. Massenauswanderungen, nationale Gruppenansiedlungen und liberale Kolonialbewegung 1815 – 1860. Nomos Verl.-Ges., Baden-Baden 1991, S. 24.

36 - Vgl. Hartmut Bickelmann: Auswanderungsvereine, Auswandererverkehr und Auswandererfürsorge in Deutschland 1815-1930. In: Ders./Agnes Bretting (Hgg.): Auswanderungsagenturen und Auswanderungsvereine im 19. und 20. Jahrhundert. Franz Steiner, Stuttgart 1991, S. 91-262, hier S. 99f., Walker: Germany and the Emigration, S. 24-28, und Moltmann (Hg.): Aufbruch, S. 215-217 u. 225f.

37 - Moltmann (Hg.): Aufbruch, S. 215-222, Senger und Etterlin: Neu-Deutschland, S. 24f. u. 29f., und Walker: Germany and the Emigration, S. 25-27.

38 - Vgl. Gagerns Instruktionen an Fürstenwärther; abgedruckt in Moltmann (Hg.): Aufbruch, S. 226-231.

39 - Senger und Etterlin: Neu-Deutschland, S. 25.

40 - Ebd., S. 26f.

41 - Ebd., S. 27f., Bickelmann: Auswanderungsvereine, S. 101, und Walker: Germany and the Emigration, S. 27.

42 - Moltmann (Hg.): Aufbruch, S.238-241, Senger und Etterlin: Neu-Deutschland, S. 28 u. 30-34, und Walker: Germany and the Emigration, S. 27f.

43 - Vgl. etwa die Berichte mit teils ausführlichen Auszügen im Literarischen Wochenblatt, Jg. 2 (1818), Nr. 46, S. 362-365, in der Augsburger Allgemeinen Zeitung (24.10.1818), S. 1188, sowie im Freiburger Wochenblatt (26.12.1818), S. 933-937.

44 - Vgl. Bickelmann: Auswanderungsvereine, S. 102, Senger und Etterlin: Neu-Deutschland, S. 78f., Heinz Monz: Ludwig Gall. Leben und Werk. NCO Verlag, Trier 1979, S. 18f., und Ludwig Gall: Meine Auswanderung nach den Vereinigten Staaten in Nord-Amerika im Frühjahr 1819 und meine Rückkehr nach der Heimath im Winter 1820. Bd. 1. F. A. Gall, Trier 1822, S. 12-31 u. 37-40.

45 - Senger und Etterlin: Neu-Deutschland, S. 78.

46 - Ludwig Gall: Aufruf zur Bildung menschenfreundlicher Vereine für eine der wichtigsten Angelegenheiten der Zeit und der Menschheit. In: Isis oder Encyclopädische Zeitung, Jg. 1819, Bd. 1, H. 3, Sp. 498-500, und Ders.: Auszug aus einem Entwurf zur Anlegung einer Colonie in den vereinigten [sic!] Staaten von Nord-Amerika. In: Isis oder Encyclopädische Zeitung, Jg. 1819, Bd. 1, H. 3, Sp. 500-507.

47 - Die Verfügung stellte mit unmissverständlicher Grobheit klar: „Auf Ihr Schreiben vom 4. d. M., gerichtet an unsern Chef-Präsidenten, erwiedern wir Ihnen, daß wir eine sogenannte Gagern'sche Gesellschaft nicht als hier existirend ansehen können, da nach bekannten gesetzlichen Bestimmungen ohne besondere Königl. Bestätigung keine Gesellschaften für öffentliche Zwecke statutarisch gebildet werden dürfen. Sie insbesondere, der Pflichten als Königlicher Staatsdiener und Unterthan entlassen, haben gar kein Recht, hier dergleichen Gesellschaften zu errichten und sonstige öffentliche Handlungen der Art vorzunehmen. Sie werden vielmehr ganz nach den Gesetzen als Fremder angesehen und haben sich darnach zu achten (sic!)." (zit. nach Gall: Meine Auswanderung. Bd. 1, S. 43).

48 - Gall: Meine Auswanderung. Bd. 1, S. 44f.

49 - Monz: Ludwig Gall, S. 43-47, und Senger und Etterlin: Neu-Deutschland, S. 79f.

50 - Gall: Meine Auswanderung, Bd. 2, S. 373-391.

51 - Ebd., S. 375-377.

52 - Senger und Etterlin: Neu-Deutschland, S. 80f., und Bickelmann: Auswanderungsvereine, S. 102f.

53 - Monz: Ludwig Gall, S. 67f.

54 - Gall: Meine Auswanderung, Bd. 1, S. 45f. u. 53-55.

55 - Vgl. zu den Topoi der Europamüdigkeit und Amerikasehnsucht etwa Claude D. Conter: Jenseits der Nation. Das vergessene Europa des 19. Jahrhunderts. Die Geschichte der Inszenierungen und Visionen Europas in Literatur, Geschichte und Politik. Aisthesis, Bielefeld 2004, S. 239-350.

56 - Heinrich Friedrich Karl vom und zum Stein an Hans Christoph von Gagern, Nassau, 17.5.1817, abgedruckt in: Hans Christoph von Gagern: Mein Antheil an der Politik, Bd. 4. Cotta, Stuttgart u. Tübingen 1833, S. 48f.

57 - Vgl. Herman Haupt: Wilhelm Snell und sein Deutscher (sog. Hoffmannscher) Bund von 1814/15 und dessen Einwirkung auf die Urburschenschaft. In: Quellen und Darstellungen zur Geschichte der Burschenschaft und der deutschen Einheitsbewegung 13 (1932), S. 133-208, hier S. 164f.

58 - Ich gebe hier in sehr stark geraffter Form einige Ergebnisse meiner Magisterarbeit wieder (Kilian Spiethoff: Die Gebrüder Follen. Entwicklungsgeschichte zweier Demagogen. Unveröff. Magisterarbeit. München 2012, S. 18-80). Vgl. auch die Darstellungen von Frank Mehring: Karl/Charles Follen. Deutsch-amerikanischer Freiheitskämpfer. Eine Biographie. Verlag der Ferber'schen Universitätsbuchhandlung Gießen, Gießen 2004, und Edmund Spevack: Charles Follen's Search for Nationality and Freedom. Germany and America 1796-1840. Harvard University Press, Cambridge 1997.

59 - Vgl. Kurt Richter: Ludwig Snells politische Wirksamkeit in den Jahren 1812 – 1827. Bechtold, Wiesbaden 1933, S. 42, und Herman Haupt: Karl Follen und die Gießener Schwarzen. Beiträge zur Geschichte der politischen Geheimbünde und der Verfassungs-Entwicklung der alten Burschenschaft in den Jahren 1815 – 1819. Alfred Töpelmann, Gießen 1907, S. 147.

60 - Der Text wurde ediert in den Deutsch-Amerikanischen Geschichtsblättern (Karl Follen: Die Gründung einer deutsch-amerikanischen Universität, hg. von Julius Goebel. In: Deutsch-Amerikanische Geschichtsblätter. Jahrbuch der Deutsch-Amerikanischen Histori-

schen Gesellschaft von Illinois 22/23 (1922/23), S. 56-76. Vgl. außerdem neben der biographischen Literatur zu Karl Follen die Darstellungen von Herbert Reiter: Politisches Asyl im 19. Jahrhundert. Die deutschen politischen Flüchtlinge des Vormärz und der Revolution von 1848/49 in Europa und den USA. Duncker & Humblot, Berlin 1992, S. 81-92, Ders.: Revolution und Utopie. Die Amerikapläne der Brüder Karl und Paul Follen 1819 und 1833. In: Hessisches Jahrbuch für Landesgeschichte 43 (1993), S. 139-166, und Herman Haupt: Die geplante Gründung einer deutsch-amerikanischen Republik in der Reaktionszeit. Nach ungedruckten Quellen. In: Deutsche Revue. Eine Monatsschrift 32 (1907), Bd. 3, S. 116-119.

61 - Gall: Meine Auswanderung, Bd. 2, S. 375-377.

62 - Follen: Die Gründung, S. 72-76.

63 - Ebd., S. 73.

64 - Ebd.

65 - Ebd., S. 73-75. Charakteristisch für die Umbruchphase in Follens Denken zu dieser Zeit ist der etwas unausgegoren wirkende Kompromiss zwischen Aufrechterhaltung der „Völker-Verschiedenheit" als „Grundbedingung aller Gesundheit im Menschenleben" einerseits und „wahrer, lebendiger Einheit" der verschiedenen ethnischen Gruppen der USA in einem „alle besonderen Bestrebungen in sich fassenden Volksstreben" andererseits (ebd., S. 74f.)

66 - Ebd., S. 74. Den durchaus treffenden Vergleich mit der Schweiz entnehme ich der Vorrede des Herausgebers Julius Goebel (ebd., S. 56.)

67 - Ebd., S. 75.

68 - Ebd., S. 74f. Indem es Follen zur Bestimmung der USA erklärte, „das Heiligthum eines auf allgemeine

gleiche Freiheit gegründeten bürgerlichen Gemeinwesens als eine Anforderung der Vernunft an alle Menschen und Völker nicht nur in sich, sondern auf der ganzen Erde zu gründen und aufrecht zu erhalten", nahm er in gewisser Weise bereits die seit Mitte der 1840er Jahre aufkommende Doktrin des „Manifest Destiny" vorweg (Senger und Etterlin: Neu-Deutschland, S. 88).

69 - Während der Entwurf unter den Behörden, die mit der Untersuchung befasst waren, große Erheiterung auslöste (vgl. Spiethoff: Die Gebrüder Follen, S. 90), schätzte die Forschung des frühen 20. Jh. seinen Realitätsgehalt deutlich höher ein (vgl. Goebels Einleitung zu Follen: Die Gründung, S. 56-60, und Haupt: Die geplante Gründung, S. 117f.). Herbert Reiter kritisiert vor allem die politischen Implikationen des Plans als utopisch (Reiter: Revolution, S. 147-149), Edmund Spevack enthält sich eines wertenden Urteils (Spevack: Charles Follen's Search, S. 119f.). Etwas zu scharf erscheint mir dagegen die Kritik Senger von Etterlins, der Follens Plan als wirklichkeitsfremden Anachronismus beschreibt, und „mittelalterliche" Tendenzen darin zu erkennen glaubt (Senger von Etterlin: Neu-Deutschland, S. 87f.).

70 - Vgl. die Abschrift des in Chiffre verfassten Briefes von Wilhelm Snell an Pfarrer Heinrich Christian Flick zu Petterweil, Straßburg, o. D. [Frühjahr 1820] (HStA Darmstadt D 12 Nr. 50_47), wo es u. a. heißt: „Was hat Paul Follen wegen Amerika von Fries, Ocken, de Wette gehört? Hatte die Auffindung dieses Plans in Wezlar merkliche Folgen? Was hat Lisching von Pfarrer Stein, in Frankfurt, wegen Amerika, was wegen der Hülfsgelder gehört, was meinetwegen?". Vgl. außerdem Haupt: Karl Follen, S. 146f., und Richter: Ludwig Snells politische Wirksamkeit, S. 42-44, wonach auch der Jakobiner und ehem. Mainzer Juraprofessor Andreas Joseph Hofmann (1752-1849) ins Vertrauen gezogen werden sollte.

71 - Haupt: Karl Follen, S. 148.

72 - Ebd., S. 146f., und Richter: Ludwig Snells politische Wirksamkeit, S. 43f.

73 - Vgl. Spiethoff: Die Gebrüder Follen, S. 92-98.

74 - Vgl. die Abschrift des Briefs von Karl Follen an den Hofgerichtsrat v. Pape, o. O. [Chur?], 12.9.1820 (GStA Preußischer Kulturbesitz, Rep. 77 Tit. 21 Spez. F, Nr. 2, Bd. 2, f. 233f.), worin dieser die Rückgabe des beschlagnahmten „Auswanderungs-Plans nach Nord-America" fordert und sich zugleich – nicht sehr überzeugend – von der Autorschaft zu distanzieren versucht (er habe ihn „von fremder Hand erhalten und zum Theil selbst abgeschrieben").

75 - Vgl. Spiethoff: Die Gebrüder Follen, S. 98-102.

76 - Vgl. zum Folgenden ebd., S. 102-121.

77 - Gottfried Fittbogen: Der Prozess gegen Adolf Ludwig Follen. Ein Beitrag zur Geschichte der Demagogenverfolgungen. In: Deutsche Revue 47 (1922), S. 34-43, hier S. 40-43.

78 - Ernst Brand: Die Auswirkungen der deutschen Demagogenverfolgungen in der Schweiz. In: Basler Zeitschrift für Geschichte und Altertumskunde 47 (1948), S. 137-208, hier S. 151-154 u. S. 167-170.

79 - August Follen an seine Braut Susette Ritzmann, Aarau, 12. Februar 1824 (Studienbibliothek Winterthur, Ms. BRH 245/1,62). Das Zitat entnehme ich dem Brief von August Follen an Susette Ritzmann, Aarau, 7. März 1824 (Studienbibliothek Winterthur, Ms. BRH 245/1,69).

80 - August Follen an Susette Ritzmann, Aarau, 15. Februar 1824 (Studienbibliothek Winterthur, Ms. BRH 245/1,63).
81 - Ebd.

82 - Ebd., sowie August Follen an Susette Ritzmann, Aarau, 18. Februar 1824 (SB Winterthur, Ms. BRH 245/1,63).

83 - August Follen an Susette Ritzmann, Aarau, 7. März 1824 (SB Winterthur, Ms. BRH 245/1,69) und August Follen an Susette Ritzmann, Aarau, 23. März 1824 (SB Winterthur, Ms. BRH 245/1,73).

84 - Den diesbezüglichen Inhalt eines verloren gegangenen Briefes von Karl Follen an seinen Bruder August, Paris, Frühjahr 1824, entnehme ich dem Brief von August Follen an Susette Ritzmann, Aarau, 14. April 1824 (SB Winterthur, Ms. BRH 245/1,77). Die bekannte Darstellung der Episode in Eliza L. Follen: The Life of Charles Follen. Thomas H. Webb & Co., Boston 1844, S. 74f. muss demnach als stark verharmlosend bezeichnet werden.

85 - August Follen an Susette Ritzmann, Aarau, 7. März 1824 (SB Winterthur, Ms. BRH 245/1,69)

86 - Der Marquis de Lafayette an Friedrich List, [Paris], 26. April 1824 (List-Archiv Reutlingen, 56/16).

87 - H. W. E. Eggerling: Beschreibung der Vereinigten Staaten von Nord-Amerika nach ihren politischen, religiösen, bürgerlichen und gesellschaftlichen Verbindungen, mit besonderer Berücksichtigung deutscher Ansiedelungen daselbst. 2. Aufl., Tobias Löffler, Mannheim 1833 [¹1832], S. 312f.

88 - Wolfram Siemann: Vom Staatenbund zum Nationalstaat. Deutschland 1806 – 1871. C. H. Beck, München 1995, S. 31-35.

89 - Thomas Nipperdey: Deutsche Geschichte 1800-1866. Bürgerwelt und starker Staat. C. H. Beck, München 1983, S. 366-368.
90 - Ebd., S. 368-371

91 - Ebd., S. 371f.

92 - Gottfried Duden: Bericht über eine Reise nach den westlichen Staaten Nordamerika's und einen mehrjährigen Aufenthalt am Missouri (in den Jahren 1824, 25, 26 und 1827), in Bezug auf Auswanderung und Ueberbevölkerung, oder: Das Leben im Innern der Vereinigten Staaten und dessen Bedeutung für die häusliche und politische Lage der Europäer dargestellt. Sam. Lucas, Elberfeld 1829.

93 - Vgl. zur Wirkung von Dudens Schrift Brenner: Reisen, S. 102-113.

94 - Senger und Etterlin: Neu-Deutschland, S. 88-91.

95 - Duden: Bericht, S. 233f. Der berühmte Deutschamerikaner Gustav Körner hob fünf Jahre später die weitreichende Wirkung gerade dieser Stelle hervor: „Über solche excentrischen Sätze lächeln jetzt freilich die Deutschen in Amerika; aber für sie alle gab es eine Zeit, wo sie sich mit Bitterkeit an diese und ähnliche Erhebungen erinnerten, wo sie sich und Andere mit Härte anklagten, solchen glänzenden Ausmalungen getraut zu haben" (Gustav Körner: Beleuchtung des Duden'schen Berichtes über die westlichen Staaten Nordamerikas, von Amerika aus. Karl Körner, Frankfurt/M. 1834, S. 31

96 - Friedrich Münch: Erinnerungen aus Deutschlands trübster Zeit. Dargestellt in den Lebensbildern von Karl Follen, Paul Follen & Friedrich Münch. C. u. E. Witter, St. Louis u. Neustadt a. d. Haardt 1873, S. 72-78.

97 - Friedrich Münch: Die Gießener Auswanderungsgesellschaft. In: Der deutsche Auswanderer. Centralblatt der deutschen Auswanderung und Kolonisirung, Jg. 1847, Nr. 35, Sp. 545-550, u. Nr. 36, Sp. 561-565, hier: Nr. 35, Sp. 547f.

98 - Ebd.

99 - Friedrich Münch: Kritik der „Sagengeschichten einer deutschen

Auswanderungs-Gesellschaft". In: Der Deutsche Pionier 1 (1869), S. 186-190, hier S. 188.

100 - Ebd. und Münch: Erinnerungen, S. 64.

101 - Münch: Kritik, S. 188.

102 - Münch: Erinnerungen, S. 59

103 - Ebd., S. 63f.

104 - Reiter: Revolution, S. 152f., und Bekanntmachung des Wahlergebnisses zum Gemeinderat Gießen vom 13.2.1832 (Stadtarchiv Gießen, L 1212).

105 - Leopold Friedrich Ilse: Geschichte der politischen Untersuchungen, welche durch die neben der Bundesversammlung errichteten Commissionen, der Central-Untersuchungs-Commission zu Mainz und der Bundes-Central-Behörde zu Frankfurt in den Jahren 1819 bis 1827 und 1833 bis 1842 geführt sind. Meidinger Sohn & Comp., Frankfurt/M. 1860, S. 312f.

106 - Ebd., S. 313, und Münch: Kritik, S. 188.
107 - Münch: Kritik, S. 188.

108 - August Follen an Wilhelm Vogt, Ackerstein bei Zürich, 31. Oktober 1832 (SB Winterthur, Ms. BRH 245/16,1)

109 - Münch: Kritik, S. 188f., und Ders.: Die Gießener Auswanderungsgesellschaft, Sp. 548f.

110 - Paul Follenius/Friedrich Münch: Aufforderung und Erklärung in Betreff einer Auswanderung im Grosen (sic!) aus Teutschland in die nordamerikanischen Freistaaten. J. Ricker, Gießen 1833, S. 15f.

111 - Ebd., S. 16f.

112 - Friedrich Münch: Zur Geschichte der deutschen Einwanderung. In: Deutsch-Amerikanische Monatshefte für Politik, Wissenschaft und

Literatur 1 (1864), S. 481-495, hier S. 484.

113 - Follenius/Münch: Aufforderung und Erklärung, S. 16f.

114 - Ebd., S. 16.

115 - Münch: Zur Geschichte der deutschen Einwanderung, S. 484f.

116 - Vgl. Follenius/Münch: Aufforderung und Erklärung, S. 15-17, und Eggerling: Beschreibung, S. 233-237. Es lässt sich eine ganze Reihe wörtlicher Übernahmen feststellen. Das Gleiche gilt übrigens für einen anonymen Artikel in der Zeitschrift Didaskalia vom Juni 1833, der das Projekt der Gießener positiv beurteilte, und dabei, wie sich aus einem Textvergleich erschließen lässt, ebenfalls direkt auf Eggerling (also nicht auf die „Aufforderung und Erklärung") zurückgriff (vgl. [Anonym]: Neu-Teutschland. In: Didaskalia. Blätter für Geist, Gemüth und Publizität Nr. 176 (28.6.1833), o. S.).

117 - Eggerling plagiiert – in Teilen wörtlich – den Arkansas-Artikel von Georg Hassel: Vollständige und neueste Erdbeschreibung der Vereinigten Staaten von Nordamerika mit einer Einleitung zur Statistik dieser Länder. Verlag des Geographischen Instituts, Weimar 1823, S. 1002-1012. Dieser hatte wiederum (mit Quellenangaben) auf englische und amerikanische Literatur und Reiseberichte der Jahre 1810 bis 1820 zurückgegriffen, sowie auf Friedrich Schmidt: Versuch über den politischen Zustand der Vereinigten Staaten von Nord-Amerika. Bd. 1. J. G. Cotta, Stuttgart und Tübingen 1822, S. 282-285 u. v. a. 546-552.

118 - Vgl. etwa die keineswegs beschönigenden Zitate über die dortigen Tropenfieber aus einem Brief des ersten Gouverneurs von Arkansas, James Miller, vom 2. September 1820 in Schmidt: Versuch, S. 283. Während übrigens selbst Eggerling die Tierwelt von Arkansas

noch mit den Worten charakteri-
sierte: „Büffel, Elenthiere, Rothwild,
Bären, amerikanische Wölfe und
ganze Heerden wilder Pferde"
(Eggerling: Beschreibung, S. 235),
verblieben davon bei Münch und
Follenius nur noch „zahllose Büffel-
Heerden, Elennthiere, Rothwild, wil-
de Pferde usw." (Follenius/Münch:
Aufforderung und Erklärung, S. 16)!
Ähnliche Beispiele ließen sich in
Menge anführen.

119 - Vgl. Gustav Klingelhöffer an
seine Eltern, Bremen, 3. März 1833
(Stadtarchiv Friedberg, Briefe Gustav und Luise Klingelhöfer, f. 2f.).

120 - Vgl. Karl Follen an seine
Mutter, Cambridge, Juli 1833,
abgedruckt in: Herman Haupt (Hg.):
Follen-Briefe. In: Deutsch-Amerikanische Geschichtsblätter. Jahrbuch
der Deutsch-Amerikanischen Historischen Gesellschaft von Illinois 14
(1915), S. 7-83, hier S. 66-69.

121 - Follenius/Münch: Aufforderung und Erklärung, S. 17, Münch:
Zur Geschichte, S. 486f. und Ders.:
Die Gießener Auswanderungsgesellschaft, Sp. 548f.

122 - In den beiden Schriften
Follenius/Münch: Aufforderung und
Erklärung, sowie Paul Follenius/
Friedrich Münch: Aufforderung an
teutsche Auswanderer zu einer
größeren und gemeinschaftlichen
Ansiedlung in den Freistaaten von
Nordamerika. J. Ricker, Gießen 1833.

123 - Follenius/Münch: Aufforde-
rung und Erklärung, S. 5f. u. 12-14,
Dies.: Aufforderung an teutsche
Auswanderer, S. 5f., und Reiter:
Revolution, S. 160f.

124 - Vgl. Reiter: Revolution, S. 158.
125 - Münch hebt in seinen Erinnerungen hervor, Follenius habe auch
„eine unbemittelte, aber zuverlässige Arbeiterfamilie mitgenommen"
(Münch: Erinnerungen, S. 66).

126 - Follenius/Münch: Aufforderung an teutsche Auswanderer, S.
11f.

127 - Rolf Schmidt: Die Gießener
Auswanderungsgesellschaft.
Vom Scheitern einer deutschen
US-Republik. In: Mitteilungen des
Oberhessischen Geschichtsvereins
Gießen 95 (2010), S. 77-92, hier S. 82,
Münch: Erinnerungen, S. 84f., Ders.:
Die Gießener Auswanderungsge-
sellschaft, Sp. 547, und Ders.: Die
drei Perioden der neueren deut-
schen Auswanderung nach Nord-
amerika. In: Der Deutsche Pionier 1
(1869), S. 243-250, hier S. 244f.

128 - Münch: Die Gießener Auswanderungsgesellschaft, Sp. 563.

//

i - On February 1, 1819 Duden
purchased 139.26 acres of the SE 1/4
of Sec. 35 of T45 N R1W. Cf. U.S. Land
Sales, Volume 1, 1818-1827, page 12,
Missouri State Archives, Microfilm Box
S, Roll 2, Jefferson City, Mo. Abstract
of all lands sold at the land office
at St. Louis since its establishment.
Also see Receipt number 1493 for the
amount of $69.63, St. Louis, Missouri
Credit Receipts, 1818-1822. The abstract book for St. Louis, begins with
the record of February 1819. Account
of monies received from individuals
by Samuel Hammond, Receiver of Public Monies for the Land District of St.
Louis, Missouri Territory on account
of Lands Purchased or intended to be
purchased from the 1st day of February to the 28th inclusive 1819. On file in
the National Archives, Bureau of Land
Management, Springfield, Va.

ii - Dorris Keeven-Franke, "Gottfried
Duden. The Man Behind the Book"
in Missouri's German Heritage, Don
Heinrich Tolzmann (ed.), Little Miami
Publishing, Milford, OH 2006, 85.
iii - James W. Goodrich (ed.), A Report
on a Journey to the Western States of
North America and a Stay of Several
Years Along the Missouri, The State
Historical Society of Missouri and
University of Missouri Press; Columbia
& London 1980, 179.

1 - Cf., for example, the report in the
"Mainzer Zeitung" from May 3 1817,

printed in Aufbruch nach Amerika.
Die Auswanderungswelle von 1816/17,
Günter Moltmann (ed.), J. B. Metzler-
scheVerlagsbuchhandlung, Stuttgart
1989, 191-193.

2 - Cf. Moltmann (ed.), Aufbruch,
363-399.

3 - For an introduction and overview
of the history of the early German
emigration to North America, see for
example, Heinrich Krohn, Und warum
habt ihr denn Deutschland verlassen?
300 Jahre Auswanderung nach Amerika, Gustav Lübbe Verlag, Bergisch
Gladbach 1992, 14-102.

4 - Cf. Moltmann (ed.), Aufbruch,
19-22, and Wolfgang von Hippel,
Auswanderung aus Südwestdeutschland. Studien zur württembergischen
Auswanderung und Auswanderungspolitik im 18. und 19. Jahrhundert,
Klett-Cotta, Stuttgart 1984, 214-216.

5 - This originally pejorative term
found its place in research via Mack
Walkers classic study: Mack Walker,
Germany and the Emigration 1816-
1885, Harvard University Press,
Cambridge, Mass. 1964, 1-41.

6 - Walker, Germany and the Emigration, 4f., Moltmann (ed.) Aufbruch,
23, and Michel Hubert, Deutschland
im Wandel. Geschichte der deutschen Bevölkerung seit 1815, Franz
Steiner, Stuttgart 1998, 84f. For a well-
founded quantitative investigation
into the situation in the Kingdom of
Württemberg cf. Hippel, Auswanderung, 152-174.

7 - Moltmann (ed.), Aufbruch, 26,
Friedrich List, "Abschlussbericht des
Rechnungsrats Lists für das württembergische Ministerium des Innern
über seine Auswanderungsbefragungen in Heilbronn, Weinsberg und
Neckarsulm, Stuttgart, May 7 1817",
printed in Aufbruch, Moltmann (ed.),
175-187, here 175-179, Hans Medick,
"Teuerung, Hunger und ‚moralische
Ökonomie von oben'. Die Hungerkrise
der Jahre 1816-17 in Württemberg" in
Beiträge zur historischen Sozialkun-

de 15, 1985, 39-44, here 41, Hippel, Auswanderung, 178, and Walker, Germany and the Emigration, 1-4.

8 - List, Abschlussbericht, 179-185, Hippel, Auswanderung, 178, and Medick, Teuerung, 41.

9 - Friedrich List, "Protokolle der Auswanderungsbefragungen des Rechnungsrats List in Heilbronn, Weinsberg und Neckarsulm vom 30. April bis zum 6. Mai 1817" printed in Aufbruch, Moltmann (ed.), 128-166, here 157.

10 - A useful introduction to the complex climatological processes is offered by Tobias Huff, ",Jahr ohne Sommer'. Die Klimaanomalie von 1816 und ihre Folgen für Rheinhessen" in Zeitschrift für Agrargeschichte und Agrarsoziologie 58, 2010, 51-69, here 53-57.

11 - Walker, Germany and the Emigration, 4-6, and Klaus J. Bade, Europa in Bewegung. Migration vom späten 18. Jahrhundert bis zur Gegenwart, C. H. Beck, Munich 2000, 129f. Regional investigations are offered for Rheinhessen by Huff, "Jahr ohne Sommer", 55-57 and 61-68, for Bavaria by Gerald Müller, Hunger in Bayern 1816-1818. Politik und Gesellschaft in einer Staatskrise des frühen 19. Jahrhunderts, Peter Lang, Frankfurt/M, among others, 1998, 11-43. Cf. additionally the source materials in Moltmann (ed.), Aufbruch, 44-83.

12 - Carl Bames, "Chronica von Reutlingen in Freud und Leid, im Festtags- und im Werktagskleid (von 1803-1874)", partially reprinted in Moltmann (ed.), Aufbruch, 46-48, here 47f.
13 - Cf. [Anonymous], "Vom Rhein", in Rheinische Blätter Nr. 105 (July 3 1817), 430f., here 431, and also Huff, "Jahr ohne Sommer", 62f., and Müller, Hunger, 37-40.

14 - Moltmann (ed.), Aufbruch, 28 and 44f., and Müller, Hunger, 70-73.

15 - Concerning the advertising func-

tion of the emigrants' letters cf. Peter Mesenhöller, "Der Auswandererbrief. Bedingungen und Typik schriftlicher Kommunikation im Auswanderungs-prozess" in Der große Aufbruch. Studien zur Amerikaauswanderung, Peter Assion (ed.), Jonas Verlag, Marburg 1985, 111-124, here 116-120, Hans-Jürgen Grabbe, Vor der großen Flut. Die europäische Migration in die Vereinigten Staaten von Amerika 1783-1820, Franz Steiner, Stuttgart 2001, 276-280, and Peter Assion, Von Hessen in die Neue Welt. Eine Sozial- und Kulturgeschichte der hessischen Amerikaauswanderung mit Text- und Bilddokumenten, Insel Verlag, Frankfurt/M. 1987, 106-112.

16 - Assion, Von Hessen, 106.

17 - Agnes Bretting, "Funktion und Bedeutung der Auswanderungsagen-turen in Deutschland im 19. Jahrhun-dert" in Auswanderungsagenturen und Auswanderungsvereine im 19. und 20 Jahrhundert, idem/Hartmut Bickelmann (eds.), Franz Steiner, Stutt-gart 1991, 11-90, here 21-25, Grabbe, Vor der großen Flut, 265-274, and Wal-ker, Germany and the Emigration, 7f.

18 - List, Protokolle, 134.

19 - Peter J. Brenner, Reisen in die Neue Welt. Die Erfahrung Nordameri-kas in deutschen Reise- und Auswan-dererberichten des 19. Jahrhunderts, Max Niemeyer Verlag, Tübingen 1991, 99-102.

20 - Grabbe, Vor der großen Flut, 179-184, Assion, Von Hessen, 271-280, Wolfgang J. Helbich, "Land der unbegrenzten Möglichkeiten? Das Amerika-Bild der deutschen Auswanderer im 19. Jahrhundert", in Deutschland und der Westen im 19. und 20. Jahrhundert. Teil 1: Transatlantische Beziehungen, Jürgen Elvert/Michael Salewski (eds.), Franz Steiner, Stuttgart 1993, 295-321, here 310f. and 316-318, Susan F. Martin, A Nation of Immigrants, Cambridge University Press, New York 2011, 88, and Leonard Beeghley, The Structure of Social Stratification in the United

States, 3rd edition, Allyn & Bacon, Boston 2000, 121.

21 - Grabbe, Vor der großen Flut, 153-179, Helbich, Land, 315f., and Martin, A Nation, 87.

22 - Walker, Germany and the Emig-ration, 8f.

23 - Moltmann (ed.), Aufbruch, 29f., Bade, Europa, 125-127.

24 - Moltmann (ed.), Aufbruch, 31f., Grabbe, Vor der großen Flut, 346f. and 359-362, Bade, Europa, 127f. and 132f.

25 - Moltmann (ed.), Aufbruch, 30-32, Grabbe, Vor der großen Flut, 341-348, Bade, Europa, 128-132, and Walker, Germany and the Emigration, 28f. An alternative, supply-based approach is offered by Farley Grubb, "The End of European Immigrant Servitude in the United States. An Economic Analysis of Market Collapse, 1772-1835" in The Journal of Economic History 54 (1994), 794-824. This model seems, however, rather difficult to reconcile with the depicted conditions in the Dutch port cities.

26 - Moltmann (ed.), Aufbruch, 32f. and 335-337, Bade, Europa, 130f., and Hippel, Auswanderung, 178-180.

27 - Walker, Germany and the Emigra-tion, 16-24.

28 - Cf. Peter Assion, "Abschied, Über-fahrt und Ankunft. Zur brauchtüm-lichen Bewältigung des Auswande-rungsverlaufs" in Der große Aufbruch. Studien zur Amerikaauswanderung, idem (ed.), Jonas Verlag, Marburg 1985, 125-149, here 127f., Walker, Germany and the Emigration, 17, Grabbe, Vor der großen Flut, 260-265, Helbich, Land der unbegrenzten Mög-lichkeiten?, 305f., and the documents in Aufbruch, Moltmann (ed.), 91-100, here primarily 99f.

29 - Cf. the documents in Aufbruch, 91-100, Moltmann (ed.), as well as Wolf-Heino Struck, Die Auswande-rung aus dem Herzogtum Nassau

(1806-1866). Ein Kapitel der modernen politischen und sozialen Entwicklung, Franz Steiner, Wiesbaden 1966, 13-15, and Müller, Hunger, 67-69.

30 - Stellungnahme des Direktoriums des Dreisamkreises an die Badische Regierung, Freiburg, 2 December 1816, printed in Aufbruch, Moltmann (ed.), 88f., here 88.

31 - Cf. Grabbe, Vor der großen Flut, 207, Aufbruch, Moltmann (ed.), 85-91, and Struck, Die Auswanderung, 9-16.

32 - Hippel, Auswanderung, 175.

33 - Both Bavaria and Prussia had adopted such restrictive politics from the beginning. Cf. Grabbe, Vor der großen Flut, 207-215, Walker, Germany and the Emigration, 29f., and the documents in Aufbruch, Moltmann (ed.), 110-119.

34 - Cf. Aufbruch, Moltmann (ed.), 220f.

35 - Stefan von Senger und Etterlin, Neu-Deutschland in Nordamerika. Massenauswanderungen, nationale Gruppenansiedlungen und liberale Kolonialbewegung 1815 – 1860, Nomos Verl.-Ges., Baden-Baden 1991, 24.

36 - Cf. Hartmut Bickelmann, "Auswanderungsvereine, Auswandererverkehr und Auswandererfürsorge in Deutschland 1815-1930", in Auswanderungsagenturen und Auswanderungsvereine im 19. und 20. Jahrhundert, idem./Agnes Bretting (eds.), Franz Steiner, Stuttgart 1991, 91-262, here 99f., Walker, Germany and the Emigration, 24-28, and Aufbruch, Moltmann (ed.), 215-217 and 225f.

37 - Moltmann (ed.), Aufbruch, 215-222, Senger und Etterlin, Neu-Deutschland, 24f. and 29f., and Walker, Germany and the Emigration, 25-27.

38 - Cf. Gagern's instructions to Fürstenwärther; printed in Aufbruch, Moltmann (ed.), 226-231.

39 - Senger und Etterlin Neu-Deutschland, 25.

40 - Ibid., 26f.

41 - Ibid., 27f., Bickelmann, Auswanderungsvereine, 101, and Walker, Germany and the Emigration, 27.

42 - Moltmann (ed.), Aufbruch, 238-241, Senger und Etterlin, Neu-Deutschland, 28 and 30-34, and Walker, Germany and the Emigration, 27f.

43 - Cf., for example, the reports with in part extensive extracts in the Literarisches Wochenblatt, Volume 2 (1818), Nr. 46, 362-365, in the Augsburger Allgemeine Zeitung (October 24 1818), 1188, as well as in the Freiburger Wochenblatt (December 26 1818), 933-937.

44 - Cf. Bickelmann, Auswanderungsvereine, 102, Senger und Etterlin, Neu-Deutschland, 78f., Heinz Monz, Ludwig Gall, Leben und Werk, NCO Verlag, Trier 1979, 18f., and Ludwig Gall, Meine Auswanderung nach den Vereinigten Staaten in Nord-Amerika im Frühjahr 1819 und meine Rückkehr nach der Heimath im Winter 1820, Volume 1. F. A. Gall, Trier 1822, 12-31 and 37-40.

45 - Senger und Etterlin, Neu-Deutschland, 78.

46 - Ludwig Gall, "Aufruf zur Bildung menschenfreundlicher Vereine für eine der wichtigsten Angelegenheiten der Zeit und der Menschheit" in Isis oder Encyclopädische Zeitung, 1819, Volume 1, issue no. 3, col. 498-500, and idem., "Auszug aus einem Entwurf zur Anlegung einer Colonie in den vereinigten [sic!] Staaten von Nord-Amerika" in Isis oder Encyclopädische Zeitung, 1819, Volume 1, issue no. 3, col. 500-507.

47 - The decree clarified the matter with unmistakeable coarseness, "As regards your letter of the 4th of this month, presented to our President, we respond by stating that we cannot view any kind of Gagern'sche Gesellschaft as existing, as, due to the known legal provisions, no society for public purposes may be built by statute without royal confirmation. You in particular, dismissed from the duties of a royal state servant and subject, have no right to establish a similar society, nor to undertake any other public action of this kind. On the contrary, you will be regarded as a foreigner in the eyes of the law, and are advised to conform accordingly." (quote from Gall, Meine Auswanderung. Volume 1, 43).

48 - Gall, Meine Auswanderung. Volume 1, 44f.

49 - Monz, Ludwig Gall, 43-47, and Senger und Etterlin, Neu-Deutschland, 79f.

50 - Gall, Meine Auswanderung, Volume 2, 373-391.

51 - Ibid., 375-377.

52 - Senger und Etterlin, Neu-Deutschland, 80f., and Bickelmann, Auswanderungsvereine, 102f.

53 - Monz, Ludwig Gall, 67f.

54 - Gall, Meine Auswanderung, Volume 1, 45f. and 53-55.

55 - Concerning the themes of Europe-weariness and the "longing" for America, see Claude D. Conter, Jenseits der Nation. Das vergessene Europa des 19. Jahrhundert. Die Geschichte der Inszenierungen und Visionen Europas in Literatur, Geschichte und Politik, Aisthesis, Bielefeld 2004, 239-350.

56 - Heinrich Friedrich Karl vom und zum Stein an Hans Christoph von Gagern, Nassau, May 17 1817, printed in Hans Christoph von Gagern, Mein Antheil an der Politik, Volume 4. Cotta, Stuttgart and Tübingen 1833, 48f.

57 - Cf. Herman Haupt, "Wilhelm Snell und sein Deutscher (sog. Hoffmannscher) Bund von 1814/15 und dessen Einwirkung auf die Urburschenschaft", in Quellen und Darstellungen zur Geschichte der Burschenschaft und der deutschen Einheitsbewegung 13 (1932), 133-208, here 164f.

58 - I reproduce here some of the results of my Master's thesis in very shortened form (Kilian Spiethoff, Die Gebrüder Follen. Entwicklungsgeschichte zweier Demagogen, unpublished Master's thesis. Munich 2012, 18-80). Cf. also the studies by Frank Mehring, Karl/Charles Follen. Deutsch-amerikanischer Freiheitskämpfer. Eine Biographie, Verlag der Ferber'schen Universitätsbuchhandlung Gießen, Gießen 2004, and Edvard Spevack, Charles Follen's Search for Nationality and Freedom. Germany and America 1796-1840. Harvard University Press, Cambridge 1997.

59 - Cf. Kurt Richter, Ludwig Snells politische Wirksamkeit in den Jahren 1812 – 1827, Bechtold, Wiesbaden 1933, 42, and Herman Haupt, Karl Follen und die Gießener Schwarzen. Beiträge zur Geschichte der politischen Geheimbünde und der Verfassungs-Entwicklung der alten Burschenschaft in den Jahren 1815 – 1819. Alfred Töpelmann, Gießen 1907, 147.

60 - The text was edited in Deutsch-Amerikanische Geschichtsblätter (Karl Follen, "Die Gründung einer deutsch-amerikanischen Universität", ed. Julius Goebel in Deutsch-Amerikanische Geschichtsblätter. Jahrbuch der Deutsch-Amerikanischen Historischen Gesellschaft von Illinois 22/23 (1922/23), 56-76). In addition to the biographical literature on Karl Follen see also the studies by Herbert Reiter, Politisches Asyl im 19. Jahrhundert. Die deutschen politischen Flüchtlinge des Vormärz und der Revolution von 1848/49 in Europa und den USA, Duncker & Humblot, Berlin 1992, 81-92, idem., "Revolution und Utopie. Die Amerikapläne der Brüder Karl und Paul Follen 1819 und 1833", in Hessisches Jahrbuch für Landesgeschichte 43 (1993), 139-166, and Herman Haupt, "Die geplante Gründung einer deutsch-amerikanischen Republik in der Reaktionszeit. Nach ungedruckten Quellen", in Deutsche Revue. Eine

Monatsschrift 32 (1907), Volume 3, 116-119.

61 - Gall, Meine Auswanderung, Volume 2, 375-377.

62 - Follen, Die Gründung, 72-76.

63 - Ibid., 73.

64 - Ibid.

65 - Ibid., 73-75. Characteristic for this period of transition in Follen's thought is the somewhat half-baked compromise between his strong adherence to the concept of "diversity of nations" as the "fundamental condition of all health in the life of humanity" on the one side, and his wish for a "true, living unity" between the various ethnic groups in the USA in a "common national cause" on the other side (Ibid., 74f.).

66 - Ibid., 74. Concerning the certainly appropriate comparison with Switzerland see the preface of the editor Julius Goebel (Ibid., 56).

67 - Ibid., 75.

68 - Ibid., 74f. When Follen called it the destiny of the USA, "to found and maintain the sanctuary of a civil community, founded upon the principles of universal and equal freedom, as a demand of reason to all people, not only in their own country, but across the whole world", he anticipated in a certain way the concept of "Manifest Destiny", which was emerging in the 1840s (Senger und Etterlin, Neu-Deutschland, 88).

69 - While the draft provided much amusement among the authorities who were concerned with the investigation (Cf. Spiethoff, Die Gebrüder Follen, 90), the scholarship of the early 20th century considered its substance quite seriously (Cf. Goebel's introduction to Follen, Die Gründung, 56-60, and Haupt, Die geplante Gründung, 117f.). Herbert Reiter especially criticizes the political implications of the plan as utopian

(Reiter, Revolution, 147-149), Edmund Spevack abstains from a more explicit judgement (Spevack, Charles Follen's Search, 119f.). A little too harsh seems Senger von Etterlin's critique, with the plan described as an unrealistic anachronism with "medieval" tendencies (Senger von Etterlin, Neu-Deutschland, 87f.)

70 - Cf. the transcript of the encoded letter from Wilhelm Snell to pastor Heinrich Christian Flick zu Petterweil, Straßburg, undated [spring 1820] (HStA Darmstadt D 12 Nr. 50_47), which states, among other things, "What did Paul Follen hear about America from Fries, Ocken, de Wette? Did the discovery of this plan in Wezlar have any distinct consequences? What did Lisching hear about America from pastor Stein in Frankfurt, what about financial help, what about my own affairs? Cf. additionally Haupt, Karl Follen, 146f., and Richter, Ludwig Snells politische Wirksamkeit, 42-44, who state that also the Jacobin and former law professor Andreas Joseph Hofmann (1752-1849) should be entrusted with the plan.

71 - Haupt, Karl Follen, 148.

72 - Ibid., 146f., and Richter, Ludwig Snells politische Wirksamkeit, 43f.

73 - Cf. Spiethoff, Die Gebrüder Follen, 92-98.

74 - Cf. the transcript of the letter from Karl Follen to the Counsellor of the Court of Justice von Pape, s. l. [Chur?], 12.9.1820 (GStA Preußischer Kulturbesitz, Rep. 77 Tit. 21 Spez. F, Nr. 2, Volume 2, f. 233f.), in which he demands the return of the confiscated emigration plan to North America and simultaneously – though not very convincingly – attempts to distance himself from the authorship (he relates that he "received it from a stranger and copied part of it himself").

75 - Cf. Spiethoff, Die Gebrüder Follen, 98-102.

76 - Cf. for the following, Ibid., 102-121.

77 - Gottfried Fittbogen, "Der Prozess gegen Adolf Ludwig Follen. Ein Beitrag zur Geschichte der Demagogenverfolgungen , in Deutsche Revue 47 (1922), 34-43, here 40-43.

78 - Ernst Brand, "Die Auswirkungen der deutschen Demagogenverfolgungen in der Schweiz" in Basler Zeitschrift für Geschichte und Altertumskunde, 47 (1948), 137- 208, here 151-154 and 167-170.

79 - August Follen to his bride Susette Ritzmann, Aarau, February 12 1824 (Studienbibliothek Winterthur, Ms. BRH 245/1,62). I have extracted the quote from August Follen's letter to Susette Ritzmann, Aarau, March 7 1824 (SB Winterthur, Ms. BRH 245/1,69).

80 - August Follen to Susette Ritzmann, Aarau, February 15 1824 (SB Winterthur, Ms. BRH 245/1,63).

81 - Ibid.

82 - Ibid., as well as August Follen to Susette Ritzmann, Aarau, February 18 1824 (SB Winterthur, Ms. BRH 245/1,65).

83 - August Follen to Susette Ritzmann, Aarau, March 7 1824 (SB Winterthur, Ms. BRH 245/1,69) and August Follen to Susette Ritzmann, Aarau, March 23 1824 (SB Winterthur, Ms. BRH 245/1,73).

84 - I have extracted the relating content of a lost letter from Karl Follen to his brother August, Paris, spring 1824, from August Follen's letter to Susette Ritzmann, Aarau, April 14 1824 (SB Winterthur, Ms. BRH 245/1,77). The well-known account of the episode in Eliza L. Follen, The Life of Charles Follen, Thomas H. Webb & Co., Boston 1844, 74f. must be characterized as belittling.

85 - August Follen to Susette Ritzmann, Aarau, March 7 1824 (SB Winterthur, Ms. BRH 245/1,69).

86 - The Marquis de Lafayette to Friedrich List, [Paris], April 26 1824 (List-Archiv Reutlingen, 56/16).

87 - H. W. E. Eggerling, Beschreibung der Vereinigten Staaten von Nord-Amerika nach ihren politischen, religiösen, bürgerlichen und gesellschaftlichen Verbindungen, mit besonderer Berücksichtigung deutscher Ansiedelungen daselbst, 2nd edition, Tobias Löffler, Mannheim 1833 [¹1832], 312f.

88 - Wolfram Siemann, Vom Staatenbund zum Nationalstaat. Deutschland 1806-1871, C. H. Beck, Munich 1995, 31-35.

89 - Thomas Nipperdey, Deutsche Geschichte 1800-1866. Bürgerwelt und starker Staat, C. H. Beck, Munich 1983, 366-368.

90 - Ibid., 368-371.

91 - Ibid., 371f.

92 - Gottfried Duden, Bericht über eine Reise nach den westlichen Staaten Nordamerika's und einen mehrjährigen Aufenthalt am Missouri (in den Jahren 1824, 25, 26 und 1827), in Bezug auf Auswanderung und Ueberbevölkerung, oder: Das Leben im Innern der Vereinigten Staaten und dessen Bedeutung für die häusliche und politische Lage der Europäer dargestellt, Sam. Lucas, Elberfeld 1829.

93 - Concerning the impact of Duden's report, cf. Brenner, Reisen, 102-113.

94 - Senger und Etterlin, Neu-Deutschland, 88-91.

95 - Duden, Bericht, 233f. The famous German-American Gustav Körner emphasized the widespread impact of exactly this passage, five years later: "The Germans in America now smile, of course, about such eccentric sentences; but for all of them there was once a time when they remembered this and similar exaltations with bitterness, when they

accused themselves and each other with harsh words for having trusted such sparkling depictions" (Gustav Körner, Beleuchtung des Duden'schen Berichtes über die westlichen Staaten Nordamerikas, von Amerika aus, Karl Körner, Frankfurt/M. 1834, S. 31.

96 - Friedrich Münch, Erinnerungen aus Deutschlands trübster Zeit. Dargestellt in den Lebensbildern von Karl Follen, Paul Follen & Friedrich Münch, C. und E. Witter, St. Louis und Neustadt a. d. Haardt 1873, 72-78.

97 - Friedrich Münch, "Die Gießener Auswanderungsgesellschaft" in Der deutsche Auswanderer. Centralblatt der deutschen Auswanderung und Kolonisirung, 1847, Nr. 35, col. 545-550, and Nr. 36, col. 561-565, here, Nr. 35, col. 547f.

98 - Ibid.

99 - Friedrich Münch, "Kritik der 'Sagengeschichten einer deutschen Auswanderungs-Gesellschaft'", in Der Deutsche Pionier 1 (1869), 186-190, here 188.

100 - Ibid. and Münch, Erinnerungen, 64.

101 - Münch, Kritik, 188.

102 - Münch, Erinnerungen, 59.

103 - Ibid., 63f.

104 - Reiter, Revolution, 152f., and Bekanntmachung des Wahlergebnisses zum Gemeinderat Gießen vom 13.2.1832 (Stadtarchiv Gießen, L 1212).
105 - Leopold Friedrich Ilse, Geschichte der politischen Untersuchungen, welche durch die neben der Bundesversammlung errichteten Commissionen, der Central-Untersuchungs-Commission zu Mainz und der Bundes-Central-Behörde zu Frankfurt, in den Jahren 1819 bis 1827 und 1833 bis 1842 geführt sind, Meidinger Sohn & Comp., Frankfurt/M. 1860, 312f.
106 - Ibid., 313, and Münch, Kritik, 188.

107 - Münch, Kritik, 188.

108 - August Follen to Wilhelm Vogt, Ackerstein bei Zürich, October 31 1832 (SB Winterthur, Ms. BRH 245/16,1).

109 - Münch, Kritik, 188f., and idem., Die Gießener Auswanderungsgesellschaft, col. 548f.

110 - Paul Follenius/Friedrich Münch, Aufforderung und Erklärung in Betreff einer Auswanderung im Grosen (sic!) aus Teutschland in die nordamerikanischen Freistaaten, J. Ricker, Gießen 1833, 15f.

111 - Ibid., 16f.

112 - Friedrich Münch, "Zur Geschichte der deutschen Einwanderung", in Deutsch-Amerikanische Monatshefte für Politik, Wissenschaft und Literatur 1 (1864), 481-495, here 484.

113 - Follenius/Münch, Aufforderung und Erklärung, 16f.

114 - Ibid., 16.

115 - Münch, Zur Geschichte der deutschen Einwanderung, 484f.

116 - Cf. Follenius/Münch, Aufforderung und Erklärung, 15-17, and Eggerling, Beschreibung, 233-237. Many passages were literally taken over. The same applies, by the way, to an anonymous article which appeared in the magazine Didaskalia in June 1833, that judged the Giessen Emigration Society positively and actually referred directly back to Eggerling (that is, not to the "Aufforderung und Erklärung"). Cf. [Anonymous], "Neu-Teutschland", in Didaskalia. Blätter für Geist, Gemüth und Publizität, Nr. 176 (June 28 1833), no page number.

117 - Eggerling plagiarised – verbatim in parts – the Arkansas article in Georg Hassel, Vollständige und neueste Erdbeschreibung der Vereinigten Staaten von Nordamerika mit einer Einleitung zur Statistik dieser Länder, Verlag des Geographischen Instituts, Weimar 1823, 1002-1012. This article had in turn referenced English and American literature and travel reports

from the years between 1810 and 1820, as well as Friedrich Schmidt, Versuch über den politischen Zustand der Vereinigten Staaten von Nord-Amerika. Volume 1. J. G. Cotta, Stuttgart and Tübingen 1822, 282-285 and primarily 546-552.

118 - Cf., for example, the quotes – in no way euphemistic – about the recurring swamp fever epidemics there, taken from a letter by the first governor of Arkansas, James Miller, dated September 2 1820 in Schmidt, Versuch, 283. Moreover, while even Eggerling characterized the animal kingdom of Arkansas with the words "Buffalo, caribou, red deer, bears, American wolves, and whole herds of wild horses" (Eggerling, Beschreibung, 235), in the "Aufforderung und Erklärung" only remained "innumerable buffalo herds, caribou, red deer, wild horses, etc." (Follenius/Münch, Aufforderung und Erklärung, 16)! Many other examples could be added as well.

119 - Cf. Gustav Klingelhöffer to his parents, Bremen, March 3 1833 (Stadtarchiv Friedberg, Briefe Gustav und Luise Klingelhöfer, f. 2f.).

120 - Cf. Karl Follen to his mother, Cambridge, July 1833, printed in "Follen-Briefe", Herman Haupt (ed.), in Deutsch-Amerikanische Geschichtsblätter. Jahrbuch der Deutsch-Amerikanischen Historischen Gesellschaft von Illinois 14 (1915), 7-83, here 66-69.

121 - Follenius/Münch, Aufforderung und Erklärung, 17, Münch, Zur Geschichte, 486f. and idem., Die Gießener Auswanderungsgesellschaft, col. 548f.

122 - Cf. their two pamphlets, Follenius/Münch, Aufforderung und Erklärung, and Paul Follenius/Friedrich Münch, Aufforderung an teutsche Auswanderer zu einer größeren und gemeinschaftlichen Ansiedlung in den Freistaaten von Nordamerika, J. Ricker, Giessen 1833.

123 - Follenius/Münch, Aufforderung und Erklärung, 5f. and 12-14, idem., Aufforderung an teutsche Auswanderer, 5f., and Reiter, Revolution, 160f.

124 - Cf. Reiter, Revolution, 158.

125 - Muench highlights in his memoirs that Follenius had also brought with him "an impoverished, yet reliable family of workers" (Münch, Erinnerungen, 66).

126 - Follenius/Münch, Aufforderung an teutsche Auswanderer, 11f.

127 - Rolf Schmidt, "Die Gießener Auswanderungsgesellschaft. Vom Scheitern einer deutschen US-Republik" in Mitteilungen des Oberhessischen Geschichtsvereins Gießen 95 (2010), 77-92, here 82, Münch, Erinnerungen, 84f., idem., Die Gießener Auswanderungsgesellschaft, col. 547, and idem., "Die drei Perioden der neueren deutschen Auswanderung nach Nordamerika" in Der Deutsche Pionier 1 (1869), 243-250, here 244f.

128 - Münch: Die Gießener Auswanderungsgesellschaft, col. 563.

Muench Family Papers, Lesesaal, Missouri History Museum, St. Louis //
Muench Family Papers, Reading room of Missouri History Museum, St. Louis

Aufbruch und Weg der Gießener Auswanderergesellschaft //
Departure and Journey of
the Giessen Emigration Society

Rolf Schmidt

"The conditions in Germany, especially my homeland of Hesse, were so horrible in my eyes, that I could no longer tolerate them. Even before the revolutions of 1833, the spy system made me sick. After the revolution, which I played no part in other than to sympathize, I could stand it no longer. The government, the nobility's relations with its people, and the dealings with the civil servants, disgusted me. It drove me off, beyond and away. Far from Germany where fawning and hypocrisy were rewarded, yet the love of our Fatherland, and the devotion of the people, was punished with prison and exile."[1]

These were the recollections of 76-year-old Friedrich Muench, when being interviewed by H.A. Rattermann, publisher, journalist and friend from Der Deutsche Pionier (The German Pioneer) on his Missouri farm. He himself had experienced the coercion and threats from the government's "spy system" in Darmstadt in the months leading up to his emigration.

The Hessian Minister of Education and chancellor of the University of Giessen, Franz Joseph von Arens, threatened to refuse the pastor from Nieder-Gemünden a license to work as a private tutor, unless he acted as informer to persecute the demagogues.[2]

Ever since he joined the student group "The Giessen Blacks" (Die Gießener Schwarzen) he had had friends and acquaintances in the repu-

„Die Verhältnisse in Deutschland und speciell in meiner Heimat Hessen, waren in meinen Augen so unwürdiger Natur, dass ich mich mit denselben nicht länger befreunden konnte. Bereits vor dem 33er Aufstande widerte mich das eingeführte Spionier-System unendlich an und nach dem Aufstande – an dem ich mich weder direkt noch indirekt, außer durch meine Sympathien, betheiligte – da konnte ich nicht länger draußen bleiben. Die deutschen Regierungsformen, die Relationen des Volkes zum Adel, der Unterthanen zu den Beamten, alles war mir zum Ekel geworden. Es trieb mich fort, hinaus, weg, weit von dem Lande, wo Speichelleckerei und Heuchelei belohnt, Vaterlandsliebe und Volksanhänglichkeit jedoch mit Gefängnis und Verbannung bestraft wurden."[1]

So resümierte Friedrich Münch mit 76 Jahren auf seiner Farm in Missouri im Gespräch mit einem befreundeten Journalisten, dem Herausgeber des „Deutschen Pionier", H. A. Rattermann.

Er selbst hatte die Zwänge und Drohungen des „Spionier-Systems" der großherzoglichen Regierung in Darmstadt in den Monaten vor seiner Auswanderung kennengelernt, als der hessische Unterrichtsminister und Kanzler der Universität Gießen, Franz Joseph von Arens, dem Pfarrer aus Nieder-Gemünden damit drohte, ihm die Erlaubnis für jeglichen Privatunterricht zu verweigern, wenn er nicht Spitzeldienste für die Demagogenverfolger leiste.[2]

Seit seiner Zeit bei den studentischen „Schwarzen" an der Gießener Universität hatte er Freunde und Bekannte in

blican-minded circles. One of his closest friends was Karl Follen, who had fled political persecution ten years before, first through Switzerland, then France and finally to the United States. Karl's brother Paul had married Muench's sister Marie. Both of the Follen brothers were suspected of having taken part in the assassinations.[3] Paul Follenius and Friedrich Muench were actively exchanging ideas with the Butzbach rector Ludwig Weidig, writing in the "Hessian Messenger" (Der Hessische Landbote) with Georg Büchner.[4] Because of these connections the powers that be were highly suspicious of the clergyman. Von Arens gave Muench the following threat: "We of course wish your family well, as far as it serves the interest of the state; you alone do not have to abstain from all revolt against the government, but rather provide factual evidence that you work in the interest of the State. For Muench it was obvious: "This must mean: denounce someone as a traitor!" Paul Follenius and Friedrich Muench realized they could expect even more interrogations and surveillance. They saw no future for themselves, or for their families in this "detestable state of things"[5] in Germany.

Muench's thoughts had been focused on America for a long time. Initially, his suggestion of emigrating was met with a negative answer from his brother-in-law Paul. Paul was still considering a possible revolution in Germany.

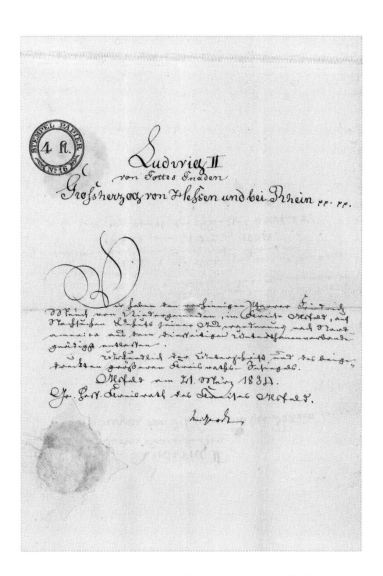

Ludwig II., von Gottes Gnaden, Großherzog von Hessen und bei Rhein etc. entlässt Friedrich Münch aus dem Untertanenverband (aus der Staatsbürgerschaft), Alsfeld, 21. März 1834

//

Ludwig II, by the grace of God, dismisses Friedrich Muench from the Subjects' Association (citizenship), Alsfeld, March 21, 1834

Gegen den Pfarrer Münch sind keine Civil Ansprüche bei Oberhess[ischem] Hofgerichte geltend gemacht worden, auch ist mir selbst kein gerichtliches Hindernis bekannt, welches der beabsichtigten Auswanderung entgegen stehen könnte.
Gießen d[en] 12. Februar 1834
//
There are no civil claims against pastor Muench in the Upper Hessian Manorial Court, nor are there any known judicial barriers which may prevent the intended emigration.
Giessen, February 12, 1834

Antwort auf Friedrich Münchs Gesuch an das Großherzoglich Hessische Hofgericht der Provinz Oberhessen zu Gießen um Bescheinigung, dass keine Hindernisse für die Auswanderung vorliegen
//
Response of the Grand Ducal Hessian Manorial Court of Justice, of the province of Upper Hesse in Giessen, to Friedrich Muench's application for permission to emigrate

„Friede den Hütten, Krieg den Palästen"
Georg Büchner und Friedrich Ludwig Weidig: „Der Hessische Landbote", 1834
//
"Peace to the cabins, war to the palaces"
Georg Büchner and Friedrich Ludwig Weidig: "The Hessian Messenger", 1834

republikanisch gesinnten Kreisen. Karl Follen, der vor der politischen Verfolgung schon zehn Jahre vorher in die Schweiz, dann nach Frankreich und schließlich in die USA geflohen war, zählte zu seinen engsten Freunden. Dessen Bruder Paul hatte seine Schwester Marie geheiratet. Beide Brüder wurden verdächtigt, Attentate unterstützt zu haben.[3] Auch mit dem Butzbacher Rektor Friedrich Ludwig Weidig, der zu jener Zeit mit Georg Büchner am „Hessischen Landboten" arbeitete, standen Paul Follenius und Friedrich Münch in gedanklichem Austausch.[4]

Dieser Kontakte wegen war der Geistliche den Machthabern höchst suspekt. Von Arens bestellte ihn zu sich und drohte: „Ihrer Familie wollen wir wohl, soweit das Staats-Interesse es erlaubt; dann müssen Sie aber auch nicht allein alles Widerstandes gegen die Regierung sich enthalten, sondern thatsächliche Beweise liefern, dass Sie im Regierungs-Interesse arbeiten". Für Münch war klar: „Das hieß wohl: aus einem Denunzierten ein Denunziant werden!"

Paul Follenius und Friedrich Münch mussten mit weiteren Bespitzelungen und Verhören rechnen. Sie sahen für sich und ihre Familien in diesen „gräulichen Zuständen"[5] in Deutschland keine Zukunft mehr.

Münchs Gedanken waren schon länger auf Amerika gerichtet. Sein Vorschlag, dorthin auszuwandern, stieß bei

Freund, E.
– Olbers
21,f,none

Freund, J.
– Olbers
11,m,none

Freund, J.
– Olbers
17,m,none

Freund, M.
– Olbers
6,f,none

Freund,A.
Olbers
– 12,f,none

Freymuth, A.
– Olbers
7,m,none

Freymuth, A.
– Olbers
13,m,farmer

Freymuth, B.
– Olbers
11,m,farmer

Freymuth, C.
– Olbers
18,m,farmer

Georg Büchner, 1813-1837   Friedrich Ludwig Weidig, 1791-1837

seinem Schwager Paul zunächst auf Ablehnung. Paul dachte noch immer an eine mögliche Revolution in Deutschland. Doch das Scheitern der Frankfurter Rebellion am 4. April 1833[6] ließ ihn endlich einlenken. Die deutsche Kleinstaaterei schien jeden Umsturzversuch unmöglich zu machen, erst recht eine zentrale Erhebung in Gesamtdeutschland. Auch wenn Ludwig Weidig den Auswanderungswilligen wütend „Verrat am deutschen Vaterlande" vorwarf, folgten die Schwäger ihrem einmal gefassten Entschluss.[7] Paul stellte allerdings Bedingungen. Er wollte das Auswanderungsprojekt auf eine breitere, nationale Basis stellen.[8] Das heißt, er wollte mit einer größeren Auswanderungsbewegung den Grundstein zu einer deutschen Kolonie und letztlich zu einem neuen deutschen Staat in Übersee legen.

Zunächst galt es, Mitstreiter zu gewinnen. In einer programmatischen Schrift mit dem Titel „Aufforderung und Erklärung in Betreff einer Auswanderung im Grosen aus Teutschland in die nordamerikanischen Freistaaten", warben die Schwäger für ihr Projekt, skizzierten die Strategie und beschrieben die Grundzüge des künftigen Deutschland in Übersee.

Die „Aufforderung" wurde im Frühjahr 1833 beim Verlag Ricker in Gießen gedruckt und gelangte wohl zunächst ohne

However, the failure of the rebellion on April 4 1833[6] caused him to finally give up. The German independent-state system seemed to make any attempt at a coup, or centralized uprising, even more impossible for all of Germany. Even when Ludwig Weidig furiously reproached the potential emigrants with "betrayal of the fatherland", the brothers-in-law carried on with their hard won plan.[7] Paul certainly had his conditions. He wanted to form a wider, national basis for the emigration project[8] – meaning he wanted to lay a foundation for a German colony, and ultimately create a new German state overseas.

At first other like-minded people had to be found. With a plan, a paper entitled "Call and Declaration of the Subject of Mass Emigration from Germany to the North American Free States"; the brothers-in-law campaigned for their project, outlined the strategy, and described the essential features of a future Germany overseas.

Muench recalls:

*"And thus in 1833, P. Follenius and I found-
ed the "Giessen Emigration Society" for the
purpose of founding bit by bit a part of New
Germany on American soil, with which to
attract the best parts – at that time readily available – of Europe-weary Germans
and to let a fresh and free German civic life
issue forth. Every year we shall be joined by
newcomers until the necessary population
is attained, to which we may then enter, as a
state, into the Union. For we are only too well
aware by having fought so long against political and social afflictions in the old world, to
do everything from the beginning, in the new
world. We shall only accommodate respectable and liberal people in our society. Thus we
hoped even in a small way, to create a German model republic, which could be expected
to even have positive reactions in the old
fatherland. As such, our enterprise was not
possible in all states. Thus we had to choose,
with the help of some very incomplete information, from the areas which were available; the territory of Arkansas (portrayed as
similar to the high plateau of Spain) seemed
to be the most suitable."[5]*

Friedrich und Luise Münch, um 1832
//
Friedrich and Louise Muench, around 1832

Münch berichtet:

„So wurde 1833 von P. Follenius und mir die Gießener Auswanderungsgesellschaft gestiftet zu dem Zwecke, nach und nach ein Stück neues Deutschland auf amerikanischem Boden zu gründen, dorthin den besten Theil der – damals in großer Menge vorhandenen – europamüden Deutschen zu ziehen und ein frisches und freies deutsches Volksleben in der neuen Welt erstehen zu lassen. An die ersten Colonien sollten alljährlich neue sich anschließen, bis die nöthige Bevölkerung vorhanden wäre, die zum Eintritt eines neuen Staates in die Union erforderlich ist. Da uns die in der alten Welt so lange vergebens bekämpften politischen und sozialen Gebrechen nur zu wohl bekannt waren, und in der neuen Welt alles von vornen zu machen war, auch nur unbescholtene und freisinnige Menschen in die Gesellschaft aufgenommen werden sollten, so hofften wir, wenn auch im Kleineren, eine deutsche Musterrepublik herzustellen, von welcher eine wohlthätige Rückwirkung selbst auf das alte Vaterland zu erwarten wäre. Da in einem der Staaten ein solches Unternehmen nicht mehr ausführbar war, so mußte eines der Gebiete gewählt werden, und nach den sehr unvollständigen Nachrichten, welche man damals haben konnte, schien das Territorium Arkansas (den Hochebenen Spaniens ähnlich geschildert) am besten dazu geeignet".[9]

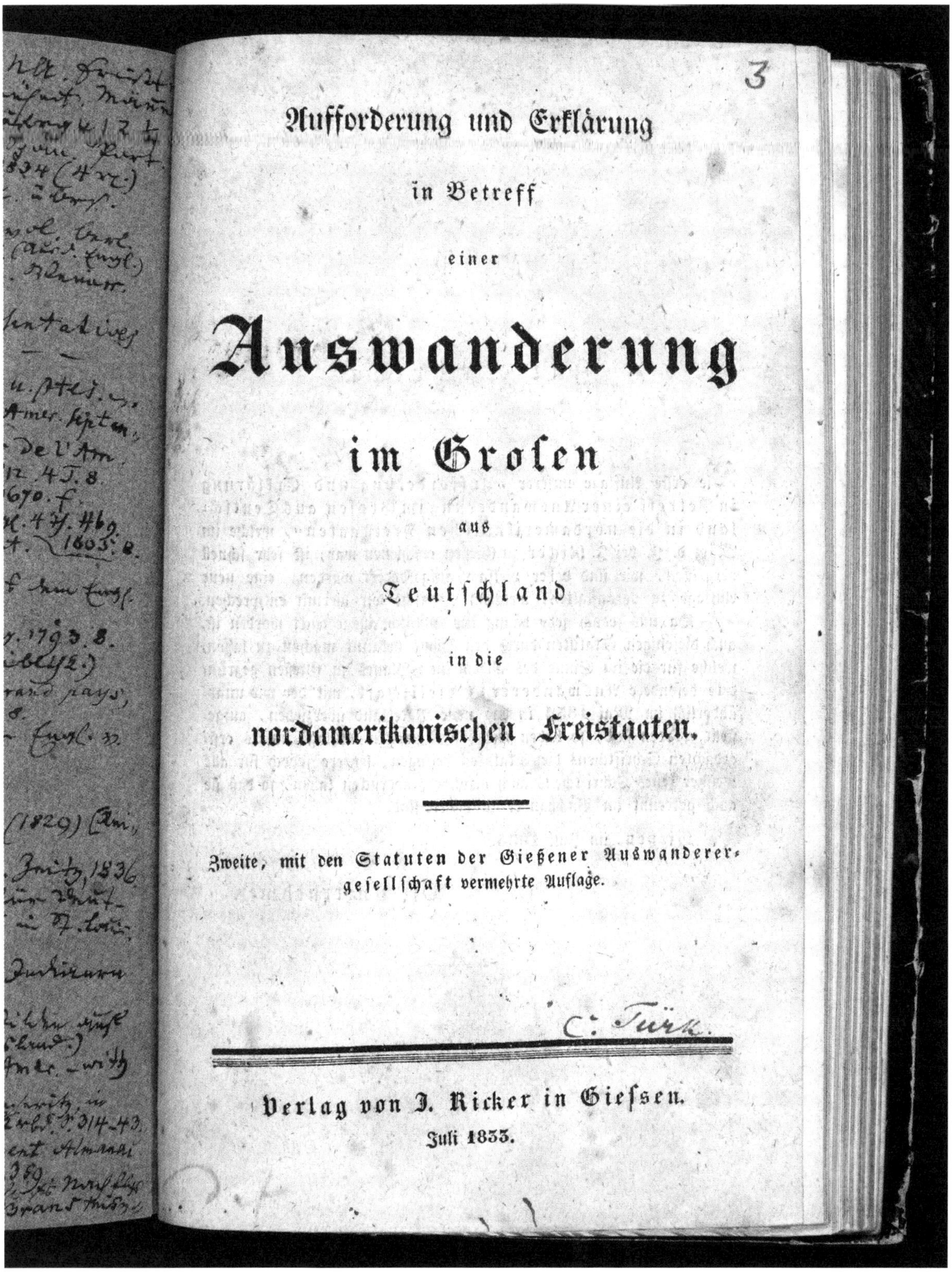

Aufforderung und Erklärung

in Betreff

einer

Auswanderung

im Großen

aus

Teutschland

in die

nordamerikanischen Freistaaten.

———

Zweite, mit den Statuten der Gießener Auswanderergesellschaft vermehrte Auflage.

C: Türk.

Verlag von J. Ricker in Gießen.
Juli 1833.

The "Call" was printed at Ricker Publishing House in Giessen, in the spring of 1833. It reached those families that were interested, in Hesse, Saxony, Thuringia, and Bavaria without much publicity, mostly by being secretly passed along, and from some select bookstores. A somewhat doubtful source even reported of a copy in the "Frankfurter Journal" and the "Augsburger Allgemeine Zeitung".[10] The resonance was astounding: "Our little paper quickly experienced two editions and was read in all parts of Germany" remembers Friedrich Muench, "such that we had gathered considerable participation and then published the Society's statutes. It was excellently received, and encouraged us to become bold; thousands wanted to join us, and to help with the plans necessary for the realization. This certainly would have happened, had everything gone according to our expectations."[11]

"Thousands" were interested. A "General Assembly" followed the requests on September 1, 1833, in Friedberg, Hesse. A director was chosen (P. Follenius 1st director) and the "statutes" unanimously adopted. Those invited were carefully preselected by Muench and Follenius, from their reference letters regarding their character. Whoever wanted to join the Society, had to have the funds to purchase a passport, their overseas journey, and a plot of land in America as well. A contribution was to be paid into the Society's collective account before departure. "Families unable to provide proof of such funds will not be accommodated", was written succinctly into the announcement.[12] With this, it appeared clear that the offer of emigration was aimed, above all else, at well-to-do parties interested in leaving Germany for political reasons, not at those fleeing poverty. However both Follenius and Muench took a poverty-stricken

Aufforderung und Erklärung in Betreff einer Auswanderung, Juli 1833
//
Call and Declaration of the Subject of Mass Emigration from Germany to the North American Free States, July 1833

großes öffentliches Aufsehen zumeist unter der Hand und über ausgesuchte Buchhandlungen an interessierte Familien in Hessen, Sachsen, Thüringen und Bayern. Eine etwas zweifelhafte Quelle berichtete sogar vom Abdruck im „Frankfurter Journal" und der „Augsburger Allgemeinen Zeitung".[10]

Die Resonanz war erstaunlich: „Das Schriftchen erlebte rasch zwei Auflagen und wurde in allen Theilen von Deutschland gelesen" erinnert sich Friedrich Münch, „sodaß wir uns einer beträchtlichen Theilnahme versichert halten durften und nun auch die Statuten der Gesellschaft […] veröffentlichten. Man fand sie vortrefflich und ermunterte uns, nur kühn den Anfang zu machen, – Tausende wollten uns nachkommen und den Gedanken des Unternehmens zur Wirklichkeit machen helfen. Und dies wäre wirklich geschehen, wenn alles der Erwartung gemäß gegangen wäre".[11]

Dem Aufruf und der Resonanz „Tausender" folgte eine „Generalversammlung" am 1. September 1833 im hessischen Friedberg. Ein Vorstand wurde gewählt (P. Follenius 1. Vorsteher) und die „Statuten" einstimmig verabschiedet. Die Eingeladenen

Im Hotel Trapp in Friedberg fand vermutlich die
Gründungsversammlung statt
//
The founding meeting most likely took place in the
Hotel Trapp in Friedberg

chronicles in Nieder-Gemünden, Muench wrote on March 2, 1834: "For the present, a colonial German city shall be founded and worked thereupon. Henceforth, that shall channel the numerous emigrations from the unfortunate German lands, so that, if Heaven will it, the greater idea underlying the enterprise will be realized, in spite of the endless obstacles which shall thereby be overcome." And Gert Goebel, a friend and fellow traveler, recalls: "The society's original plan was to found a settlement near Little Rock, Arkansas; a large complex of land was to be purchased, then each member would receive 50 acres; the first houses were to be built communally and as close to one another as possible, just as livestock and foodstuff was to be provided from the collective account."[13] In order to explore the Arkansas territory and locate a suitable settlement site, two scouts were chosen at the founding meeting – Müller, a pharmacist from Homburg, and Schmidt, a dean from Büdingen – and were provided with generous finances for their reconnaissance. The members were supposed to hear from the pair, shortly before their departure.

"Call and Declaration of the Subject of Mass Emigration from Germany to the North American Free States"

What can we learn from the Giessen "Call" about the motives, ideals, and the concrete plans and structure of the enterprise? Their criticism of conditions in their former homeland was inferred from their ideals and social goals in the new homeland. Aristocratic tyranny was abhorred, a state with privileges and suppression, taxes, the caste system, and the divisiveness of the parties.[14] The Germany-weary people missed the freedom of action and spirit, religious tolerance and true humanity in the Christian sense.[15]

family under their wing. Equally important to the choice were professions, for the founders of the society paid close attention to the list of participants, so that all manual and academic professions were represented and balanced. In the end, a new autonomous political entity had to be created.

The assembly in Friedberg had   Arkansas in mind for the settlement, as already indicated by Muench. The territory wasn't an official U.S. state (that occurred in 1836) and was quite sparsely populated as well. In his final entry in the parish

```
Freymuth, E.
- Olbers
19,f,none

Freymuth, F.
- Olbers
3,m,none

Freymuth, F.
- Olbers
9,m,none

Freymuth, J.
- Olbers
54,m,farmer

Freymuth, M.
- Olbers
40,f,none

Freymuth, P.
- Olbers
1,m,none

Freymuth, T.
- Olbers
5,m,none

Gans, B.
- Olbers
25,m,farmer

Gans, J.
- Olbers
27,m,farmer

Göbel, David
- Medora
46,m,prof. math.
Grafenthal
```

waren nach ihren Zuschriften von Münch und Follenius sorgfältig vorsortiert worden. Wer sich der Gesellschaft anschließen durfte, musste über Mittel verfügen, einen Pass und die Überfahrt sowie ein Stück Land in Amerika zu bezahlen. Vor der Abreise war eine Einlage in eine Gemeinschaftskasse zu entrichten. „Familien, welche den Besitz eines solchen Vermögens nicht nachzuweisen vermögen, können nicht aufgenommen werden", heißt es bündig in der Ausschreibung.[12] Damit war klar, dass das Gießener Angebot zur Auswanderung sich vor allem an wohlhabende Interessenten, die Deutschland allein aus politischen Gründen verlassen wollten, und nicht an Armutsflüchtlinge richtete. Allerdings sollen sowohl Follenius wie auch Münch unbemittelten, aber gut befreundeten Familien unter die Arme gegriffen haben.

Wichtig waren auch berufliche Erfahrungen, denn die Gründer der Gesellschaft achteten bei der Zusammenstellung der Teilnehmerlisten darauf, dass alle handwerklichen und akademischen Berufe ausgewogen vertreten waren. Schließlich wollte man ein autonomes Staatswesen begründen.

Die Friedberger Versammlung hatte für die geplante Ansiedlung im amerikanischen Westen, wie von Münch bereits angedeutet, Arkansas im Blick. Jenes Gebiet war noch kein offizieller US-Staat (erst 1836) und zu jener Zeit dünn besiedelt. In seinem letzten Eintrag in der Pfarrchronik von Nieder-Gemünden vermerkt Münch am 2. März 1834: „Es soll dort vorerst eine teutsche Pflanzstadt gegründet und dahin gewirkt werden, dass von nun an die seither schon so zahlreichen Auswanderungen aus dem unglücklichen teutschen Lande sich eben dahin dirigieren, damit, so der Himmel uns wohl will, die dem Unternehmen zugrunde liegende größere Idee trotz aller zahllosen Hindernisse, die dabei zu überwinden sind, realisiert werde." Und Gert Göbel, ein befreundeter Mitreisender, erinnert sich: „Der ursprüngliche Plan der Gesellschaft war, in Arkansas, in der Nähe von Little Rock, eine Niederlassung zu gründen; es sollte ein großer Complex Congreßland gekauft und jedem Gesellschaftsmitglied 50 Acres davon zugetheilt werden: die ersten Häuser sollten gemeinschaftlich und so nahe wie möglich zusammengebaut werden, auch sollten Arbeitsvieh und Lebensmittel für das erste Jahr ebenfalls aus der Gemeinschaftscasse angeschafft werden".[13]

Um das arkansische Territorium vorab zu erkunden und ein geeignetes Siedlungsgebiet ins Auge zu fassen, wählte die Gründungsversammlung zwei Kundschafter, den Homburger Apotheker Müller und den Dekan Schmidt aus Büdingen und stattete sie für die Erkundungsreise finanziell großzügig aus. Von beiden sollten die Gesellschafter erst kurz vor ihrer Abreise wieder hören.

„Aufforderung und Erklärung in Betreff einer Auswanderung im Grosen aus Teutschland in die nordamerikanischen Freistaaten"

Was erfahren wir aus der Gießener „Aufforderung" über die Motive, Ideale und die konkreten Pläne und Strukturen des Unternehmens? Die Kritik an den Verhältnissen in der alten Heimat lässt sich am besten im Umkehrschluss aus den Idealen und gesellschaftlichen Zielen für die neue Heimat ablesen. Verhasst waren die aristokratische Willkürherrschaft, der Ständestaat mit seinen Privilegien und Unterdrückungen, die Steuern, der Kastengeist und die „Parteienentzweiung"[14]. Die Deutschlandmüden vermissten die Freiheit der Tat und des Geistes, religiöse Toleranz und wahre Menschlichkeit im christlichen Sinne.[15] Sie lehnten den Zwang der Zünfte, den Militärdienst und die drückenden Abgaben an Staat und Kirche ab. Sie waren der Kriege in Europa überdrüssig. Stattdessen wollte man eine „neue Staatsform", einen demokratischen „Freistaat", ein „verjüngtes Teutschland" innerhalb der Vereinigten Staaten errichten. Das erschien den Planern erstaunlicherweise „nicht allzuschwer"[16]. Im neuen Deutschland sollte eine harmonische, christliche Gemeinschaft „ein einfaches und naturgemäßes Leben", „ohne Luxus und Modeerscheinungen", ohne Standesunterschiede führen, getragen von einem „erhabenen Streben", einer „höheren Idee". Leider bleiben diese Begriffe etwas nebulös. Ausdrücklich ist an eine humane und gerechte Gemeinschaft ohne „irgendeine Art von Aristokratie" und „ohne jegliche Sclaverei" gedacht.[17] Die Position der geplanten Republik innerhalb der USA wird in der Gießener „Aufforderung" in recht problematischer (um nicht zu sagen naiver) Weise skizziert. Mit Fleiß, Disziplin und christlichem Gemeinsinn sollte schließlich am Rande des wilden Westens ein Deutschland entstehen, das weitgehend unter sich

They refused the power of the guilds, military service, and the forceful collection of information by church and state. They were weary of the wars in Europe. In its place they wanted to erect a "new form of government", a democratic "free state", and a "rejuvenated Germany" within the United States. Astoundingly, this seemed to be "not all too difficult"[16] to the planners. In new Germany a harmonious Christian community should lead "a simple and natural life" "without luxury or fads", without class distinctions, and be borne by an "elevated quest", a "higher ideal". Unfortunately these concepts remained somewhat nebulous. Clearly expressed was a humane and just community without "any kind of aristocracy" or "without any slavery".[17] The positioning of the intended republic within the U.S. was outlined in a rather scheduled (not to say naive) fashion in the Giessen "Call". With diligence, discipline, and Christian brotherhood, a

Sehnsucht nach Amerika.

Dort lebt ein Volk, das kühn der
/Knechtschaft Bande
Mit Glück gebrochen, mächtig groß und frei;
Die stolze Flagge fliegt von Land zu Lande,
Sein Handel blüht entfesselt, immer neu;
Siehst Du die Wimpel blinken,
Die dreizehn Sterne winken?
O Schiffer, stoß vom alten Vaterland,
Ein neues glänzt dort an Ohios Strand. //

There live a people, who boldly
/their servility
With fortune broke, powerful, great, and free;
From land to land the flags fly proudly,
Their trade blossoms, always new, at liberty;
Do you see the pennant gleaming
The thirteen stars forever streaming,
O Skipper, away from the fatherland we go,
A new one awaits us on the beach of Ohio.

Germany was to come into being on the edge of the Wild West, and was to remain largely independent and self-contained. They wanted to remain apart from the settled English and French American population, "especially the American, who shows little respect for the peculiarities of others".[18] They did not want to become "American". Instead they wanted to extensively cultivate German virtues, German customs, and the German language, raising their youth in conformity with this. It could be said that the U.S. and its territories and infrastructure (roadways, etc) were simply being used as a place to build an alternative model to the old Germany. In fact, all that was needed to be recognized as a new U.S. state was a list of 60,000 men's signatures.[19] An already settled state (of which there were twenty four) shouldn't even be considered a possibility for settlement, as an English-American influenced area would be cumbersome to the development of an independent German development and "self-legislation". Missouri and Oregon were "permeated with savage hordes of Indians"; Florida seemed too hot and muggy, while the northwest (around Michigan) was unsuitable due to location, soil composition, and climate.[20]

The plan was to purchase a large connected territory in Arkansas from the collective account in order to found a kind of metropolis (Pflanzstadt) with the name "Free City" (Freistadt), establishing numerous villages from this central point outwards.[21] Following this, German settlers already living in the neighboring states would be recruited and other groups from Germany (called "Colonies" in the "Call") would follow. In the future, special committees overseas and in Germany would organize the formation of more colonies through close cooperation, as well as bring them across the Atlantic to Arkan-

sas.[22] These colonies would be able to remain as village communities with free self-determination, insofar as they subordinate themselves to the ideals and structures of the German state in Arkansas.

Parting and journey in two groups

"When we reached 500 heads we closed the Society which was to depart 1834. For the sake of the matter we waived the collective journey, as Follenius headed the first division from Bremen to New Orleans and myself the second (for not everybody was able to prepare themselves in time) via Baltimore," reported Friedrich Muench.[23]

The transatlantic passage for the 500 emigrants had been ordered through the Bremen-based company Everhard and Frederik Delius, which had already gained some experience in emigration and trade with America. As planned, Follenius' division disembarked from Bremerhaven on the ship "Olbers" on March 31, while Muench's departure seemed ill-fated indeed. His division was to depart two months later – much different than

Göbel, Gerhard
– Medora
18,m,none
Coburg

Göbel, Gisa
– Medora
6,6,f,none
Coburg

Göbel, Henriette
– Medora
46,f,none
Sonnenfeld

Göbel, Hilda
– Medora
14,f,none
Coburg

Gohrig, Jacob
– Medora
32,m,soapmaker
Babenhausen

Graf, Adolph
– Medora
16,m,farmer
Coburg

Graf, Auguste
– Medora
21,m,none
Coburg

Graf, Bertha
- Medora
12,f,none
Coburg

Graf, Carl
- Medora
23,m,weaver
Coburg

Graf, Caroline
- Medora
2,6,f,none
Coburg

Graf, Elizabeth
- Medora
46,f

Graf, Georg
- Medora
14,m,basketmaker
Coburg

Graf, Johann
- Medora
46,m,baker
Coburg

Graf, Lisette
- Medora
6,6,f,none
Coburg

bleiben wollte. Von den bereits ansässigen Anglo- oder Franko-Amerikanern wollte man sich fernhalten, „zumal der Amerikaner gegen fremde Eigenthümlichkeiten wenig Schonung beweist"[18]. Man wollte nicht „amerikanisch" werden. Stattdessen sollten deutsche Tugenden, deutsche Sitten und die deutsche Sprache intensiv gepflegt werden und die Jugend entsprechend erzogen werden. Man kann wohl sagen, dass die USA und deren Territorium und Infrastruktur (Verkehrswege etc.) nur benutzt werden sollten, um ein Gegenmodell zum alten Deutschland zu schaffen.

Tatsächlich bedurfte es nur einer Liste mit 60 000 männlichen Unterschriften, um als neuer US-Staat anerkannt zu werden.[19] Ein bereits etablierter Bundesstaat (es gab inzwischen vierundzwanzig) kam als Siedlungsgebiet nicht in Frage, weil eine anglo-amerikanische Vorprägung einer selbständigen deutschen Entwicklung und „Selbstgesetzgebung" hinderlich gewesen wäre. Missouri und Oregon seien „von wilden Indianerhorden durchzogen", Florida erschien zu heiß und stickig, der Nordwesten (Michigan etwa) war nach Lage, Bodenbeschaffenheit und Klima ebenfalls ungeeignet.[20]

In Arkansas sollte also ein großes, zusammenhängendes Territorium aus der Gemeinschaftskasse gekauft werden, um dort eine Art Metropole („Pflanzstadt") mit Namen „Freistadt" und von ihr ausgehend zahlreiche Dörfer zu gründen.[21] In der Folge sollten die in der neuen Welt bereits lebenden deutschen Siedler aus den angrenzenden Bundesstaaten dorthin geworben werden und weitere Gruppen aus Deutschland (in der „Aufforderung" „Colonien" genannt) folgen. Spezielle Ausschüsse in Übersee und in Deutschland hätten künftig in engem Kontakt miteinander die Bildung weiterer „Colonien" zu organisieren und sie über den Atlantik nach Arkansas zu führen.[22] Diese „Colonien" würden in dörflichen Gemeinschaften und freier Selbstbestimmung unter sich bleiben können, sofern sie sich den Idealen und Strukturen des deutschen Staates in Arkansas unterordnen.

Abschied und Reise in zwei Gruppen

„Als 500 Köpfe zusammen waren, schlossen wir die Gesellschaft, welche 1834 abgehen sollte. Der Sache zu Liebe leisteten wir

Verzicht auf die gemeinschaftliche Reise, indem Follenius die Führung der ersten Abteilung von Bremen über New Orleans übernahm und ich mit der zweiten Abtheilung (weil nicht Alle früh genug sich fertig machen konnten) über Baltimore folgen sollte." So berichtet Friedrich Münch.[23]

Man hatte die Atlantikpassagen für die 500 Auswanderer bei der Bremer Firma Everhard und Frederik Delius bestellt, die im Amerikahandel und im Auswanderergeschäft erfahren war. So schiffte sich die Abteilung von Follenius wie geplant am 31. März in Bremerhaven auf der „Olbers" ein, während Münchs Abreise unter keinem guten Stern stand. Seine Abteilung sollte erst zwei Monate später – ganz anders als geplant – auf der „Medora" folgen. Bis dahin musste er noch einen „Leidensweg" zurücklegen, der ihn an den Rand der Verzweiflung brachte.[24]

Ein Blick in die Passagierliste der „Medora" – die uns aus Baltimore überliefert ist – verrät uns, dass die beiden größten regionalen Gruppierungen aus Altenburg und Coburg kamen. Die Altenburger waren mit 13 Familien und insgesamt „56 Köpfen" vertreten. Aus Coburg, das heute zu Bayern gehört und damals vom Hause Sachsen-Coburg-Gotha regiert wurde, kamen 38 Personen. Und aus den rheinpreußischen Städten Belecke und Warstein sollen sich 17 katholische Familien angeschlossen haben.[25]

Sicher hat diese Resonanz auf den Gießener Aufruf unter den Auswanderungswilligen zum einen mit der mehr oder minder zufälligen Verbreitung der „Aufforderung und Erklärung" von Münch und Follenius zu tun. Zum anderen aber werden die heimatlichen Verhältnisse eine entscheidende Rolle gespielt haben. Werfen wir einen Blick auf die wirtschaftlichen und politischen Verhältnisse in Thüringen um 1830.[26]

Die wirtschaftliche Situation war katastrophal! Besonders hart betroffen waren außer den Bauern Handwerker und kleine Händler. Die Zwergstaaterei verhinderte eine Modernisierung oder gar eine Industrialisierung der Produktion. Das nach den Befreiungskriegen einsetzende Bevölkerungswachstum führte zu Arbeitslosigkeit und Verelendung. Die Lebensmittelpreise stiegen. Besonders in der thüringischen Leder- und Textil-Produktion und -Verarbeitung herrschte um 1830 ein harter Konkurrenzkampf. Handel und Handwerk verloren die Kunden,

planned – on the ship "Medora". Until then he still had to live a "life of suffering" which drove him to the edge of despair.[24]

A glimpse into the passenger list of the "Medora" – handed down to us from Baltimore – reveals to us that the two largest regional groups come from Altenburg and Coburg. The Altenburg group consisted of 13 families and "56 heads" altogether. 38 people came from Coburg, which today belongs to Bavaria but was ruled at the time by the House Saxe-Coburg-Gotha. And around 17 Catholic families from the cities of Belecke and Warstein in Rhenish Prussia were to join them as well.[25]

On the one hand, this response to the Giessen summons had to do with the more or less random distribution of the "Call". On the other hand the local conditions also played a decisive role. For that we have to take a look back to the economic and political situation in Thuringia around 1830.[26]

The economic situation was a catastrophe! Especially hard-hit were the farmers, craftsmen, and small traders. The mini-state system prevented a modernization and certainly industrialization of production. The population growth following the wars of liberation led to unemployment and impoverishment. The price of food increased. There was particularly vicious competition in Thuringia's production and processing of leather and textiles around 1830. Commerce and craftsmanship lost customers because the buying power of the townspeople and farmers sank. In every respect things got tight in the narrow alleys of Altenburg. David Griffith, captain of the "Medora", recorded almost exclusively handicraft professions in connection to the names from Altenburg: tailors, master carpenters, goldsmiths, coppersmiths, bag and glove makers, masons, and bookbinders.

Vorherige Doppelseite // previous double page: Nieder-Gemünden
Diese Seite // this page: Die Kasernen von Altenburg, um 1820 // The barracks of Altenburg, around 1820

Graf, Louise
- Medora
10,6,f,none
Coburg

Graicken, Sebastian
- Medora
31,m,farmer
Altenburg

Granger, Julie de
- Medora
22,f,none
Tennitz

Greb, A.
- Olbers
5,m,none

Greb, E.
- Olbers
1,f,none

weil die Kaufkraft der Bürger und Bauern sank. Es wurde in jeder Hinsicht eng in den schmalen Gassen Altenburgs. Hinter den Altenburger Namen verzeichnete David Griffith, der Kapitän der „Medora", vor allem handwerkliche Berufe: Schneider, Tischler- und Zimmermeister, Gold- und Kupferschmiede, Beutel- und Handschuhmacher, Maurer und Buchbinder.

Außerdem hatte sich in Altenburg die politische Lage verschärft. 1826 starb die Herrscherlinie Altenburg-Gotha aus und der schon betagte Herzog Friedrich III. von Sachsen-Hildburghausen übernahm das Regiment im Altenburger Schloss. Er entließ einen großen Teil des Beamtenapparates und setzte dafür seine mitgebrachten – ebenfalls betagten – Räte ein. Die neue Regierung zeigte wenig Verständnis für die Nöte der Bürger und regierte mit Steuererhöhungen und Unterdrückung. Es kam im September 1830 zu Aufruhr, Brandanschlägen und Verhaftungen. Deshalb ist es sehr wahrscheinlich, dass sich unter den Altenburger Auswanderern auch solche befanden, die dem Regime politisch suspekt waren.

Wer zur Auswanderung entschlossen war, hatte langwierige und leidvolle Prozeduren vor sich. Sein ganzes Streben war darauf gerichtet, den begehrten „Auswanderungsschein" zu bekommen, die Reisegenehmigung des Landesherrn. Um diesen zu erhalten, war es unerlässlich, eine Bescheinigung für den geleisteten Wehrdienst, den sogenannten „Militairabschied" beizubringen, ebenso eine Art Leumundszeugnis. Er durfte keine Schulden oder irgendwelche Verfehlungen auf seinem Konto haben.

Wilhelm Porzig und Friedrich Haupt aus Altenburg hatten ihre Auswanderung mit der Gießener Gesellschaft gemeinsam im Dezember 1833 beantragt und so hielten sie schließlich im Februar 1834 einen gemeinsamen Pass auf beider Namen in ihren Händen und lasen[27]:

„Nachdem von Herzoglicher Landesregierung hier dem Gelbgießermeister Ernst Wilhelm Porzig von hier und dem Beutlermeister und Handschuhmacher Friedrich Gottlob Wilhelm Haupt von hier auf diesfallsiges Nachsuchen die Niederlassung im Auslande unter Entlassung von allen Pflichten eines Unterthans des Herzogthums Altenburg zu gestatten beschlossen worden ist, so wird solches zur diesfallsigen Legitimation des Bittstellers andurch beglaubiget.
Altenburg, d. 12. Februar 1834."[28]

Greb, G.
- Olbers
36,m,farmer

Greb, H.
- Olbers
25,m,farmer

Greb, M.
- Olbers
33,f,none

Greb, S.
- Olbers
3,f,none

Gredy, George
- Medora
31,m,stovemaker
Erlangen

Gross, T.
- Olbers
25,m,farmer

In addition, the political situation in Altenburg had worsened. In 1826 the ruling line of Altenburg-Gotha died out and aged Duke Friedrich III von Saxe-Hildburghausen took over the rule in the Altenburg castle. He dismissed a large part of the bureaucracy and employed his own council – equally advanced in years – which he brought with him. The new government showed little understanding for the hardships of the citizenry and governed through the use of tax increases and suppression. In September 1830, rioting, arson, and arrests resulted. It is therefore very likely that there were also people amongst the Altenburg emigrants who were politically suspect to the regime.

Whoever was determined to emigrate had a lengthy and sorrowful set of procedures in front of them. All their efforts were directed towards getting the sought after "Certificate of Emigration", the travel permission of the sovereign. In order to receive this, it was essential to produce the confirmation of military service, the so-called "Military Discharge", as well as a character reference. There had to be no debt or any failing whatsoever recorded on their bank account.

Wilhelm Porzig and Friedrich Haupt from Altenburg had applied for their emigration with the Giessen Society together in December 1833

"Farewell of the Haupt family
We would like to say a hearty farewell to our dear friends, ac-
quaintances, and fellow citizens, for we are leaving Altenburg.
For the friendship and goodwill you have given us (...).

At the same time I would like to give notice that our business
will continue under the supervision of my mother and the em-
ployees which have been with us for the past three years. All
articles will still be offered in the same quality and value.
F.W. Haupt, Master Glover"[31]
//
„Abschied von Familie Haupt
Unseren lieben Freunden und Bekannten und Mitbürgern
sagen wir, indem wir Altenburg verlassen, ein herzliches Le-
bewohl. Für die uns bisher geschenkte Freundschaft und das
Wohlwollen herzlich dankend, bitten wir, unser auch jenseits
des Occans freundlich zu gedenken.
Die Familie Haupt.

Zugleich bemerke ich, daß das von uns bisher betriebene
Geschäft von meiner Mutter mit dem seit 3 Jahren bei mir
gewesenen Gehülfen unverändert fortgesetzt wird.
Alle Artikel werden zukünftig in gleicher Güte und Preiswür-
digkeit angeboten.
F.W. Haupt, Handschuhmachermeister"[31]

Nᵒ. 45.

Der Eremit.

Blätter für öffentliches Leben und Wirken.

9ter Jahrgang.   „Kenntniß ist Macht!"   11ten April 1834.

Aus Altenburg.

Am 9. April verließen 13 hiesige Familien ihren Geburts= und Wohnort, um jenseits des Oceans, im freien Amerika, ein neues Vaterland sich zu suchen. Sieben Tage früher gingen ihnen eine Anzahl junger, unverheiratheter Männer in gleicher Absicht voran. Diese Auswanderer, sämmtlich wohlhabende, achtbare Bürger, Menschen, denen ihr Fleiß und ihre Verhältnisse ein gutes Auskommen gewährten, werden sich in Bremen einschiffen und gedenken in Illinois oder Arkansas ihre neuen Wohnplätze aufzuschlagen. Dort soll der Ort, den sie zusammen mit denen, die ihnen in wenigen Monaten zu folgen den Willen haben, erbauen wollen, Freistadt heißen und Deutschlands redliche Sitten, des alten Vaterlandes heimathliche Töne in treuer Erinnerung von ihnen bewahrt werden.

Es ist ein schwerer, schmerzvoller Augenblick, Mitbürger so von sich scheiden zu sehen. Wie manches Band der Liebe und Freundschaft, gewoben schon in den Jahren der Jugend, befestigt in den Tagen der Reife, wird da erschüttert; es sind nicht Trennungen auf Jahre, es ist auf das ganze diesseitige Leben, daß sich das verwandte Herz vom verwandten Herzen reißt; wie das Grab uns den Lieben auf immer birgt, so birgt uns das Meer den Scheidenden auf immer; von Allem, was hier einte, bleiben nur die Erinnerung, der dahingeschwundenen Wirklichkeit bleicher Schatten, und der Gedanke, daß zweier Welttheile Grenzen wohl die Körper, aber nicht die Seelen trennen können. (Censurlücke.)

Reißt sich der Einzelstehende von .... los, sucht der junge, noch familienlose Mann nach entlegenen Ländern, weil es ihm zu Hause vielleicht dieser oder jener Ursache wegen nicht mehr zusagt, so ist dies lange das nicht, als wenn Familien aufbrechen, wenn der Gatte sein Weib, der Vater seine Kinder nimmt und nicht allein sein, sondern aller seiner Lieben Loos dem Schoos einer ungewissen Zukunft anvertraut, nichts Sicheres habend, als die Hoffnung, die Hand des Herrn, der die Stürme zügelt und die Wellen ebnet, werde ihm gnädig seyn auf den ungebahnten Pfaden der Meere und werde glücklich und heiter die Küsten der neuen Welt vor seinen sehnsuchtvollen Blicken emportauchen lassen, und in Amerika's Gefilden freundliche Herzen ihm und den Seinen erwecken; freundliche Herzen, als Ersatz für die volle Liebe, die hier in Thränen sich ergossen, als er, als seine Gattin und seine Kinder zum letzten Mal die Hand der Eltern, der Großeltern, der Freunde und Gespielen drückten. (Censurlücke.)

Ihr seyd die Ersten, die aus unsrer Mitte scheiden, der Freunde und der Verwandten Gruß folgt Euch; noch Mancher, den Ihr hier kanntet, gedenkt später denselben Weg zu gehen, den Ihr jetzt geht ... Mögen Euch und Allen, die Ihr zu gleichem Ziele pilgert, Gott und Menschen geneigt seyn und wo Euer wandernder Fuß hinkommt, menschliche Theilnahme die Sorgen und Mühen Eures neuen Lebens Euch erleichtern. — Dies sey der letzte Euch nachtönende Wunsch aus dem alten Vaterland, der Wiege Eurer Jugend und dem Grabe Eurer Väter.

— — —

and therefore received back in February 1834 a mutual passport in both names, which read[27]: "The Government of the Grand Duchy hereby confirms that the Brazier Ernst Wilhelm Porzig and the Glover Friedrich Gottlob Wilhelm Haupt have fulfilled all of their obligations as subjects of the Grand Duchy of Altenburg and are authorized to leave this land to settle abroad."[28]

And with that the Porzig and Haupt families were released from the subject's association, and thereby homeless.[29]

Normally the emigrants had to pay dearly for such a certificate. Friedrich Muench reported that he was forced to pay ten percent of his assets into the treasury before he received his passport.[30] The families lived through dramatic weeks. Belongings had to be sorted, bequeathed, sold, or given away. Long farewell evenings were spent with friends and relatives. Tears flowed. This was farewell for ever! They were likely never to see each other again. Friedrich Wilhelm Haupt was lucky. He could give his business and workshop away to his journeymen and was determined to attempt his own future with the well-known leather products of the Haupt Company (bags, briefcases, purses, gloves). His boss put an announcement in the "Amts- und Nachrichtenblatt von Sachsen Altenburg". The sovereign wanted it like this in order to maintain an overview.

Such a public farewell was forbidden to Friedrich Muench in Hesse, he was not allowed to make his farewell known in the press.[32] "Difficult tests of patience and courage followed one upon the other after the departure of the first group under the guidance of his brother-in-law.[33] In addition to the farewell visits and the liquidation of his household there was much nocturnal paperwork to be done, to collect the

Somit wurden die Familien Porzig und Haupt „aus dem diesseitigen Unterthanenverbande entlassen" und damit heimatlos.[29]

Die Auswanderer hatten in der Regel einen solchen Schein teuer zu bezahlen. Friedrich Münch berichtet, er sei gezwungen worden, zehn Prozent seines Vermögens an die Staatskasse abzuführen, bevor er seinen Reisepass bekommen konnte.[30] Die Familien durchlebten aufregende Wochen. Hab und Gut mussten sortiert, vererbt, verkauft oder verschenkt werden. Lange Abschiedsabende wurden bei Freunden und Verwandten verbracht. Tränen flossen. Schließlich waren dies Abschiede für immer! Man würde sich wahrscheinlich nie wiedersehen.

Friedrich Wilhelm Haupt hatte Glück. Er konnte Geschäft und Werkstatt immerhin an seinen Gesellen übergeben, der entschlossen war, mit den bekannten Leder-Qualitätsprodukten der Firma Haupt (Taschen, Mappen, Beutel, Handschuhe) seine eigene Zukunft zu versuchen. Sein Chef setzte am 8. April 1834 in das „Amts- und Nachrichtenblatt von Sachsen-Altenburg" eine Anzeige. So wollte es der Landesherr, um den Überblick zu behalten.

Ein solcher öffentlicher Abschied wurde Friedrich Münch in Hessen verboten, er durfte seine Abreise nicht in der Presse bekannt geben.[32] Für ihn folgte nach der Abreise der ersten Gruppe unter der Führung seines Schwagers ohnehin „eine schwere Prüfung der Geduld und des Muthes auf die andere".[33] Neben der Auflösung des Haushaltes und den Abschiedsbesuchen gab es viel nächtliche Schreibarbeit, um die Nachzügler zu sammeln und alle Fragen zu beantworten. Rückständige Zahlungen in die Gemeinschaftskasse mussten mit sanftem Druck angemahnt werden. Mitten in den Vorbereitungen der letzten Tage erkrankte seine Frau Luise lebensgefährlich nach der Geburt ihres Sohnes Richard, konnte sich aber bis zu ihrer Abreise wieder leidlich erholen. Jedoch ihr Vater und ihr Bruder kamen in den Abschiedstagen auf dramatische Weise ums Leben.

Die Münchs reisten, zusammen mit der achtköpfigen Familie des Landwirts Becker aus ihrem Dorf, mit der Kutsche via Kassel und Hannover nach Bremen. „Schon im ersten Nachtquartiere wurden wir vom Scharlachfriesel angesteckt, in Hannover kam es zum Ausbruche, und die Kinder erkrankten so bedeutend, dass Grund genug da war zu neuen Befürchtungen."[34]

Mit Inbegriff derer, die noch im Augenblick
nicht wirklich abgegangen sind, ist die
Zahl der Auswanderer
     29 Männer
     12 Frauen und
     15 Kinder

     ————————
     56 Köpfe

Der Abfahrtsort ist Bremen, das zur Überfahrt bestimmte Schiff Everhardt, zum Ab-
fahrtstag ist der 23. April 1834 angesetzt.
Der Anlandungsplatz ist Baltimore.
Die Ansiedlungsgegend sollte der ersten
Bestimmung nach im Staatsgebiet Archansas
[sic!] sein; wegen eingegangener nicht ganz
günstiger Berichte sind die Auswanderer
geneigt, sich nach Illinois zu wenden, wo
schon viele Deutsche sind.
Die Entscheidung darüber soll erst in
Amerika stattfinden. Der hier erscheinen-
de „Eremit" nannte schon den Namen der von
den Auswanderern zu erbauen beabsichtigten
Stadt: „Freistadt".
Die hiesige Auswanderung steht in Verbindung mit einer Direktion in Gießen; die
Herren Follenius und Dr. Bunsen sollen sich
anschließen wollen (letzterer ist ein Bruder des flüchtigen, und Inhaber einer Erzie-
hungsanstalt in Frankfurt.)
//
Including those who have not yet left, the
number of emigrants is as follows
29 men
12 women and
15 Children

————————
56 heads

The point of departure is Bremen, the ship
intended for crossing is the Everhardt, the
date of departure is stated as 23 April
1834. The point of arrival is Baltimore.
The area intended for settlement was initially Arkansas, but after a number of erro-
neous reports the emigrants are starting
to lean towards Illinois, where many Germans already inhabit.
The decision is to first take place in America. "Eremit", appearing here, has already
stated the name of the emigrants' intended
city: "Free City".
This emigration is in connection with organization in Giessen; Sirs Follenius and
Dr Bunsen intend to join the group (this
latter is the brother of the refugee,
and owns a school in Frankfurt).

Verzeichnis der bis 11. April 1834 aus dem Altenbur-
gischen ausgewanderten.
Die Altenburger Verwaltung berichtet nach Berlin
//
Directory of the emigrating Altenburg citizens
dated up until the 11th April 1834.
The Altenburg administration in a report to Berlin

ARNSBERGER
№ 11.
Wochenblatt.
Donnerstag, den 13. März 1834.

Verkauf von Grundstücken und Mobilien.

[127] Die Wittwe Landpfennigmeisterinn a r= bert hierselbst beabsichtigt, nachstehende ihr eigenthümlich zugehörige Gegenstände aus freier Hand zum meistbieteyden Verkaufe auszusetzen:

A. Grundstücke.
1. die Schlachtweide,
2. eine Wiese auf den sogenannten Käm= pen gelegen,
3. eine Wiese in der Walpke,
4. eine Wiese im Alterfelde und
5. ein Ackerland daselbst gelegen.

B. An Mobilien.
Zwei Pferde, Kutschwagen nebst vollstän= digem Pferde-Geschirr, ferner ein Ackerwa= gen, Pflug und Eggen. Verschiedene Haus= geräthe, als: Tische, Stühle, Schränke, Spiegel; Küchengeschirr, bestehend in Kupfer, Porzelain, Gläsern ꝛc. Mehrere Bücher, Landkarten und Lithographien ꝛc.

Der Verkaufs=Termin hierzu ist auf Montag den 17. März Morgens 9 Uhr in obiger Behausung angesetzt, wo Kauf= liebhaber sich gütigst einfinden wollen.

Arnsberg, den 17. Februar 1834.

Nöggerath.

Abschied.

Die Trennungsstunde schlug. — Der bit= tere Schmerz hat sich gemildert in dem Ver= trauen zu Gott. Ruhiger wird das Herz

kümmert Euer Herz in der= ser Schicksal! Der Schutz de= waltet ja auch über unserer Gesellschaft ist zahlreich, sie i= lichen Geldmitteln versehen, und einen Schullehrer in ihr= sere Kinder entbehren des U= und in Krankheitsfällen, der ärztlichen Hülfe. seyn auf der gefahrvoll er auch hier, diesseits beschwerlichen kummer Wanderung durchs Lel all nichtigen und vergä einzige Hoffnung un noch war; er wird un Vaterlande, zu den fer sitzen in Missuri Staat

Lebet wohl! Ihr Li rer freundlich wie w den! Aber auch Euch uns den Stab gebroch vergeben! Am Scheide gel der Versöhnung. I das alte Vaterland, Neue zu gewinnen.

Die Gesellschaft der Au Belecke und Umgeb

Sehr zu empfehlende An Anfertigung eines vo Rums.

[128] Eine unter meiner völli Garantie verfertigte Anweisu ohne viele Mühe in einer durch einen Arbeiter mehrere fein und rein schmeckenden,

---

„Arnsberger Wochenblatt":
Farewell.
The hour of separation has struck. — The bitter pain has only eased through trust in God. The heart becomes calmer — hope encourages — and again we will summon you, dear ones who we leave behind, fare thee well! And also friends, relatives and acquaintances, who were far from us, who we cannot personally wish farewell, accept the salutation of those parting. In fear, do not let your heart trouble you about our destiny! The protection of the Almighty watches over our path. — We are numerous in the Society, we have adequate finances, a doctor and teacher are among us. The children will not go without their education, neither they nor we will be without medical care in case of sickness. God will be with us during the journey overseas, as he has been here on this side of the ocean, on the arduous, sorrowful, and grievous journey of our lives, our only hope and consolation in this devoid and fleeting world, He will lead us to a new fatherland, to our new and far-off dwelling in Missouri!
Fare thee well! Dear ones! Remember us with affection, as we will remember you. And even you who condemn us coldly, even you be forgiven! The angel of reconciliation waits at crossroads. With love we leave the old fatherland, to obtain love for the new.
The Society of Emigrants from Belecke and surrounding area. //

„Arnsberger Wochenblatt":
Abschied.
Die Trennungsstunde schlug. — Der bittere Schmerz hat sich gemildert in dem Vertrauen zu Gott. Ruhiger wird das Herz — Hoffnung ermuthigt — noch einmal rufen wir Euch zu, ihr Lieben, die wir verlassen, lebet wohl! Und auch Ihr Freunde, Verwandte und Bekannte, die ihr fern von uns waret, von den wir nicht persönlich Abschied nehmen konnten, nehmet hin den Gruß der Scheidenden. — Nicht allzusehr bekümmert Euer Herz in der Furcht um unser Schicksal! Der Schutz des Allmächtigen waltet ja auch über unserer Bahn. — Die Gesellschaft ist zahlreich, sie ist mit hinlänglichen Geldmitteln versehen, hat einen Arzt und einen Schullehrer in ihrer Mitte; unsere Kinder entbehren des Unterrichts nicht, und in Krankheitsfällen, sie, wie wir, nicht der ärztlichen Hülfe. Gott wird mit uns seyn auf der gefahrvollen Wasserfahrt, wie er auch hier, diesseits des Oceans, auf der beschwerlichen kummer- und leidenvollen Wanderung durch Leben auf dieser überall nichtigen und vergänglichen Welt unsere einzige Hoffnung und der einzige Trost noch war; er wird uns geleiten zum neuen Vaterlande, zu den fernern neuen Wohnsitzen in Missuri Staaten!
Lebet wohl! Ihr Lieben! Gedenkt unserer freundlich wie wir Eurer gedenken werden. Aber auch Euch, die ihr kalt über uns den Stab gebrochen, auch Euch sey vergeben! Am Scheidewege steht der Engel der Versöhnung. In Liebe verlassen wir das alte Vaterland, um Liebe für das neue zu gewinnen.
Die Gesellschaft der Auswanderer aus Belecke und Umgebung.

Amts- und Nachrichtenblatt Altenburg, 1834:
die im April aus dem Altenburgischen nach Amerika Ausgewanderten
//
List of emigrants from Altenburg to America in April 1834

Verkaufsanzeigen im „Regierungs- und Intelligenzblatt" Coburg für Haus, Werkstatt, Garten
und Hausrat der Gesellschaftsmitglieder Porzig
und Schmutz, 1834 //
Ads in the "Regierungs- und Intelligenzblatt"
Coburg for sale of home, workshop, garden and
household of Giessen Society members Porzig
and Schmutz, 1834

15) Künftigen Montag den 13. Jan. 1834, Nachmittags 1 Uhr, werden in der Wohnung des Amtsvor-
stehers Meier zu Großenbuseck, 3 Kühe, wovon 2 frisch-
melkend mit Kälbern und eine noch tragbar ist, gegen
gleich baare Zahlung versteigert werden.

24) Mittwoch den 15. dieses Monats,
Vormittags um 10 Uhr, wird das dem Großh. Hof-
gerichts-Advokaten Follenius dahier gehörige, im
Jahr 1829 neu erbaute Wohnhaus mit Nebengebäuden
und großem Hausgarten, an den Meistbietenden versteigert, und werden Kaufliebhaber eingeladen, im be-
merkten Termine im Gasthaus zum Rappen sich
einzufinden.

Sollten Liebhaber zu dem, dem Hofgerichts-Ad-
vokaten Follenius zugehörigen, gegen 1/2 Morgen
haltenden Garten auf dem Rodt, neben Herrn Salz-
inspector Ferber gelegen, in besagtem Termin sich einfinden, so soll auch dieser dem Meistgebote ausgesetzt
werden. Haus und Garten können eingesehen werden.
In Auftrag des Eigenthümers.
Ch. v. Buri,
Hofgerichts-Advokat.

5) ein Wohnhaus hier.
Mein unter Nr. 219 in der Sporengasse
gelegenes Wohnhaus, welches sechs Stuben, sieben Kammern, zwei Küchen, drei Holzböden nebst
einen Schuppen, eine Werkstatt, welche sich vorzüglich für Feuerarbeiter eignet, einen großen
Keller und ein schönes Gewölbe enthält, und
auf welchem ein ganzes Gebäude ruht, steht
von heute an zum Verkaufe bereit, und Kaufliebhaber können dasselbe jederzeit in Augenschein
nehmen.

Hiermit mache ich zugleich bekannt, daß auch
noch eine Partie Fässer und andere Geräthschaf-
ten bei mir um billigen Preis zu haben sind.
Altenburg, den 18. Januar 1834.
Ernst Wilhelm Porzig.

6) ein Wohnhaus und Garten.
Ich bin gesonnen, mein auf dem Plane an
der Teichpromenade unter Nr. 652 gelegenes
Wohnhaus, welches vier Stuben, fünf Kammern, Küche, Keller und drei Böden zu Holz
enthält, so wie meinen, auf der linken Seite der
Teichpromenade gelegenen Garten, 1/4 Acker ent-
haltend, in welchem sich ein geräumiges Gar-
tenhaus mit einer überbauten Kegelbahn, und
ein Keller befindet, aus freier Hand zu verkaufen. Kaufliebhaber haben sich daher an mich
selbst zu wenden.
Altenburg, den 18. Januar 1834.
Gottlieb Schmutz.

Anzeige im „Gießener Anzeiger" des Bremer Schiffsmaklers Carl
Traub, bei dem auch die Gießener Auswanderergesellschaft unter
Vertrag stand, 2. Februar 1833 //
Advertisement in the "Gießener Anzeiger" of the Bremen shipping
agent Carl Traub, which the Giessen Emigration Society also contrac-
ted, February 2, 1833

Verkaufsanzeige im „Gießener Anzeiger" für Hausrat von
Paul Follenius, 8. Februar 1834 //
Advertisements in the "Gießener Anzeiger" for
household goods of Paul Follenius, February 8, 1834

Verkaufsanzeige im „Gießener Anzeiger" für Wohnhaus
und Garten von Paul Follenius, 1. Januar 1834 //
Advertisements in the "Gießener Anzeiger" for home
and garden of Paul Follenius,
January 1, 1834

Vermischte Nachrichten.
31) Anzeige für Auswanderer nach
Amerika.

Da die Schiffe von hier nach Nord-Amerika dem Gebrauche gemäß nur durch beeidigte
Schiffsmakler expedirt werden, so befördere ich
in meinen amtlichen Verhältnissen damit fort-
während diejenigen Passagiere, welche durch Aufgabe der Personenzahl und Zahlung der Trau-
gelder mich in Stand setzen, ihnen Plätze zur
Ueberfahrt zu sichern und darüber Contracte ein-
zusenden.

Anmeldungen und Zahlungen geschehen in
Gießen bei dem Großherz. Hofgerichts-Advokat
Trapp I., bei dem eine hiesige, die Expedition
der Auswanderer betreffende obrigkeitliche Verordnung zur Einsicht niedergelegt ist, und bei
welchen Bedingungen der Ueberfahrt unentgeltlich
zu haben sind.
Bremen im Jan. 1833.
Carl Traub,
beeidigter Schiffsmakler.

99) Nächsten Dienstag den 11ten dieses
Monats und in den darauf folgenden Wochentagen
werden in meinem Hause Mobilien aller Art, gegen
gleich baare Zahlung, versteigert.

Es wird durch die Schelle noch besonders bekannt
gemacht werden, welche Gegenstände an jedem der
zur Versteigerung bestimmten Tage vorkommen. Im
Allgemeinen nur wird bemerkt, daß Meubles jeder
Gattung, darunter namentlich zwei gute Sopha's und
eine große Schreib-Commode, mehrere Kleider- und
Weißzeug-Schränke, auch Bettwerk, Zinn, Küchenge-
räthe u. s. w. mit versteigert werden.

Auch einen Theil meiner Bücher, vornämlich ju-
ristischen Inhalts, so wie eine Anzahl Bücher eines
Freundes werden, und zwar nächsten Mittwoch
den 12ten d. M., Nachmittags von 1 Uhr an, ver-
steigert; die Verzeichnisse dieser Bücher sind bei Herrn
Buchhändler J. Ricker dahier zur Einsicht aufgelegt.
Gießen, den 7. Februar 1834.
P. Follenius.

Dieser schätzbare Beweis nachdruckerischer Frechheit ist also i. J. 1834 nach Chr. G. gedruckt worden, und nicht in der Türkei, auch nicht in Fetz und Marokko oder Tunis und Tripolis, sondern im Königreich Würtemberg, einem constitutionellen Lande, das von einem klugen und gerechten Monarchen regiert wird. — Jede weitere Bemerkung dazu ist überflüssig.

Kurze Notiz über die im Monat April 1834 aus dem Altenburgischen nach Amerika Ausgewanderten.

In Nr. 17 wurde S. 134 der Wunsch ausgesprochen, über die Gesammtzahl und Einzelne der Ausgewanderten Auskunft zu erhalten. Es sind Folgende:

1) der Tischlermeister Kunze mit Frau und 1 Kind,
2) der Buchbindermeister Runkwitz mit Frau und 3 Kindern,
3) der Gelbgießermeister Porzig mit Frau und 1 Kind,
4) der Beutlermeister Haupt mit Frau und 3 Kindern,
5) Der Zimmermeister Daum mit Frau und 2 Kindern,
6) der Schuhmachermeister Kasel mit Frau,
7) der Schmidt Guhlemann mit Frau,
8) der Maurergeselle Schmutz mit Frau und 2 Kindern,
9) der Kupferschmidtgeselle Köhler mit Frau und 1 Kind,
10) der Goldarbeitergeselle Oertel,
11) der Tischlergeselle Zimmermann,
12) der Zimmergeselle Bauch,
13) der Zimmergeselle Böhme,
14) der Handlungsdiener Merkel,
15) der Tischlergeselle Stopp,
16) der Tischlergeselle Staude,
17) der Architektlehrling Staude,
18) der Musicus Espenhain,
19) der Schneidergeselle Meyner,
sämmtlich aus Altenburg,
ferner:
20) der Bauer Graichen aus Cotteritz,
21) der Müller Bauer aus Großstöbnitz,
22) der Oekonom Taubert aus Gößnitz,
23) der Zimmergeselle Rauschenbach aus Gösdorf, und
24) der Apothekergehülfe Meißer aus Gieba.

Nach sicheren brieflichen Nachrichten hat sich auf den bei Bremen verunglückten Schiffe Schenandoah gar kein Altenburger und überhaupt kein Sachse befunden. Mit dem Schiffe Olbers (Capitain Exter) gingen nach Neu-Orleans mehrere Sachsen, worunter sich auch einige Altenburger befanden, ab und in diesem Augenblick (28. April Morgens) harren mehrere Altenburger auf die Ankunft eines bis jetzt noch nicht eingetroffenen Schiffes, das sie nach Baltimore überführen soll*).

Vom Biere.

Das Bier war ein Getränk der alten Gallier, welches schon früher die Aegypter, nach dem Zeugnisse des Diodor von Sicilien, kannten. Sie hatten zweierlei, nämlich ein starkes bitteres, das sie Ziches, und ein süßes, das sie Kurmi nannten. Die Gallier behielten diese Abtheilung bei, welche

*) Später eingegangene Briefe vom 26. April, die den 4. Mai hier ankamen, berichten, daß das Schiff Everhard, welches den 2. Theil der Gießener Auswanderungsgesellschaft, an die sich unsere Landsleute geschlossen, nach Baltimore überführen sollte, schon seit mehrern Tagen vor dem Hafen in Bremen kreuzte und des ungünstigen Windes wegen noch nicht einlaufen konnte, daß ferner ein anderes Schiff, Madera genannt, vorgerichtet sei, auf welchem sie den 3. Mai absegeln würden. D. R.

Im Jahre 1834 mit Passagieren von Bremen nach Amerika expedirte Schiffe.

Gesegelt Monat	Dat	Schiffsname	Capitains Vor- u Zuname		Bestimmungsort	Zahl der Passagiere	Angekommen Monat	Dat
März	13	Constitution	F.	Volkmann	New York	71	April	18
„	„	Ulysses	H.	Spilker	Baltimore	136	„	19
„	17	Minerva	J. H.	Homann	Baltimore	127	May	24
„	„	Magdalena	F. W.	Bremer	Baltimore	95	„	19
„	18	Virginia	J. D.	Kreuder	Baltimore	138	„	1
„	31	Venus	J. H.	Windhorst	New York	81	„	24
„	„	Olbers	H. W.	Exter	New Orleans	356	Juny	4
„	„	Ernst & Gustav	E.	Laun	New Orleans	132	„	4
April	2	Brunswick	H.	Balzer	Baltimore	137	May	23
„	„	Charles Ferdinand	M.	Klenke	New York	122	„	24
„	4	Sophie	D. H.	Dewers	Baltimore	116	Juny	3
„	6	Shenandoah	W.	Rose	Baltimore	30	„	„
„	10	Johanna Elisabeth	C.	Petersen	Baltimore	89	„	7
„	„	Eleonore & Henriette	J. C.	Claußen	New York	100	May	23
„	„	Anne & Emilie	L.	Hendrichson	New York	104	„	1
„	12	Leontine	G.	Johansen	Baltimore	134	„	24
„	„	Ferdinand	P.	Lembcke	Baltimore	76	Juny	16
„	16	Bürgermeister Smidt	J. C.	Petersen	Baltimore	80	May	26
„	„	Paoli	A. J.	Raingeard	New York	124	„	28
„	17	New York	J.	Wächter	New York	125	Juny	2
„	18	Henriette	J.	Geßelmann	Baltimore	100	„	17
„	19	Aurora	J. J.	Frees	Baltimore	128	„	25
„	27	Alexander	M.	Mareußen	New Orleans	118	„	25
„	28	Sophie	J.	Wessels	Baltimore	126	„	11
„	28	Julius & Eduard	R.	Siedenburg	Baltimore	125	„	14
„	„	Calliope	A.	Bates	New York	77	„	9
„	29	Aspasia	J.	Burdis	New York	104	„	15
„	„	Marcus	R.	Hand	New York	112	„	20
„	„	Ella	W. E.	Meeters	Philadelphia	85	July	8
May	5	Palmer	R.	Marshal	Baltimore	122	„	1
„	„	Samuel & John	J. A.	Crocker	New York	80	Juny	10
„	„	Elisabeth	P.	Baldwin	New York	120	„	21
„	„	Atlantic	F.	Eaton	New York	93	„	11
„	9	Favorite	W. J.	Arians	New York	137	„	16
„	10	Johanna	F.	Haislep	Baltimore	74	July	2
„	16	Themis	H.	Erichs	Baltimore	108	„	25
„	17	Isabella	J.	Meyer	New York	102	„	2
„	„	Marcella	J.	Swift	New York	84	Juny	23
„	„	Neptun	H.	Hilken	Baltimore	143	„	28
„	20	Hope	W.	Seabury	New York	74	July	10
„	21	Arethusa	C.	Sayght	Baltimore	63	„	30
„	27	Johannes	H.	Singstack	Baltimore	149	„	22
„	28	Theodor Körner	G.	Bungemann	Baltimore	174	„	26
„	„	Spring	G.	Hornsby	New York	100	„	31
„	29	La Plata	W. T.	Savage	New York	73	„	23
Juny	2	Freunde	D.	Meyer	Baltimore	99	August	2
„	3	Champion	J.	Freeman	Philadelphia	83	July	28
„	„	Velocity	C.	Ryder	New York	50	„	21
„	„	Ivanhoe	L.	Lawrenson	Baltimore	76	August	1
„	„	Medora	D.	Griffith	Baltimore	197	July	24
„	5	Alexander Barclay	J.	Perry	Baltimore	124	„	22
„	6	Globe	G.	Simons	Baltimore	96	August	2
„	„	Ludwig	J. H.	Wencke	New York	85	„	11
„	8	Emilie & Helene	B. D.	Rabe	Baltimore	88	„	1
„	„	Charlotte & Louise	H.	Wessels	New York	80	July	24
„	9	Bramin	W. J.	Howland	Baltimore	98	August	14
						6186		

1834. Dec. 31.   C. S. B. S. a.

Im Jahr 1834 mit Passagieren von Bremen nach Amerika expedierte Schiffe //
In 1834 transported passengers from Bremen to America

112

Amalie Münch an ihren Bruder Friedrich, Hamburg, April 1834:
Der mich beynahe zu Boden drücken-
de Schmerz bey der Trennung von
Euch lies mich wohl ahnden ich werde
diesseits des Oceans keines von Euch
wiedersehen, ich wollte stark seyn
und doch verlies mich meine Kraft und
darum eilte ich von Euch weg.
//
Amalie to her brother Friedrich Muench, Hamburg, April 1834:
I am being punished by the crushing
pain of my separation from you. I
will see neither of you any longer
on this side of the ocean, I wanted
to see you badly and yet my strength
left me und that is why I hurried
away from you.

Amalie Münch an ihre Schwägerin
Luise, Hamburg, 12. April 1834:
Du meine geliebte Luise folgst dem
Rufe der Pflicht und ob Du gleich viel
dafür opfern mußt
so gibt das Bewustseyn treuer
Pflichterfüllung einen Frieden,
den wir um kein Erdengut vertauschen.
//
Amalie Muench to her sister-in-law
Louise, Hamburg, 12 April 1834:
My beloved Louis, follow the call of
duty and even if you have to sacrifice
much, give your dutiful good consci-
ence peace, which we may never exchange for earthly goods.

Amalie Muench, Briefe, Muench Family Papers, Missouri
History Museum, St. Louis //
Amalie Muench - letters to her brother Friedrich und
her sister-in-law Louise

stragglers and answer all questions. Back payments to the collective account had to be dealt
with using gentle pressure. In the middle of the
final preparations his wife Louise became de-
athly ill after the birth of their son Richard, but
was able to recover tolerably well enough just
before the departure. However her father and
brother dramatically lost their lives in the days
leading up to the farewell.

The Muench family traveled with Becker, a
farmer from the village, and his family of eight,
by coach to Bremen via Kassel and Hanover.
"Even in the first night's lodging we were
infected with scarlet fever, in Hanover there
came rashes and the children were so incredibly
sick that there was more than enough cause for
new misgivings."[34]

The trip to Bremen was troublesome for
the large families because they traveled with
children and a lot of luggage. Bachelors had it

Die Reise nach Bremen war für die großen Familien beschwerlich,
denn sie reisten mit Kindern und viel Gepäck. Junggesellen
hatten es da leichter. Sie ritten oder wanderten wie der 21-jährige
Buchhändler Cornelius Schubert, der von Dessau nach Bremen
zu Fuß sieben Tage benötigte. Seine Auswandererkiste hatte er
einer Spedition übergeben.

Reisende aus Sachsen und Thüringen benutzten mitunter
den Wasserweg: Sie fuhren die Fulda hinunter und dann die
Weser von Karlshafen nach Bremen. Bauernfamilien, die die
eigenen Pferde anspannten, konnten diese und den Wagen in
Bremen verkaufen.

Die Mitglieder von Münchs Abteilung trafen also auf
verschiedenen Wegen ab Mitte April in Bremen ein und
erfuhren zu ihrem Schrecken, dass die „Eberhard" der Reederei
der Brüder Friedrich und Everhard Delius, mit der sie am 27.
April von Bremerhaven auslaufen sollten, von einer Reise
nach New Orleans nicht rechtzeitig zurückgekehrt war und
ein Ersatzschiff nicht zur Verfügung stand. Münch reagierte
erbost und bemühte einen Anwalt, der sich jedoch nicht traute,
energisch gegen die Reeder vorzugehen. Die Gebrüder Delius

much easier in this respect; they rode or hiked, like the 21 year old book dealer Cornelius Schubert, who needed only seven days from Dessau to Bremen by foot (he gave his luggage over to a shipping company).

Travelers from Saxony and Thuringia used the waterways from time to time: They traveled along the Fulda River and then took the Weser from Karlshafen to Bremen. Farmer families that had their own horses could sell them and the wagons upon arrival in Bremen. From around the middle of April the members of Muench's division started to arrive in Bremen from various routes and learned, to their horror, that the ship the "Eberhard", belonging to Friedrich and Everhard Delius' ocean carrier, had not returned by that point from its journey to New Orleans. This was the ship that they were supposed to put to sea and there was no other replacement ship available. Muench reacted furiously and tried to stir a lawyer to legal action against the brokers. The Delius brothers let the emigrants wait.[35] The brokers were themselves in an awkward predicament because yet another of their ships under contract to them, the "Shenandoah", had run aground near the island of Wangerooge at the mouth of the Weser River. There had been some deaths, and they had to provide for the survivors through a call for help and request donations in the "Bremer wöchentliche Nachrichten" on April 14.

Schiffsunglueck der „Shenandoah" mit Spendenaufruf an die Bremer Bevölkerung, Bremer wöchentliche Nachrichten, April 1834
//
Accident of the "Shenandoah" with an appeal for donations to the citizens of Bremen, Bremer wöchentliche Nachrichten, April 1834

Aufforderung.

Bremens Einwohner, stets zur Hülfe bereit, wenn ihr Mitleid, selbst von entfernten Unglücklichen, in Anspruch genommen wird, werden nicht säumig seyn, das Elend der armen Auswanderer zu mildern, welche am 10. April Abends am Ausflusse unsers Weser-stroms das Unglück hatten, Schiffbruch zu leiden. Wenige Stunden vorher hatten diese bedauernswerthen Menschen, im Ganzen 192 Per-sonen, mit dem schönen americanischen Schiffe Shenandoah, Capi-tain A. M. Rose, und unter der Leitung eines erfahrnen Lootsen den Bremerhaven verlassen und hofften noch vor Eintreten der Nacht die Nordsee zu erreichen, als ein plötzlicher Fallwind das Schiff, indem es an Boden versagte, auf den sogenannten Mellum Sand trieb.

Alle Bemühungen es wieder abzubringen, waren vergebens. Der Haupt- und Fockmast waren bereits durch heftiges Stoßen des Schiffs auf der harten Sandbank gebrochen und über Bord ge-schleudert, das Wasser drang schon in's Zwischendeck, als es dem Untersteuermann mit einigen Matrosen gelang, mit der Schiffsscha-luppe ein aufsegelndes englisches Schiff zu erreichen und so die erste Kunde von dem Unglück nach Bremerhaven zu bringen.

So schleunig auch die Nachricht an die Behörden und so men-schenfreundlich die Anstrengungen unsers Oberlootsen sich mit einigen andern Schiffern vereinigten, welche mit kleinen Fahrzeugen die Weser hinuntereilten, so gelang es leider doch nicht, Alle zu retten.

Mitglieder der Gießener Auswanderergesellschaft schifften sich in
Karlshafen auf die Weser bis Bremen ein //
Members of the Giessen Emigration Society embarked in Karlshafen
on the Weser River to Bremen

ließen die Auswanderer warten.[35] Sie waren selbst in einer
misslichen Lage, denn ein weiteres Schiff, das sie unter Vertrag
hatten, die „Shenandoah", war in der Wesermündung bei der
Insel Wangerooge gestrandet. Es gab Tote und sie mussten
für die Versorgung der Überlebenden am 14. April 1834 einen
Hilferuf und die Bitte um Spenden in die „Bremer wöchentlichen
Nachrichten" setzen.

Die zweite Abteilung war der Firma Delius hilflos ausgeliefert.
Immerhin konnte Delius bewirken, dass die Gesellschaft auf der
Weserinsel Harriersand eine primitive aber preiswerte Bleibe
fand, denn die Unterkünfte in der Hansestadt waren teuer. Auf
den Ansturm größerer Auswanderergruppen war die Hansestadt
in jenen Jahren noch nicht vorbereitet. Dennoch nahm die
Anzahl von Deutschlandmüden, die Tage oder gar Wochen auf
ihr Schiff warten mussten, beständig zu. Die Reeder hatten für
die Reisenden Hotelkapazitäten vorgebucht.[36]

Das „Biwak" auf dem Harriersand

Der Harriersand sollte eine Bleibe für ein paar Tage sein, bis
die Reederei ein Ersatzschiff gefunden hätte. Tatsächlich aber
wurde „ein monatelanges Biwak in einem elenden Kuhstalle
auf einer ungesunden Weserinsel" daraus, wie Friedrich Münch
berichtet.[37]

Everhard Delius

The second division was completely at the mercy of the Delius Company. All the same, Delius could ensure that the Society found a primitive and cheap place to stay on the island of Harriersand in the Weser, as the accommodations in the Hanseatic city were more expensive. In those years the city was not prepared for the onslaught of the larger emigration groups. However, the number of Germany-weary individuals who were forced to wait days or even weeks for their ship was constantly increasing. The brokers had pre-booked the hotel's capacity for the travelers.[36]

The "Bivouac" on Harriersand

Harriersand was only meant to be a place to stay for a couple days while the ocean carrier found a replacement ship. In fact it became "a month-long bivouac in a squalid cowshed on an unsanitary island".[37]

"The low remuneration, which still could not be forced by law from D., is hardly sufficient to cover the costs of our prolonged residence in Bremen; irreplaceable, however, was the loss our Society suffered in terms of demoralization

„Die geringe Geldvergütung, die dem D. noch nicht einmal juridisch abgerungen werden konnte, reichte kaum hin, die Kosten des verzögerten Aufenthaltes in Bremen zu decken; unersetzlich war aber der Verlust, den die Gesellschaft durch Demoralisation während eines so langen und unthätigen Lebens erlitt; viele fingen schon dort ein Leben an, welches sie später um Gesundheit oder guten Ruf brachte; Streit und Zwistigkeiten blieben eben so wenig aus. Nicht minder schädlich war die verspätete Ankunft in Amerika, die jetzt in die heißeste Jahreszeit fiel, und nebenbei manche Familie in ihrer Einrichtung um ein ganzes Jahr zurückwarf".[38]

Untergebracht waren die Auswanderer auf dem Hof des Bauern Gerd Köster, dem einzigen auf der sonst menschenleeren Insel gegenüber dem Schifferstädtchen Brake. Dorthin hatte der Reeder Delius Schiffsproviant für die Gruppe bestellt.

Die Wochen auf dem Harriersand sind durch das Tagebuch des 21-jährigen Buchhändlers Cornelius Schubert aus Dessau ausführlich und anschaulich bezeugt.[39] Sie waren geprägt durch Eintönigkeit, Langeweile, kalte Nächte und allerlei Kurzweil (darunter zum Spaß eine fingierte Bärenjagd). Eine Zeichnung in

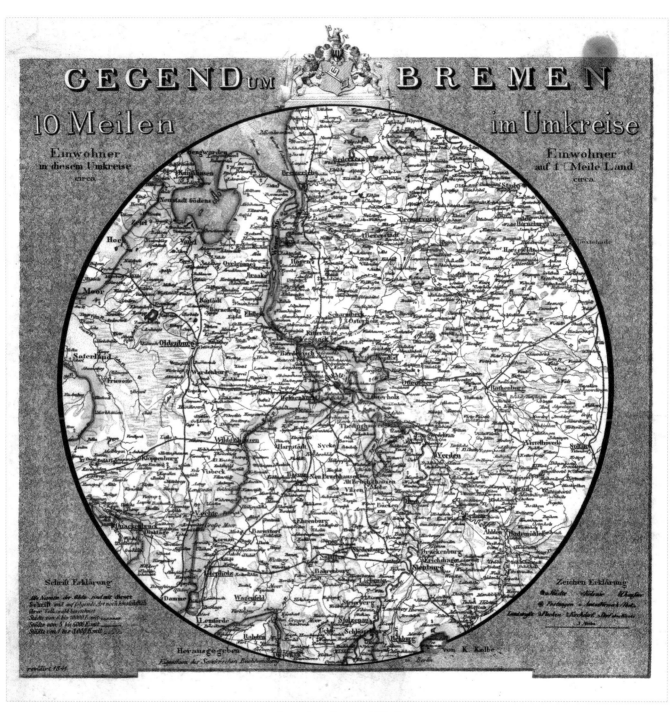

Gegend um Bremen, 1841 //
Area around Bremen, 1841

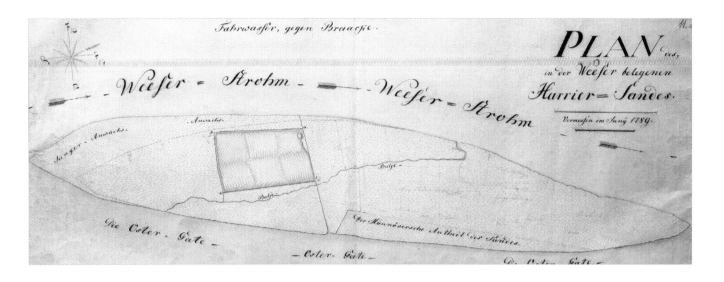

Harriersand, 1789

after such a long and idle way of life; many began a way of life there that injured their health or good reputation; there were also arguments and disputes. No less injurious was the delayed arrival in America which now fell within the hottest season, and additionally set back many families a whole year in their establishment".[38]

A farmer, Gerd Köster, accommodated the emigrants on his farm and was one of the only people living on the otherwise deserted island across from the small skipper city of Brake. The Delius brokers ordered ship provisions to the group. The weeks on Harriersand were recorded in vivid detail in the diary of Cornelius Schubert, a 21-year-old book dealer from Dessau.[39] They were characterized by monotony, boredom, cold nights, and any and all kinds of diversions (amongst others a fictitious bear hunt for fun). A drawing in his diary shows the star-spangled banner on the roof ridge of the thatched cowshed. An American enclave in the Duchy of Oldenburg? Illustrated pipe-dream or a boisterous prank?

Zeichnung des Bauernhauses auf dem Harriersand von Cornelius Schubert // Drawing of farm house on Harriersand island by Cornelius Schubert

Guhlemann, Franz
- Medora
27,m,blacksmith
Altenburg

Guhlmann, Caroline
- Medora
19,f,none
Altenburg

Haas, Christian
- Medora
24,m,mason
Oberiflingen

Haas, Jacob
- Medora
27,m,farmer
Oberiflingen

In Brake and the surrounding villages the inhabitants were afraid – after having experienced first-hand – of plagues that could be introduced to the population through the emigrants. To them it was only just that the strangers should be isolated on an island and leave on a ship as quickly as possible. However some families had succeeded in finding better accommodation in Brake and the surrounding areas and could thereby escape the primitive bivouac. This was of course detrimental to the cohesion of the group.[41]

The men of the group went on excursions to the bars and restaurants of Brake and invited the young Brake girls to parties on the island. A little band formed with violins, guitars, and Friedrich Muench on flute and was very well received. Also several times during the trip overseas, the group ended up playing music that everyone danced to.

Muench also functioned as the pastor of his group and often attempted to keep the group in high spirits through his sermons because

seinem Tagebuch lässt ein Sternenbanner auf dem Dachfirst des reetgedeckten Kuhstalls erkennen. Eine amerikanische Enklave im Herzogtum Oldenburg? Gezeichneter Wunschtraum oder übermütiger Streich?

In Brake und den umliegenden Dörfern hatten die Einwohner – nach entsprechenden Erfahrungen – Angst davor, dass mit den Auswanderern auch Seuchen eingeschleppt werden könnten. Ihnen war es nur recht, wenn die Fremden auf der Insel isoliert blieben und möglichst schnell auf ein Schiff kamen. Dennoch ist es wohl einigen Familien gelungen, in Brake und Umgebung bessere Unterkünfte zu finden, um dem primitiven Biwak zu entkommen. Das war natürlich dem Zusammenhalt der Gruppe abträglich.[41]

Die Herren der Gruppe unternahmen dennoch Ausflüge in die Braker Gastronomie und luden die weibliche Braker Jugend zu Festen auf die Insel ein. Dabei fand eine kleine „Kapelle" mit Geigen und Gitarren und dem Flötisten Friedrich Münch großen Anklang, die auch später während der Atlantik-Passage noch einige Male zum Tanz aufspielte.

Münch fungierte auch als Seelsorger seiner Gruppe und versuchte mehrfach in Predigten, die Stimmung in der Gesellschaft hoch zu halten, denn im Verlauf der Wochen kamen Zweifel, Misstrauen und Hoffnungslosigkeit auf. Der Pfarrer aus Nieder-Gemünden betreute eine Taufe und eine Hochzeit und hielt Gottesdienste. Die Tagebuchschreiber loben seine überzeugende Rhetorik. Doch die Ungewissheit und das lange Warten rissen an den Nerven. Der innere Zusammenhalt der Gruppe drohte zu zerbrechen. Zudem musste Münch sie zweimal verlassen, um die Suche nach einem Schiff in Bremen und Bremerhaven voranzutreiben. Dabei half ihm der Coburger Mathematiklehrer David Göbel. Mehrfach wurde Münch bei Delius vorstellig.

Endlich, am 20. Mai, traf die erlösende Botschaft auf der Insel ein, dass der amerikanische Dreimaster „Medora" unter dem Kapitän David Griffith sie in Bremerhaven an Bord nehmen könne.

Von vermutlich 260 Auswanderern in der Inselkolonie schifften sich für die Atlantikpassage nur noch 196 auf der „Medora" ein[42], die am 3. Juni 1834 die Leinen loswarf. Darunter wiederum sollen sich noch 47 Württemberger befunden

Cornelius Schubert reports in his diary:

"Our place of exile is called Harriersand, is 6 hours from Bremen, enclosed by the Weser and the small city Bracke opposite, is approximately 3 hours in circumference, and has several small bays where ships may dock, around 200 paces from the main distributaries of the Weser is our dwelling, which consists of 4 rooms and 1 kitchen occupied by our hosts and their servants, and 1 cowshed constructed for 66 cows which, however, in the present season, graze day and night in the splendid meadows in the company of 10 horses, and in the upper floor under the ceiling is the hayloft, which is set up to accommodate our sleeping positions in such a way that partitioned areas are created from canvas in which one man, and in the other his wife and children, may sleep and set up their belongings. Next to our dwelling are another cow and horse stall, and our kitchen, which consists of a mounted copper vat or kettle under a flue. This is where our most whimsical cuisine is stirred together, which our cook (Stuart) sumptuously understands. The material for this is delivered to us from Bracke and consists for the most part of beef, bacon, peas, pearl barley, sauerkraut, which lacks tartness however, and potatoes; in the morning everyone got a third of a measure of coffee with which they may make what they want, pumpernickel and butter, and in the evening we have yet again coffee, pumpernickel, and butter; we receive our drinking water from a source near the house, which forms a wide trench, and we also receive in the mornings a portion of brandy. In one of the small bays there is a little boat with which we can take pleasure trips between the large seagoing vessels that float in the harbor across the way; yet just the second of these trips has already done me badly, that is to say we got out to Bracke and went into a beer bar." [40]

Vorherige Seite: Harriersand mit Blick auf den Hafen von Brake //
Previous page: Harriersand island, view to the port of Brake

Cornelius Schubert berichtet in seinem Tagebuch:

„Unser Verbannungsort heißt Hariersand, liegt 6 Stunden von Bremen, von der Weser umschlossen der kleinen Stadt Bracke gegenüber, hat etwa 3 Stunden im Umfange und hat mehrere kleine Buchten wo die Boote landen können, etwa 200 Schritte von dem Hauptarme der Weser liegt unsere Wohnung, welche im untern Stocke aus 4 Stuben und 1 Küche vom Wirthe und dessen Gesinde bewohnt und 1 Kuhstalle für 66 Kühe eingerichtet, welche aber, in der jetzigen Jahreszeit, Tag und Nacht auf den herrlichen Wiesen, in Gesellschaft von 10 Pferden, weiden, besteht, im obern Stock unter dem Dache befindet sich der Heuboden, welcher zu unsern Schlafstellen eingerichtet ist, so, daß auf beiden Enden durch Segeltücher Verschläge eingerichtet sind in deren einen die Männer, im andern die Mütter und Kinder schlafen und ihre Sachen aufgestellt haben. Neben diesem Wohnhause befindet sich noch ein Kuh und Pferdestall, und unsere Küche, welche aus einem unter dem Rauchfange angebrachten kupfernen Bottich oder Braupfanne besteht. Hier wird nun das wunderlichste Fressen zusammengerührt, welches unser Koch (Stuart) ganz prächtig versteht; das Material hierzu wird uns von Bracke geliefert und besteht meistenteils aus Rindfleisch, Speck, Erbsen, Graupen, Sauerkraut, welches aber der Säure entbehrt, und Kartoffeln; des Morgens erhält Jeder 1/3 Loth Kaffe, wovon er sich kochen kann was er will, Pumpernickel und Butter, Abends haben wir wiedrum Kaffe, Pumpernickel und Butter; das Trinkwasser erhalten wir aus eine Quelle, nahe bei dem Wohnhause, welche einen breiten Graben bildet, auch erhalten wir Morgens ein Theil Branntwein. In einer von den kleinen Buchten befindet sich ein Bootchen, worin wir Lustfahrten zwischen die großen Seeschiffe, die in den gegenüberliegenden Hafen liegen, machen; doch ist mir gleich die zweite dieser Fahrten schlecht bekommen, wir waren nämlich in Bracke ausgestiegen und in eine Bierkneipe gegangen.“[40]

haben.[43] Von den fehlenden Mitgliedern der Gesellschaft findet sich keine Spur. Sie mögen auf eigene Faust ein Schiff gefunden haben, oder in der Wesermarsch geblieben oder in ihre alte Heimat zurückgekehrt sein.

Politische und öffentliche Reaktionen

In der „Chronik von Altenburg" von Seydewitz (1833 ff.) im Thüringischen Staatsarchiv findet sich eine Grafik, die die Einschiffung der Auswanderer auf die „Medora" in Bremerhaven zeigen soll. Die idealisierend gestaltete Szene stellt die Familie des Buchbindermeisters Karl Runkwitz in den Mittelpunkt, sodass wir annehmen können, dass er selbst oder Freunde in Altenburg die Zeichnung gestalteten. Für Altenburg spricht der Abschiedsgruß, in Versen, der sich unter der Zeichnung befindet:

> „Fahrt wohl, fahrt wohl zum fernen Strand!
> Bald mögt Ihr aus dem fernen Land
> Den Ruf der Freiheit hören;
> Fahrt wohl auf fernen Meeren!"[44]

Nicht immer waren Abschiedsgrüße und „Nachrufe" so poetisch mitfühlend und wohlwollend. Während Freunde und Verwandte mit den Auswanderern hofften und bangten, hatten die Machthaber Angst davor, dass das Beispiel der Gießener Gesellschaft Schule machen könnte. Einen Aderlass an fähigen Leuten konnten auch sie nicht wollen. Der Altenburger Herzog befand sich im gleichen Dilemma wie seine fürstlichen Kollegen in anderen deutschen Staaten. Verweigerte er dem einen oder anderen die Ausreise, so konnten sich Protest und Unruhe unter seinen Kritikern aufschaukeln. Einerseits konnte er froh sein, wenn er Kritiker und Nörgler los wurde, andererseits konnte er sich eine Massenauswanderung qualifizierter Bürger nicht leisten.

Zur Abschreckung prophezeit das Altenburger „Amtsblatt" dem Auswanderer „die Verachtung der Landeseinwohner", „Kümmerniß und Elend", die „Verzweiflung der Seinigen", ja, womöglich den grausamen Tod durch „eine frühzeitig ihn ereilende Krankheit".[45]

Auch die Regierung in Oldenburg tat sich schwer mit der „Auswanderungsseuche". Im Süden des Großherzogtums

doubt, mistrust, and hopelessness became prevalent over the course of the weeks. The pastor from Nieder-Gemünden performed a baptism and a marriage ceremony and held uplifting worship services. The diarists praised his persuasive rhetoric. Yet the uncertainty and the long wait grated on their nerves. Furthermore, Muench had to leave the group twice to push ahead the search for a ship in Bremen and Bremerhaven. David Goebel, a mathematics teacher from Coburg, helped him with this. Muench went several times in person to Delius. The inner cohesion of the group was threatening to fall apart.

Finally, on May 20, the message of redemption arrived on the island. The American three-

Rechnungsbuch von Friedrich Münch, Mai 1834 //
Account book of Friedrich Muench, May 1834

masted vessel the "Medora", under the captain David Griffith, would be able to take them on board in Bremerhaven.

From the estimated 260 emigrants on the island, only 197 embarked on the transatlantic journey which cast off on June 3, 1834.[42] In turn, 47 emigrants from Württemburg joined.[43] No clues can be found about what happened to the missing members of the Society. They possibly found a ship on their own, stayed in the marsh of the Weser, or returned to their old home.

Political and Public Reaction

In the "Chronik von Altenburg" by Seydewitz (1833 ff.) in the Thuringia State Archives there is a graphic which is supposed to portray the

emigrants embarking on the "Medora" in Bremerhaven. The quite fancifully drawn scene puts the family of Karl Runkwitz, a bookbinder, in the centre, so we can assume that either he or friends in Altenburg created the drawing. The farewell speaks for Altenburg, in verse, and is written under the drawing:

> "Farewell, farewell unto distant shores
> You may soon hear, long before,
> The call of the land of the free,
> Farewell unto faraway seas!"[44]

Not all farewells and "obituaries" were so poetically compassionate and sympathetic. While friends and relatives worried along with the emigrants, the authorities were afraid that the Giessen Emigration Society would set an example. They also did not want any loss of capable people. The Duke of Altenburg found himself in the same dilemma as his associates in the other German states. If he denied one or the other the right to emigrate, protests and unrest would build amongst his critics. On the other hand, he would be glad if he could get rid of his critics and detractors, and on the other hand he could not afford a mass emigration of qualified citizenry.

As deterrence the Altenburg "Amtsblatt" prophesied "the scorn of the inhabitants", "sorrow and despair", the "anguish of family" for the emigrants and where possible a gruesome death by "an early, all-consuming sickness".[45]

Even the government in Oldenburg had difficulties with the "emigration plague". In the south of the Grand Duchy (Diepholz, Vechta) there was abject poverty in many villages. The farmers began to emigrate. Administrative bodies, teachers, and pastors were instructed to warn against emigration. At every opportunity the press would publish reports on any negative experiences. The presence of around 260 emigrants on the island of Harriersand in the Weser River was never officially mentioned in Oldenburg.[46]

Even in Hesse-Darmstadt meticulous care was taken that the size, formation, and departure date of the Giessen Emigration Society never reached the public. On the contrary, letters and reports from failed emigrations were supported and printed as testimony. Even in the local chronicle of Nieder-Gemünden, Muench's home, there was a negative evaluation of his emigration. One of his successors in the rectory, August Lotz, summed it up in this way: "Muench emigrated with his family under the conceited illusion that fortune and fame awaited him in the land of Utopia, in America. He did not find in any way what he was looking for; America has not become an El Dorado for him".[47] Aside from the fact that he was not looking for El

Haas, Johannes
– Medora
20,m,wheelwright
Oberiflingen

Hamman, Georg
– Medora
35,m,farmer
Oberweiler

Hammann, Dorothea
– Medora
35,f,none
Oberweiler

Hammann, Jacob
– Medora
11,m,none
Oberweiler

Hammann, Michael
– Medora
8,m,none
Oberweiler

Segelschiff „Medora" //
Sailing vessel "Medora"

Schiff Medora, Cap. Griffith, ging von Bremen aus in See nach Baltimore den 3 Juni 1834.

Fahrt wohl, fahrt wohl zum fernen Strand!
Bald mög't Ihr aus dem neuen Land
Den Ruf der Freiheit hören;
Fahrt wohl auf fernen Meeren!

Beschreibung der Medora.

56 Ellen lang, 16 Ellen breit, 12 Ellen geht es im Wasser, 3 Ellen ausser demselben, enthält 200 Passagiere, meist Altenburger und Koburger, und 25 Schiffsleute, 2 Kanonen, 2 Küchen und 4 Anker, 2 Noth Anker, 3 Ellen lang 4 Zoll stark an der Stange. Ein Nothboot, 12 Ellen lang 4 Ellen hoch, 3 Ellen breit. Ausser den Passagieren und ihrer Fracht hatte es noch 60,000 Stück Mauerziegel à 10 Pf., und 260 Omen Wasser geladen.

Auswanderern kann ich das sehr hohe geräumige Zwischendeck und die große elegante Cajüte zur Ueberfahrt vorzüglich empfehlen.

Nach Baltimore
wird Mitte Juni expedirt:
das rühmlichst und als Schnellsegler bekannte, kupferfeste und gekupferte hiesige Schiff
Ulysses, Capt. H. Spilcker.
Auswanderern kann ich das hohe geräumige Zwischendeck und die elegant eingerichtete Cajüte zur Ueberfahrt vorzüglich empfehlen.

Nach St. Petersburg
wird in diesen Tagen expedirt:
die ganz neue, schöne hiesige Galliot
Uranus, Capt. N. C. Högemann,
wofür noch einige Lasten Güter annehmen kann.

Ueber obige Schiffe ertheilt das Nähere
[illegible] Schiffsmakler.

Nach Baltimore
wird morgen expedirt:
das schöne schnellsegelnde America Schiffe
Medora, Capt. D. Griffith.
Auswanderern empfehle ich das hohe geräumige Zwischendeck zur Ueberfahrt.
Den übrigen Raum empfehle ich zum Verladen von Frachtgütern.
Die Messung der Güter besorgen die Herren Becker & Sohn. Der Kahn von Kramer liegt am Krahn zur Einnahme der Güter bereit.

Nach Baltimore
[illegible] expedirt:
das schöne, schnellsegelnde, Amerikanische Schiff
Ivanhoe, Capt. L. Lawrenson.
Auswanderern kann ich diese Gelegenheit zur Ueberfahrt bestens empfehlen, und haben dieselben sich baldigst bei mir zu melden.

Nach Baltimore
wird sofort nach Ankunft expedirt:

Anzeige in den „Bremer wöchentlichen Nachrichten", 26. Mai 1834:
Nach Baltimore wird morgen expediert das schöne schnellsegelnde America Schiffe Medora, Capt. D. Griffith. Auswanderern empfehle ich das hohe geräumige Zwischendeck zur Überfahrt. Den übrigen Raum empfehle ich zum Verladen von Frachtgütern. Die Messung der Güter besorgen die Herren Becker & Sohn. Der Kahn von Kramer liegt am Kran zur Einnahme der Güter bereit.

//

Advertisement in the "Bremer wöchentliche Nachrichten", 26 May 1834:
The swift beautiful ship the "Medora", Capt. D. Griffith, will be dispatched tomorrow to Baltimore. I recommend the spacious steerage area for the emigrants during the passage. I recommend using the remaining space for cargo. Sirs Becker & Son will provide the measuring of goods. Kramer's barge remains on the crane, ready for cargo.

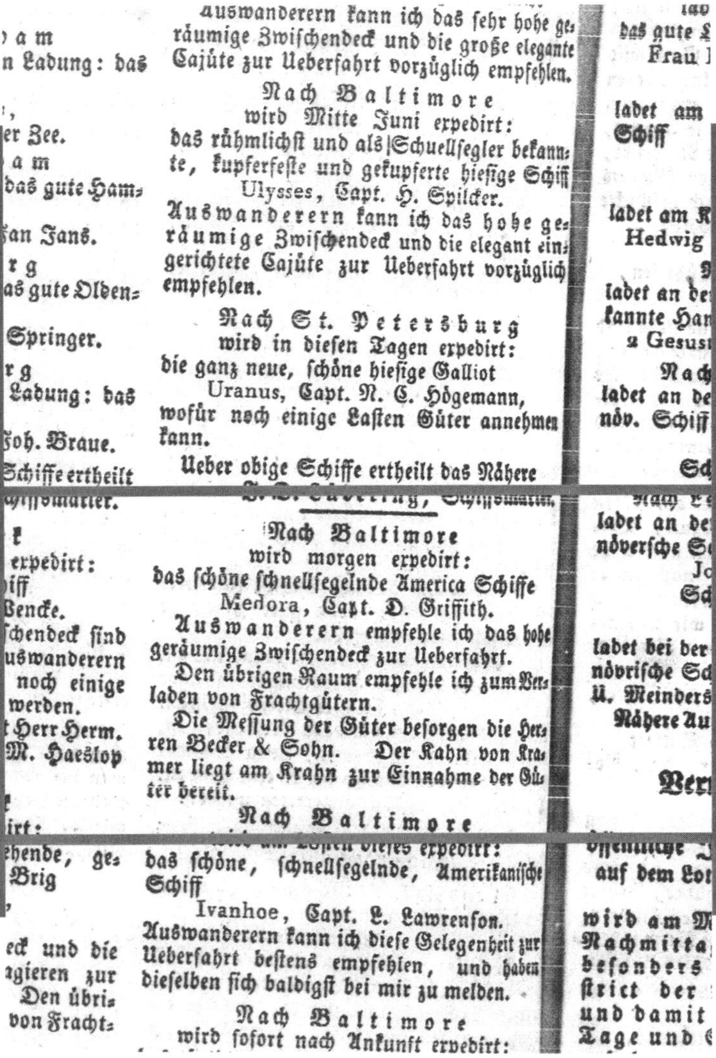

Hammerling, A.
- Olbers
31,M,farmer

Hauck, Martin
- Medora
21,m,farmer
Weilheim

Haupt, Bertha
- Medora
5,6,f,none
Altenburg

Haupt, Frederick Carl
- Medora
6,6,m,none
Altenburg

Haupt, Frederick W.
- Medora
32,m,glove maker
Landsburg

Dorado, but only a home without oppression, Muench had already succeeded in "fortune and fame" like no other emigrant in Missouri, even as Lotz was writing these words in the chronicle in 1857.

Strong and cautionary criticism of the Giessen emigration project appeared in a supplementary page (Nr. 25) in the Jenaische Allgemeine Literatur-Zeitung in spring 1834. The drafters of the Call were virtually accused of deceitful intentions (in financial terms) and complete ignorance of the American conditions. In Arkansas they could expect only "savannas, sandy deserts, and swamps" and "constant battle with savage Americans".

The Crossing of the Atlantic

Paul Follenius went to sea with the first division under Captain Exter, on the "Olbers" on March 31, 1834, departing from Bremerhaven. Shortly before, he met with Schmidt and Müller, the two emissaries who were chosen by the Society during the original meeting in Friedberg, and sent to Arkansas half a year ahead to investigate the terrain. They could only advise against it! The climate there was insupportable; the land was boggy and unusable in many places. The best territories were already in the hands of the slave-owners.[48]

Follenius immediately sent a message to Muench. St. Louis, and not Little Rock, was now to be the new meeting point.[49] Presumably the seductive portrayal by Gottfried Duden

(Diepholz, Vechta) herrschte in manchen Dörfern bittere Armut. Die Bauern fingen an auszuwandern. Ämter, Lehrer und Pfarrer waren angewiesen, vor der Auswanderei zu warnen. In der Presse wurden allenfalls Berichte veröffentlicht, wenn es sich um negative Erfahrungen handelte. Die Anwesenheit von rund 260 Auswanderern auf der Weserinsel Harriersand wurde im Oldenburgischen nirgendwo offiziell erwähnt.[46]

Auch in Hessen-Darmstadt wurde peinlich darauf geachtet, dass Größe, Zusammensetzung und Abreisetermin der Gießener Auswanderergesellschaft nicht in die Öffentlichkeit gelangten. Unterstützt und gedruckt wurden dagegen Briefe und Berichte, die von misslungenen Auswanderungen zeugten. Selbst in der Ortschronik von Nieder-Gemünden, in Münchs Heimatort also, findet sich eine negative Bewertung seiner Auswanderung. Einer seiner Nachfolger im Pfarramt, August Lotz, weiß zu resümieren: „Münch wanderte mit seiner Familie unter hochfahrenden Illusionen hinsichtlich des ihn zu erwartenden Glückes und Ruhmes in dem Lande der Utopien nach Amerika aus. Seine Rechnung hat er daselbst keineswegs gefunden; ein Eldorado ist ihm Amerika nicht geworden"[47]. Abgesehen davon, dass Friedrich Münch kein „Eldorado" gesucht hatte, sondern nur eine neue Heimat ohne Unterdrückung, so war er doch um 1857, als Lotz diese Zeilen in die Chronik schrieb, bereits zu „Glück und Ruhm" in Missouri gelangt, wie kein anderer der Gießener Auswanderer.

Eine heftige und warnende Kritik des Gießener Auswanderungsprojektes erschien in einem Ergänzungsblatt (Nr. 25) zur „Jenaischen Allgemeinen Literatur-Zeitung" noch im Frühjahr 1834. Den Verfassern der „Aufforderung" wurden geradezu betrügerische Absichten (in finanzieller Hinsicht) und völlige Unkenntnis der amerikanischen Verhältnisse vorgeworfen. In Arkansas hätten sie nur „Savannen, Sandwüsten und Sümpfe" und „ständige Kämpfe mit wilden Amerikanern" zu erwarten.

Im Altenburger Amts- und Nachrichtenblatt erschien am 10. April 1834 ein Artikel, der beschwichtigen und warnen sollte:

„Es ist mit Bedauern in neuester Zeit wahrzunehmen gewesen, wie eine Anzahl hiesiger Landesunterthanen, insbesondere Einwohner hiesiger Residenzstadt, im Irrwahne eines für sie in einem fremden, ihnen wenig bekannten Welttheile blühenden Glückes, auch wohl angelockt durch die falschen Vorspiegelungen und angeregten trügerischen Hoffnungen politischer Schwärmer oder gar gewinnsüchtiger Spekulanten, sich haben entschließen können, zum Theil mit Weib und Kind oder mit deren Zurücklassung, Vaterland, eigenen Herd, festen Nahrungsstand, Eltern, Verwandte, Freunde und Alles, was ihnen bisher nahe gestanden und werth gewesen, zu verlassen und hinzuziehen nach Amerika, zum Theil ohne sichere Aussicht auf festes Unterkommen und auf genügenden Broderwerb für sich und die Ihrigen, ohne hinreichende Kenntniß des Klimas, des Bodens und der Landesart, der Sprache und Sitten, bürgerlichen und Verkehrsverhältnisse in der aufzusuchenden neuen Heimath, ja selbst ohne zuverlässig zu wissen, wo sie bei ihrer Ankunft daselbst ihr Haupt hinlegen dürfen.

[...] Gerechter Unwille des Redlichen jedoch trifft diejenigen, die gewissenlos solchen Schwindel erzeugen, solchen Irrwahn befördern konnten, die [...] den Bewohnern Altenburgs, eines der gesegnetsten Landstriche von Deutschland, zur Auswanderung verleiten [...].

Jene Opfer ihres Wahnes verdienen Mitleid, ihre Verführer unnachsichtige Ahndung."

Die Atlantikpassage

Kurz bevor Paul Follenius mit der ersten Abteilung unter Kapitän Exter auf der „Olbers" am 31. März 1834 von Bremerhaven in See ging, traf er auf die Emissäre Schmidt und Müller, die von der Gesellschaft auf der Friedberger Gründungsversammlung ein halbes Jahr zuvor ausgeschickt worden waren, um das Terrain in Arkansas zu erkunden. Sie rieten dringend ab! Das Klima dort sei unerträglich, der Boden vielerorts versumpft und unbrauchbar. Die besten Territorien seien bereits in der Hand von Sklavenhaltern.[48]

Es gelang wohl Follenius, sofort eine Nachricht an Münch zu senden. Nicht Little Rock sondern St. Louis in Missouri sollte der neue Treffpunkt werden.[49] Vermutlich gab hier die verführerische Schilderung durch Gottfried Duden den Ausschlag. Jedenfalls war Missouri nun auch für die zweite Abteilung das erklärte Ziel. Münchs während der Reise entstandenes „Auswanderungslied" bezeugt bereits in der ersten Strophe das neue Ziel:

„Auf in mutigem Vertrauen
Fest und Brüderlich vereint!
Vorwärts, vorwärts lasst uns schauen,
Am Missouri Hütten bauen,
Wo der Freiheit Sonne scheint."[50]

Die „Olbers" erreichte nach einer stürmischen Überfahrt am 2. Juni New Orleans mit 354 Passagieren.[51]

Zum Verlauf ihrer Überfahrt gibt es nur spärliche Gerüchte und widersprüchliche Angaben, die auf Zank und Streit und Tod und Verderben schließen lassen.[52] Die Familie Follenius habe, so

Liber Vater,
gefällt es Dir in Bremen gut. Das Brüder-
chen ist noch gesund. Meine Mutter ist noch
krank.
Deine Pauline
//
Dear Father,
Do you like it well in Bremen. Little
brother is still healthy. My mother is still
sick.
Your Pauline

liber vater,
bau uns
ein haus.
komm bald zu
uns.
dein Adolf.
//
dear father,
build us a house. come to us soon.
your Adolf.

was the deciding factor in this situation. In any case, Missouri was now the declared goal for the second division as well. The first verse in Muench's "emigration song", which originated during the trip overseas, pays witness to the new goal:

> We're off with courage and trust
> strongly and fraternally united!
> Forward, forward, let us look,
> And build our huts in Missouri,
> Where the sun of freedom shines![50]

The "Olbers" reached New Orleans on June 2, 1834, with 354 passengers, after a tempestuous crossing.[51]

In the course of the crossing there were only a few rumors and some contradictory information which implied quarreling and arguing and death and corruption.[52] The Follenius family, it was said, availed themselves of the comfort of a cabin while the Society – quite normal for such a ship – was crowded together in steerage. This caused envy and resentment. C. Neyfeld, who fought in the Polish revolution, was involved in the demagogue persecutions, and emigrated with the Follenius group, told of sickness and death in his report, which appeared in the Aschaffenburger Zeitung on December 24 1834:

While still near the French coast a kind of smallpox, called variola, appeared on a wench. The sick person was taken out of the steerage area and put into a boat, but she died after three days; however the substance of the sickness had remained behind and had spread so quickly that by April 9 over thirty people had

///

On April 10, 1834, in the Altenburger Amts- und Nachrichtenblatt, an article appeared that was meant to appease and warn:

"It is with regret to perceive recently how a group of local subjects, in particular inhabitants of the local residential city, in the madness of a flowering fortune to be found in a foreign, little known part of the world, how they are enticed with false pretenses and lively deceptive hopes of political fanatics or even profit-hungry speculators, and could have come to the decision, some with wife and child, or with their departure, to leave behind fatherland, their own hearth, constant sustenance, parents, relatives, friends, and everyone and everything that was close to them or had any worth, and drag onwards to America, partly without any prospects of secure accommodation or sufficient livelihood for themselves and their own, without sufficient knowledge of the climate, the earth, or kind of land, the language and customs, civil and traffic situation in the sought-after new home, even without reliably knowing themselves where they may lay their head upon arrival ...

Just indignation of the upright however affects those who unscrupulously create such a swindle, could promote such madness, who ... could mislead into emigration the inhabitants of Altenburg, one of the most blessed stretches of land in all of Germany ...

Every victim of this delirium deserves sympathy, every seducer merciless punishment."

Segelschiff „Olbers" //
Sailing Vessel "Olbers"

heißt es, die Bequemlichkeit einer eigenen Kajüte in Anspruch genommen, während ein Großteil der Gesellschaft – wie auf solchen Schiffen üblich – im Zwischendeck zusammengedrängt war. Das provozierte Neid und Missgunst. Von Krankheit und Tod erzählt der Bericht von C. Neyfeld, der in der polnischen Revolution gekämpft hatte, in die Demagogenverfolgung geriet und mit der Follenius-Gruppe auf der „Olbers" auswanderte. Der Bericht erschien in der „Aschaffenburger Zeitung" am 24. Dezember 1834:

„Noch in der Nähe der französischen Küste hatten sich bei einem Frauenzimmer eine Art Menschenblattern, Barioliden genannt, gezeigt. Die Kranke wurde zwar aus dem Zwischendeck in ein Boot gebracht, sie starb aber nach drei Tagen; der Stoff der Krankheit war jedoch zurückgeblieben, und sie verbreitete sich so schnell, daß schon am 9. April über dreißig Personen von den Blattern befallen waren. Nunmehr wurde die Angst allgemein, nicht so sehr wegen der Krankheit selbst […] sondern wegen der etwa in Neu-Orleans zu haltenden Quarantäne […].

been afflicted with the smallpox. At this point the fear had become widespread, though not due to the sickness itself ... rather the stationary quarantine in New Orleans ... Every day one or two people died (even Mr. Follenius' little son) and were wrapped in canvas, weighed down with bricks, and sank into the depths of the sea."[53]

It does not end there: In the Gulf of Mexico the "Olbers" was signaled by approaching ships which had spread cholera in New Orleans and north along the Mississippi. This will be discussed further on.[54]

There were essentially two routes to America for the sailing vessel. The way from Europe to the Caribbean and on to New Orleans first led through the English Channel then south towards warmer climate areas (to the Canary or even Cape Verde Islands) and then with moderate aft winds across the Atlantic. However, to get to the American east coast the sailors always had to manage a hard course close to the wind. The way to Baltimore, New York, or Boston was indeed shorter, but more arduous.

The "Medora" was two months behind the "Olbers" on June 3 and maneuvered northwards past the Azores and sailed continually with westerly winds until the colder regions near Newfoundland. This way was more straining and generally more time-consuming due to working windward.

Much has already been written about the agonizing life in the narrow steerage area with all the noise, filth, stink, seasickness, and contaminated foodstuffs.[55]

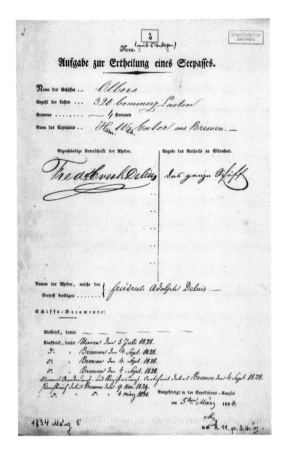

Seepass für die „Olbers" mit 320
Commerz-Lasten [770 Tonnen] und
4 Kanonen und Schiffsvolk, „im ganzen
36 Mann",
5. März 1834
//
Ships's license for the "Olbers" with 320
commerce loads [770 metric tons] and
4 cannons and ship crew, "in total 36
men", March 5, 1834
Capitain = Captain
Steuermann = Helmsman
Bootsmann = Bos'n
Zimmermann = Carpenter
Koch = Cook
Matrosen = Sailors
Jungen = Boys
Stuarts = Stewart

Jeden Tag starb eine oder zwei Personen (auch ein Söhnchen des Hrn. Follenius), die man alle, in Segeltuch gewickelt und mit Backsteinen beschwert, in die Meerestiefe versenkte".[53]

Doch damit nicht genug: Im Golf von Mexiko wurde der „Olbers" von entgegenkommenden Schiffen signalisiert, dass in New Orleans und entlang des Mississippi nach Norden die Cholera grassiere. Davon wird später noch die Rede sein.[54]

Es gab im Wesentlichen zwei Routen für die Segelschiffahrt nach Amerika. Während der Weg von Europa in die Karibik und weiter nach New Orleans zunächst aus dem englische Kanal nach Süden führte, in wärmere Klimazonen zu den Kanarischen- oder gar Kapverdischen Inseln und dann mit gemäßigten achterlichen Winden über den Atlantik, mussten die Segler zur amerikanischen Ostküste einen härteren Kurs immer am Wind bewältigen. Der Weg nach Baltimore, New York oder Boston war zwar kürzer, aber mühsamer.

Die „Medora" verließ zwei Monate nach der „Olbers" am 3. Juni Bremerhaven und kreuzte nördlich der Azoren immer bei westlichen Winden bis hinauf in die kalten Regionen vor Neufundland. Dieser Weg war durch die Kreuzkurse und das stürmische Wetter anstrengender und in der Regel auch zeitraubender.

Über das qualvolle Leben in der Enge des Zwischendecks mit Lärm, Schmutz, Gestank, Seekrankheit und verdorbenen Lebensmitteln ist bereits viel geschrieben worden.[55]

Hier mögen nur ein paar Andeutungen zur Reise der „Medora" genügen, die durch die Tagebücher und Berichte von Cornelius Schubert, Friedrich Haupt, Friedrich Münch und Gert Göbel ausführlich dokumentiert sind.

Die Berichte loben einhellig das Schiff selbst. Schubert schreibt begeistert, es sei „eines der besten Schiffe, die jemals gebaut wurden." Die „Medora" war im August 1832 bei den Beacham Shipyards in Baltimore vom Stapel gelaufen.[56]

Bereits in Bremerhaven war es der Gießener Gesellschaft durch seine Größe und Schönheit aufgefallen.[57] Schlechte Noten bekam dagegen der Master David Griffith. Friedrich Münch notierte: „Das Schiff war neu und gut, strikte Ordnung wurde gehalten, aber der Kapitän zeigte sich bald als rauer und eigennütziger Mensch. Ohne Zweifel waren ihm die vertragsmäßigen Gegenstände der Beköstigung in gutem

Sicherheitsbescheinigung, wie sie für von Bremen ausgehende Auswandererschiffe, vorgelegt werden mussten, also auch für die „Medora". Hier die Bescheinigung für die kurz darauf nach der Ausfahrt aus Bremerhaven verunglückte „Shenandoah":

Hierdurch bezeugen wir auf unseren Bürger-Eid, daß das amerikanische Schiff Shenandoah, Capt. Alex M. Rose, bestimmt und mit einer Anzahl von 190 Passagieren nach Baltimore, zu der beabsichtigten Reise in völlig tüchtigem Stande sich befindet und von uns für die obengenannte Anzahl von Passagieren mit der durch Obrigkeitl[iche] Verordnung vorgeschriebenen Quantität Lebensmittel, Wasser und Brennmaterial auf neunzig Tage ausgerüstet, so wie ferner den Passagieren das gezahlte Passagegeld für einen möglichen Unglücksfall des obigen Schiffes genügend gesichert worden ist.
Bremen April 5. 1834.
Theo[dor] [und] Everh[ard] Delius
//
Safety certificates as they had to be presented for outgoing emigrant ships from Bremen, therefore also for the "Medora". Here the certificate for the "Shenandoah", which suffered an accident shortly after departure from Bremen:

We hereby take our civil oath that the American ship Shenandoah, Capt. Alex M. Rose, designated for Baltimore with 190 passengers, is in completely capable state for the intended journey and equipped with enough food, water, and fuel, as prescribed by the authorities' decree, for the number of passengers for ninety days, and furthermore that sufficient funds are secured for the passengers in the case of possible misfortune concerning the above-mentioned ship.
Bremen April 5, 1834.
Theo[dor] [and] Everh[ard] Delius

Zwischendeck in einem Auswandererschiff, 1847 //
Steerage in an emigrant ship, 1847

Aus dem Tagebuch von Cornelius Schubert:

„Sonntag, den 6ten.

Der Herr Pfarrer Münch hielt eine sehr angemessene Erbau-
ungsrede; es war das erste Kind, welches unter unserer Gesellschaft geboren ward; und als eigner Fall unter uns, daß
es auf dem Schiffe geboren war; es wurde, weil es zum Tage
Johannis und auf dem Schiffe Medora das Licht der Welt
erblickt hatte, Johanna, Medora, Hilda genannt. Sämmtli-
che Gesellschafts-Mitglieder waren hocherfreut über dies
feierliche Ereigniß, und besonders darüber, dass sich Frau
Köhler eines ausgezeichneten Wohlseins erfreute; dieser
Tag wurde mit fröhlichen Liedern, welche auf dem Verdeck
gesungen wurden, beschlossen".[60]

//

Diary of Cornelius Schubert:

"Sunday the 6th.

*The pastor, Mr. Muench, held a very worthy and edifying
address; it was the first child borne into our Society; and as
a special case amongst us, borne on the ship; the child was
named Johanna, Medora, Hilda, because she first glimpsed
light on the day of St. John, on the ship the Medora. All
members of the Society were exhilarated about the festive
occasion, especially about the fact that Mrs. Koehler enjo-
yed excellent health; this day was concluded with cheerful
songs which were sung on deck."*[60]

Here a couple hints about the voyage of the
"Medora" should suffice, as the event was do-
cumented thoroughly through the diaries and
reports of Cornelius Schubert, Friedrich Haupt,
Friedrich Muench, and Gert Goebel.

The reports unanimously praised the ship itself.
Schubert enthusiastically wrote it must be "one
of the best ships ever built." The "Medora" was
launched by the Beacham Shipyards in Baltimore in August 1832.[56]

The Giessen Society already noticed its size and
beauty in Bremerhaven.[57] By contrast, the Master David Griffith received poor marks indeed.
Friedrich Muench noted: "The ship was new
and good, strict order was established, but the
captain showed himself to be a rude and selfish
man. Without doubt the conventional articles of
food were delivered to him in a good state; he
gave us, however, inedible meat which – as the
deck-hands say – had already traveled to East
India, and foul water, such that of everything
we could only enjoy the potatoes that we had
brought along with us. No one had reason to
envy anyone else; because we had – in the true
spirit of republicanism – bonded ourselves together to make the trip in steerage."[58]

To get to Baltimore the "Medora" needed
more than seven weeks. Muench practiced his
profession as pastor on board. He called the
passengers to church service on the deck, held
the funeral oration for the burial at sea of the
youngest child of the Brühl family, and baptized
a newborn girl of the Köhler family.[59]

The diaries additionally told of spoiled meat,
rank water, encounters with whales and maritime dangers, and of a celebration of American
Independence Day on July 4. The emigrants experienced wind lulls, fog, cold, and storms.

For days on end the "Medora" hardly advanced from its location as it had to push hard against the Gulf Stream coming from Mexico northwards. Two days before the redeeming cry of "Land ho!" rang from the crow's nest, Muench called a general assembly to discuss the remaining route with his group. He and Goebel presented a tally and gave each member traveling money. Each person was to travel on their own after arrival in Baltimore[62] and meet up in two weeks in Wheeling, Ohio, to travel down the Mississippi, and then onwards to St. Louis. There the two divisions of the Giessen Society shall meet and then search for suitable territory in Missouri.

Baltimore received the emigrants with scorching sun. A formidable heat wave made every effort tortuous, such as the loading of heavy chests and bags. Children suffered from "heat blisters", fever, or diarrhea. Muench, who was born shortly before the outbreak in Nieder-Gemünden, fell sick and could not recover in the weeks following. Most passengers of the "Medora" fled the heat buildup accumulating in the Chesapeake Bay by heading to the airy heights of the Alleghany Mountains. Every two or three families rented a freight wagon with four to six horses and a coachman. Muench's family shared two covered wagons with the Beckers and Goebels. As one of the coachmen was constantly drunk, Friedrich Muench took the reins himself.[63]

Over a period of 14 days the route passed over the mountains, through an idyllic landscape, charming towns and settlements to Ohio, where the group met up in the less beautiful industry town of Wheeling. For hours, they exchanged their initial impressions of Maryland and Pennsylvania in the hotel. So much appeared new

Zustände geliefert worden; er gab uns dagegen ungenießbares Salzfleisch, das – wie die Matrosen sagten – bereits die Reise nach Ostindien gemacht hatte, und faules Wasser, so dass von allem nur die von uns mitgenommenen Kartoffeln zu genießen waren. Keiner hatte Ursache den Andern zu beneiden; denn wir hatten – in echt republikanischem Geiste – uns verbindlich gemacht, alle im Zwischendecke zu reisen".[58]

Die „Medora" brauchte bis Baltimore mehr als sieben Wochen. Münch übte auch an Bord das Amt des Seelsorgers für seine Gruppe aus. Er rief die Passagiere zu Gottesdiensten an Deck, hielt die Trauerrede bei der Seebestattung des jüngsten Kindes der Familie des Apothekers Brühl und taufte ein neugeborenes Mädchen der Familie Köhler.[59]

Die Tagebücher berichten weiterhin von faulem Fleisch, stinkendem Wasser, von der Begegnung mit Walen und Havarie-Gefahren und von einer Feier zum amerikanischen Independence Day am 4. Juli. Die Auswanderer erlebten Flauten, Nebel, Kälte und Stürme.

Tagelang kam die „Medora" nur mühsam von der Stelle, weil sie gegen den starken Golfstrom, der aus dem Golf von Mexiko heraus nach Norden drückte, kaum vorankam. Zwei Tage, bevor der erlösende Schrei „Land ho!" am 20. Juli aus dem Mastkorb kam, rief Münch zur Generalversammlung, um mit seiner Gruppe den weiteren Weg zu erörtern.

BALTIMORE FROM FEDERAL HILL.

Baltimore, ca. 1831

Schuberts Tagebuch berichtet:

„Mittwoch, den 2. Juli. Während der Nacht war ein solcher Sturm eingetreten, dass die Wellen bis in das Zwischendeck drangen und in demselben Augenblick, als ich aufstehen wollte, drang eine solche Welle hinein, wie noch nicht dagewesen und überschwemmte den ganzen Boden, so daß die in der Nacht heruntergefallenen Sachen ganz und gar naß wurden und so denn auch meine Mütze und Schuhe. Die hintersten Matratzen in den Kojen wurden davon erreicht und durchnäßt. Die Gabel, wodurch die unterste Rahe am Hauptmast befestigt ist, war durch die Gewalt des Sturmes gebrochen und musste durch starke Taue ersetzt werden".[61]

//

From Schubert's diary:

"Wednesday July 2. We happened upon such a storm in the night that the waves forced their way into the steerage area and in the same instant, as I wanted to stand up, came such a wave as we had not yet seen and drowned the whole floor such that any objects which had fallen to the floor during the night were absolutely soaking wet, including my cap and shoes. The most rearward mattress in the berth was reached and soaked through. The fork upon which the yard is attached to the main mast was broken by the storm's violence and had to be replaced by strong rope."[61]

and strange: the vast expanses and lush forests, the cultivated towns and well built, broad streets, the respectable and occasionally very luxurious guesthouses, the absence of barriers and police checks. They praised the friendliness and helpfulness of the Americans and also reported scoundrels, thieves, and cheaters. They marveled at the rich farms with black workers in enormous corn fields. Some were bothered by the humid climate and strange food. There was hardly a family in which not one person suffered from diarrhea, nausea, or fever. Occasionally they came across German settlers who had valuable advice to give.

In Wheeling Muench booked passage for the whole group on the "Fairy Queen", headed to St. Louis.[64] The trip on the steamer through the idyllic Ohio Valley was uncomfortable due to the narrowness of the ship. The men slept on deck and on the roof. Then, in Cincinnati, came crushing news for the whole group. They had a longer stay here, and Friedrich Muench was approached by a "diminutive, aged man" during his supper, who wanted to know if they belonged to the second division of the Giessen Society. "What do you know of this matter?" asked the startled Muench and the stranger answered: "I can tell you much about what even you do not yet know; the first division suffered much misfortune during their trip up the Mississippi, lost many of their people from cholera. Follenius himself fell sick and remained behind on the way; the society parted and scattered while looking for help in any way; now Follenius does not live far from me, near where Duden had lived; my name is Bock and I am about to collect my family, who have just arrived after me from Philadelphia."[65]

Johann Wilhelm Bock was a rich landowner who had sold his estate called Dutzow on the

Er und Göbel legten eine Abrechnung vor und zahlten jedem Mitglied ein Reisegeld aus. Jeder sollte nach der Ankunft in Baltimore nach eigenem Gusto reisen.[62] Man würde sich nach etwa zwei Wochen in Wheeling am Ohio wiedertreffen, um dann den Fluss hinunter in den Mississippi und hinauf nach St. Louis gemeinsam zu reisen. Dort würden die beiden Abteilungen der Gießener Gesellschaft wieder zusammentreffen und nach einem geeigneten Territorium in Missouri Ausschau halten.

Baltimore empfing die Auswanderer mit sengender Sonne. Eine außerordentliche Hitzewelle machte jede Anstrengung, wie das Verladen schwerer Kisten und Säcke, zur Tortur. Kinder erkrankten am „Friesel" (Hitzebläschen) oder litten an Fieber oder Durchfall. Auch Richard Münch, der kurz vor dem Aufbruch in Nieder-Gemünden geboren war, erkrankte und erholte sich auch in den nächsten Wochen nicht mehr. Die meisten Medora-Passagiere flohen umgehend aus dem Hitzestau in der Chesapeake Bucht hinaus auf die Straße nach Westen in die luftigen Höhen des Alleghany-Gebirges. Jeweils zwei bis drei Familien mieteten einen Frachtwagen mit vier bis sechs Pferden und Fuhrmann. Münchs teilten sich mit den Familien Becker und Göbel zwei Planwagen. Da einer der Kutscher ständig betrunken war, ergriff der Friedrich Münch selbst die Zügel.[63]

Der Weg führte in vierzehn Tagen über das Gebirge, durch eine idyllische Landschaft und anmutige Städte und Siedlungen an den Ohio, wo die Gruppe in dem weniger

schönen Industriestädtchen Wheeling wieder zusammentraf. Stundenlang wurden abends im Hotel die ersten Eindrücke von Maryland und Pennsylvania ausgetauscht. So vieles war ihnen neu und fremd erschienen: die unendliche Weite und die üppigen Wälder, die gepflegten Städtchen und die gut ausgebauten, breiten Straßen, die soliden und mitunter sehr luxuriösen Gasthöfe, das Fehlen von Schranken und Polizeikontrollen. Sie lobten die Freundlichkeit und Hilfsbereitschaft der Amerikaner und wussten auch von Halunken, Dieben und Betrügern zu berichten. Sie staunten über die reichen Farmen mit schwarzen Arbeitern auf riesigen Maisfeldern. Vielen machte das feuchtwarme Klima zu schaffen und die fremde Ernährung. Es gab kaum eine Familie, in der nicht jemand Diarrhöe, Übelkeit oder Fieber erlitt. Mitunter hatten sie unterwegs auch deutsche Siedler getroffen, von denen sie wertvolle Ratschläge bekamen.

In Wheeling buchte Münch für die ganze Gruppe eine Passage auf der „Fairy Queen" nach St. Louis.[64] Die Reise auf dem Flußdampfer durch das idyllische Ohiotal war wegen der Enge auf dem Schiff unbequem. Die Männer schliefen an Deck und auf dem Dach. Dann, in Cincinnati, kam eine niederschmetternde Hiobsbotschaft für die ganze Gruppe. Sie hatten hier einen längeren Aufenthalt, und Friedrich Münch wurde beim Abendessen in einem Hotel von einem seltsamen Deutschen, einem „kurzen ältlichen Herrn" angesprochen, der wissen wollte, ob sie zur zweiten Abteilung der Gießener Gesellschaft gehörten. „Was wissen Sie von dieser Sache?", fragte

northern tip of the Schaalsee in Mecklenburg in order to become founder of a village in Missouri with the same name. This was to function as center of wealthy and noble society, the so-called "Berlin Society" (Berliner Gesellschaft). They attempted to lead an upper class and decidedly cultured life in the American wilderness.

Upon hearing this news, Muench felt as if he had "fallen from the clouds". Until this point he had kept his group together and given them courage again and again through speeches and sermons. He had sworn that they would reach their lofty goal and meet with their friend from the first division. He had performed all accountancy "right down to the last dot" with his close friend Prof. David Goebel from Coburg, and carried out the organization of the journey markedly just and democratic. "Now everything has come to an end, the beautiful delusion torn in two, and there remained only the question of whether we attempt the group settlement with fewer numbers, or scatter ourselves as well and hope for the best".[66] On the Ohio steamer, Muench's group decided to remain together at

Südostansicht von St. Louis vom Illinois-Ufer des Mississippi. Lithografie von J.C. Wild, 1840 //
Southeast view of St. Louis from the Illinois shore. Lithograph by J.C. Wild, 1840

least until St. Louis, for finances still needed to be settled with the first division which was carrying the larger part of the collective account.[67] They met at the end of August 1834 in St. Louis. Cholera was still prevalent on the Mississippi. Most susceptible were the children in Muench's group. The state of health of his youngest, Richard, worsened as well. It appeared necessary to leave the city as quickly as possible, especially as Paul Follenius was residing at a farm 40 miles west in Lake Creek at the time. Two members of the first division had confirmed anyways what Bock had already reported in Cincinnati, namely, the total collapse of their group.[68] Most had already bought land in Illinois and Missouri. Over 40 members had fallen victim to the cholera. The terrified dissolution of the group was understandable.[69]

The passengers of the "Medora" now began to look independently for a future place to stay. St. Louis was the best basis for orientation. A federal land office offered cheap property, so-called "congress land" and the city worked as the gateway to the west. Here was the last complete opportunity for new settlers to equip themselves. The emigrants had to hurry, for the winter was coming.[70]

On the way to see Follenius, the Muench family decided to have a couple days of rest in St. Charles, Missouri, due to the sick children. Here they seemed to be safe from the cholera in the healthy climate.[71]

Paul Follenius approached his brother-in-law. It was a moving reunion! After a long discussion two bitter realizations became apparent: The Giessen Emigration Society had thoroughly failed in its ambitious goal to lay the foundation for a new German state overseas. The other realization was that the finances were in a desolate and disordered state.

der verwunderte Münch und der Fremde antwortete: „Ich kann Ihnen vieles darüber sagen, was Sie selbst noch nicht wissen; die erste Abteilung hatte viel Unglück auf ihrer Fahrt den Mississippi hinauf, verlor viele ihrer Leute durch die Cholera. Follenius selbst erkrankte und blieb unterwegs liegen; die Gesellschaft theilte und zerstreute sich, indem Jeder sich zu helfen suchte, wie er konnte; jetzt wohnt Follenius nicht fern von mir, nahe der Stelle, wo Duden gelebt hatte; ich heiße Bock und bin im Begriffe, meine später angekommene Familie in Philadelphia abzuholen".[65]

Johann Wilhelm Bock war ein reicher, preußischer Gutsbesitzer, der sein Anwesen mit Namen Dutzow an der Nordspitze des mecklenburgischen Schaalsees verkauft hatte, um in Missouri einen Ort mit gleichem Namen zu gründen, der für kurze Zeit zum Zentrum einer Gesellschaft von Wohlhabenden und Adeligen werden sollte, der sogenannten „Berliner Gesellschaft". Sie versuchten, in der amerikanischen Wildnis ein vornehmes und betont kultiviertes Leben zu führen.

Münch fühlte sich bei dieser Nachricht „wie aus den Wolken gefallen". Hatte er doch bisher seine Gruppe zusammengehalten und ihnen durch Ansprachen und Predigten immer wieder Mut gemacht. Er hatte sie immer wieder auf das große Ziel und das Zusammentreffen mit den Freunden der ersten Abteilung eingeschworen. Er hatte zusammen mit seinem engen Freund, Prof. David Göbel aus Coburg, das „Rechnungswesen auf's Pünktlichste geordnet" und die Organisation der Reise betont gerecht und demokratisch durchgeführt. „Jetzt war dies Alles zu Ende, der schöne Wahn war entzwei gerissen, und es blieb nur die Frage, ob wir noch immer in kleinerer Zahl eine gemeinschaftliche Ansiedlung versuchen, oder auf gut Glück uns ebenfalls zerstreuen sollten."[66] Die Münch-Gruppe beschloss noch auf dem Ohio-Dampfschiff, bis St. Louis zusammenzuhalten, denn es musste ja mit der ersten Abteilung noch abgerechnet werden, die den größten Teil der Gemeinschaftskasse mit sich führte.[67]

Ende August 1834 trafen sie in St. Louis ein. Am Mississippi herrschte noch immer die Cholera. Am anfälligsten waren die Kinder in der Gruppe von Münch. Auch bei seinem Jüngsten, Richard, verschlimmerte sich der Zustand. Es schien geboten, so schnell wie möglich die Stadt wieder zu verlassen, zumal Paul

Paul reported that his treasurer had paid out claims to the society members at the moment of dissolution on the Mississippi, where the Follenius family had to stop for fourteen days, in Paducah, Ohio, because of severe illness. The receipts were incomplete.

Now money was missing in the collective account for the second division and the brothers-in-law resolved to pay out of their own pockets. Of the missing four to five thousand gulden they replaced at least three thousand (according to Muench).[72] Very little money remained for them to buy their own land. Yet this still did not satisfy every justified claim. At the last large meeting of the second division of the Giessen Emigration Society in St. Louis furious fights and riots broke out as well as the threat of violence against Paul Follenius, because he was taken to be responsible for the financial misery. Paul was not even present during the settling of accounts because he was sick and had to stay in bed.

At the end of September the Muench family moved 40 miles further west to the Lake Creek settlement. They bought a half-developed farm with a ramshackle hut, near the Follenius family's land, on the edge of Bock's Dutzow. It was the area where Gottfried Duden had lived, he who had more or less seduced everybody with his paradisiacal descriptions.

The Reasons for Failure

In effect the great utopian project, namely the first German republic, had already died in its formation, in spite of all the torments and sacrifices which the Giessen Emigration Society had to endure.

The question remains as to why this attempt to establish a German state in the new world at that time had to fail so miserably, given the

Follenius sich zur Zeit auf einer Farm sechzig Kilometer westlich am Lake Creek aufhielt. Immerhin bestätigten zwei Mitglieder der ersten Abteilung, was Bock bereits in Cincinnati berichtet hatte, nämlich den totalen Zerfall ihrer Gruppe.[68] Die meisten hatten bereits in Illinois oder Missouri Land gekauft. Über 40 Mitglieder waren der Cholera zum Opfer gefallen. Das panische Auseinanderlaufen der Gruppe war verständlich.[69]

Auch die Passagiere der „Medora" begannen nun, jeder auf eigene Faust, nach einer künftigen Bleibe zu suchen. St. Louis war die beste Basis zur Orientierung. Ein staatliches Land Office bot billige Grundstücke, sogenanntes „Kongreßland" an, und die Stadt galt als das Tor zum Westen. Hier war die letzte umfassende Gelegenheit für Neusiedler, sich auszurüsten. Die Einwanderer hatten es eilig, da der Winter bevorstand.[70]

Auf dem Weg zu Follenius beschloss die Familie Münch, in St. Charles am Missouri der kranken Kinder wegen ein paar Ruhetage einzulegen. Hier schien man in einem gesunden Klima vor der Cholera sicher.[71]

Paul Follenius kam seinem Schwager entgegen. Es war ein bewegendes Wiedersehen! In einer langen Aussprache schälten sich zwei bittere Erkenntnisse heraus: Die Gießener Auswanderergesellschaft war mit ihrem hochgesteckten Ziel

Western House und Mühle in St. Charles waren der
vermutliche Treffpunkt von Münch und Follenius
//
Western House and Mill in St. Charles were the assumed
meeting points of Muench and Follenius

einer Grundsteinlegung für ein neues deutsches Staatswesen in Übersee gründlich gescheitert! Zum anderen waren die Finanzen desolat und unübersichtlich. Paul berichtete, dass sein Kassenwart im Moment der Auflösung auf dem Mississippi die Forderungen seiner Gesellschafter ausbezahlt hatte, während die Familie Follenius wegen schwerer Erkrankungen für vierzehn Tage in Paducah am Ohio pausieren musste. Die Belege waren unvollständig.

Nun fehlte Geld in der Kasse für die zweite Abteilung und die beiden Schwäger beschlossen, aus eigener Tasche draufzuzahlen. Von fehlenden vier- bis fünftausend Gulden haben sie (nach Angaben von Münch) wenigstens dreitausend ersetzt.[72] Es blieb ihnen selbst nur wenig, um Land zu kaufen. Aber es reichte immer noch nicht zur Befriedigung aller berechtigten Forderungen. Beim letzten, großen Zusammentreffen der zweiten Abteilung der Gießener Gesellschaft in St. Louis kam es zu wütenden Tumulten und der Androhung von Gewalt gegen Paul Follenius, weil man ihn für den Schuldigen an der finanziellen Misere hielt. Paul war bei der Abrechnung nicht einmal anwesend, weil er krank das Bett hüten musste.

Ende September zog auch die Familie Münch 40 Meilen weiter westlich an den Lake Creek. Sie kauften eine halb erschlossene

fact that it appeared possible, in fact "not all too difficult"[73], to the initiators of the project at the beginning of the planning in Giessen.

The causes can be found on two levels: on one level there are the random disastrous events which befell the emigrants and which they were not responsible for, such as the fury of cholera in the Mississippi region in spring 1834 or the second division's forced stay on the island of Harriersand.

On another level, those responsible for the project found mistakes in their own thoughts and actions. Looking back, Friedrich Muench spoke self-critically of mistakes which possibly could have been avoided. The Giessen emigrants had trusted deceptive sources. Summing up, Muench wrote: "We pictured the matter to be quite different, according to the descriptions given to us by Duden."[74] The idealistic picture painted by the precursor to the region did not accord with reality. Many things may have changed there within a decade. Neither in Missouri nor in Illinois or Arkansas was there enough settlement area for a common, enclosed colony.

Such an enclave that was to remain German, and somehow not become American, was unrealistic anyhow. Even if there were ethnic enclaves here or there in the USA they were American for the most part, spoke English, and hoisted up proudly the stars and stripes. The emigrants must have known that Arkansas was a bad choice, at the very latest after the return of the emissaries.

"No colony in America could be founded in the prescribed way," wrote Muench later on, "with inexperienced Germans. A single [Johann Georg] Rapp could hold everyone here together through religious delusion – our liberal ideas were not powerful enough against the individual interests and dogmatic

Farm mit einer wackeligen Hütte neben dem Anwesen von Familie Follenius und am Rande der Bock'schen Gesellschaft in Dutzow. Es war die Gegend, in der Gottfried Duden kurze Zeit gelebt hatte, der sie mehr oder minder alle verführt hatte mit seinen paradiesischen Beschreibungen.

Die Gründe für das Scheitern

In der Tat, ein großartiges, utopisches Projekt, nämlich die erste Deutsche Republik, war bereits im Ansatz gestorben, trotz all der Qualen und Opfer, die die Gießener Auswanderergesellschaft dafür erleiden musste. Es bleibt die Frage, warum dieser Versuch, in damaliger Zeit einen deutschen Staat in der neuen Welt zu etablieren, so kläglich scheitern musste, nachdem die Ausführung des Projektes den Initiatoren doch zu Beginn während der Planung in Gießen durchaus möglich, ja „nicht allzuschwer" erschienen war.[73]

Die Ursachen sind auf zwei Ebenen zu suchen. Da sind einmal die zufälligen, verhängnisvollen Ereignisse, für die die Auswanderer nicht verantwortlich waren, wie das Wüten der Cholera in den Regionen am Mississippi im Frühjahr 1834 und auch der Zwangsaufenthalt der zweiten Gruppe auf der Weserinsel Harriersand.

Zum anderen haben gerade die Verantwortlichen des Projektes einige Fehler bei sich selbst ausgemacht. Friedrich Münch spricht rückblickend selbstkritisch von Fehlern, die vielleicht vermeidbar gewesen wären. So hatten sich die Gießener Auswanderer gutgläubig auf trügerische Quellen verlassen. Münch schreibt resümierend: „Nach den von [Gottfried] Duden gegebenen Schilderungen hatten wir uns die Sache einigermaßen anders gedacht."[74] Das idealistische Gemälde, das der Vorgänger von dieser Region gemalt hatte, stimmte mit der Realität nicht überein. Innerhalb eines Jahrzehnts mochte sich da auch manches verändert haben. Weder in Missouri noch in Illinois oder Arkansas waren noch große Siedlungsräume für eine gemeinsame, abgeschlossene Kolonie vorhanden.

Eine solche Enklave, die deutsch hätte bleiben wollen, ohne amerikanisch zu werden, wäre ohnehin unrealistisch gewesen. Auch wenn es in den USA hier und da ethnische Enklaven gibt, so leben sie doch zumeist amerikanisch, sprechen englisch und hissen das Sternenbanner.

```
Henne, Norbert
- Medora
50,m,farmer
Obingen

Henne, Rosalie
- Medora
21,f,none
Obingen

Henne, Sophie
- Medora
10,f,none
Obingen

Henne, Theodor
- Medora
11,m,farmer
Obingen

Henne, Wenzel
- Medora
49,m,farmer
Obingen
```

nature of our fellow countrymen".[75] Here the Hessian pastor is alluding to the unshakeable solidarity of many religious communities which were closed to immigrants and long remained together, some even until the present. The largely autonomous settlements of the Amish come to mind.

The Giessen emigrants were held together only through their hate of the conditions in absolutist Germany and through their hope for a more humane and politically free life. That was obviously not a very sturdy bond. "Exactly the societies based (solely) on liberal principles were the ones that dissolved the fastest". Muench recognizes that "German liberalism alone grants no such [cohesion] of which one may be sure".[76]

Muench and Follenius were excellent persuasive speakers but they were no sect leaders. In addition, only a third of the travelers at most subscribed to the actual idea of the project.[77] There were likely more in the first

Spätestens seit der Rückkehr der Emissionäre mussten die Auswanderer wissen, dass Arkansas ohnehin eine schlechte Wahl war.

„Mit grünen Deutschen" ließe sich, so schreibt Münch später, „überhaupt in der vorgesetzten Weise keine Colonie in Amerika gründen. Ein [Johann Georg] Rapp konnte durch religiösen Wahn seine Leute hier zusammenhalten, – unsere freisinnigen Ideen waren nicht mächtig genug gegenüber den individuellen Interessen und der rechthaberischen Natur unserer Landsleute".[75] Hier spielt der hessische Pfarrer auf den unerschütterlichen Zusammenhalt mancher Religionsgemeinschaften an, die geschlossen eingewandert waren und noch lange (manche bis heute) zusammenblieben. Man denke etwa an die weitgehend autonomen Siedlungen der Amish-Brüder.

Die Gießener Auswanderer wurden nur durch ihren Hass auf die Verhältnisse im absolutistischen Deutschland und die Hoffnung auf ein menschlicheres und politisch freieres Leben zusammengehalten. Das war offenbar kein sehr fester ideologischer Kitt. „Gerade die (nur) auf liberalen Grundsätzen beruhenden Gesellschaften haben sich am schnellsten aufgelöst." Münch bekennt: „Deutscher Liberalismus allein gewährt kein solches [Bindemittel], dessen sei jeder versichert".[76]

Münch und Follenius waren hervorragende, überzeugende Redner, aber charismatische Sektenführer waren sie nicht. Dazu kommt, dass höchstens ein Drittel aller Mitreisenden zu den eigentlichen Ideenträgern des Projektes gehörte.[77] In der ersten Abteilung waren es vermutlich mehr, denn mit Follenius wanderten auch Menschen aus dem Umfeld des gescheiterten Frankfurter Wachensturms von 1833 mit ihren Familien aus, unter ihnen der Pestalozzi-Pädagoge Georg Bunsen, Bruder des berühmten Wissenschaftlers Robert Bunsen.[78]

Zudem stellte Münch fest, dass die Deutschen ein gespaltenes Verhältnis zu Führerfiguren hätten: „Hier [in Amerika], wo Jeder bald merkt, dass er sich selbst helfen muß, mag keiner gerne irgend eine Art von Leitung oder Beschränkung sich gefallen lassen, besonders, wenn er gerade soeben dem Zustande der Bevormundung entgangen und noch unerfahren ist im republikanischen Takte". „Es war ferner unpraktisch, bereits in Deutschland eine Art von Freistaat zu stiften, der fix und fertig eben nur auf den Boden der neuen Welt versetzt werden sollte. Frische Europäer eignen sich überhaupt zum Pionierleben nicht

besonders; mit der raschen und massenhaften Ansiedlung in der Wildniß geht es gar nicht [...] und endlich wäre in keinem Theile dieses Landes der Gedanke eines ganz deutschen Freistaates aufführbar gewesen."

„Außerdem leisten die Deutschen immer einzeln mehr als in gemeinsamen Unternehmungen indem sie zu leicht und gerne sich zersplittern und Dem misstrauen, der die Rolle des Führers übernimmt."[79]

Vom Versagen der Führung des Projektes spricht auch Friedrich Gleich, der Herausgeber der „Briefe deutscher Auswanderer": „So endete ein Unternehmen, welches manches hohe Gefühl erweckt, manche schöne Idee aufblitzen gemacht hatte, welches aber ohne Kenntniß des Landes, Volkes und der Verhältnisse begonnen, vollends an der Unfähigkeit der Männer scheiterte, welche zu seiner Ausführung an der Spitze standen."[80]

Dennoch hielt Friedrich Münch die Idee des gesamten Projektes für durchführbar, wenn man mit einer besseren Planung und Kenntnis der amerikanischen Verhältnisse und mit einer besseren Zusammensetzung der Gesellschaft an die Sache herangegangen wäre: „Unsere Sache ist der Form nach, wie wir sie auszuführen gedachten, gescheitert, nicht aber dem Wesen nach verloren. Ersteres war unvermeidlich, weil die hiesigen Verhältnisse durchaus zuwider sind (hier steht jedem die freieste Auswahl offen, nach Lust und Meinung, und als lästiger Zwang erscheint jede Anstalt eines geflissentlichen Zusammenhaltens). Ausführbar halte ich noch jetzt unsere Unternehmung, aber nur mit viel sorgfältig erlesenen Menschen; die Vortheile gemeinsamer Ansiedelung würden nicht ausbleiben, wenngleich erst später eintreten."[81]

Gert Göbel, Sohn des David Göbel, der als junger Mann von 18 Jahren die Fahrt der „Medora", das Zerplatzen der Gesellschaft und den mühsamen Neubeginn seiner Familie in der Wildnis südlich des Missouri erlebte, kam später rückblickend zu ähnlichen Schlussfolgerungen. Für ihn lag die Hauptursache für das Scheitern auch bereits in der heterogenen Zusammensetzung der Gesellschaft. „Wenn bei einem gemeinschaftlichen Unternehmen dieser Art das gegenseitige Vertrauen fehlt, so ist kein Gedeihen recht denkbar, und die zusammengewürfelten Elemente dieser Gesellschaft waren eben der Art, dass sie sich

division, as quite a number of fleeing rebels and their families were to have emigrated with Follenius after the failed attack on the Frankfurt Guardhouse in 1833; amongst them George Bunsen, a Pestalozzi pedagogue and brother of the famous scientist Robert Bunsen.[78]

Furthermore Muench determined that Germans have a divided relationship to leaders: "Here [in America], where everyone knows that you have to help yourself, no one is likely to put up with any kind of leadership or limitation, especially in the situation of paternalism, and still inexperienced with republican tact". "It was furthermore impractical to institute a new kind of free state in Germany then simply move it overseas onto the soil of the new world. Fresh Europeans are not particularly suited to the pioneer life; a swift settlement in the wilderness on a massive scale just does not work ... and in the end the notion of a completely German free state would not have been feasible in any part of this land". "Additionally, the Germans always accomplish more "individually" as in collective enterprises, in that they split up too easily and gladly and mistrust whoever takes up the role as leader".[79]

Herculess, A
- Olbers
3,m,none

Herculess, E
- Olbers
8,f,none

Herculess, F
- Olbers
64,m,farmer

Herculess, M
- Olbers
40,f,none

Herculess, S
- Olbers
6,f,none

Nummer.	Name und Heimaths-Ort des Flüchtigen.	Stand desselben.	Grund der Anschuldigung.	Zeitpunct der Entweichung.	Muthmaßlicher jetziger Aufenthalt.	Signalement.	Gericht, bei welchem die Untersuchung anhängig, und an welches der Flüchtling im Fall seiner Verhaftung abzuliefern wäre.	Tag, an welchem der Steckbrief oder die öffentliche Vorladung erlassen worden.
16	Breidenstein, Friedrich, aus Homburg.	Rechtscandidat.	Theilnahme an dem revolutionären Angriffe auf die Kurfürstlich-Hessische Zollstätte zu Preungesheim am 3. April 1833, so wie an den revolutionären Umtriebe in Gießen.	April 1833.	Frankreich oder Schweiz.	Größe: höchstens 6 Fuß 2 Zoll neuen Gr. Heß. Maaßes; Haare: hellblond, ungelockt; Stirn: niedrig; Augenbraunen: blond; Augen: blaugrau; Blick: finster; Nase: etwas dick und stumpf; Mund: gewöhnlich; Kinn: rund; Bart: röthlich; Gesichtsfarbe: bleich; Gesichtsform: oval und vollkommen; Statur: mehr schwächlich als stark. Zeichen: Eine Hiebnarbe auf der Nase und auf der rechten Hand.	Großherzoglich-Hessische Untersuchungscommission zu Friedberg.	22. Juli 1833.
17	Brücher, Wilhelm, aus Lengfeld im Großherzogthum Hessen.	Barbiergeselle.	Theilnahme an einem Complotte zur Befreiung politischer Gefangenen, und an dem revolutionären Männerbunde.	2. Mai 1834.	Frankreich.	Alter: 18 Jahre; Statur: schlank; Haare und Augenbraunen: blond; Augen: grau; Nase: spitz; Mund: gewöhnlich; Kinn: rund; Gesichtsform: schmal; Gesichtsfarbe: gesund.	Peinliches Verhöramt der freien Stadt Frankfurt.	2. Mai 1835.
18	Büchner, Georg, aus Darmstadt.	Stud. med.	Abfassung und Verbreitung revolutionärer Schriften.	Frühjahr 1835.	Schweiz.	Alter: 21 Jahre; Größe: 6 Fuß 9 Zoll neuen Heß. Maaßes; Haare: blond; Augen: grau; Nase: stark; Mund: klein; Bart: blond; Kinn: rund; Angesicht: oval; Gesichtsfarbe: frisch; Statur: kräftig, schlank. Besondere Kennzeichen: Ist kurzsichtig.	Großherzogl. Hessisches Hofgericht in Gießen.	13. Juni 1835.
19	Bunsen, Gustav, aus Frankfurt am Main.	Dr. med.	Theilnahme an der Frankfurter Meuterei vom 3. April 1833.	4. April 1833.	Nordamerika.	Alter: 28 Jahre; Größe: 5 Fuß 3 Zoll; Haare: schwarz; Stirn: etwas bedeckt; Augenbraunen: schwarz; Augen: schwarzbraun; Nase: gebogen, mehr als mittelmäßig groß; Mund: gewöhnlich; Bart: schwarz und stark; Kinn: breit und etwas gespalten; Gesicht: oval; Gesichtsfarbe: gebräunte; Statur: untersetzt.	Peinliches Verhöramt der freien Stadt Frankfurt.	9. April 1833.
20	Caffebeer, Wilhelm, aus Bergen in Kurhessen.	Dr. med. und Amts-Wundarzt.	Aufruhrstiftung.	Januar 1832.	Saargemünd in Frankreich.	Alter: 44 Jahre; Größe: 5 Fuß 7 Zoll; Haare: blond und dünne; Stirn: frei; Augenbraunen: blond; Augen: bläulich; Nase: länglich; Mund: mittel; Zähne: fehlerhaft; Kinn: spitz; Bart: blond; Gesichtsfarbe: blaß und kränklich; Gesicht: oval; Statur: schlank.	Kurfürstlich-Hessisches Justizamt Bergen.	2. März 1832.
21	Clauffing, Ludwig, aus Unteröwisheim.	Stud. cam. aus Heidelberg.	Theilnahme an der Heidelberger Burschenschaft und nächster Versuch eines Mordes.	24. Mai 1833.	England.	Alter: 23 Jahre; Größe: 5 Fuß 2 Zoll; Statur: klein und untersetzt; Haare: schwarzbraun; Stirn: hoch; Augen: braun; Nase: spitz; Mund: klein; Zähne: gut; Gesichtsfarbe: bräunlich, gelb.	Großherzogl. Badisches Universitätsamt in Heidelberg.	25. Mai 1833.
22	Courturier, Friedrich, aus Homburg.	Schönfärber.	Theilnahme an einem Complotte zur Befreiung des Correctionssträflings Dr. Wirth in Rheinbayern.	April 1834.	Amerika.	Alter: 29 Jahre; Größe: 6 Fuß; Haare: schwarz; Stirn: hohe; Backenbart: schwarz; Augen und Augenbraunen: schwarzbraun; Nase: spitz; Gesicht: länglich.	K. Bayer. Appellationsgericht in Zweybrücken.	27. April 1834.

Eine deutsche Farm in Missouri.

Herculess, T.
– Olbers
4, f, none

Hess, H.
– Olbers
3, m, none

Hess, H.
– Olbers
58, m, farmer

Hess, L.
– Olbers
22, m, farmer

Hess, L.
– Olbers
27, m, farmer

Friedrich Münchs Farm, ca. 1859 //
Friedrich Muench farm, ca. 1859

Even Friedrich Gleich, the publisher of "Letters from German Emigrants" (Briefe deutscher Auswanderer), speaks about a failure of leadership: "And thus ended an enterprise which had awoken many lofty feelings, had made many beautiful ideas flash through the mind, had begun, however, without knowledge of the land, people, or conditions, completely failed because of the incapability of the men who were heading its execution."[80]

However Friedrich Muench believed the project to be nevertheless feasible were they to approach the matter with better planning and knowledge of the American situation and a better composition of the society: "The matter concerns the form, how we originally foresaw its execution had failed, but the essence was not lost. The former was unavoidable because the local conditions are completely abhorrent (here the freest choice stands open to everyone, according to inclination or opinion, and every institution of a deliberate cohesion seems a cumbersome restraint). I nevertheless consider our undertaking feasible, but only with many carefully elected people; the advantages of a collected settlement would not fail to appear, although they may only become apparent later".[81]

Gert Goebel, son of David Goebel, came to similar conclusions in retrospect, after having experienced with 18 years the voyage of the "Medora", the dissolution of the Society, and his family's strenuous new start in the wilderness south of Missouri. For him, the main cause of failure was also the heterogeneous composition of the society. "If mutual trust is missing in such a social undertaking as this one, success is hardly imaginable, and the motley elements of the society were of such a kind that they simply could not assimilate ... A colony whose members represent such heterogeneous elements cannot have any vitality".[82] Goebel suspected that the educated would have stayed together and gradually built new elite.

Successes and Failures of the Settlement

The interests and successes of the Giessen Emigration Society were in fact quite varied. Whoever came with industriousness and a trade, such as Johann Dressel, a blacksmith from Coburg, or Jonathan Kunze, a carpenter from Altenburg[83], was soon doing well and was in high demand. Whoever had plowed the fields and fed the livestock in Hesse, Bavaria, or Saxony knew how to put in a bit of elbow grease and build up a successful farm – like the Becker family from Nieder-Gemünden.

The academics had it more difficult for they were used to working at a writing desk. The attempt made by scholars, theologians, jurists, or authors to build a farm in the wilderness occasionally had absurd or tragic consequences or simply ended in suicide or a return to Europe.[84]

Even the Missouri enthusiast Gottfried Duden was one such case. He had never in his life chopped down a tree or slaughtered a pig, rather paid workers to do this. He also never returned to America.

"Latin Farmers" was the name the residents gave these new settlers, who were certainly educated, yet ignorant, and incapable of hard manual labor.

Life in the Backwoods

Friedrich Muench belonged to the small group of those who, with time, managed to perform the balancing act between the hard work of a backwoods farmer and the cerebral work at

nicht aneinander assimilieren konnten [...] Eine Colonie, bei deren Mitgliedern die heterogensten Elemente vertreten sind, kann keine Lebenskraft haben".[82] Göbel vermutete, dass die Gebildeten unter sich geblieben wären und mit der Zeit eine neue Elite gebildet hätten.

Erfolge und Misserfolge der Ansiedlung

Tatsächlich waren die Interessen und Erfolge der Gießener Auswanderer sehr unterschiedlich. Wer mit einem handwerklichen Beruf und Fleiß wie der Schmied Johann Dressel aus Coburg oder der Tischler Jonathan Kunze aus Altenburg[83] kam, war auch am Missouri bald ein gefragter, gut verdienender Mann. Wer in Hessen, Bayern oder Sachsen das Feld gepflügt und das Vieh gefüttert hatte, der wusste auch in den Backwoods zuzupacken und eine erfolgreiche Farm aufzubauen – wie die Familie Becker aus Nieder-Gemünden.

Schwerer hatten es die Akademiker, die gewohnt waren, am Schreibtisch zu arbeiten. Der Versuch von Geisteswissenschaftlern, Theologen, Juristen, Schriftstellern in der Wildnis eine Farm aufzubauen, trug mitunter absurde oder tragische Züge oder endete gar im Selbstmord oder der Rückkehr nach Europa.[84]

Auch der Missouri-Enthusiast Gottfried Duden war ein solcher. Er selbst hatte nie einen Baum gefällt oder ein Schwein geschlachtet, sondern bezahlte dafür Arbeitskräfte. Er ist auch nie wieder nach Amerika zurückgekehrt.

Die Amerikaner nannten diese zwar gebildeten, aber unkundigen und zur schweren Handarbeit unfähigen Neusiedler „Latin Farmer".

Leben in den Backwoods

Zu den wenigen, die mit der Zeit den Spagat zwischen der harten Arbeit als Backwood-Farmer und einer geistigen Betätigung am Schreibtisch schafften, gehörte Friedrich Münch. Er baute eigenhändig (später mit Hilfe seiner Söhne) eine stattliche Farm auf, fällte Bäume, bestellte den Acker, hielt Vieh und beschäftigte sich intensiv mit dem Weinbau. Quasi so nebenbei schaffte er es im Laufe der Jahre, als Schriftsteller, Pädagoge, Philosoph, Journalist und Politiker Anerkennung zu

the writing desk. He built a stately farm with his own hands (and later with the help of his sons), chopped down trees, tilled the land, kept livestock and busied himself with viticulture. And besides all this he managed to gain recognition over the years as an author, teacher, philosopher, journalist, and politician. At his side his wife Louise lived the hard life of a "frontier woman" who awoke daily before her family and went to bed after the last of them did, around midnight. She took care of the food, the animals, the laundry, the garden, and helped in the field. It was a shattering blow for the family when the youngest, Richard, died of his sickness shortly after they settled in Lake Creek.

The first months in the wintery wilderness brought bitter hardships. Everything was lacking: foodstuffs, furniture, warm clothing. Appliances and tools had to be borrowed and basic foods bought at expensive prices.

And Friedrich Muench himself relates:

"I was raised in the country and in no way inept, rather I knew how to use many tools and equipment. Yet the local way of learning how to fell trees had to be learned first, and that we did not know the local tree species, and you also have to know what each is good for, which one splits, which ones are lasting and which not, and so

In den Wäldern am Lake Creek, Missouri //
In the woods at Lake Creek, Missouri

„...wenn es nachts stürmte und schneite, [war] des Morgens
der Schnee auf meiner Decke zu sehen."[86]
Pauline Muench Busch
//
"... when it stormed and snowed at night, in the morning
[was] to see the snow on my bedcover."[86]
Pauline Muench Busch

Paul Follenius Farm

there were many misjudgments and much effort expended in vain. Nevertheless I learned how to yield the ax, learnt plowing, sowing, reaping, learned how to perform everything that was necessary to build a house myself, later learned fruit, hemp, tobacco, hop, and wine production, so that nothing in the local agriculture could be foreign to me."[86]

None of the Giessen emigrants had expected such a magnitude of work. Now they noticed that reality did not match up with Duden's portrayal. There was no time for free time activities, writing letters, or reading and visiting with neighbors. Muench writes: "There were always so many necessary things to do that we hardly had any leisure hours on rainy days or Sundays and many evenings my limbs were so tired that I could hardly bring the fork to my mouth, or my head sank to the table as I fell into slumber. During the harvest I often had to change my sweat-drenched clothes 2 or 3 times a day while my head truly burned with the constant swishing in my ear. The cause of all this lay par-

finden. Seine Frau Luise erlebte an seiner Seite das harte Leben einer „Frontier-Woman", die täglich vor ihrer Familie aufstand und um Mitternacht als Letzte zu Bett ging. Sie kümmerte sich um das Essen, die Kinder, die Tiere, die Wäsche, den Garten und half auf dem Feld. Es war ein schwerer Schlag für die Familie, als der Jüngste, Richard, kurze Zeit nach der Ansiedlung am Lake Creek an seiner Krankheit starb.

Die ersten Monate in der winterlichen Wildnis brachten für die Familie bittere Entbehrungen. Es fehlte an allem: an Lebensmitteln, Möbeln und warmer Kleidung. Geräte und Werkzeug mussten geliehen und die Grundnahrungsmittel teuer bezahlt werden.

Friedrich Münch berichtet selbst: „Ich war auf dem Lande erzogen und in keinem Stücke unanstellig, wusste vielmehr mit mancherlei Handwerksgeräthen umzugehen. Doch musste die hiesige Art des Baumfällens erst gelernt werden, und das wir die hiesigen Baumarten nicht kannten, und man doch wissen muß, wozu jede gut ist, welche spaltet, welche dauernd ist und welche nicht, so wurden natürlich mancherlei Mißgriffe gemacht und manche Mühe wurde nutzlos aufgewandt. Doch lernte ich bald die hiesige Axt führen, lernte pflügen, säen, mähen, lernte alles selbst verrichten, was zur Erbauung unseres Hauses erforderlich ist, lernte Schweine schlachten und Würste machen, lernte später auch Obst-, Hanf-, Tabaks-, Hopfen- und Weinbau, so dass

tially in being unaccustomed to the work, partially in the fact that we still did not know the benefit in the work, and that we wanted to have everything neater, more orderly, and tidier than our American neighbors who exerted themselves much less, especially as they mostly kept slaves. We had to later give up doing things as we would in our homeland, while the labor we used to employ in the old world for many things is still too expensive.[87]

The difficult life in the backwoods was further exacerbated by the isolation of the farms themselves. Most settlers lived very far from each other. They found themselves entirely alone and had to provide themselves with everything. Any mutual cooperation had to be organized well in advance. The emigrants' contact to one another was mostly sparse and sporadic, medical care inadequate and toilsome. There were settlers who suffered emotional breakdowns from the solitude.

Paul Follenius

Even the educated and idealistic leaders of the Giessen Emigration Society, those who, for the most part, developed and pushed the whole project forward, collapsed in the face of the American reality.

„.... ein Fenster war nicht im Hause, wohl aber statt der Thüren zwei Öffnungen, die mit alten Decken verhängt waren..."
(Gert Göbel, Länger als ein Menschenleben in Missouri, 1877)
//
"... a window was not in the house, but two openings instead of doors that were covered with old blankets ..."
(Gert Goebel, Longer than a Man's Lifetime in Missouri, 1877)

nichts, was in der hiesigen Landwirthschaft vorkommen kann, mir fremd blieb."[86]

Keiner der Gießener Auswanderer hatte ein solches Ausmaß an Arbeit erwartet. Für Freizeitbeschäftigungen, Briefe schreiben, Lektüre und Besuche bei Nachbarn war keine Zeit. Münch schreibt: „Wir fanden des Nothwendigen so viel zu thun, dass wir kaum an Sonn- und Regentagen einige Freistunden uns gönnen durften und an manchen Abenden waren die Glieder so müde, dass ich kaum noch die Gabel zum Munde führen konnte, oder auch der Kopf in Schlummer auf den Tisch sank. In der Erntezeit musste ich oft die Kleider, die von Schweiß triefen, 2 bis 3 Mal des Tages wechseln, während das Gehirn wahrhaft glühte mit beständigem Sausen in den Ohren. Die Ursache lag theils in dem Ungewohnten dieser Arbeiten, theils darin, dass wir noch nicht alle Vortheile in der Arbeit kannten, und dass wir alles netter, geordneter und reinlicher haben wollten als unsere amerikanischen Nachbarn, die sich weit weniger abmühten, zumal da sie meistens Sclaven hielten. Wir mussten später es aufgeben, Alles nach heimathlichen Geschmack einzurichten, indem doch hier die Arbeitskraft für Vieles, worauf man sie in der alten Welt verwendet, jetzt noch zu theuer ist."[87]

Das Leben in den Backwoods wurde zusätzlich erschwert durch die Isolation der Farmen. Die meisten Siedler lebten weit voneinander entfernt. Sie waren auf sich allein gestellt und mussten sich mit allem selbst versorgen. Eine gegenseitige Hilfe musste lange im Voraus verabredet werden. Die Kontakte der Einwanderer untereinander waren zumeist spärlich und sporadisch, die ärztliche Versorgung mühsam und unzureichend. Es gab Siedler, die an der Einsamkeit seelisch zerbrachen.

Paul Follenius

Gerade die gebildeten und idealistischen Köpfe der Gießener Auswanderergesellschaft, die maßgeblich das ganze Projekt entwickelt und vorangebracht hatten, waren mitunter diejenigen, die an der amerikanischen Realität scheiterten.

Ein Beispiel hierfür war das unglückliche Schicksal des Paul Follenius, der ausdrücklich nicht ausgewandert war, um amerikanischer Farmer zu werden, sondern um ein deutscher Mann des Geistes zu bleiben – in einem neuen Deutschland.

//

Muench's daughter Pauline experienced the emigration when she was only seven years old and later recalled these months of her childhood:

"Father bought a farm, there was only a small field there and a log house to live in, and everything else was forest. There were no close neighbors, to obtain anything was difficult. The wilderness was still so copious that you could hear the wolves howling in the evening. We children were really frightened then. How difficult the beginning must have been for my parents who had lived completely differently in Germany. Yet my father's iron willpower and stamina and my mother's constant industriousness allowed them to pull through those first very hard years. Every convenience was lacking back then. Any sustenance was expensive, of poor quality, and then hardly to be found. As we arrived on the farm in fall, we could therefore find few provisions. We could only acquire water with difficulty; it had to be carried up a long hill from a spring. How very many buckets I had to drag up from there in the coming years, I worked anyhow very hard in my younger years but I was healthy and happy to do it, because I knew it had to be that way. We received very little help from strangers in the earlier years, father's resources did not allow for it, it seemed we only spent money and no money ever came in. Father made money in any way he could ... every two weeks he would give a sermon in a vacant cabin not far from us. And in this way the years receded and with time much became better and different, but only with the greatest thriftiness or otherwise we wouldn't have been able to survive. We took whatever sustenance we could from the land; father grew some tobacco and brought part of it to the store to trade for some pieces of clothing. We made our own summer shoes, nothing even spent on hats ... now hardly anyone believes this but it all worked."[85]

Friedrich Münchs Tochter Pauline erlebte die Auswanderung als Siebenjährige und sie erinnerte sich später an diese
Monate ihrer Kindheit:

„Vater kaufte eine Farm, es war aber nur ein kleines Feld da
und ein Loghaus [Blockhaus] zur Wohnung, das übrige war
alles Wald. Nahe Nachbarn gab es nicht, da war dann alles
gar beschwerlich, was zum Leben herbeigeschafft werden
mußte. Die Wildniß war noch so groß, daß man des Abends
die Wölfe heulen hören konnte. Wir Kinder fürchteten uns
dann sehr. Wie schwer mag der Anfang damals gewesen sein
für meine Ältern, die es doch in Deutschland ganz anders
gewohnt waren. Doch des Vaters eiserne Willenkraft und
Ausdauer und der Mutter steter Fleiß von früh bis spät, ließ
sie über die ersten sehr harten Jahre hinkommen. Es fehlte
damals an jeder Bequemlichkeit fürs Leben. Alle Mittel zum
Lebensunterhalt waren theuer und schlecht und dann noch
kaum zu haben. Da wir im Herbst auf der Farm ankamen, so
konnte auch für den Winter wenig mehr vorgesorgt werden.
Das Wasser hatten wir auch beschwerlich, es mußte aus
einer Quelle einen langen Hügel hinaufgetragen werden.
Wie viele, viele Eimer wohl habe ich in den kommenden
Jahren da heraufgeschleppt, habe überhaupt sehr hart
gearbeitet, in meinen jungen Jahren, aber ich war gesund
und auch glücklich dabei, denn ich wusste, daß es sein
musste. Fremde Hilfe haben wir in den früheren Jahren
wenig gehabt, das erlaubten des Vaters Mittel nicht; das war
nur immer Geld ausgeben und keine Gelegenheit, um auch
was einzunehmen. Vater half sich auf jede Art, etwas zu
verdienen [...]. Alle zwei Wochen predigte er in einem leer-
stehenden Loghaus, nicht weit von uns. Es waren ziemlich
viele deutsche Familien in unsere Gegend gekommen [...]. So
schwanden die Jahre, mit der Zeit wurde vieles anders und
besser, aber immer mit der größten Sparsamkeit wurde gelebt, sonst hätten (wir) [...] doch nicht bestehen können. Wir
zogen auf dem Lande unseren Lebensunterhalt, der Vater
zog auch etwas Tabak, den er zum Theil zum Stohr [store]
brachte, um Kleidungsstücke dafür einzutauschen. Unsere
Sommerschuhe machten wir selbst, auch für Hüte wurde
nichts ausgegeben [...]. Jetzt glaubt einem das doch beinahe
Niemand, aber es ging alles."[85]

Die Wage.

Herausgegeben von Paul Follenius.　　　Gedruckt bei Wilhelm Weber.

Donnerstag den 30. Mai 1844　　St. Louis, Mo.　　Nummer 1.

Der Redacteur der "Wage" an das teutsche Publicum.

Ich lege Dir, werthes Publicum, hiermit die "Wage" vor, bittend, Dich ihrer zu bedienen. Je stärkeren Gebrauch Du davon machen wirst, desto besser und erfreulicher, desto mehr Aufforderung und Sporn für mich, Dir nach bestem Vermögen ihren Gebrauch nützlich und erforderlich zu machen.

Ich gedenke mit Dir, geehrtes Publicum, ehrlichen Handel einzugehen, den ich an meinem Theile unverbrüchlich festhalten werde. Daher erlaube mir, Dir vor allen Dingen kürzlich zu sagen, was Du von dem Blatte zu erwarten und was Du darin nicht zu suchen hast, auch sei so großmüthig meine Forderungen an Dich zu vernehmen.

Du weißt es — denn was bliebe dem Publicum auf die Dauer verborgen? — daß eine Ankündigung dieses Blattes auf eigenen Füßen vor Wochen schon die Reise durch's Land gemacht und als Vorreiter Dir verkündigt hat, daß diese "Wage" ihr nachgeritten kommen und was sie Dir bringen werde. In dieser Ankündigung hat der Unternehmer sich über Zweck, Farbe und Dauer des Blatts bereits ausgesprochen. Ließe sich annehmen, daß jene Ankündigung in die Hände aller künftigen Abnehmer gelangt sei, so wäre eine Wiederholung hier überflüssig. Wenn Du also, geehrtes Publicum, an jenen [...] chen Inhalte jener Ankündigung stoßen solltest, so wisse, daß dies für Solche, die sie noch nicht gelesen ist, bestimmt ist, und denke dabei nichts Arges, namentlich nicht, daß es der Redaction an anderm Stoffe zur Füllung der Spalten fehle. Denn wehe mir und Dir, wenn jetzt schon die Nothwendigkeit einträte, entweder leere Blätter zu liefern, oder, was noch schlimmer, sie mit solchen Verlegenheitsaushelfern zu füllen, als da sind: Wiederholung der Zeitungsbedingungen, schale Schwänke und vergriffne Anecdoten, Auszüge aus schlechten Romanen, Gespenstergeschichten u. dgl. mehr. Die Wiederholung des Hauptinhaltes der Ankündigung hat also nur den Zweck, dem gesammten Publicum des Blatts Kenntniß zu geben von dessen Beschaffenheit, um gegenseitigem Mißverständniß, welches zwischen Dir und mir Gott verhüten wolle, vorzubeugen.

Obschon es keineswegs in meiner Absicht liegt, Unterhaltung anderer Gegenstände allgemeinen Interesses von diesem Blatte entfernt zu halten, ich vielmehr bei liberaler Unterstützung von Seiten des Publicums hoffentlich im Stande sein werde, den Kreis der Unterhaltung zwischen uns auszudehnen, so wird doch, zumal für die erste Zeit, Politik Hauptinhalt und Gegenstand der Verhandlung dieses Blatts sein, hauptsächlich Besprechung dessen, was in unserer Union Wichtiges vorgeht, gethan und nicht gethan wird und was zu thun und zu lassen sein dürfte. Als ununbeschränkter und unabhängiger Eigenthümer und Redakteur werde ich mir herausnehmen, mein Urtheil überall offen, ohne diplomatische Umschweife und frei von der Absicht auf Fischfang im Trüben, auszusprechen. Hat meine Art zu räsoniren Deinen Beifall, um sagen Dir meine Urtheile ihrer Gründe halber zu, so haben wir die Freude, und, wie es denkenden Menschen ziemt, verständig zu haben; wo nicht, so gebe ich Veranlassung meine Ansichten zu bekämpfen, zu widerlegen, und auch das wird gut sein, weil der lebendige Austausch der Meinungen ein frisches Leben fördern und zur Auffindung der Wahrheit führt. Überall ist hier Dein und mein Vortheil gemeint.

Um aber gewissenhaft zu verfahren, kann ich Dir, mein verehrtes Publicum, nicht verschweigen, daß die Redaction der "Wage" es im Schilde führt, in ziemlicher Rücksicht von der Weise mancher andern Blätter hiesigen Landes abzuweichen.

Erstlich wird die "Wage," obschon unbeugsam auf Seiten der Demokratie, nie die Stärke und das Fundament der Partei in denjenigen Personen suchen, welche, zeitweilig für die Hauptstützer und Leiter derselben gelten, wie vortrefflich diese Männer auch sein mögen. Denn die Sache der Demokratie ist an sich trefflich und werthvoll, ihre wahre Stärke gründet sich in der menschlichen Vernunft, nicht in der zufälligen und wandelbaren Unterstützung einzelner Männer. Ihr eignes Licht überhebt sie der Nothwendigkeit erborgten Glanzes von Außen. Deshalb wird die "Wage," obschon zuverlässige und ausdauernde Freundin aller wahren Democraten, sich nie herabwürdigen, solche Personen zu unterstützen, deren democratische Bekenntnisse nur der Deckmantel selbstsüchtiger Pläne sind.

Zweitens wird die "Wage," wie die Praxis des reellen Gegner, außer, wo die Sache es nothwendig fordert, antasten, da selbst [...] stützt. Die hier zu übliche Sitte, den schlechten Character der Männer der eignen Partei auf Unkosten der Wahrheit herauszureden, den unbescholtenen Character des Gegners ohne Grund und Beweis zu begeifern und zu beschmutzen, hinter jeder Handlung und Handlung einen schlechten Beweggrund zu suchen und sich kein Gewissen daraus zu machen, den bloß politischen Feind durch Verdächtigung seines menschlichen Werthes zu vernichten — diese hier nur zu übliche Sitte oder Unsitte wird die "Wage" nicht annehmen, und zwar aus Selbstachtung, Achtung der menschlichen Würde der Gegner und auch Achtung vor dem bessern Urtheile des deutschen Publicums.

Drittens wird die Redaction der "Wage" über Dinge, die sie selber nicht hinlänglich versteht, in der hier häufig vorkommenden oberflächlichen Weise zu aburtheilen. Es giebt gar Manches unter dem Monde, auch im Felde der Politik und des öffentlichen Lebens überhaupt, was nicht Jeder, also auch nicht jede Zeitungsredaction, also auch nicht die "Wage," versteht. Oft fehlt es an erforderlichen Kenntnissen, an Talent, oder an einer Stellung im öffentlichen Leben, welche übersichtliche Erkenntniß des zu beurtheilenden Gegenstands verstattet. Da also, wo die Redaction eigner Einsicht ermangelt und Andere sonach durch Gründe nicht überzeugen kann, wird sie nie zu überreden versuchen.

Im Uebrigen, hochgeschätztes Publicum, nimm die "Wage" mit Nachsicht auf und beurtheile sie mit christlicher Schonung! Du siehst, sie ist ein kleines Blatt und kostet nur wöchentlich Einmal. Darum kann sie nicht Alles, nicht einmal sehr viel, nur das Nothwendige und Wesentliche abhandeln, was in der Politik interessant ist. Ueberdieß muß sie, nach dem alten Sprichworte: "Jeder fege zuerst vor seiner Thür," besonders von Anfang an sich viel mit den speciellen Angelegenheiten des Missouristaats beschäftigen und zwar öfter in einer gewiß nicht allen Lesern zusagenden Weise, was Du aber nicht mir, sondern den Verhältnissen zur Last setzen wirst. Denn was Politik anlangt, so ist unser hiesiges teutsches Publikum aus gar verschiednen Elementen zusammengesetzt. Viele darunter sind lange im Lande, haben sich mit allen öffentlichen Verhältnissen bekannt gemacht und Zeit und Gelegenheit gehabt, sich über das Meiste aufzuklären. Andere sind erst kurze Zeit hier, haben mit ihren häuslichen und sonstigen Privatverhältnissen noch zuviel zu schaffen gehabt, um sich im öffentlichen Leben umsehen zu können. Letztern ist also Vieles unbekannt, und hier mitzutheilen, was bei den Erstern zu bekannten Dingen gehört und dessen Wiederholung ihnen vielleicht langweilig ist. Der gerechte und billige Leser wird also das Schwierige der Aufgabe der "Wage" besonders in der ersten Zeit ihrer Erscheinung einsehen und geduldig und nachsichtig dem Blatte nicht zur Last setzen, was Schuld der Verhältnisse ist. Vielleicht, wenn ich sehe, daß Du, achtbares Publicum, und ich bei beider Seits unsere Rechnung an einander finden, unterhalten wir uns über kurz oder lang an einer breitern Bühne.

Auch bedenke wohl, die "Wage" soll ein Volksblatt sein, also nicht bestimmt sein weder für blos hochstudirte und tiefgelehrte, noch für solche Leute, die man, gleichviel ob sie vornehm auf Schlössern oder niedrig in Hütten geboren, denmach, die es sich weder selber zur Ehre rechnen, zum Volk zu gehören, noch von diesem der Ehre gewürdigt sind, als Genossen anerkannt zu werden. Also nicht für die Rinde und Schale wird die "Wage" geschrieben, vielmehr für den Kern des Volks, bei welchem der gerade gesunde Menschenverstand das Urtheil bestimmt und leitet und für den verständige Gründe mehr gelten, als gelehrte Abhandlungen und das verworrene Geschrei des Pöbels.

Zu diesem Kerne des Volks rechnet die Redaction die große Mehrheit der hiesigen Teutschen, gleichviel welches Gewerbes und Berufs, gleichviel ob auf Hochschulen oder im Leben und durch das Leben gebildet.

An diesen Kern des Volkes wendet sich die Redaction der "Wage," mit der Bitte um liberale Unterstützung, theils durch zahlreiche Abnahme von Exemplaren mit Vorauszahlung des Preises, ohne welche kein Blatt bestehen kann; theils durch Zusendungen von einzurückenden Bekanntmachungen aller Art, ohne welche, selbst bei zahlreicher Subscription, kaum die Auslagen des Unternehmens gedeckt zu werden vermögen. Auch Unterstützungen durch Einsendung passender Artikel werden mit Dank angenommen, wodurch Einseitigkeit entfernt gehalten wird, die ganz und gar außer der Absicht der Redaktion liegt.

Dieß ist Alles, geehrtes Publicum, was der Redacteur gegen Dich vorläufig auf dem Herzen hatte, weshalb er zum Schlusse nur noch ein Versprechen beifügt, worauf Du Dich fest verlassen kannst, nämlich:

auf dieser "Wage" wird nie falsches Gewicht gebraucht werden, nämlich die Absicht der Redaction mit ihren Worten nie in gleißnerischem Widerspruche stehen!

Der Redacteur.

An example for this was the unfortunate destiny of Paul Follenius, who did not emigrate to become an American farmer, but rather in order to remain a German man of mind – in a new Germany.

Julius Goebel, publisher of the "Deutsch-Amerikanische Geschichsblätter", called Follenius' destiny "typical of the tragedy which ended the lives of thousands of educated German immigrants to this land."[88]

With increasing success, Muench sharpened his skills as farmer and intellectual, while his brother-in-law foundered with farming.

At the same time, Paul was not a frail, bookish couch-potato, rather "a man of unusual size, broad-shouldered, ... very muscular ..., a good gymnast, swimmer, fencer, and hunter."[89] Only the motivation for the energy-sapping, harsh life of the farmer was lacking. "Nature had not made him to be a Missouri farmer."[90] He was continually tortured by the hunger for intellectual activity and recognition. Given his intellectual capabilities he wished much more to enter into the problem of German-American society and politics through publishing and teaching. "He was German through and through; he adopted not the slightest Americanism – it repulsed his very being."[91]

The Follenius' farm did not thrive. The talent for careful planning and economical housekeeping, which his brother-in-law

Julius Göbel, Herausgeber der „Deutsch-Amerikanischen Geschichtsblätter", nannte das Schicksal Follens „typisch für die Tragik, in der das Leben von Tausenden gebildeter, deutscher Einwanderer in diesem Lande geendet hat".[88]

Während Münch seine Geschicke mit zunehmendem Erfolg zweispurig meisterte, als Farmer und als Intellektueller, scheiterte sein Schwager und Mitstreiter an der „Bauerei", wie er es nannte.

Dabei war Paul Follenius kein schmächtiger, stubenhockender Gelehrtentyp, sondern „ein Mann von ungewöhnlicher Größe, breitschultrig, […] sehr muskulös, […] ein guter Turner, Schwimmer, Fechter, Jäger."[89] Es fehlte ihm nur die Motivation zu einem kräftezehrenden, entbehrungsreichen Farmer-Leben. „Zum Missouri-Farmer hatte ihn die Natur nicht gemacht."[90] Ihn quälte stets der Hunger nach geistiger Betätigung und Anerkennung. Mit seinen intellektuellen Fähigkeiten stand ihm der Sinn mehr danach, sich in die Probleme der deutsch-amerikanischen Gesellschaft und Politik publizierend und dozierend einzumischen. „Deutscher war er durch und durch; vom Amerikanerthume haftete auch nicht das Geringste ihm an – es widerstand seinem Wesen."[91]

Die Follenius-Farm florierte nicht. Das Talent zum sorgfältigen Planen und sparsamen Haushalten, das seinen Schwager auszeichnete, fehlte Paul ganz. „Zwar war er morgens der Früheste von allen, trieb seine Ackerstiere, pflügte und säete sehr gut, schwang die Axt so rüstig als Einer, pflegte seine Thiere, und gleich ihm machte seine häuslich erzogene Frau die erdenklichsten Anstrengungen, ohne dass es möglich war, über eine Existenz voll Sorge und Entbehrung hinauszukommen."[92] Dennoch zeigte Follenius sich gern als großzügiger Gastgeber und lud des öfteren Freunde auf seine Farm ein. „Mein Haus war – ich darf es behaupten – das geachtetste unter den Deutschen in Missouri. Alle unsere Landsleute setzten einen Werth darein, mit uns im Verkehr zu stehen."[93]

Er machte Schulden. Dazu kam sein angeschlagener Gesundheitszustand, der ihn seit den Tagen der Schiffsreise quälte. Ein Nervenleiden, Fieberschübe und Schlaflosigkeit bremsten immer wieder seine Schaffenskraft. Manchmal musste er in entscheidenden Phasen das Bett hüten und brachte nichts zustande.

excelled at, was completely lacking in Paul. "Indeed he was the earliest to rise, he drove his plow oxen, tilled and sowed very well, swung the axe as if one with it, tended to his animals, and his domestically raised wife aided him with all conceivable efforts, without which it would not have been able to emerge from this existence full of worry and privation."[92]

However Follenius liked to appear as a generous host and many times invited friends to his farm. "My house was – I may contend – the most respected amongst the Germans in Missouri. To be amongst our company was a thing held in high esteem by all our fellow countrymen."[93]

He incurred debts. In addition, his frail state of health had been torturing him since the days of the voyage overseas. His creative power was constantly marred by nervous disorders, bouts of fever, and sleeplessness. In crucial periods he sometimes could not leave his bed and could manage nothing.

Follenius considered a change in location and profession. He took a chance on a new beginning. And it worked out well that Wilhelm Weber, the publisher of the "Anzeiger des Westens" (Gazette of the West), offered that Follenius join him in the editing office. Weber was also a man that had to leave Germany because of political persecution.[94] Without further ado, Follenius leased out his farm in Missouri and moved near the city on the Mississippi. But misfortune followed. The collaboration with Weber failed. Ultimately, they were divided about the paper's partiality and got in each other's way. Friends advised Follenius to publish his own journal. He eventually got "Die Wage" (The Scale) off the ground, a paper with high standards. The publisher had to tediously solicit subscribers and journalistic colleagues in Illinois and Missouri, because of too little startup

Marie Münch Follenius, Aufnahmedatum unbekannt // Marie Muench Follenius, year unknown

Follenius dachte an eine räumliche und berufliche Veränderung. Er setzte auf einen Neuanfang. Da traf es sich gut, dass Wilhelm Weber, der Herausgeber des „Anzeiger des Westens", der ersten deutschen Zeitung in St. Louis, ihm anbot, in die Redaktion mit einzusteigen. Auch Weber war ein Mann, der wegen politischer Verfolgung Deutschland verlassen musste.[94]

Paul Follenius verpachtete kurz entschlossen seine Farm am Missouri und zog in die Nähe der Stadt am Mississippi. Doch das Pech zog mit. Die Zusammenarbeit mit Weber scheiterte. Sie waren sich letztlich uneins über die Tendenzen des Blattes und gegenseitig im Wege. – Freunde rieten Follenius, eine eigene Zeitschrift herauszubringen. So brachte er schließlich „Die Wage" auf den Weg, ein Blatt mit hohem Anspruch. Bei zu geringem Startkapital musste der Herausgeber mühsam um

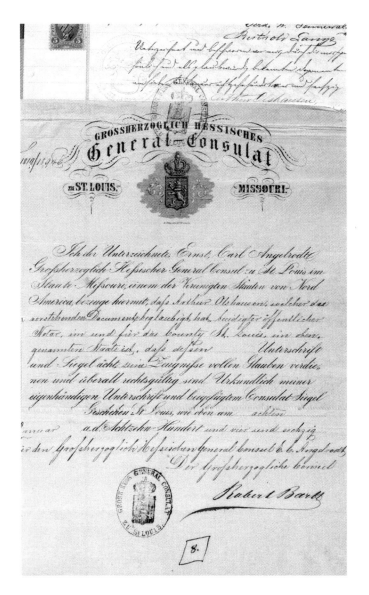

Marie Follenius, Antrag auf Witwenunterstützung.
Einige Jahre nach Paul Follenius' Tod stellte seine Witwe
Marie von Missouri aus einen Antrag auf Witwenunter-
stützung beim Follenius'schen Familienfideicommis
//
Marie Follenius, application for widow's support.
Some years after Paul Follenius' death, his widow Marie
applied to the Follenius family entailed estate for widow
support from Missouri

capital. He wrote many begging letters, even to friends and relatives in Germany. There was his most important contact and close friend from years past, Christian von Buri, a court-lawyer in Giessen. In a letter to him, Paul Follenius described his motives for fleeing the country and the desperate situation of his family after the move to Mississippi: "We were only keeping in view the future of our wonderful children. It was worth the attempt to wrest them from the soul-crushing and impoverished life of the destitute farmer and win them the participation in progressive and intellectual culture".[95] Up to now, he continues, he had managed "to keep them from becoming countrified, which is here only all too common, through unspeakable effort".[96] Now it was time to improve their financial situation through a diversity of undertakings, such that they may eventually pay off their debt and create a foundation for the proper upbringing of their sons. In no way shall they "waste away behind a plow". Follenius convinced David Goebel and his brother-in-law Muench to plan a boarding home together for pupils from rich families. Yet whatever he seemed to do, the calculations did not come together. The institute never materialized, as Muench and Goebel also could not subscribe enough capital. As well, the "Scale" probably never got beyond the first issue because the amount of subscribers for an ambitious paper of that kind was too small. Even assignments for written works of legal nature were sparse, for Follenius first had to adjust to the American legislation.

Climatically the move from Lake Creek to the Mississippi turned out to go from bad to worse. A "100-year-flood" severe storm surge put his house and garden under water "ten feet high" and downpour lasting weeks eventually ruined the food supply. The humidity ruined

Subskribenten und journalistische Mitarbeiter in Illinois und Missouri werben. Er schrieb Brandbriefe, auch an Freunde und Verwandte in Deutschland. Dort war sein wichtigster Kontakt und enger Freund aus vergangenen Jahren der Hofgerichtsadvokat Christian von Buri in Gießen. In einem Brief an ihn schildert Paul Follenius die Motive für seine Landflucht und die verzweifelte Lage seiner Familie nach dem Umzug an den Mississippi:

„Wir hatten dabei nur unserer […] ausgezeichneten Kinder Zukunft im Auge. Es galt den Versuch, sie hierdurch der geistdämpfenden und ärmlichen Bahn des unbemittelten Bauern zu entreißen und ihnen die Theilnahme an fortschreitender geistiger Kultur zu erkämpfen."[95] Bislang, so schreibt er weiter, hätten sie sich „das hier so gewöhnliche Verbauern, freilich mit unsäglicher Anstrengung vom Halse gehalten."[96] Nun galt es, durch diverse Unternehmungen die finanzielle Lage so zu verbessern, dass die Schulden abgebaut werden konnten und

eine Grundlage für eine gute Erziehung der Söhne geschaffen wurde. Sie sollten keinesfalls „hinterm Pflug versauern". Follenius konnte David Göbel und seinen Schwager Münch gewinnen, gemeinsam ein Internat für Zöglinge reicher Familien in seinem Haus zu planen.[97] Doch was er auch anpackte, die Rechnung wollte nicht aufgehen. Das Institut kam nicht zustande, weil auch Münch und Göbel kein Startkapital beisteuern konnten. Die „Waage" kam vermutlich über die erste Ausgabe nicht hinaus, weil der Subskribentenkreis für ein derart anspruchsvolles Blatt zu klein war. Auch Aufträge für schriftliche Arbeiten juristischer Art kamen spärlich, weil Follenius sich erst in die amerikanische Gesetzgebung hineinfinden musste.

Zuletzt erwies sich auch der Umzug vom Lake Creek an den Mississippi klimatisch als Weg „vom Regen in die Traufe". Eine Jahrhundertflut setzte Haus und Garten unter Wasser „zehn Fuß hoch" und wochenlange Regengüsse vernichteten die

Hess,M.
- Olbers
30,f,none

Hess, M.
- Olbers
56,f,none

Hess, P.
- Olbers
21,m,farmer

Hillenkamp, Franz
C.H.
- Olbers
32,m,mechanic

Hochstradter, Panaetus
- Medora
42,m,farmer
Ziegelfeld

Ehemalige Farm der deutschen Einwanderer-Familie Pelster, Missouri //
Former farm of German immigrant family Pelster, Missouri

Lebensmittelvorräte. Die Feuchtigkeit verdarb Wäsche und Kleidung. Die Saatfelder ertranken. In dem feuchten Klima verstärkten sich in der Familie wieder die gesundheitlichen Probleme. Erneut wurde Paul von heftigem Gallenfieber gepackt und auch Maria erkrankte „wahrscheinlich meist aus Angst um mich."[98]

Resigniert und verzweifelt kehrte die Familie Follenius wieder an den Lake Creek zurück, obwohl dort noch der Pächter wohnte. In seinem Brief an von Buri bittet Follenius den Gießener Freund inständig, ihm zu helfen, noch ausstehende Honorare bei Schuldigern in Deutschland einzutreiben, und er schließt mit einer Selbstbeschreibung: „Ich bin in wenigen Wochen grau geworden […], dabei noch fieberkrank und spüre, obgleich im besten Mannesalter, die Folgen aller durchlebten moralischen und körperlichen Strapazen nur zu sehr. Doch ich hoffe, daß der alte Bau noch so lange stehen soll, bis meine Kinder, wovon freilich eines erst im nächsten November geboren werden soll – soweit sein werden, um nicht Gegenstand des Mitleidens anderer werden zu müssen […]. Das aber, lieber Buri, ist meine Hoffnung, mag auch hier mich treffen, was da will, denn unter keiner Bedingung möchte ich zurück nach Europa in seinem jetzigen Zustande, trotz aller Eurer vergeblichen Hoffnungen auf gründliche Besserung."[99]

Wenige Wochen nach diesem Brief verließen ihn seine Kräfte ganz. Paul Follenius starb mit 45 Jahren am 3. Oktober 1844. Für seine Frau Maria begann das harte Leben einer alleinerziehenden Mutter von fünf Söhnen in Armut, ständig abhängig vom Mitleid anderer.

Translated by Andrew Cook

the laundry and clothing. The sowed fields drowned. In the muggy climate the family's health once again dwindled. Paul was gripped again by the fever, and even Maria became sick "most likely out of fear for me."[98]

Resigned and in desperation, the Follenius family returned to Lake Creek, even though the tenants still lived there. In his letter to von Buri, Follenius implored his friend to help him collect money for outstanding debts in Germany, and he closed with a description of himself: "In just a few weeks I have become grey … , still fevered, and am suffering the consequences of all the moral and physical exertions I have lived through, even though I should be in my prime. Yet I hope that this old building will stay standing long enough so that my children – of which another shall be born this November – do not have to become objects of sympathy in the eyes of others … That, my dear Buri, is my hope; come what may, for under no circumstances would I return to Europe in its current state, in spite of all your fond hopes for a radical improvement."[99]

Only a few weeks after this letter his strength left him for good. Paul Follenius died at the age of 45 on October 3, 1844. The poor, difficult life of a single mother of five sons began then for his wife Maria, continually dependent on the sympathy of others.

Paul Follenius' Grab bei seiner ehemaligen Farm, Lake Creek, Missouri //
Paul Follenius' burial ground at his former farm, Lake Creek, Missouri

Ehemalige Farm von Georg Münch //
Former farm of George Muench
Nächste Seite links: Nächtlicher Anflug auf St. Louis, Missouri //
next page left: Approach by night to St. Louis, Missouri
Nächste Seite rechts: Gateway Arch in St. Louis, Symbol des Tors zum Westen //
next page right: Gateway Arch in St. Louis, Symbol of the door to the west

1 - H.A. Rattermann: Ein Besuch bei Friedrich Münch; in: Der Deutsche Pionier. 7. Jg, Heft 2, Cincinnati 1875.

2 - Münch: Zur Geschichte der demagogischen Umtriebe S. 307 ff. in: Der Deutsche Pionier a. a. O. Münch brauchte die Einkünfte aus seiner Lehrtätigkeit neben dem kargen Pfarrergehalt, um seine Familie über die Runden zu bringen. Schon sein Vater Georg hatte die Kinder in der Region Gemünden für jeweils ein paar Groschen unterrichtet.

3 - Während sich bis heute das unbewiesene Gerücht hartnäckig hält, dass Karl Follen den Studenten Karl Ludwig Sand zum Mord an dem konservativen Dichter August von Kotzebue angestiftet habe, deutet Münch an, dass Paul Follenius zu radikalen Republikanern in Hessen enge Kontakte hatte. Vgl. Münch: Das Leben von Paul Follenius; in: F. Münch: Gesammelte Schriften. Verlag Witter, St. Louis 1902, S. 95 ff.

4 - Vgl. Anm. 2.

5 - Münch: Zur Geschichte der demagogischen Umtriebe. In: Der Deutsche Pionier, a.a.O. S. 309.

6 - Münch: Kritik der „Sagengeschichten einer deutschen Auswanderungs-Gesellschaft". In: Der Deutsche Pionier, S. 186 ff. Und: Zur Geschichte der demagogischen Umtriebe, a.a.O. S. 307 ff. Beim „Frankfurter Attentat" handelt es sich um den sogenannten „Wachensturm" vom 4. April 1833.

7 - Vgl. Münch: Kritik der „Sagengeschichten einer deutschen Auswanderungs-Gesellschaft", S. 186. In: Der Deutsche Pionier, 1869, S. 186.

8 - Ebd., S.188.

9 - Friedrich Münch: Gesammelte Schriften, Verlag Witter, St. Louis 1902, S. 99.

10 - Der Deutsche Pionier. Cincinnati 1869, 1. Jg. Heft 1, S, 20.

11 - Friedrich Münch. Gesammelte Schriften, S. 99.

12 - Follenius, Paul; Münch, Friedrich: Aufforderung und Erklärung in Betreff einer Auswanderung im Grosen aus Teutschland in die nordamerikanischen Freistaaten. Verlag Ricker, Gießen 1833, S. 22 (im Folgenden: Aufforderung).

13 - Gert Göbel: Länger als ein Menschenleben in Missouri. Verlag Wiebusch u. Sohn, St. Louis 1877, S. 9. Weiter heißt es bei Göbel: „Little Rock am Arkansas war damals noch ein mehr unbedeutender Ort […]; die Communication mit der übrigen Welt war spärlich und unregelmäßig, weil aus jener Wildniß, außer der jährlichen Baumwollernte der großen Sclavenhalter, nur wenig oder nichts zu holen war" (S.9).

14 - Aufforderung. S. 6-8.

15 - Ebd., S.2.

16 - Ebd., S.2.

17 - Die Ablehnung der Sklaverei sollte den späteren Siedlern in Missouri noch Probleme beim Ausbruch des Sezessionskrieges bereiten.

18 - Aufforderung. S. 4.

19 - Außerdem bedurfte es noch der Zustimmung von Kongress und Senat. Münch, Gesammelte Schriften, S. 99 ff.

20 - Aufforderung. S. 14.

21 - Der Eremit. Blätter für öffentliches Leben und Wirken. 9. Jg. Vom 11. April 1834, S. 1 „Aus Altenburg".

22 - Aufforderung. S. 20 ff.

23 - Ebd., S. 20.

24 - Münch: Gesammelte Schriften, S. 100.

25 - Bericht des Kreises Arnsberg an das preußische geheime Zivilkabinett in Berlin vom 5. März 1834. Darin Nachricht über den Entschluss von 17 Familien aus Belecke und Warstein, über Bremen nach Amerika auszuwandern. Geheimes Staatsarchiv Preußischer Kulturbesitz, Berlin, I. HA Rep. 89 Nr. 16611.

26 - Münch: Gesammelte Schriften, S. 112.

27 - Die folgenden Angaben entstammen im Wesentlichen der Broschüre von Maik Winkler, Auswanderungen aus Thüringen in die USA: In: Thüringer Blätter zur Landeskunde, 1994.

28 - Vgl. Auswanderungsakten im Thüringischen Staatsarchiv Altenburg, Landesregierung Nr. 14350.

29 - Vgl. Auswanderungsakten im Thüringischen Staatsarchiv Altenburg, Landesregierung Nr. 14350.

30 - Münch: Schriften, S. 113.

31 - Amts- und Nachrichtenblatt Sachsen-Altenburg. Nr. 14 vom 8. 4. 1834, S. 157.

32 - Dies berichtet Friedrich Münch aus der Retrospektive. Münch: Schriften, S. 112 ff.

33 - Ebd., S. 113.

34 - Vgl. ebd., S. 113 ff.

35 - Briefe von Deutschen aus Nordamerika. Hrsg. Friedrich Gleich: Altenburg 1836, S. XV.

36 - Cornelius Schubert berichtet vom überfüllten „Hotel zum Schwan" in der Neustadt. Ebd. S., XV.

37 - Ebd., S. XV.

38 - Western Historical Manuscript Collection, Columbia MO, State Historical Society of Missouri, Collection 3005, Schubert Family-Papers Vol.5.

39 - Vgl. hierzu den Vortrag von B.

Wechsler: Die Auswanderer, gehalten im Verein für Volksbildung zu Oldenburg am 20. Dez. 1846. Verlag Stalling, Oldenburg 1846, S. 8 ff.

40 - Western Historical Manuscript Collection, Columbia MO, State Historical Society of Missouri, Collection 3005, Schubert Family-Paper Vol.5.

41 - Ebd. Cornelius Schubert berichtet in seinem Tagebuch von 47 Württembergern auf der „Medora", die nicht zur Gießener Gesellschaft gehörten. Vgl. die Tagebuch-Einträge vom 29. Mai und 27. Juni 1834. Vgl. außerdem Anmerkung 43.

42 - Thüringisches Staatsarchiv Altenburg, Handschriften der GAGC. Nr. 3511 (1831-1850).

43 - Wenn nach Angaben von Münch die Gießener Auswanderergesellschaft 500 Mitglieder umfasst (vgl. Münch: Gesammelte Schriften, S. 100) und er selbst etwa 260 auf dem Harriersand betreute (vgl. W. F. Wulff: Tagebuch 1811-1880. In: Oldenburgische Familienkunde, Jg. 47 Heft 2, S. 273), dann sind nur etwa 240 auf der „Olbers" gefahren, wovon noch einige unterwegs an den Blattern starben (vgl. Artikel von C. Neufeld in der Aschaffenburger Zeitung vom 24.12.1834). Die Schiffsliste der „Olbers" aus New Orleans verzeichnet 354 Passagiere. Es müssen also über hundert Mitreisende anderer Herkunft gewesen sein. Nach Walter D. Kamphoefner befand sich auf der "Olbers" eine Auswanderergruppe aus Brilon, bestehend aus 116 Personen unter der Leitung des Dr. Pulte (vgl. Sauerländer Heimatkalender 1952, S. 81-83). Ebenso ist neben den Gießener Auswanderern offenbar noch eine Gruppe von 47 Württembergern auf der „Medora" mitgereist (vgl. hierzu die Einträge vom 29. Mai und 25. Juni 1834 im Tagebuch von Cornelius Schubert). Ziehen wir die Württemberger von den 195 Reisenden auf der „Medora" ab, so könnte die Münch-Gruppe während der Überfahrt nur noch ca.

150 Mitglieder gehabt haben.

44 - GAGO Nr. 3511 (1831-1850).

45 - Altenburger Amts- und Nachrichtenblatt, 10. April 1834.

46 - Die Presse im Großherzogtum Oldenburg erwähnt in jener Zeit mit keinem Wort die Anwesenheit einer so großen Auswanderergruppe auf der Weserinsel Harriersand. Lediglich das Tagebuch eines Gemeindevorstehers in Stadland (Rodenkirchen an der Weser) spricht im Jahre 1834 von „260 Auswanderern auf dem Harriersand, der Rest, der aus Hessen ausgewanderten Colonisten, die nach Amerika fuhren." W. F. Wulff: Tagebuch 1811–1880. In: Oldenburgische Familienkunde, Jg. 47, Heft 2, S. 273.

47 - Ortschronik von Nieder-Gemünden 1857, handschriftl. Eintrag von Pfarrer August Lotz, Archiv der Pfarrei in Nieder-Gemünden.

48 - Vgl. Briefe von Deutschen aus Nordamerika. Einleitung, S. XVII-XIII.

49 - Münch: Gesammelte Schriften, S. 100.

50 - „Auswanderungslied". In: Münch: Gesammelte Schriften, S.3.

51 - vgl. Münch: Gesammelte Schriften, S. 100:

52 - Vgl. hierzu Briefe von Deutschen aus Nordamerika, S. XII und die folgende Anmerkung, sowie „Sagengeschichte einer deutschen Auswanderungs-Gesellschaft". In: Der Deutsche Pionier, Jg. 1, Heft 1, Cincinnati 1869, S. 20 ff.

53 - Aschaffenburger Zeitung vom 24. Dezember 1834.

54 - Zur schlechten Stimmung infolge der privilegierten Situation der Vermögenden auf der „Olbers" während der Überfahrt vgl. die Einleitung zu: Briefe von Deutschen aus Nordamerika. Altenburg

1836, S. XVI.55 Vgl. Johann August Röbling: Tagebuch meiner Reise von Mühlhausen in Thüringen nach den Vereinigten Staaten im Jahre 1831. ND. Hg. Iris Roebling. Mitteldeutscher Verlag Halle 2006. Friedrich Gerstäcker: Reise von Leipzig nach New York. In: Führer des deutschen Schiffahrtsmuseums Nr. 5, Bremerhaven 1976.

56 - Nach einer Auskunft des Maritime Museum Custom House in Newburyport am 10. Juni 2011.

57 - Western Historical Manuscript Collection-Columbia. State Historical Society of Missouri, Collection 3005, Schubert Family-Papers Vol.5. Schuberts Tagebuch gibt eine ausführliche Beschreibung der Bauweise, Besegelung, Ausrüstung, der Mannschaft und der strengen Bord-Ordnung der „Medora". Einträge vom 31. Mai 1834 ff.

58 - Münch: Schriften, S. 114.

59 - Vgl. Haupt: Briefe von Deutschen aus Nordamerika, Altenburg 1836, S. 24. Johanna Medora Köhler, die Tochter von Franz und Christiane Köhler aus Altenburg war also die erste amerikanische Nachfahrin der Gießener Auswanderer. Der Name „Medora" entstammt dem Versroman „The Corsair" von Lord Byron, einer wildromantischen Abenteuergeschichte vor dem Hintergrunde des griechischen Befreiungskampfes gegen die Türken. Das Buch wurde in Amerika sofort zum Bestseller. Mehrere Schiffe erhielten in jener Zeit diesen Namen; auch drei Kleinstädte in den USA heißen „Medora". Es ist möglich, dass der Name in den USA als Symbol für das Streben nach Freiheit und Selbständigkeit aufgefasst wurde.

60 - Schuberts Tagebuch. Western Historical Manuscript Collection, Columbia MO, State Historical Society of Missouri, Collection 3005, Schubert Family-Papers Vol. 5, Eintragungen vom 2. Juni und 6. Juli 1834.

61 Ebd., Eintragungen vom 2.Juni und 6. Juli 1834.

62 - Ebd., Eintragung vom 17. Juli 1834.

63 - Eine gemeinsame Landreise wäre organisatorisch, logistisch, finanziell und vom Reisetempo her ungünstiger gewesen.

64 - Zur Reise auf der „Fairy Queen" vgl. Haupt: Briefe von Deutschen aus Nordamerika, S. 50 ff.

65 - Vgl. Münch: Gesammelte Schriften, S. 115.

66 - Ebd., S.115.

67 - Ebd., S. 116.

68 - Zum Kassensturz und zur Auflösung der Follenius-Gruppe vgl. Haupt: Briefe von Deutschen aus Nord-Amerika, S. 60 f.

69 - Münch: Gesammelte Schriften, S. 115.

70 - Zu all diesen Angaben vgl. Münch: Gesammelte Schriften, S. 115 ff. und Haupt, Briefe von Deutschen aus Nordamerika, S. 60 ff.

71 - Vgl Münch: Gesammelte Schriften, S. 100.

72 - Vgl. zur Wiederbegegnung Münchs mit Follenius: Münch: Gesammelte Schriften, S. 117 f.

73 - Aufforderung, S. 2.

74 - Münch: Gesammelte Schriften, S. 118.

75 - Der Deutsche Pionier. Jg. 1, Heft 3, 1869; F. Münch: Kritik der „Sagengeschichten einer deutschen Auswanderungs-Gesellschaft", S. 189. Der Schuster Johann Georg Rapp war der Leiter pietistischer Separatisten, die sich im Konflikt mit der Württembergischen Landeskirche befanden, 1803 nach Pennsylvania auswanderten und dort eine

Siedlungsgemeinschaft gründeten, die lange Zeit blühte: die Harmony Society.

76 - Vgl. J.G. Büttner: Die Vereinigten Staaten von Nordamerika. Hamburg 1844, S.23. Büttner wanderte ebenfalls 1834 ein und wurde Professor und Prediger in Ohio. Er hielt nichts von dem ewigen Wunsch der Deutschen, unter sich zu bleiben: „Wozu auch die in Deutschland gebildeten Colonisationsgesellschaften? (…) Wem daran lag, ausschließlich mit seinem Volke zu leben, dem wäre vielmehr zu rathen gewesen, ein noch unbevölkertes Land (…) zu colonisieren." S. 23 ff. Und Münch: Brief an den Altenburger Herausgeber Gleich. In: Briefe von Deutschen aus Nordamerika, Einleitung S. XXVI.

77 - Werfen wir einen Blick auf die Passagierliste der „Medora", so können wir 30 Personen mit der Bezeichnung Farmer (Landwirt) zählen, 10 Akademiker und 50 Handwerker. Da zumeist ganze Familien unterwegs waren, verzeichnet die Liste etwa fünfzig Kinder, dazu kommen 6 Dienstmädchen (bei großen und wohlhabenden Familien).

78 - Frankfurter Biographie. Erster Band, Frankfurt am Main 1994, S. 121.

79 - Münch: Gesammelte Schriften, S. 189 und Münch: Leben von P. Follenius. In: Der Deutsche Pionier, a. a. O., S. 100.

80 - Briefe von Deutschen aus Nordamerika, S. XXV.

81 - Münch: Gesammelte Schriften, S. 100.

82 - Gert Göbel: Länger als ein Menschenleben, S. 9-10.

83 - Vgl. Münchs Liste. In: Der Deutsche Pionier, Jg. 2, Heft 6.

84 - Ebd.

85 - Handschriftlicher Bericht von Pauline Muench Busch, im Besitz ihrer Nachfahrin Marilyn H. Merritt.

86 - Münch: Gesammelte Schriften, S. 118 f.

87 - Münch: Gesammelte Schriften, S. 118 f.

88 - Julius Göbel: Einleitung zu einem Brief Paul Follenius' an Christian von Buri. In: Jahrbuch der Deutsch-Amerikanischen Historischen Gesellschaft von Illinois. Jg. 1915, Vol. XV. S. 352.

89 - Münch: Gesammelte Schriften, S. 104.

90 - Paul Follenius, Brief an Buri. In: Julius Göbel, S. 356.

91 - Paul Follenius, Brief an Buri. In: Julius Göbel, S. 356.

92 - Paul Follenius, Brief an Buri. In: Julius Göbel, S. 356.

93 - Paul Follenius, Brief an Buri. In: Julius Göbel, S. 356.

94 - Vgl. Gustav Koerner: St. Louis as a German-American City S. 41-42. In: Missouri's German Heritage. edited by Don Heinrich Tolzmann, Milford 2006.

95 - Paul Follenius, Brief an Buri. In: Julius Göbel, S. 356.

96 - Dies und die folgenden Angaben fußen auf Münchs Beschreibung in „Das Leben von Paul Follenius". In: Münch: Gesammelte Schriften, S. 100 ff.

97 - Münch: Gesammelte Schriften, S. 100 ff.

98 - Paul Follenius, Brief an Buri. In: Julius Göbel, S.357.

99 - Ebd., S. 359 und 360.

//

1 - H. A. Rattermann, "Ein Besuch bei Friedrich Muench," in Der Deutsche Pionier. Volume 7 Book 2, Cincinnati 1875.

2 - Münch, Friedrich, „Zur Geschichte der demagogischen Umtriebe", 307 ff in Der Deutsche Pionier reference as above. Muench needed the earnings from his teaching in addition to his meager pastor's salary to make ends meet. Even his father George had taught the children in the region of Gemünden for a few groschen each.

3 - Whereas it remains unsubstantiated until today, the rumor persists that Karl Follen incited student Karl Ludwig Sand to murder the conservative poet August von Kotzebue, Muench implies that Paul Follen had close contacts to radical republicans in Hesse. Cf Münch, "Das Leben von Paul Follen" in F. Münch, Gesammelte Schriften, Witter Publishing House, St. Louis 1902, 95 ff.

4 - Compare footnote 2.

5 - Münch, "Zur Geschichte der demagogischen Umtriebe" in Der Deutsche Pionier, reference as above, 309.

6 - Münch, „Kritk der ,Sagengeschichten einer deutschen Auswanderungs Gesellschaft'" in Der Deutsche Pionier, 186 ff. And: „Zur Geschichte der demagogischen Umtriebe", reference as above, 307 ff. The attack on the Frankfurt Guardhouse on April 4 1833 is the reference here.

7 - Cf Münch, "Kritik der ,Sagengeschichten einer deutschen Auswanderungs-Gesellschaft'" in Der Deutsche Pionier, 186.

8 - Ibid, 188.

9 - Friedrich Münch, Gesammelte Schriften, Witter Publishing House, St. Louis 1902, 99.

10 - Der Deutsche Pionier, Cincinnati 1869, Volume 1, Book 1, 20.

11 - Münch, Gesammelte Schriften, 99.

12 - Follenius, Paul; Münch, Friedrich, Aufforderung und Erklärung in Betreff einer Auswanderung im Grosen aus Teutschland in die nordamerikanischen Freistaaten, Ricker Publishing House, Gießen 1833, 22. (Call)

13 - Gert Göbel, Länger als ein Menschenleben in Missouri, Wiebusch u. Sohn Publishing House, St. Louis 1877, 9. Goebel continues. "Little Rock at that time was still a very unimportant place (...); the communication with the rest of the world was sparse and irregular, for there was nothing to acquire from that wilderness except the slave-owners' yearly cotton harvest".

14 - Call, reference as above, 6-8. cf here the contribution by Ludwig Brake.

15 - Ibid, 2.

16 - Ibid, 2.

17 - The rejection of slavery was to cause further problems for the later settlers at the outbreak of American Civil War.

18 - Call, reference as above, 4.

19 - Münch, Schriften, 99 ff.

20 - Call, reference as above, 14.

21 - Der Eremit, Blätter für öffentliches Leben und Wirken, Volume 9, from April 11 1834, 1, "Aus Altenburg".

22 - Call, 20 ff.

23 - Reference as above, 20.

24 - Münch, Gesammelte Schriften, 100.

25 - Report from the district of Arnsberg to the secret state chancellery ("geheime Zivilkabinett") in Berlin, dated March 5 1834. Message concerning the decision of 17 families from Belecke and Warstein to emigrate to America via Bremen. From the Geheimes Staatsarchiv Preußischer Kulturbesitz, Berlin, I. HA Rep. 89 Nr. 16611.

26 - Reference as above, 112.

27 - The following data are in essence derived from the brochure by Maik Winkler.

28 - Cf. the emigration files in the Altenburg State Archives of Thuringia, Landesregierung Nr. 14350.

29 - Cf. the emigration files in the Altenburg State Archives of Thuringia, Landesregierung Nr. 14350.

30 - Münch, Schriften, 113.

31 - Amts- und Nachrichtenblatt Sachsen-Altenburg, Nr. 14 from April 8 1834, 157.

32 - Friedrich Münch reports this in hindsight.

33 - Ibid, 113.

34 - cf. Ibid, 113 ff.

35 - Briefe von Deutschen aus Nordamerika, ed. Friedrich Gleich, Altenburg 1836, XV.

36 - Cornelius Schubert reports of an overfilled "Hotel zum Schwan" in the new town, Ibid, XV.

37 - Ibid, XV.

38 - Western Historical Manuscript Collection, Columbia MO, State Historical Society of Missouri, Collection 3005, Schubert Family-Papers Vol.5.

39 - cf. here the lecture by B. Wechsler, Die Auswanderer, held at the Verein für Volksbildung zu Oldenburg on December 20 1846. Stalling Publishing House, Oldenburg 1846. 8 ff.

40 - Western Historical Manuscript Collection, Columbia MO, State Historical Society of Missouri, Collection 3005, Schubert Family-Papers Vol.5.

41 - In his diary Cornelius Schubert reports of 47 Württembergers on the Medora who did not belong to the Giessen group. cf. The diary entries from May 29 and June 27 1834. cf. Also footnote 43.

42 - Handschriften der Geschichts- und Altertumsforschenden Gesellschaft des Osterlandes GAGO, Nr. 3511 (1831-1850).

43 - If, according to Muench, the Giessen Emigration Society comprised 500 members (cf. Muench, Gesammelte Schriften, p 100) and himself looked after around 260 on Harriersand, then only 240 sailed overseas on the Olbers, of which even some died of smallpox. The ship list from New Orleans registers 354 passengers. Therefore there must have been over a hundred travelers of differing origin. According to Walter D. Kampfhoefner a group of emigrants from Brilon were also on the "Olbers", consisting of 116 persons and under the direction of Dr. Pulte (cf. Sauerland local calender, 1952, 81-83). Likewise, a small group of 47 from Württemberg apparently traveled along in addition to the Giessen emigrants (cf. The entries in Schubert's diary from May 29 and June 25). If we were to subtract the travelers from Württemberg from the 195 on the Medora, Muench's group would number only around 150 members for the trip overseas.

44 - Altenburg State Archives of Thuringia, Handschriften der Geschichts- und Altertumsforschenden Gesellschaft des Osterlandes GAGO, Nr. 3511 (1831-1850).

45 - Altenburger Amts- und Nachrichtenblatt, April 10 1834.

46 - The press in the Grand Duchy of Oldenburg mentioned nothing about the presence of such a large group of emigrants on Harriersand. Only the diary of a community leader, written in 1834 in Stadland (Rodenkirchen on the Weser River) speaks about "260 emigrants on Harriersand, the rest, the emigrating colonists from Hesse, sailed to America". W.F. Wulf, "Diary 1811 – 1880", in Oldenburgische Familienkunde, Volume 47, Book 2, 273.

47 - Local Chronicle from Nieder-Gemünden 1857, handwritten entry by Pfarrer August Lotz, archive of the parish in Nieder-Gemünden

48 - Cf. Briefe von Deutschen aus Nordamerika, introduction, XVII-XIII.

49 - Münch, Gesammelte Schriften, 100.

50 - "Auswanderungslied" in Münch, Gesammelte Schriften, 3.

51 - Cf. Münch, Gesammelte Schriften, 100.

52 - Cf. here Briefe von Deutschen aus Nordamerika, XII, and the following footnote, as well as "Sagengeschichte einer deutschen Auswanderungs-Gesellschaft" in Der Deutsche Pionier, volume 1, book 1, Cincinnati 1869, 20 ff.

53 - Aschaffenburger Zeitung, December 24 1834.

54 - Concerning the bad morale resulting from the privileged situation of the wealthy aboard the "Olbers" during the trip overseas cf. The introduction to Briefe von Deutschen aus Nordamerika, Altenburg 1836, XVI.

55 - cf. Johann August Röbling, Tagebuch meiner Reise von Mühlhausen in Thüringen nach den Vereinigten Staaten im Jahre 1831, reprint, ed. Iris Roebling, Mitteldeutscher Verlag, Halle 2006. Friedrich Gerstäcker, "Reise von Leipzig nach New York" in Führer des deutschen Schiffahrtsmuseums Nr. 5, Bremerhaven 1976.

56 - According to information from the Maritime Museum Custom House in Newburyport on June 10 2011.

57 - Western Historical Manuscript Collection, Columbia MO, State Historical Society of Missouri, Collection 3005, Schubert Family-Papers Vol.5. Schubert's diary offers an extensive description of the construction, sails, rig, crew, and the strict order onboard the "Medora". Entry from May 31 1834 ff.

58 - Münch, Schriften, 114.

59 - Cf. Haupt, Briefe von Deutschen aus Nordamerika, ed. Friedrich Gleich, Altenburg 1836, 24. Johanna Medora Köhler, the daughter of Franz and Christiane Köhler from Altenburg, was thereby the first American descendent of the Giessen emigrants. The name "Medora" is descended from the verse novel "The Corsair" by Lord Byron, a wild and romantic adventure story set against the background of the Greek War of Liberation against the occupying Turks. The book became an instant bestseller in the USA. Several ships in this time period received the name; even three small towns in the USA are called "Medora". It is possible that the name became indicitive of the pursuit of freedom and independence.

60 - Taken from Schubert's diary, Western Historical Manuscript Collection-Columbia, State Historical Society of Missouri, Collection 3005, Schubert Family Papers Vol.5, entries from June 2 and July 6 1834.

61 - Schubert's diary, reference as above, entries from June 2 and July 6 1834.

62 - Schubert's diary, reference as above, entry from July 17 1834.

63 - A collective voyage over land would have been organizationally, logistically, financially, and due to travel speed much more unfavorable.

64 - Concerning the voyage on the „Fairy Queen", cf. Haupt, in Briefe von Deutschen aus Nordamerika, 50 ff.

65 - Cf. Münch, Gesammelte Schriften, 115.

66 - Ibid, 115.

67 - Ibid, 116.

68 - Concerning the cashing-up of the collective account and the dissolution of Follenius' group cf. Haupt, in Briefe von Deutschen aus Nordamerika, 6 ff.

69 - Münch, Gesammelte Schriften, 115.

70 - Concerning all these data, cf. Münch, Gesammelte Schriften, 115 ff. And Haupt, "Reisebericht" in Briefe von Deutschen aus Nordamerika, reference as above, 60 ff.

71 - Cf. Münch, Gesammelte Schriften, 100.

72 - Cf. Concerning the reunion of Münch and Follenius, see Muench, Gesammelte Schriften, 117, f.

73 - Call, 2.

74 Münch, Gesammelte Schriften, 118.

75 - Der Deutsche Pionier, volume 1, book 3, 1869, F. Muench, „Kritik der ‚Sagengeschichten einer deutschen Auswanderungs-Gesellschaft'", 189. Johann Georg Rapp, a cobbler, was the leader of pious separatists who were in conflict with the Württemberg Church, emigrated to Pennsylvania in 1803, and founded there a settlement which flourished for a long time: the Harmony Society.

76 - Cf. J.G. Büttner, Die Vereinigten Staaten von Nordamerika, Hamburg 1844, 23. Büttner immigrated in 1834 as well and became professor and pastor in Ohio. He thought nothing of the Germans' eternal goal to remain amongst themselves: "Why all the colonization societies created in Germany? (...) Whoever may be concerned about living exclusively amongst his own people, let him be rather advised (...) to colonise a still unpopulated land".

77 - Were we to have a look at the passenger list of the "Medora" we would could 30 persons with the designation "Farmer", 10 academics, 50 craftsmen. As mostly families were traveling, the list also registers around 50 children, as well as 6 maids (in the case of large and wealthy families).

78 - Frankfurter Biographie, first volume, Frankfurt am Main 1994, 121.

79 - Münch, Gesammelte Schriften, 189, and Münch, "Leben von P. Follenius" in Der Deutsche Pionier, reference as above, 100.

80 Briefe von Deutschen aus Nordamerika, XXV.

81 - Münch, Gesammelte Schriften,
100.

82 - Gert Göbel, Länger als ein Menschenleben, reference as above, 9-10.

83 - Cf. Münch's list in Der Deutsche
Pionier, volume 2, book 6.

84 - Ibid.

85 - Pauline's Diary, handwritten re-
collection by Pauline Muench Busch,
in possession of her descendant
Marilyn H. Merritt.

86 - Münch, Gesammelte Schriften,
188 f.

87 - Münch, Gesammelte Schriften,
188 f.

88 - Julius Göbel, "Einleitung zu einem
Brief Paul Follenius' an Christian von
Buri" in Jahrbuch der Deutsch-Amerikanischen Historischen Gesellschaft
von Illinois, 1915, volume XV, 352.

89 - Münch, Gesammelte Schriften,
104.

90 - Paul Follenius, Brief an Buri, from
Julius Göbel, reference as above, 356.

91 - Paul Follenius, Brief an Buri, from
Julius Göbel, reference as above, 356.

92 - Paul Follenius, Brief an Buri, from
Julius Göbel, reference as above, 356.

93 - Paul Follenius, Brief an Buri, from
Julius Göbel, reference as above, 356.

94 - Cf. Gustave Koerner, "St. Louis as
a German-American City", 41-42, in
Missouri's German Heritage, ed. Don
Heinrich Tolzmann, Milford 2006.

95 - Paul Follenius, Brief an Buri,
reference as above.

96 - This and the following data
are based on Muench's description
in "Das Leben von Paul Follen" in
Münch, Gesammelte Schriften, 100 ff.

97 - Münch, Gesammelte Schriften,
100 ff.

98 - Paul Follenius, Brief an Buri, reference as above, 357.97 Ibid, 357.

99 - Ibid, 357.

Missouri – "Where the sun of freedom shines" // Missouri – „Wo der Freiheit Sonne scheint"

Dorris Keeven-Franke

Emigration fever

Friedrich Muench, gazed upward that October day in 1844, as the trees swayed with the breeze on the hillside in front of him. Engulfed in autumn's colors "Duden's hill" rose up just past Paul's house, while Lake Creek wound lazily across the valley, just behind him it bubbled softly on its' way to the Missouri River.

The river had overflowed its banks and filled all of the valleys this past spring and summer, higher than anyone could recall in years. As it slowly retreated, it left flooded wells, entire towns and homes destroyed; leaving typhoid fever and cholera in its wake. Muench stood at the grave of his dearest friend Paul Follenius, and let the memories of the last ten years wash over him.

Memories of that August in 1834, when he and Paul were reunited at last, at the mill in Saint Charles, realizing their dreams of their Utopia had been dashed and broken with their grueling journey to America; but relief for being reunited once again.

When Follenius had become ill and nearly died coming upriver; he was devastated over the splintering of his group, and worried when Friedrich and his group did not appear. Follenius hadn't known the fate of the other group, and hearing rumors of a ship lost at sea, he had feared the worst. With their reunion came their realization of the impossibility of the plan itself.

Auswanderungsfieber

Es war ein Oktobertag des Jahres 1844. Friedrich Münch blickte auf die Hügellandschaft um Dutzow, wo die Bäume sich sanft im Wind wiegten. Oberhalb von Pauls Haus leuchtete „Duden's Hill" in Herbstfarben, während der Lake Creek sich gemächlich durch das Tal schlängelte und leise plätschernd seinen Weg zum Missouri nahm. Im vorigen Herbst und Sommer war der Fluss über seine Ufer getreten und hatte alle Niederungen überschwemmt. Das Wasser war höher gestiegen, als sich die Bewohner nah und fern entsinnen konnten. Als es langsam wieder zurückgegangen war, hatte es ein Bild der Verwüstung offenbart: Brunnen, Häuser und Städte waren der Zerstörung zum Opfer gefallen. Bald darauf hatten Typhus und Cholera ihren Einzug gehalten.

Münch stand am Grab seines besten Freundes Paul Follenius; Bilder der vergangenen zehn Jahre zogen vor seinem geistigen Auge vorbei. Er dachte zurück an jenen Tag im August 1834, der ihn an der Mühle bei St. Charles endlich wieder mit Paul zusammengeführt hatte. Hier hatten sie feststellen müssen, dass ihre Utopie mit der zermürbenden Reise über den Ozean gescheitert war, doch Freude und Erleichterung über das Wiedersehen hatten die Enttäuschung aufgewogen. Follenius, der auf dem Weg den Mississippi hinauf erkrankt war und mit dem Tod gerungen hatte, war über die Auflösung seiner Gruppe am Boden zerstört gewesen und hatte sich schreckliche Sorgen gemacht, als keine Spur von Friedrich und seinen Leuten zu finden gewesen war. Er hatte nicht das Geringste über das Schicksal des zweiten Teils der Gesellschaft in Erfahrung bringen können; Gerüchte über ein verschollenes Schiff hatten ihn das Schlimmste befürchten lassen. Bei ihrem Wiedersehen damals waren sie auch zu der Erkenntnis gelangt, wie unerreichbar

Muench thought about how that journey had brought him to this day, how life had changed these past ten years, and of his dear friend's determination, courage and passion. Change seemed to be an important thing to these Americans. They even wanted the Germans to change, their ways, their clothing, even their language. How were they to keep anything of their German ways, if in America they must change? What would be left in the future? How much he would miss his friend!

As soon as they had reached St. Louis, wanting to get free of the fever gripping the cities, Follenius had come here to Lake Creek and purchased his farm from Jacob Haun[1]. Haun himself was a second generation German, whose father had come west with his family, with the former pioneer and trailblazer Daniel Boone and his clan, years before. Since he had not planned on moving, Haun was still living on the farm with his wife and children, when Muench arrived that August.

Follenius' cabin lay in a valley, in the shadow of Duden's hillside, where American Indians were buried on its peak. The valley took its name for Lake Creek that flowed southward between the rolling hills, stopping in several places and creating a series of large lakes, before it reached the Missouri River. Several springs ran through the valley as well, also emptying into the stream. Normally the creek was about forty feet wide, but when the river was swollen or when rains came; it swelled out of its banks. The families lived on the east side of the creek, and used an old stone bridge where Johann Wilhelm Bock lived, to cross Lake Creek.

Families and friends of Daniel Boone, with names like Ramsey, Lamme, Miller, Jackson and Darst had already settled here, in the late 1700s and early 1800s. These families were from Kentucky and Virginia, many had received the land as payment for their service in the wars for British independence. The hillsides were covered

Duden's Hill

Next page: Paul Follenius' former farm //
Nächste Seite: Paul Follenius ehemalige Farm

ihre Ziele wohl von Anfang an gewesen waren... Münch sann darüber nach, wohin ihn ihre Reise bis zum gegenwärtigen Tag geführt hatte, wie sich das Leben in den letzten zehn Jahren verändert hatte; und er dachte an den Mut, die Entschlossenheit und die Leidenschaft seines Freundes. Die Amerikaner lebten im Zeichen des Wandels. Sie erwarteten, dass auch die deutschen Einwanderer ihre alten Gewohnheiten aufgaben: ihr Verhalten, ihre Kleidung, sogar ihre Sprache. Wie sollte es ihnen gelingen, etwas davon zu bewahren, wenn sie Amerikaner werden mussten? Was würde von ihrer Kultur der Zukunft erhalten bleiben? Wie er doch seinen Freund vermissen würde!

Sobald sie 1834 St. Louis erreicht hatten, war Paul Follenius, um dem Fieber in den Städten zu entfliehen, an den Lake Creek weitergereist und hatte die Farm von Jacob Haun erworben.[1] Haun selbst war ein Deutscher zweiter Generation, dessen Vater Jahre zuvor mit seiner Familie und dem Pionier und Wegbereiter Daniel Boone und dessen Clan in den Westen gekommen war. Da Haun nicht vorgehabt hatte wegzuziehen, lebte er noch immer mit seiner Frau und seinen Kindern auf Follenius' Farm, als Münch im August dort eintraf. Follenius' Hütte lag in einem Tal im Schatten von Duden's Hill, auf dessen Höhe amerikanische Ureinwohner begraben waren. Das Tal war nach dem Lake Creek benannt, der durch das hügelige Land südwärts floss und an mehreren Stellen Halt machte, um eine Reihe von großen Seen zu bilden, bevor er den Missouri River erreichte. Er war einer von mehreren Quellbächen im Tal, die ebenfalls in den breiten Strom mündeten. Normalerweise war der Lake Creek gute zwölf Meter breit, doch wenn der Missouri Hochwasser führte oder starke Regenfälle einsetzten, konnte er über seine Ufer treten. Die Familien lebten an der Ostseite des Flussarms und nutzten eine alte Steinbrücke in der Nähe des Hauses von Johann Wilhelm Bock, um das Tal zu überqueren. Familien und Freunde von Daniel Boone mit Namen wie Ramsey, Lamme, Miller, Jackson und Darst hatten sich hier bereits im späten 17. und frühen 18. Jahrhundert niedergelassen. Diese Familien waren aus Kentucky und Virginia gekommen; die meisten von ihnen hatten das Land als Lohn für ihren Dienst im Amerikanischen Unabhängigkeitskrieg erhalten. Die Hügel waren von Obstplantagen bedeckt, die den Brüdern Darst und später dem exzentrischen „Baron" Bock den besten Apfelweinbrand der Region bescherten. Gottfried Dudens „Bericht über eine Reise nach den westlichen Staaten Nordamerika's"[2] war von romantischen und begeisterten Schilderungen dieses Teils von Missouri geprägt gewesen. Als

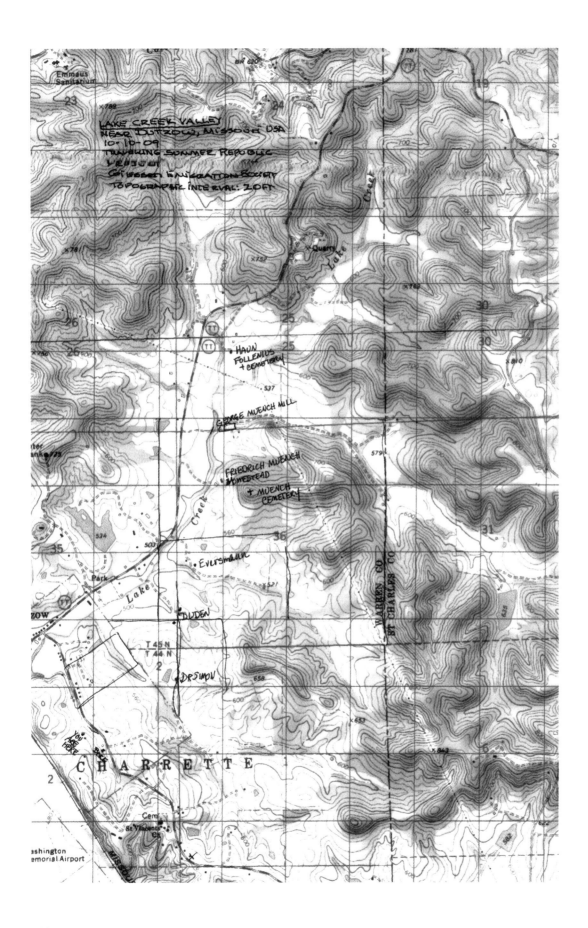

LAKE CREEK VALLEY
NEAR DUTZOW, MISSOURI USA
10-10-09
TRAVELING SUMMER REPUBLIC
PROJECT
GIESSEN EMIGRATION SOCIETY
TOPOGRAPHIC INTERVAL: 20 FT

HAUN
FOLLENIUS
+ CEMETERY

GEORGE MUENCH MILL

FRIEDRICH MUENCH
HOMESTEAD
+ MUENCH
CEMETERY

Eversmann

Duden

Dr Simon

T 45 N
T 44 N

CHARRETTE

Lake Creek bei Dutzow in Warren County, Missouri, mit
den historischen Farmplätzen //
Lake Creek at Dutzow in Warren County, Missouri, with
the historic farm sites

Daniel Boone, 1820

Follenius und Münch sieben Jahre später eintrafen, war aus Dudens Gefährten Ludwig Eversmann bereits ein wohlhabender „Farmer" geworden, während Dudens eigene Farm zusehends verfiel.

Die Situation und die Verhältnisse, die Duden im jungen Staat Missouri vorgefunden und nach seiner Ankunft 1824 beschrieben hatte, hatten sich mittlerweile stark verändert. In seinem Buch war Duden kaum auf die politischen Folgewirkungen der Tatsache eingegangen, dass Missouri kurz zuvor zum amerikanischen Bundesstaat erhoben worden war und ebenso wenig auf den Umstand, dass dort die Sklaverei erlaubt war. Vermutlich hoffte er, als er die USA verließ, um sein Buch zu veröffentlichen, seinen Lebensabend einst wieder in Lake Creek zu verbringen. So dürfte er es als die beste Lösung betrachtet haben, diese Themen nicht näher anzuschneiden (aus unbekannten Gründen kehrte er jedoch nie wieder auf seine Farm in Missouri zurück).

Während sich der wohl situierte Duden seine Zeit mit Schreiben vertrieben und den in der Region lebenden Grundbesitzern Besuche abgestattet hatte, waren ihm nur wenige Details über das Leben eines „Farmers" bekannt geworden. Und als er dann in seinem „Bericht" den Vorschlag

with fruit orchards, providing the Darst's brothers, and later the eccentric 'Baron' Bock, with the makings for the best Apple Brandy in the territory. Gottfried Duden's "Report on a Journey to the Western States"[2] was filled with romantic and glowing descriptions of this part of Missouri. By the time Follenius and Muench arrived, seven years later, Duden's companion, Ludwig Eversmann was a well-established "farmer" and Duden's own farm was falling into disrepair.

The situation and conditions Duden found in the young State of Missouri, and described upon his arrival in 1824, had already changed. For whatever reasons, Duden had not fully explained the political ramifications of Missouri being an American State, or given much attention to the fact that it allowed slavery. Probably because when he left the U.S. to publish his book, he planned on returning to Lake Creek, and thought it best not to go into these subjects deeply. For whatever reason, Duden never did return to his Missouri farm.

Berichte über das Leben in diesen ersten Jahren am Lake Creek finden sich auf den Titelseiten der in Philadelphia erschienenen „Die alte und neue Welt" von J.G. Wesselhöft. Das Blatt war landesweit dafür bekannt, alles zu unterstützen was in Amerika Deutsch genannt werden konnte:

„Bericht über die Deutsche Gesellschaft im Warren- und St. Charles-County, Staat Missouri
Warren-County, den 1sten Juni 1835.
Herr Redakteur!
Vielleicht hat es für die Leser der „alten und neuen Welt" einiges Interesse über das geistig-gesellige Leben und Treiben der Deutschen im fernen Westen nähere Kunde zu hören. Es giebt unter Ihren Abonnenten im Osten gewiss viele, die zu sehr von ihrer eigenen Vortrefflichkeit überzeugt sind, als daß sie es über sich zu gewinnen vermöchten, von den Deutschen in den Wäldern des Missouri anders als mit mitleidigem Achselzucken zu sprechen und sie ihrer Phantasie unter einem anderen Bilde vorzuführen, als dem von Leuten, die dem Kreise der Civilisation entrückt, nothwendig bereits verwildert und deshalb jeder Zumutung an Geist und Gemüth überhoben seyen. Ohnehin ist man schon im allgemeinen im Osten zu sonderbaren Vorstellungen aufgelegt, sobald vom Westen und seinen Bewohnern die Rede ist, und die verwöhnte Einbildungskraft ist geneigt, zu den Bildern von Urwäldern, Wildnissen und Blockhäusern u.s.w. nichts anderes als Waldmenschen (back-wood-people), Unkultur, Rohheit mit Gleichgültigkeit gegen die Interessen geistiger Bildung zu reimen. Ich schicke Ihnen nun hier einen Bericht über die „Deutsche Gesellschaft", die sich in dieser Gegend gebildet hat. Möge er als Beitrag gelten zu den vielfältigen Andeutungen, die der Osten über die geistige Bewegung der Deutschen im Westen empfängt; möge er zu gleicher Zeit Zeugnis ablegen, daß die Deutschen hiesiger Gegend, im Kampfe mit der wilden Natur, die, wie überall so auch hier, nur durch Ausdauer und Arbeit sich ihre Gaben abgewinnen läßt, ihr Gemüth nicht verhärtet, sondern den Sinn lebendig erhalten haben, für das, was die Seele so vieler Deutscher in der Union bewegt; für Aufrechterhaltung fester deutscher Männergesinnung in Wort und That, für treue Bewahrung jener sittlichen Kraft, die Everett, der Amerikaner, als schönsten Grundzug des deutschen Volkscharakters hervorhebt; für Festhalten jener Sprache, in welcher unsre Seele ihre ersten Empfindungen kund gegeben, und der auf der weiten Erde keine gleich kommt an Kraft, Fülle und Gediegenheit. [...]
Die Herren Rasmus und Behrens wurden beauftragt, den Zweck der Deutschen Gesellschaft, klar und bestimmt ausgesprochen, den Statuten vorauszuschicken, letztere auszuarbeiten und endlich einen Aufruf an die deutschen sowohl, als an die amerikanischen Mitbürger zu entwerfen; ersteren, um die entfernter wohnen [sic!] Deutschen zu veranlassen, sich der gemeinsamen Sache anzuschließen – letzteren, um selbst Amerikaner, die Sinn und Liebe haben für das Streben von Männern, die den Werth deutscher Charaktereigenthümlichkeit zu tief fühlen, als daß sie gesonnen wären, sie gleichgültig bei Seite zu legen, zur Theilnahme an ihrem geselligen Leben einzuladen, und so zugleich jedem Vorwurfe landsmannschaftlicher Absonderung zu begegnen. [...]
Jene Zeit ist vorüber, wo der deutsche Einwanderer der eigenthümlichen Form seines Lebens sich entäußern zu müssen glaubte, fremde Sitte und Weise gegen die seiner Väter, fremde Sprache gegen die traulichen Klänge der alten Heimath eintauschend. Von einem Ende der Union zum andern tönt der Name der Deutschen, früher gering geschätzt, mit Achtung, denn nur der ist geachtet, der es nicht vergessen hat, sich selbst zu achten. [...]
Fast in allen Staaten schließen deutsche Männer sich an einander, um vereint zu wirken, daß das heilige Band, welches noch unsre Herzen mit dem deutschen Vaterlande geistig verknüpft, nicht zerrissen, sondern erhalten werde – daß der Deutsche auch in der neuen Heimath wieder finde, was ihm immer theuer bleiben wird: deutsche Sprache und Litteratur – deutsche Sitte und Gesinnung – deutsches Herz und Gemüth – deutsche Freude

und Frohsinn. Mitbürger! An uns ist es, nicht müßig zu-
zusehen, sondern Kraft und Wollen dem schönen Streben
unsrer Landsleute zu weihen. [...]
Als folgerechtes Mittel zur Beförderung der oben an-
gegebenen Ziele [...] wurde die Errichtung einer tüchti-
gen deutsch-amerikanischen Gemeindeschule für den
nothwendigen ersten Jugendunterricht in derselben
Versammlung beschlossen. [...]
Wichtig und beachtenswerth verdient der Vorschlag
genannt zu werden, für Errichtung ähnlicher Vereine, wie
der hier bestehende, in den übrigen Bezirken des Staats
Missouri, wo deutsche Einwanderer sich niedergelassen,
Sorge zu tragen. [...]
Nicht blos würde durch einen solchen Centralverein
den Bestrebungen der Deutschen Kraft und Nachdruck
gegeben, die nur eine Frucht der Einheit seyen, sondern
es diene auch dazu, die Gemüther der Deutschen vom
Osten zum Westen mit einander zu befreunden, ein geistiger Verkehr im Großen sey eröffnet und das Herz des
Patrioten dürfe sich der frohen Zuversicht hingeben, das
schönste und edelste Streben der Deutschen sey wenigstens auf dem freien Boden Amerika's nicht erfolglos. [...]
Einer Ihrer Leser"

Dies war vermutlich Münchs erster Brief an die deutsche
Presse in Amerika, und er wurde offenbar gut aufgenommen, sodass die Redakteure wie folgt kommentierten:
„Für die obige Mittheilung statten wir dem Herrn Ein-
sender den wärmsten Dank ab. Wir begleiten das darin
bezeichnete Unternehmen mit dem Wunsche, daß es
eine immer größere Ausdehnung gewinnen und wie der
Verfasser so glücklich ausdrückt, ein Wendepunkt werden
möge, auf welchem deutsche Sprache, deutsche Sitte und
deutsche Wissenschaft in Vereinigung mit allem Großen
und Guten, was bis jetzt nur ein Eigenthum der westlichen Welt war, eine bleibende Heimath sich gründen
kann." [7]

//

Johann Wilhelm Bock

Accounts of life those first years at Lake Creek, are found on the front page of the Philadelphia newspaper Die alte und neue Welt by J.G. Wesselhoeft, a newspaper known across the United States for its' support of everything which could be called German in America:

äußerte: „Wäre einmahl eine kleine Stadt in dem Geiste gegründet, den amerikanischen Deutschen als Mittelpunkt der Cultur zu dienen, so würde man bald ein verjüngtes Germanien entstehen sehen, und die europäischen Deutschen würden dann in Amerika eben so ein zweites Vaterland haben, als die Briten. Möchte sich doch in Deutschland dafür ein lebendiges Interesse entwickeln!"[3], schürte er damit das Auswanderungsfieber. Missouri war im August 1821 zum Bundesstaat erhoben worden, aber immer noch Grenzland geblieben und wurde weiterhin zum „Westen" gerechnet. Die Vereinigten Staaten hatten Frankreich 1804 mit dem „Louisiana Purchase" alles Land westlich des Mississippi abgekauft, da die Franzosen ihren Geldbedarf für die Napoleonischen Kriege stillen mussten. Hier gab es unberührtes, weites Land, wo deutsche Einwanderer ihre Kinder ohne Besorgnisse über die Besteuerungen eines Fürsten großziehen konnten. Vielen sagte Dudens Vorschlag zu, eine Auswanderungsgesellschaft zu organisieren, gemeinsam Grundstücke anzukaufen und dort Städte anzulegen. Indem sie daran dachten, Vorkehrungen für gute Ärzte und Schulen zu treffen, glaubten sie, dass diese Städte dann sicherlich florieren würden[4]. Sie träumten davon, dass eine ausreichende Zahl von Deutschen, die sich gemeinsam niederließe, um ihre Sprache, Kultur und Traditionen zu bewahren, in den USA einen neuen deutschen Staat gründen könnte – ihre Utopie.

Als Münch und Follenius 1834 in der Gegend von St. Louis eintrafen, hatten der „Baron" Johann Wilhelm Bock und seine sogenannte „Berliner Gesellschaft" bereits gemeinschaftlich im Lake Creek Valley – so nahe wie möglich an Dudens Farm – Land erworben. Die Gesellschaft hatte aus Bocks Tochter Emilie und ihrem Gatten Friedrich Rathje, den Brüdern Karl und Augustus Blümner sowie den Brüdern Julius und Eduard

While the wealthy Duden had wiled away the hours writing, calling upon the nearby gentry, little did he ever really see of the life of a "farmer". And when Duden suggested "If a small city were founded with the intention of serving the American Germans as a center of culture, one would soon see a rejuvenated Germania arise and the European Germans would then have a second country here, such as the British have. If only a live interest for such a project would develop in Germany!"[3], emigration fever took hold. Missouri had become a state in August of 1821, but was still frontier and still referred to as 'the west'. America had purchased all the land west of the Mississippi from France in 1804. France needed the money, as Napoleon was battling two fronts, the British and the Germans. Here was fresh, wide-open land, where Germans could raise families with no fear of a King's taxation. Duden's suggestion that "a company organized in Europe buys tracts of land ... on these individual tracts towns are founded ... make provisions for a good physician and schools, the town will be sure to prosper … one should call to mind the value of land near St. Louis" [4] struck a cord for many, who dreamed that if enough Germans settled together, bringing their language and culture, their traditions, and the best of all things German, they could create a new German State, their Utopia.

"Report about the German Society in Warren and St. Charles County, State of Missouri
Warren County, June 27th, 1835
Mr. Editor!
Maybe it will be of some interest to the readers of the „Neue und Alte Welt" to hear something about the intellectual social life and happenings of the Germans in the Far West. No doubt there are many among your subscribers, who are too certain of their own superiority to speak of the Germans in the Forests of Missouri in any other way than with pity while shrugging their shoulders. They will not present them to their imagination in any other way than as a people who are removed from civilization and must already have become degenerated and incapable to meet any intellectual demands or show any sensitive feelings. Anyway one has in general strange ideas in the East as soon as the conversation turns to the West and its inhabitants, and the spoiled imagination, has a tendency to add backwoods people, lack of culture, crudeness and indifference to intellectual education, to the pictures of virgin forests, wilderness, blockhouses and so forth. I am sending you a report from here about a German Society, which has formed itself in this region. May it be a contribution to the varied rudications of the intellectual movement among the Germans in the West, which are received in the East. May it at the same time give proof that the Germans in these regions in their struggle with the untamed nature, which like everywhere else, will only give its rewards following endurance and hard work, have not lost their soul but have kept a spirit for what touches the souls of many Germans in the Union: The Preservation of Firm German convictions in word and action, the guarding of that ethical strength, which the American Everett describe as the fairest main feature of the character of the German people, the holding onto that language, in which our soul gave voice to its first emotions and to which on the whole wide earth is none other equal in strength, fullness and solidity. … Rasmus and Behrens were commissioned to describe the purpose of the German Association in clear and certain terms ahead of the other statutes; to draw up an appeal to the Germans, as well as to the Germans already American citizens; to reach the more distant Germans and invite them to join the cause. …

That time is past in which the German immigrant believed, that he had to give up the particular ways of his life, exchange Foreign customs and traditions for those of his fathers, the foreign language for the familiar ones of the homeland. From one end of the Union to the other, the Germans who were once held in low-esteem is now respected … the German men unite in order to achieve that holy bond, which still ties our hearts and minds to the German fatherland, that which will not be destroyed but remain in fact. So that the German can find once again in the new homeland, what will always remain what is dear to him: The German language and literature, German traditions and character, German heart and soul, German joy and cheerfulness. Fellow citizens, it is up to us to not stand idly by, but to dedicate our energy and desire to this fair strife of our country people…
As a means to foster the above goals … it was resolved to establish a good German-American Community School for the necessary first instructions of the young. … It seems important and noteworthy to see to it that similar associations as the one existing here, be established in other districts of the State of Missouri, where German immigrants have settled. … A Central Association] would also help the Germans from East to West to be Friends in spirit. An exchange of the minds at large would be opened and the heart of the patriot may feel confident, that the best and most noble strife of the Germans at least on the free soil of America be not unsuccessful.
One of your readers."

This would be Muench's first letter to the German press in America, and was apparently well received, as the Editors commented:
"For the communication above we express our warmest thanks to the sender. We accompany the therein described undertaking with the wish, that it may constantly gain a larger expansion and as the writer so well expresses, may be a turning point upon which the German language, German Ways and German Knowledge together with everything that is great and good which until now was only the property of the old Western World, may establish a new homeland here." [7]

By the time Muench and Follenius arrived, the 'Baron' Johann Wilhelm Bock, and his so-called Berlin Society, had already purchased land communally in the Lake Creek valley, as close as possible to Duden's farm. The Society consisted of Fredrick Rathje, his wife and Bock's daughter Emily; the Blumner brothers Charles and Augustus; and the Huttawa brothers, Julius and Edward, purchased five hundred acres in the area. A log house and a distillery were already on the property, and when Bock arrived the following year 1833, he built a nice brick home for his family. That same year families from the Osnabruck area arrived and settled east of Lake Creek, near Dortmund, and later Augusta, in Saint Charles County. They named small towns after their former homes in Germany: Cappeln, Melle, and Hamburg.

When 1834 dawned, Bock was busy creating the social world he was so fond of. A wealthy estate owner in Mecklenburg,[5] Bock sold everything to fund the colony. He was the epitome of "a Latin Farmer" as Bock wasn't nearly as experienced in farming, as he was with Latin. He had attended school near Gotha, at Schnepfenthal, a famous reform school of the Enlightenment, where his fellow students were princes and sons of wealthy families. Later, he would even name a street for his admired former teacher, Salzmann. His financial resources allowed him the ability to hire workers for his distillery, and build a large home, where he entertained in the same style he had in Germany. Bock had been on his way to Philadelphia, to retrieve his family, and publish his announcement of his new Village of Dutzow, when Muench first met him that fateful August day in Cincinnati. Bock shattered Muench's group's spirits when he told them that Follenius had settled near him after the group had splintered and how he

hoped they would choose his village as their final destination.[6]

On November 14, 1835, a call for emigration to Dutzow in the ‚far west' appeared on the front page of the Alte und Neue Welt in the form of a petition to the Governor of Pennsylvania for conferring German the status of an official language in Pennsylvania, combined with the threat to found a German Republic in Missouri if he shouldn't! as a letter signed the „Berlin German Society for the founding of a German Republic in Missouri". It stated: „Everywhere German Societies having no other purpose than to maintain the German language and nationality, have established themselves. If they should not succeed with this in any other way, than by a general emigration to the far removed West, with the hope of maintaining

Lake Creek mit Friedrich Münchs ehemaliger Farm //
Lake Creek with Friedrich Muench's former farm

Huttawa bestanden, die fünfhundert Morgen Land in der Region erwarben. Ein Blockhaus und eine Destillerie waren bereits auf dem Grundstück vorhanden gewesen, und als Bock selbst im Folgejahr 1833 ebenfalls eingetroffen war, hatte er noch ein schönes Ziegelhaus für seine Familie dazugebaut. Im gleichen Jahr waren auch mehrere Familien aus der Osnabrücker Gegend angekommen und hatten sich östlich des Lake Creek niedergelassen, erst in der Nähe von Dortmund und später in Augusta, St. Charles County. Sie benannten die von ihnen gegründeten Dörfer und kleinen Städte nach ihren früheren Heimatorten in Deutschland: Cappeln, Melle und Hamburg.

Anfang des Jahres 1834 hatte Bock bereits mit Feuereifer begonnen, ein gesellschaftliches Leben aufzubauen, wie es seinen Vorstellungen entsprach. Bock hatte einen bedeutenden Landbesitz in Mecklenburg[5] verkauft, um die Kolonie zu finanzieren. Er war der Inbegriff dessen, was man sich unter einem „lateinischen Farmer" vorstellte, da er nicht annähernd so bewandert in der Landwirtschaft war, wie im Gebrauch

their German ways and culture, there they could establish a New State, where no foreign language would be forced on them".[8]

In the 23rd of July, 1836 issue of "Die alte und neue Welt": "On the 23rd of June we attended a meeting of an Association, the members of which set its purpose to be the establishment of a German colony. The plan - which had been drawn up for this and which was read to the meeting - met with attention and approval in general (...). We ourselves cannot help - but do heartily recommend this plan."[9] Eventually this colony, first formed in Philadelphia, would be called Hermann, which lay further west of Dutzow and Lake Creek on the Missouri River. Its terrain, architecture, and wineries would be a reminder of their villages back in Germany.

Vermutliche Überreste der sogenannten „Muench's church at Lake Creek" am Ortsrand von Dutzow // Probable remains of the so-called "Muench's church at Lake Creek" on the outskirts of Dutzow

```
Jeude, E.
- Olbers
1,M,none

Jeude, Franz
- Medora
22,6,m,joiner
Altenburg

Jeude, J.
- Olbers
38,m,farmer

Jeude, M.
- Olbers
35,f,none
```

des Lateinischen. Er hatte eine berühmte Reformschule der Aufklärungsepoche in Schnepfenthal bei Gotha besucht, wo Prinzen und Söhne aus wohlhabenden Häusern zu seinen Mitschülern gehört hatten. Später benannte Bock sogar eine Straße nach seinem hochgeschätzten ehemaligen Lehrer Salzmann. Seine finanziellen Ressourcen erlaubten es ihm, Arbeiter für die Destillerie einzustellen und ein repräsentatives Haus zu errichten, wo er – wie zuvor in Deutschland – häufig Feste und Gesellschaften abhielt. Bock hatte sich auf dem Weg nach Philadelphia befunden, um seine Familie abzuholen und die Gründung seines neuen Dorfes Dutzow bekanntzumachen, als er Friedrich Münch im August 1834 in Cincinnati zum ersten Mal begegnete. Bock hatte damals alle Hoffnungen von Münchs Gruppe zerstört, als er ihnen erzählte, dass Follenius sich nicht weit von seinem eigenen Haus angesiedelt habe, nachdem seine Gruppe sich aufgelöst hatte, und der Hoffnung Ausdruck gab, dass sie sich ebenfalls in seinem Dorf niederlassen würden.[6]

Auf der Titelseite der Zeitung „Die alte und neue Welt" erschien am 14. November 1835 ein Aufruf zur Auswanderung nach Dutzow in den „fernen Westen", unterschrieben vom „Berliner deutschen Verein zur Gründung einer deutschen Republik im Missouristaate": „Allenthalben haben sich deutsche Vereine gebildet, welche keinen anderen Zweck haben, als die deutsche Sprache und Nationalität aufrecht zu erhalten, und sollten sie am Ende nicht anders dazu gelangen, als durch eine allgemeine Auswanderung nach dem fernen Westen, wo sie mit der Hoffnung, ihr Deutschthum zu erhalten, einen neuen Staat gründen werden, in welchem ihnen nicht eine fremde Sprache aufgedrungen werden kann."[8]

Dieselbe Zeitung verkündete am 23. Juli 1836: „Am 20. d. M. Abends wohnten wir der Versammlung eines Vereines bei, dessen Mitglieder die Bildung einer deutschen Colonie bezwecken. Der Plan, der hiezu entworfen war und in der Gesellschaft vorgelesen wurde, schien im Ganzen Aufmerksamkeit und Beifall zu finden. [...] Wir selbst können die Sache nicht anders als herzlich empfehlen [...]."[9] Später sollte diese in Philadelphia gegründete Kolonie den Namen Hermann erhalten. Sie lag am Missouri westlich von Dutzow und Lake Creek. Ihre Lage, Architektur und Weingüter erinnerten deutlich an die Heimatdörfer der Immigranten in Deutschland.

In der Ausgabe von „Die alte und neue Welt" vom 30. Juli 1836 erklärte Bock: „Wie in der östlich amerikanischen Welt der Gedanke an einen deutschen Staat in unserer Gegend Wurzeln fassen konnte, läßt sich erklären, wenn man bedenkt, [...] daß die Gießener Auswanderungsgesellschaft diesen Plan hatte und in Deutschland in einer kleinen Broschüre bekannt machte; nun ließen sich aber die Führer dieser Gesellschaft, Herr Paul Follenius und Herr Pfarrer Münch, im Warren County nieder. [...] Dieser mein Plan war, das engere Zusammenleben unbegüterter deutscher Auswandererfamilien zu begünstigen, – nicht das der Einzelnen, denn diese schlagen sich allenthalben durch, wenn sie nur nicht körperliche Arbeit scheuen, oder leiden wenigstens, wenn sie sich unglücklich fühlen, allein. [...] [Und dass] die fremdartige Lebensweise der Amerikaner und der Einwanderer, geistig sowohl wie materiell, dem deutschen Gemüthe anwiderte [...]. Aus diesem Grunde entstand bei mir die Idee der Anlegung eines Fleckens, welchem ich den Namen meines frühern Wohnortes, Dutzow, gab. [...] Es sind 108 Hausplätze oder Lots, jedes einen halben Acker groß, ausgelegt; die Straßen von 50 Fuß Weite und nach Namen ausgezeichneter Deutscher benannt. [...]

Der Flecken Dutzow ist in Warren County, Mo., für deutsche einwandernde Familien angelegt, welche lieber auf deutsche Weise zwischen einer deutschen als englisch-amerikanischen

Friedrich Münchs ehemalige Farm, ca. 1930er Jahre //
Friedrich Muench's former farm, ca. 1930s

In the following issue of the Die alte und neue Welt, on July 30, 1836 Bock set forth: „The thought of how a German State in our region could have taken roots ... can be best explained ... with the fact that the Giessen Emigration Society had this plan and published it in a small brochure in Germany. And now the leaders of this Society, Paul Follenius and the Reverend Münch have settled in Warren County. This was my plan: To make it possible for German emigrant families who are not well off to live close together, not singly. ... And the foreign ways, mentally and materially of the Americans and other emigrants, appear so distasteful to the German ... I came up with the idea of establishing a village – not a town – which I have named Dutzow, after the name of my former place of residence. 168 lots have been laid out, each the size of a half acre with streets which are 50 feet wide and have been named after admirable Germans. ... The village of Dutzow in Warren County Missouri is intended for German families who prefer to live in the German way among Germans instead among English-American inhabitants. ... Where they will live among other German families, and wear clothes that were brought from home which are not considered 'strange' by others, and so that the vanity of the females will not force men into great expense". ... "Only through their industriousness, cleanliness, decent and moral behavior, knowledge of languages and education in other scientific subjects, can the German immigrants earn the respect of the rest of the American free states for themselves. And then the idea to ‚use' the Germans, instead of blacks, will gradually disappear".[10] Bock too, was counting on thousands of Germans flooding the Missouri River valley.

During the 1830s, following a huge banking crisis, and financial recession, Missouri had begun to fill with wealthy tobacco, and hemp plantation owners, from the eastern states of Kentucky and Virginia. These settlers had seen their properties in the east devalued, and their markets crash. Their lifestyle was dependent on the "use" of slaves. The labor intensive crops required them to own, and breed, blacks for this work. The land in Missouri was cheap and wide open, and the only competition the plantation owners saw, were these newly arriving Germans. Some Germans arrived indentured and were willing to "work off" their passage, by selling their labor to their redemptioners, like slaves. A few of these Anglo-Americans preferred Germans as servants to the black slaves, feeling they could be trusted not to run off in search of freedom. Some of the wealthy and newly arrived Germans, whose families had had servants in Germany, would rather hire a young female black to help their wives, than a fellow German. The hard frontier life, of which many were unsuited, drove many of the wealthy and educated to desperate measures. The Germans were hard working, and would work long hours, with only their sons, not slaves to help improve their farms. This was where the struggle between the slave owners and the Germans began. It was for the land. The land where Germans had invested everything they had, leaving behind what little land they had had, and their families, to create a better life in the U.S. for future generations.

That life demanded a good education for their families. On October 31, 1839, a group of area Germans,[11] purchased Lot 45 in the village of Dutzow, from Bock[12] and a small log building was erected where Muench taught the local children. Muench also performed forty seven the weddings here[13,] such as Bock's daughter, Charlotte, to Joseph Anton Wiedner on the 8th of May, 1843 in what he called "The German

Georg Münchs Sägemühle und Farm, 1848, von Theodore Bruere //
George Muench's sawmill and farm, 1848, by Theodore Bruere

Church at Lake Creek". This was the only American "church" Friedrich ever served.

Bock had originally declared that his "plan" should be considered a failure if in ten years, a German capitol had not arisen. Dutzow, failed to materialize as a great German Capitol, and in 1843, he moved to Saint Charles where he died. His daughter Charlotte's husband, Joseph Anton Wiedner, was a business partner Eugene Gauss, the son of the famed mathematician Carl Gauss from Gottingen. The young Gauss had struck out for the U.S. in 1830, after reading Duden's book. He first worked for a fur trading company as an Indian translator. Well known and familiar with all the early Saint Charles families, he and Wiedner opened a huge trading company in St. Charles, providing Gauss the funds to purchase Bock's failed village of Dutzow.[14]

Georg Münch //
George Muench

Bevölkerung leben wollen, [...] wo zwischen andern eingewanderten Familien die mitgebrachten Kleidungsstücke keinen Anstoß erregen, und die Eitelkeit des weiblichen Geschlechts den Mann nicht gleich zu großen Ausgaben zwingt [...].

Nur dadurch, daß die deutsche Einwanderung sich durch regen Fleiß, Reinlichkeit, redliches und anständiges Bestragen, Sprachkenntnis, nicht bloß der deutschen und englischen, sondern auch anderer, und sonstige wissenschaftliche Ausbildung auszeichnet, kann sie sich die Achtung der übrigen Einwohner des amerikanischen Freistaates erzwingen; und die Idee, die Deutschen als Stellvertreter der schwarzen Bevölkerung zu benutzen wird allmählig bei den Einwohnern englischer und anderer Abkunft verschwinden."[10] Auch Bock rechnete damit, dass sich mit der Zeit einmal Tausende von Deutschen im Missouri-Tal ansiedeln würden.

In den späten 1830er Jahren begannen sich – nach einer großen Bankenkrise und anschließender finanzieller Rezession – wohlhabende Besitzer von Tabak- und Hanfplantagen aus Kentucky und Virginia in Missouri niederzulassen. Diese Siedler hatten erlebt, wie ihr Eigentum im Osten an Wert verloren hatte und ihre Absatzmärkte zusammengebrochen waren. Ihr Lebensstil war abhängig von der „Nutzung" von Sklaven. Der arbeitsintensive Anbau ihrer Produkte schien es aus ihrer Sicht ganz selbstverständlich zu erfordern, Schwarze für diese Aufgaben einzusetzen und zu „halten". Das Land in Missouri war billig und weiträumig, und mit die einzige ernstzunehmende Konkurrenz, der sich die Plantagenbesitzer gegenüber sahen, waren die neu eintreffenden Deutschen. Zwar hatten sich einige von ihnen für die Überfahrt in Schuldknechtschaft (im Rahmen des sog. Redemptionersystems) begeben müssen und sich bereit erklärt, die Kosten für ihre Überfahrt abzuarbeiten, indem sie sich selbst fast wie Sklaven an die Plantagenbesitzer verkauften. Diese zogen sie oftmals den schwarzen Sklaven vor, da sie darauf setzten, dass die deutschen Immigranten nicht auf der Suche nach Freiheit fortlaufen würden. Andererseits fühlten sich auch viele wohlhabende und gebildete Deutsche durch die ungewohnten Strapazen des Frontierlebens zu verzweifelten Maßnahmen gezwungen. Viele von ihnen, deren Familien auch in Deutschland Bedienstete besessen hatten, stellten in Amerika beispielsweise Sklavinnen als Dienstmägde ein.

Die meisten deutschen Einwanderer jedoch waren fleißige Farmer, die viele Stunden am Tag nur mit Unterstützung ihrer Söhne und ganz ohne Sklaven daran arbeiteten, ihre Landwirtschaft zu entwickeln. Hier begann die Auseinandersetzung zwischen den Sklavenhaltern und den Deutschen. Es ging um das Land. Jenes Land, in das viele Einwanderer ihr gesamtes Vermögen investiert und dem sie ihren geringen Besitz in der alten Heimat zum Opfer gebracht hatten – alles, um ihren Enkeln und Urenkeln ein besseres Leben in den USA zu ermöglichen.

Eben diese Hoffnung auf ein besseres Leben schien ihnen auch eine gute Schulbildung für ihre Nachkommen zu erfordern. Am 31. Oktober 1839 erwarb eine Gruppe von Deutschen aus der näheren Umgebung[11] das Grundstück Nr. 45 in Dutzow von Johann Wilhelm Bock[12] und errichtete dort eine kleine Blockhütte, in der Friedrich Münch die Kinder aus der Gegend unterrichtete. Zugleich hielt Münch hier auch zahlreiche Hochzeitsgottesdienste ab[13], wie etwa denjenigen zur Verehelichung von Bocks Tochter Charlotte mit Joseph Anton Wiedner am 8. Mai 1843. Die „Deutsche Kirche am Lake Creek" war die einzige amerikanische „Kirche", in der Münch jemals Gottesdienste abhielt.

Bock hatte einstmals erklärt, dass sein ambitionierter Siedlungsplan als Misserfolg bezeichnet werden müsse, wenn binnen zehn Jahren noch keine deutsche Hauptstadt errichtet worden sei. Zu seinem Bedauern entwickelte sich Dutzow nicht zu dieser großen deutschen Hauptstadt und Bock zog 1843 zu seiner Tochter Charlotte nach St. Charles, wo er auch starb. Charlottes Ehemann Joseph Anton Wiedner war ein Geschäftspartner von Eugen Gauß, Sohn des berühmten Mathematikers Carl Friedrich Gauß (1777-1855) aus Göttingen. Der junge Gauß hatte sich nach der Lektüre von Dudens Buch 1830 auf den Weg in die USA gemacht, wo er zunächst als Übersetzer für die Indianer in einer Pelzhandelsgesellschaft tätig gewesen war. Da er gute Verbindungen zu vielen alteingesessenen Familien in St. Charles unterhielt, gelang es ihm und Wiedner dort ein großes Handelsunternehmen zu errichten. Die hieraus bezogenen Einkünfte verschafften Gauß die finanziellen Mittel, um binnen einiger Jahre Bocks gescheitertes Dorf Dutzow selbst zu erwerben.[14]

Während Paul Follenius im September 1834 noch immer Jacob Hauns Familie bei sich beherbergen musste, hatte

While Paul had Haun and his family living with him, in September 1834, Muench's situation wasn't much better. The former farm of Augustus Blumner had once been owned by Ludwig Eversmann, and lay between Follenius and Duden's farm. The small rough log cabin, with a nearby family cemetery, would become Friedrich Muench's one and only home in America.[15] It lay on a rise above the road which ran along the east side of Lake Creek, providing a rough shelter that first winter, for Muench's family; Louise, his children, Pauline, Adolph and their youngest baby Richard. The small log house was cold and drafty, but was a better haven than no building at all. When Friedrich and Luisa's first born, Richard, died less than two weeks after his first birthday on November 13, he was the first Muench to be buried in Missouri. It was a small family graveyard on the hillside, east of the house, up the hill beyond the orchard. This left only seven-year old Pauline, born in 1827, and six-year old Adolph, born in 1828, by Muench's first wife, Marianne Fredericka Borberg.

Julius was born the next year, on October 5, 1835. Muench hired cabinetmaker Jonathan Kunze, a fellow member of the Giessen Emigration Society, to help Muench improve and enlarge the tiny log building for his growing family. Clapboard siding was applied for better protection against the elements. The addition would provide a "study" for Muench's writing, on topics such as viticulture, farming, philosophy, religion, and emigration. With submissions, in newspapers and journals from Saint Charles to Germany, it provided some extra funds for his rapidly growing family. Muench purchased more land for himself,[16] and his sister Louisa[1]as well. When his brother George arrived in 1837 with his second wife Charlotte Strack, and their baby, George bought land from Friedrich, along

In 1843, another former member of the Giessen Society, 42 year old Franz Hillenkamp, living south of St. Charles in Cottleville, wrote his friend Lorenz Schulte, back in Valmede Germany.

"However, with the regard to religion, it is different, some people might think it fatal. The old women in Valmede would bless themselves with the sign of the cross, if they knew that I never go to church, that during Lent I eat meat three times a day, that my children are not baptized, and yet, in the end, will enter the same heaven as all those who follow the ministers scrupulously. I, on my part, live in a way as our forefathers and pray in the large book of nature, live a good and law abiding life, and don't bother about the fairy tale of original sin. But enough of this, I am in a free country, you my friend are in an unfree country. Here, one may say his opinion freely and openly, but you have to keep quiet, otherwise you could run the danger like thousands of innocent people who have been roasted and burned at the stake."[21]

//

Lake Creek between his brother Friedrich and his brother-in-law Paul,18 where he built a sawmill.

Photophilus

Muench had begun writing back in Germany in 1823, when he published a small rationalist pamphlet, Jesus, Son of God.[19] In Missouri, Muench became embroiled in more religious arguments with Dr. Johann Gottfried Büttner. The newspaper, Das Westland carries an article by Protestant missionary Büttner who had visited Dutzow in the fall of 1835, and reported back to his Lutheran West Pennsylvanian Synod about his disappointment in Muench over his unwillingness to form a congregation. Muench took serious issue with the missionary, and insisted that it was more important to educate the young people in the area to become capable members of the State.

This he did, first in his home, and then from 1839 in the small log building in Dutzow. Büttner's criticism incited a response, and Muench's first theological writing in the U.S., published in the St. Louis newspaper, the Anzeiger des Westens served to escalate the issue. Muench, using the pen name Photophilus, or Friend of Light wrote: "The individual has inalienable and indispensable rights in the so often abused area of religion. … There is implied fundamental conceptual separation and distinction between church, or any ecclesiastical organization, and state" and "creedal systems and religious customs are merely the incidental robe of religion."

Soon the controversy was joined and fueled by others, such as the "German Farmer in Bonhomme Bottom" which was a pseudonym used by their wealthy fellow German, Karl Angelrodt.

Hermann Garlichs

Im Jahr 1843 schrieb ein weiteres ehemaliges
Mitglied der Gießener Gesellschaft, der 42-jähri-
ge südlich von St. Charles in Cottleville lebende
Franz Hillenkamp, an seinen Freund Lorenz
Schulte in Velmede in Deutschland:

„In Hinsicht der Religion, so würden sich gewiß
die alten Frauen in Velmede bekreuzigen und
sagen wenn sie hörten, daß ich nie zur Kirche
ginge, in der ganzen Fasten[zeit] 3mal des Tages
Fleisch esse, meine Kinder noch nicht einmal ge-
tauft sind, u. s. w. und doch am Ende in denselben
Himmel zu kommen gedenke, [wie all jene], die
diesem Pfaffenmachwerk pünktlich nachkommen.
Ich für meinen Theil lebe in dieser Art wie die
alten Erzväter und bete im großen Buch der Natur,
lebe wie immer [ein gottes- und gesetzesfürchti-
ges Leben,] und kehre mich wenig um das Mär-
chen von der Erbsünde. Doch genug hiervon, ich
bin in einem freien und Sie mein Freund in einem
unfreien Lande, hier darf man seine Meinungen
frei und offen sagen, Sie würden aber schweigen,
sonst könnten Sie Gefahr laufen wie tausende
unschuldige Menschen vor unserer Zeit geröstet
und verbrannt zu werden."[21]

Eduard Mühls Druckerpresse für den „Licht-Freund" und
das „Hermanner Wochenblatt" //
Eduard Muehl's printing press for the "Licht-Freund"
and the "Hermanner Wochenblatt"

Im August 1834 schrieb ein unbekannter deutscher Einwanderer aus Warren County nach
Deutschland:
„Doch will auch schon das Böse bei uns wuchern;
so treiben einige frömmelnde Geistliche bereits
hier ihren Predigerunfug, der jedoch an dem
gesunden religiösen Sinne der Colonisten ein
unübersteigliß Hinderniß finden wird."
(Oldenburgische Zeitung, 19.12.1834)
//
*In August 1834 an unknown German immigrant
from Warren County wrote to Germany:
"Evil wants to run rampant here with us, as
well; some sanctimonious clergymen are already pushing their preachy nonsense, which
nevertheless will meet with an insurmountable
obstacle in the healthy religious sensibilities of
the colonists."*

sich auch Münchs Situation zu diesem Zeitpunkt nicht
wesentlich verbessert. Er hatte die Farm von Augustus Blümner
übernommen, die zuvor im Besitz von Ludwig Eversmann
gewesen war und zwischen Follenius' und Dudens Farm lag. Die
kleine, grob behauene Blockhütte mit einem nahe gelegenen
Familienfriedhof sollte sein erstes und auch letztes Zuhause
in den USA werden.[15] Sie lag auf einer Anhöhe über dem
Weg, der entlang der Ostseite des Lake Creeks verlief und bot
während des ersten Winters zumindest einen provisorischen
Unterschlupf für Münchs Familie: seine Frau Luise und seine
Kinder Pauline, Adolf sowie Richard (das Erstgeborene von
Friedrich und Luise). Die kleine Holzhütte war kalt und zugig,
aber trotz allem eine bessere Zuflucht als gar keine Behausung.
Als Richard weniger als zwei Wochen nach seinem ersten
Geburtstag am 13. November starb, war er das erste Mitglied
der Familie Münch, das in Missouri auf dem kleinen
Familienfriedhof begraben wurde – auf einem Hügel östlich
des Hauses und oberhalb der Plantage. Somit blieben dem
Paar zunächst nur die 1827 geborene siebenjährige Pauline
und der 1828 geborene sechsjährige Adolf; beide von Münchs
erster Frau Marianne Fredericka Borberg. Ein weiteres Kind,
Julius, wurde jedoch im darauf folgenden Jahr, am 5. Oktober
1835, geboren. Münch beauftragte den Schreiner Jonathan
Kunze, ein ehemaliges Mitglied der Gießener Auswanderergesellschaft, ihm bei der Verbesserung und Vergrößerung der
winzigen Blockhütte für seine wachsende Familie zur Hand
zu gehen. Unter anderem wurde eine Verkleidung mit Dach-
schindeln zum besseren Schutz vor den Witterungseinflüssen
angebracht. Zudem bot die Erweiterung auch Raum für ein
kleines „Studienzimmer", wo Münch in den Folgejahren seine
Schriften zu Themen wie Weinbau, Landwirtschaft, Philosophie,
Religion und Emigration verfasste. Seine Texte reichte er
bei Zeitungen und Zeitschriften in den USA, aber auch in
Deutschland ein und trug damit zusätzlich zur Versorgung der
Familie bei. Außerdem kaufte Münch weiteres Land für sich[16]
und seine Schwester Louisa[17]. Als 1837 sein Bruder Georg mit
seiner zweiten Ehefrau Charlotte Strack und ihrem Baby eintraf,
übernahm dieser einen Teil von Friedrichs Land am Lake Creek[18]
und errichtete dort ein Sägewerk.

When the Pennsylvanian Synods united in the battle against free-thought (Freigeisterei) and infidelity Muench, asked like minded Germans to "ally themselves for the sake of light and truth" and "to unitedly stem the tide of priestly pretension and nonsense." This had a polarizing effect. Henry Haverstick, a Lutheran missionary from Pennsylvania, visited Missouri in 1835, and reported:

"I had frequent opportunities ... to observe how strong is the prejudice, how deep-rooted is the distrust, evinced by very many German emigrants in reference to gospel ministry in general. Accustomed in their native land to a union of church and state, and hence accustomed to regard the ministry as an essential part of that system of oppression under which they groaned ... they too often retain their ancient prejudices ... they boldly expressed their belief that some plan had been devised to bind the people through such an agency with ecclesiastical fetters!"[20]

These sentiments were indicative of the sentiment at that time many of the German-Americans to be hostile to any ecclesiastical organization that resembled the State churches in Germany. Muench coupled this idea, with his very real fear that those families arriving every day, the "slaveholder aristocracy" might become a type of monarchic restitution in the U.S., like that which had already occurred in France. Since Missouri was filled with slave owners from the southern states, this soon set the scene for what was to become a war between Confederates and Germans. Soon the issue of freedom, whether it be in religion, in speech or human bondage, would all be seen as one.

Muench had begun to give "Rationalist" talks in several communities, both German-American and Anglo-American, which provided him a

Photophilus

Münch hatte bereits in Deutschland begonnen, sich der Schriftstellerei zu widmen; 1823 hatte er das kleine rationalistische Pamphlet „Jesus, der Gottes-Sohn"[19] herausgebracht. Bald nach seiner Ankunft in Missouri verwickelte er sich nun wiederum in religiöse Auseinandersetzungen mit dem protestantischen Missionar Dr. Johann Gottfried Büttner. Die Zeitschrift „Das Westland" druckte einen Artikel Büttners, der Dutzow im Herbst 1835 besucht hatte und nunmehr der lutherischen Synode von Westpennsylvanien seine Enttäuschung über Münchs Widerwillen gegenüber einer Gemeindegründung berichtete. Münch fühlte sich von Büttner persönlich angegriffen und beharrte darauf, dass es wichtiger sei, den jungen Leuten in der Region eine angemessene Schulbildung zu gewähren, um sie zu fähigen Staatsbürgern zu erziehen. Auf dieses Ziel hatte er seit seiner Ankunft hingewirkt, zuerst in seinem eigenen Haus und später ab 1839 im erwähnten kleinen Holzbau in Dutzow. Büttners Kritik veranlasste Münch zu einer Gegenschrift. Sein erster theologischer Aufsatz in den USA wurde im „Anzeiger des Westens" in St. Louis veröffentlicht und ließ den Konflikt noch weiter eskalieren. Unter dem Pseudonym „Photophilus" oder „Freund des Lichts" schrieb Münch, das Individuum habe „unveräußerliche und unabdingbare Rechte auf dem so oft missbrauchten Feld der Religion". Er forderte die „fundamentale begriffliche Trennung und Unterscheidung zwischen der Kirche oder jeder anderen kirchlichen Organisation und dem Staat" und gab seiner Meinung Ausdruck, dass „Glaubensbekenntnisse betreffende Systeme und religiöse Bräuche (...) lediglich nebensächliche Gewänder der Religion" seien. Bald wurde die Kontroverse von anderen aufgegriffen und weiter angefacht, wie dem „Deutschen Farmer in Bonhomme Bottom" (ein Pseudonym des wohlhabenden Deutschen Karl Angelrodt).

Paul Follenius Farmhaus //
Paul Follenius' farm house

Als die Synoden Pennsylvaniens sich im Kampf gegen Freigeisterei und „Unglauben" verbündeten, forderte Münch gleichgesinnte Deutsche auf „sich für das Licht und die Wahrheit zusammenzuschließen" und „sich gemeinsam der Flut priesterlicher Anmaßung und Unsinns zu widersetzen". Dies hatte einen polarisierenden Effekt. Henry Haverstick, ein lutherischer Missionar aus Pennsylvanien, besuchte 1835 Missouri und berichtete: „Ich hatte mehrere Gelegenheiten (…) zu beobachten wie mächtig das Vorurteil, wie tief verwurzelt das Misstrauen war, das sehr viele deutsche Emigranten gegenüber geistlichen Ämtern im Allgemeinen zu erkennen gaben. Gewöhnt an die Verbindung von Kirche und Staat in ihrem Heimatland, und daher vertraut damit, den geistlichen Stand als einen wesentlichen Bestandteil dieses Systems der Unterdrückung, unter der sie litten, zu betrachten (…), halten sie oftmals an ihren alten Vorurteilen fest […]. Lautstark taten

„Wer von Euch kann sich rühmen ein Ureinwohner zu sein?"
(Friedrich Münch, Rede zum amerikanischen Unabhängigkeitstag 1840. Muench Family Papers Missouri History Museum, St. Louis)
//
"Who of you may boast of being a native here?"
(Friedrich Muench, 4th of July speech, 1840)

197

Hermann, Missouri

larger awareness of the religious needs of the Germans. This only increased the polarization between himself and the area churches, as he alternated with them for the Sundays they used the little building in Dutzow.

His family had grown since 1837, next with the birth of Sophie, who did not survive till her first birthday. She joined Richard in the graveyard on the top of the hill. Then in 1839, Emilie was born, followed quickly by Ferdinand in '41, and Rudolph in July of 1842. Rudolph died in November, just four months old, and was the third of Friedrich's to be buried on the hilltop. Muench's ninth child and sixth son, Berthold, was born 23 March of 1843.

Muench emphasized that he would rather be a "freely elected teacher of religion, rather than a "decreed, hypocritical priest". He felt he was competing with local Evangelical pastor Hermann Garlichs, from Bremen, who complained, Muench preaches in two rationalist congregations founded by him and his brother George.[22] A faction of Garlich's congregation joined Muench's "talks every other Sunday, in a nearby log building, like the area Germans liked to listen to"[23]. in Dutzow. Later, Muench would recall this was "perhaps the oldest of such free congregations in America … the one founded by myself and several like-minded many years ago here in the free west, which now consists to a greater extent of such members who, through our endeavor, were wrenched from the fetters of the old orthodoxy."[24]

Muench was demanding his fellow Germans: "Did we escape the European misery, did we choose the freest land on earth as our home in order to voluntarily bow ourselves here under the most disgraceful servile yoke which human ignorance and malice can devise, namely the yoke which is not imposed upon the body but upon the noblest part of the human being, his reason"[25]

Muench had been corresponding with Eduard Muehl of Cincinnati, and by 1843, Muench convinced him to move his German newspaper, the Licht-Freund, to the new young German settlement called Hermann on the south side of the Missouri River, about 75 miles

sie ihre Ansicht kund, dass irgendein Plan geschmiedet worden sei, die Menschen über derartige Einrichtungen an kirchliche Fesseln zu binden!"[20] Diese Äußerungen sind bezeichnend für die Auffassung jener Zeit, dass viele Deutsch-Amerikaner jeglicher kirchlichen Organisation feindselig gegenüber standen, die sie an die Staatskirchen in Deutschland erinnerte. Bei Münch verbanden sich derartige Gefühle jedoch auch mit der sehr starken Furcht, dass es durch die täglich eintreffenden Südstaaten-Familien der „Sklavenhalter-Aristokratie" zu einer Art monarchischer Restauration in den USA kommen könne, wie dies bereits in Frankreich der Fall gewesen war. Da es in Missouri sehr viele Sklavenhalter aus den Südstaaten gab, bildete dieses Verhältnis den Hintergrund für jene Stimmungen, aus denen sich einmal der offene Konflikt zwischen Konföderierten und Deutschamerikanern entwickeln sollte. Bald wurde die Sache der Freiheit, sei es der Person, der Religion oder der öffentlichen Meinungsäußerung als ein großes Ganzes verfochten.

Münch begann, „rationalistische" Vorträge in mehreren deutsch- und angloamerikanischen Religionsgemeinden abzuhalten, was dazu beitrug, ihm eine bessere Kenntnis von den religiösen Bedürfnissen der Deutschen zu vermitteln. Dies führte jedoch nur zur weiteren Polarisierung zwischen ihm und den regionalen Kirchenvertretern, da beide an den Sonntagen das kleine Gebäude in Dutzow abwechselnd nutzten.

Münchs Familie hatte seit 1837 weiteren Zuwachs bekommen, zunächst mit der Geburt von Sophie, die ihren ersten Geburtstag nicht überlebte. Sie wurde neben Richard auf dem Hügel begraben. 1839 kam eine weitere Tochter, Emilie, zur Welt, rasch gefolgt von Ferdinand 1841 und Rudolph im Juli 1842. Rudolph starb im November, mit nur vier Monaten, und war das dritte Kind, das Friedrich auf dem Hügel beerdigte. Münchs neuntes Kind und sechster Sohn, Berthold, wurde schließlich am 23. März 1843 geboren.

Licht-Freund.

t ober Alles, und das Gute behaltet. [1 Cor. 5, 21.] | Welche Religion ich bekenne? Keine von allen, die Du mir nennst.—Und warum keine? Aus Religion. [Schiller.] | Es giebt unermeßliche Zeiten, was aber ewig findet immer seine Zeit.

Herausgegeben von E. Mühl und Strehly.

Jahrgang 4.   Hermann, Mo., Mittwoch, May. 1. 1844.   No. 21.

edingungen.—Dieses Blatt erscheint monatlich zweimal und kostet 1 Dollar jährlich. Ohne Vorausbezahlung wird kein Blatt ausgegeben. Agenten, welche ebi sbezahlung Unterschreiber annehmen, machen wir für die Bezahlung verantwortlich. Alle Briefe und Mitteilungen, so wie Geldsendungen, müssen postfrei eingesant s. Alle Herausgeber deutscher Zeitungen welche mit uns wechseln, sind ersucht, sich der Agentschaft zu unterziehen.

Die wichtigsten Prinzipien des Vereins der Vernunftgläubigen:

„Daß wir ueber folgende Grundsätze einverstanden sind.

a.) Fuer den Menschen als vernuenftiges Wesen kann nichts als Wahrheit gelten, was mit den Gesetzen des vernuenftigen Denkens in Widerspruch steht, und die gebildete Vernunft soll die Richterin sein ueber Alles, was als Lehre dargeboten wird; ihr Ansehen kann durch nichts Anderes ueberboten werden.

b.) Der Glaube an ein höchstes geistiges Wesen, betrachtet als Urheber, Ordner und Erhalter der Welt; die Hoffnung auf unsterbliches Leben fuer unsere Seele; die Ueberzeugung, daß wir nur durch unausgesetztes Streben nach Sittlichkeit und geistiger Vervollkommnung unsere Menschenbestimmung erreichen können, sind das Wesen aller Religionen und die einzigen Religionslehren, welche unbestreitbar erscheinen.

c.) In dem ursprünglichen und unverfälschten Christenthume sind die genannten Lehren so trefflich und ueberzeugend ausgesprochen, daß wir umso freudiger zu jenem Christenthume uns bekennen, da wir in demselben zugleich die vollste Uebereinstimmung mit der gebildeten Vernunft finden.

d.) Die Formen, unter welchen zum Theil das Christenthum in die Welt eingefuehrt wurde, betreffen nicht das Wesentliche desselben; die Zusätze, durch welche Mißverstand und Aberglaube es entstellt haben, sind mit dem ursprünglichen Geiste jener Lehre in Widerspruch;- und die Beimischung alles im eigentlichen Sinne Wunderbaren ist einer Denkungs- und Vorstellungsart zuzuschreiben, welche mit der Bildung unserer Zeit sich nicht mehr verträgt."[28]

//

The main principals of the Association of Rationalists:

"a) that for man as a rational being nothing can be considered as truth that contradicts the laws of rational thinking; and that educated reason, insuperable in itself, shall be the judge over everything offered as teaching or dogmata;

b) the belief in a Supreme Being as creator, steward and preserver of the universe; the hope of an immortal life for the soul; the conviction that only though incessant striving for morality and spiritual perfection human destination can be achieved. And that these principles are the essence of all religion and the only incontestable religious teachings.

c) that in the original and unadulterated Christianity these teachings are expressed in a convincing manner, and in the utmost accordance with educated reason;

d) the forms in which Christianity was partially introduced, do not concern its essence. The additions, through which irrationality and superstition distorted Christianity, contradict the original spirit of its teachings. And the admixture of everything specifically miraculous has to be attributed to a mode of conception incompatible with the state of education of our times."[28]

west of St. Louis, and about 20 miles further west of Dutzow. The settlement lay upon a steep hillside, and would prove itself an ideal spot for vineyards. The semi-monthly title alluded to the rationalist's Lichtfreunde movement in Germany, which was watched very closely by German Americans. In its very first Missouri issue, Muehl proposes the founding of an association called the "Friends of Light" which Muench and Follenius support. Follenius, in his St. Louis political paper Die Wage (The Scales) writing as "Compatriot" elaborated on the idea. In April of 1844, 38 charter members gathered in Augusta, in southern St. Charles County, about 35 miles west of St. Louis along the Missouri River, to pass resolutions to form the "Friends of Religious Enlightenment" with the name "Association of Rationalists" (Verein der Vernunftgläubigen)[26]. A committee member for each of the three counties St. Charles, Warren and Franklin, created a standing committee. Dr. Carl Ruge was from Franklin County and Friedrich Muench represented Warren County. In O'Fallon, west of St. Charles, Arnold Krekel who had just begun his law studies, and who would go on to become Provost Marshall during the Civil War, was also a member.

The meeting scheduled for August in '44 was cancelled when the worst flood ever spread

Münch betonte oft, dass er lieber ein „frei gewählter Religionslehrer sein wolle, als ein verordneter, scheinheiliger Priester". Er hatte das Gefühl, mit dem örtlichen, evangelischen Pastor Hermann Garlichs aus Bremen zu konkurrieren, der daran Anstoß nahm, dass Münch in zwei rationalistischen Gemeinden predigte, die er und sein Bruder Georg gegründet hatten.[22] Ein Teil von Garlichs' Gemeinde nahm an Friedrich Münchs Vorträgen teil, die er „an jedem zweiten Sonntag, in einem nahe gelegenen Holzgebäude in Dutzow, abhielt und denen die Deutschen der Umgebung gerne zuhörten"[23]. Jahrzehnte später blickte Münch auf dieses Thema zurück: „Vielleicht die älteste solcher Gemeinden in Amerika ist die von mir selbst und mehreren Gleichgesinnten vor vielen Jahren hier im freien Westen gestiftete, die jetzt zum größern Theile aus solchen Mitgliedern besteht, welche durch unser Bemühen den Fesseln der veralteten Orthodoxie entrissen wurden."[24] Seinen deutschamerikanischen Landsleuten rief er zu: „Sind wir dem europäischen Elend entkommen, haben wir das freieste Land auf der Welt zu unserer Heimat gewählt, um uns hier freiwillig dem schändlichsten, unterwürfigem Joch zu beugen, das Unwissenheit und Böswilligkeit ersinnen können, nämlich das Joch, das nicht dem menschlichen Körper, sondern dem edelsten Zug seines Wesens auferlegt wird: der Vernunft."[25]

Anfang der 1840er Jahre unterhielt Münch eine Korrespondenz mit dem Freidenker Eduard Mühl aus Cincinnati und überzeugte diesen schließlich 1843, mit seiner deutschen Zeitung „Licht-Freund" in die junge deutsche Siedlung Hermann zu ziehen, die sich am südlichen Missouri-Ufer etwa 120 Kilometer westlich von St. Louis und 30 Kilometer westlich von Dutzow befand. Die Siedlung lag auf einer steilen Anhöhe und sollte sich später als idealer Ort für den Weinbau erweisen. Der Titel der halbmonatlich erscheinenden Zeitschrift bezog sich auf die rationalistische Bewegung der „Lichtfreunde" in Deutschland, die von vielen Deutschamerikanern mit großem Interesse beobachtet wurde. In der ersten in Missouri erschienenen Ausgabe unterbreitete Mühl den Vorschlag, eine Vereinigung mit dem Namen „Freunde des Lichts" zu gründen, was Münch und Follenius unterstützten. Follenius behandelte unter dem Pseudonym „Landsmann" in seiner in St. Louis erschienenen politischen Zeitung „Die Wage" die Grundzüge der Ausführung dieser Idee. Im April 1844 trafen sich 38

Slave Census. Bei der Volkszählung 1850 wurden in einer eigenen Liste die zu einem Haushalt gehörenden Sklaven erfasst.
Linke Spalte, Nr. 38 und Nr. 39:
Fredrich Munch – Alter: 18; Geschlecht: weiblich; Farbe: schwarz
George Munch – Alter: 25, Geschlecht: weiblich; Farbe: schwarz
//
In the 1850 census, the slaves belonging to a household were contained in a separate list.
Left column, # 38 and # 39:
Fredrich Munch – age: 18; sex: female; colour: black
George Munch – age: 25; sex: female; colour: black

disease throughout the area, as the Missouri River reached the highest in memory that year. Licht-Freund editor Muehl attended the October 1844 meeting to announce a fourth group that had been formed in Hermann, and that they had lost a close friend, Paul Follenius.

Far West

In March of 1845, eleven more members joined the rationalists. Muehl published the minutes of the new association, and Muench's Concerning Religion and Christianity[27], was financed by the society. Muench's treatise spoke about the issues of slavery and emancipation; contains a section about the absurdity of the "Sabbath Law" and is credited with creating several "Free" Congregations in the area. These were the issue of the day.

The majority voted for the meeting to include prayer, singing and "lectures" and selected the Union Church in Augusta as one of the future sites for these meetings. Muench agreed to prepare the lectures, and from the outset, act as its preeminent intellectual figure. In 1846, Muench and others petitioned the State Legislature to drop or modify the strict "Sabbath Law" which banned all "worldly" activities, saying it infringed upon the constitutionally guaranteed separation of church and state. The St. Charles paper Missouri Patriot criticized the

petition, of the "Dutch Rationalists" prompting an indignant reply by Muench. This was more about Nativism than religion.

It was through the writing of Muench, as co-editor of the Licht-Freund in 1846, and his thorough familiarity with past and present German Bible scholarship, which helped the Licht-Freund attain the highest standard of all rationalist periodicals of the time period and for Muench to emerge as the leading theologian of the German American religious liberalism. The newspaper was the first to publish a German translation of Harriet Beecher-Stowe's Uncle Tom's Cabin.

Most members of the Association of Rationalists were educated Germans, such as Dr. Carl Ruge and his close friend, and fellow Giessen Society member David Goebel. Goebel lived near Washington, a prosperous German settlement on the southern bank of the Missouri River across from Dutzow. Initially the "Lectures" were more solemn than educational. In March of 1845, the majority voted for services with prayer, singing, and followed by a talk. In 1847, Muench publishes The Fundamental Articles of German Rationalism from A Treatise on Religion and Christianity, Orthodoxy and Rationalism, which states "There is a primitive or original revelation in man's rational nature; education, instruction, and study can develop the inborn

Gründungsmitglieder in Augusta, gelegen etwa 55 Kilometer westlich von St. Louis am Missouri im südlichen St. Charles County, um die versammelten „Freunde religiöser Aufklärung" zum „Verein der Vernunftgläubigen"[26] zusammenzuschließen. Der ständige Ausschuss wurde von je einem Vertreter der drei Countys St. Charles, Warren und Franklin gebildet. Dr. Carl Ruge repräsentierte Franklin County, Friedrich Münch vertrat Warren County und für St. Charles war Arnold Krekel aus O´Fallon Mitglied. Krekel hatte gerade mit seinem Jurastudium begonnen und sollte später im Bürgerkrieg Provost Marshal werden – eine Position, die ungefähr derjenigen des Leiters einer Militärpolizei entsprach.

Das für August 1844 vorgesehene Folgetreffen wurde abgesagt, als das verheerendste Missourihochwasser seit Menschengedenken hereinbrach und die Region mit Krankheiten heimsuchte. Auf dem anschließenden Treffen im Oktober 1844 hatte der „Licht-Freund"-Redakteur Mühl zu verkünden, dass sich eine vierte Gruppe des Vereins in Hermann gegründet hatte und dass ihr enger Freund Paul Follenius verstorben war.

Far West

Im März 1845 traten elf weitere Mitglieder den Rationalisten bei. Mühl publizierte regelmäßig die Sitzungsprotokolle der neuen Vereinigung; Münchs Abhandlung „Über Religion und Christentum"[27] wurde von den Mitgliedern der Gesellschaft finanziert. Die letztere Schrift befasste sich mit dem Thema der Sklavenemanzipation, aber auch der Absurdität des „Sabbatgebotes" der absoluten Sonntagsruhe; und soll einen Gutteil zur Gründung mehrerer „freier Gemeinden" in der Region beigetragen haben. Münch traf damit einen Nerv seiner Zeit.

Die Mehrheit der Gesellschaft stimmte dafür, Gebete, Gesänge und „Vorträge" in die Treffen einzubinden und wählte die Union Church in Augusta als einen der zukünftigen Orte für ihre Treffen. Münch war damit einverstanden, die Vorträge vorzubereiten und trat von Anfang an als intellektuelle Leitfigur des Vereins auf. 1846 stellte er gemeinsam mit anderen einen Antrag an die

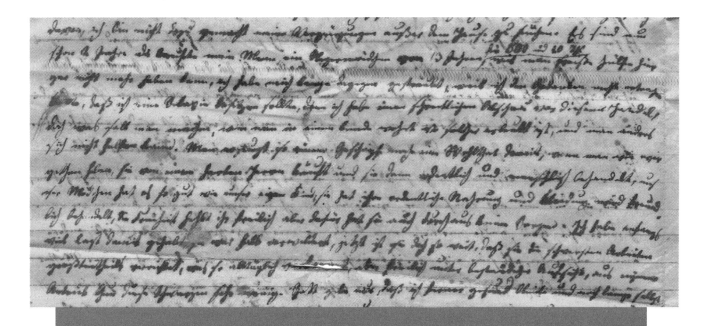

Pauline Münch Busch, undatierter Brief
Tochter Pauline beschreibt in einem Brief an ihre Tante in Deutschland von einem ethischen Konflikt, in den sie geriet:
Es sind nun schon 2 Jahre da kaufte mein Mann ein Negermädchen von 13 Jahren für 800 und 20 [...] weil man [...] Hülfe hier gar nicht mehr haben kann, ich habe mich lange dagegen gesträubt, weil ich den Gedanken nicht ertragen konnte, daß ich eine Sklavin besitzen sollte, denn ich habe immer schrecklichen Abscheu von diesem Handel, doch was soll man machen, wenn man in einem Lande wohnt wo solches erlaubt ist, und man anders sich nicht helfen kann. Man [...] so einem Geschöpfe noch eine Wohlthat damit, wenn man wie wir gethan haben, sie von einem harten Herrn kauft und sie dann [...]lich und menschlich behandelt, auch [...] Mädchen hat es so gut wie unser eigenes Kind, sie hat ihre ordentliche Nahrung und Kleidung wird freundlich behandelt, die Freiheit fehlt ihr freilich aber dafür hat sie auch durchaus keine Sorgen.[23]
//
Pauline Muench Bush, undated letter
Muench's daughter Pauline describes an ethical conflict she suffered in a letter to her aunt in Germany:
It has been 2 years now since my husband bought a negro Maid of 13 years for 800 and 20 … because you … can't get any help here, I was reluctant for so long as I can't stand the thought that I would own a slave, because I have always been disgusted by this trade, yet what can you do, when you live in a country where such a thing is allowed, and you can't help yourself in any other way. One … such a creature a good deed, if one does as we have, buying her from a hardened sir and then … treated humanely, even … has it as good as our own child, she has regular meals and clothing, is handled benevolently, and of course her freedom is absent but in its stead she has no worries.[23]

Pauline Münch Busch, unbekanntes Aufnahmedatum //
Pauline Muench Busch, year unknown

truth. Were these philosophical statements directed at free thought or the growing political debate of slavery? The debates waged on across Missouri, all centering on that issue of freedom that had brought Muench to America. Soon the pen name used most often, Far West, would be recognized by Germans everywhere.[29]

Slavery

When Missouri entered the Union in 1821, it came as a compromise, to a nation hoping to avoid the catastrophe that would prove to be inevitable. With a population of slave owners, the industry had found a stronghold in the State. Duden had skirted the subject, saying that in Missouri the owners were much more humane, and slavery was nothing like the deep south. But it was still slavery.

Gesetzgebung des Bundesstaates, das Sabbatgebot, das alle „weltlichen" Aktivitäten für jenen Tag untersagte, aufzuheben oder zu ändern, da es die verfassungsmäßig garantiere Trennung von Kirche und Staat einschränke. Der „Missouri Patriot" aus St. Charles kritisierte den Antrag der „Dutch Rationalists" (infolge der Lautähnlichkeit geriet das Wort „deutsch" in den USA nicht selten zum „Dutch" für Holländer), was eine entrüstete Antwort Münchs zur Folge hatte. Bei diesem Konflikt ging es allerdings wohl mehr um Fragen des Nativismus, als um die Religion.

Die publizistischen Beiträge Münchs als Mitherausgeber während des Jahres 1846 und seine enge Vertrautheit mit der älteren und gegenwärtigen deutschen Bibelkunde verhalfen dem „Licht-Freund" dazu, das höchste Niveau aller rationalistischen Zeitschriften jener Zeit zu erreichen. Münch trat dabei zugleich als einer der führenden Theologen des deutschamerikanischen religiösen Liberalismus hervor. Unter anderem veröffentlichte der „Licht-Freund" als erstes deutsches Blatt eine Übersetzung von Harriet Beecher-Stowes „Onkel Toms Hütte".

Die meisten Mitglieder des „Vereins der Vernunftgläubigen" waren gebildete Deutsche wie Dr. Carl Ruge und sein enger Freund David Göbel, ebenfalls ein ehemaliges Mitglied der Gießener Gesellschaft. Göbel lebte in Washington, einer florierenden deutschen Siedlung am Südufer des Missouri, gegenüber von Dutzow. Ursprünglich trugen die „Vorträge" eher feierlichen als bildenden Charakter. Im März 1845 stimmte eine Mehrheit der Vereinigung für die Abhaltung von Gottesdiensten mit Gebeten, Gesängen und anschließendem Gespräch. 1847 publizierte Münch in englischer Sprache „The Fundamental Articles of German Rationalism" in seiner Abhandlung „A Treatise on Religion and Christianity, Orthodoxy and Rationalism", worin er sich mit der „primitiven, ursprünglichen Offenbarung in der rationalen Natur des Menschen" befasste: „Erziehung", so Münch, „Anweisung und Studium" könnten die „jedem Menschen innewohnende Wahrheit" weiter entwickeln. Doch galten derartige philosophischen Aussagen überhaupt noch dem Freidenkertum oder nicht schon vielmehr den immer intensiveren Debatten über die Sklaverei? In ganz Missouri spitzten sich die Auseinandersetzungen zu – und alle drehten sich um das Thema der Freiheit, das auch Münch nach Amerika geführt hatte. Bald schon sollten Deutschamerikaner überall

French-Canadian fur traders and voyageurs and the American Indians had filled these valleys, until the arrival of the first Americans, like Daniel Boone, who had brought their slaves with them. Until the purchase of the Louisiana Territory from France, the status quo and slavery remained untouched. With Statehood in 1821, essentially nothing changed regarding slavery. Codes that were put in place were usually ignored. Germans like Muench were struggling to carve new lives out of the wilderness, and did not consider slavery an issue, and most Germans could not vote or not aspire to any government office - yet.

Muench's early Missouri life was filled with struggle to create a productive farm from his land. He had brought a German family, the Beckers, with him for help, but the arrangement didn't work out. Creating a farm was hard work, and even young Adolph was expected to help, as he had helped his father in Nieder-Gemünden. The family grew fast and his wife needed help. Muench's daughter Auguste had been born the 23rd of March 1846. In 1848, when daughter Pauline wed Gordian Busch of Franklin County, she left her mother at home with six young children. With the youngest, Wilhelm, less than three months old, Friedrich's wife Louise needed help, when the young baby died that summer in July.

By the next May in '49, Friedrich's twelfth child Eduard was born, and the United States Slave Schedule for 1850 in Warren County shows that a young black slave female is living on the property, to help his wife Louise. Friedrich's brother George had done the same for his wife Charlotte. Accustomed to having servants, Louise would need help raising so many children, born in the primitive frontier home.[30]

The issues of slavery fueled Nativism, and the Whig Party was controlled by slave-holding farmers in 1840. Also, the German population had swelled, with estimates of a population of 30,000 Germans in the State by 1840. "While immigrants became more involved in the political process, new German voters helped President Van Buren carry Missouri again in 1840, as they feared the worst from the victorious Whigs, most of who shared the Nativist prejudices. While a considerable number of Germans were eligible to vote by 1844 almost all voted Democratic, and helped Democrat James Polk carry Missouri enroute to the presidency. The ever-increasing German populations made the Democrats unbeatable, so long as they remained united."[31]

Life on the frontier began to ease. "The Germans do not allow themselves to be deprived of their amusements. Dancing and target shooting and such forms of recreation flourish here more in the German villages."[32]. The legislature responded with the "Blue Law" which dictated against certain activities, including the Sunday afternoon spent in the Wine Garden, or the local Harmonie Verein's concert.

The Germans began establishing their own schools, with the St. Louis German Academy established and approved by the Missouri legislature as early as February 13, 1839.[33] Churches were built, and they wanted the sermon delivered in the German language, allowing the new arrivals to continue life as in the old country, with all the benefits. Most Germans opposed slavery, but there were exceptions when Germans took American wives, and their dowry included slaves.

Emancipation became the topic, with some beginning to favor a gradual process. While there were few abolitionists, those that were, were very outspoken. When a mob killed Frances McIntosh, Elijah Lovejoy, whose

Deutsche Zecher am Missouri, 1894 // German revelers on the Missouri, 1894

Dred Scott, ca. 1857

wife Celia French was from a prominent Saint Charles family, spoke up saying "Slavery is a sin". After preaching in Saint Charles, Lovejoy barely escaped with his life, after being attacked by a pro-slavery mob. In 1837 an act was passed to "prohibit the publication, circulation, and promulgation of the abolition doctrines", Muench saw this as an attack on the freedom of speech, an American freedom he and other Germans wanted to protect at all costs.

The failed revolutions back in Germany had brought a new wave of intellectuals fleeing to Missouri. Known as the "48ers" they were considered green by the earlier, elderly and often gray German emigrants. These fresh spirited young revolutionary-thinking Germans, would re-invigorate everyone's spirits. Soon the Germans would be a force to be reckoned with in the approaching Civil War. In 1850, these newcomers established the St. Louis Freie Gemeinde with the main focus to promote Freethought. In 1853, a missionary report states that the church in Augusta, is still needing to be shared with the Rationalists. Suddenly, a Cholera epidemic swept Hermann and took the life of Muench's close friend and co-editor of the Licht-Freund, Eduard Muehl, who died in 1854. The loss of Muehl, was also keenly felt throughout the town by the 50 charter members of the Union of Free Men, the name the group of Freethinkers had taken in Hermann.

in den USA sein häufig gebrauchtes Pseudonym „Far West" wiedererkennen.[29]

Sklaverei

Als Missouri 1821 der Union beitrat, geschah dies in Form eines Kompromisses, mit dem die Nation die sich später als unvermeidbar erweisende Katastrophe abzuwenden versuchte. Den Sklavenhaltern gewährte ihr hoher Bevölkerungsanteil einen festen Rückhalt in diesem Staat. Duden hatte das Thema in seinem „Bericht" im Wesentlichen vermieden, abgesehen von der Bemerkung, dass die Sklavenhalter in Missouri deutlich menschlicher seien und die Institution selbst nicht mit der Sklaverei in den Südstaaten verglichen werden könne. Dennoch war und blieb es Sklaverei.

Anfänglich hatten französisch-kanadische Pelzhändler, Reisende und nordamerikanische Ureinwohner die Flusstäler von Missouri besiedelt – bis zum Eintreffen der ersten Amerikaner, wie Daniel Boone, der seine Sklaven mit sich führte. Mit dem Kauf des Louisiana-Territoriums von Frankreich im Jahr 1804 sowie mit der Erhebung zum Bundesstaat 1821 war der Status Quo bezüglich der Sklaverei unberührt geblieben. Regelungen, die man gelegentlich aufzustellen versuchte, wurden zumeist ignoriert. Die deutschen Einwanderer wie Münch wiederum waren anfangs vor allem damit beschäftigt, der Wildnis ihren Lebensunterhalt abzuringen – sodass das Thema der Sklaverei zunächst auch für sie nicht auf der Tagesordnung stand. Zudem durften die meisten von ihnen zu diesem Zeitpunkt noch nicht wählen oder ein öffentliches Amt anstreben.

Münchs erste Jahre in Missouri waren geprägt von unablässigen Bemühungen, auf seinem Land eine produktive Farm zu errichten. Er hatte eine deutsche Familie, die Beckers,

zu seiner Unterstützung mitgebracht, blieb aber dennoch über lange Zeit erfolglos. Eine Farm aufzubauen war harte Arbeit, obgleich Münch sein Sohn Adolph zur Hand ging, so wie er seinem Vater bereits in Nieder-Gemünden geholfen hatte. Die Familie wuchs unterdessen immer weiter an. Eine weitere Tochter, Auguste, wurde am 23. März 1846 geboren. Als Pauline Münch 1848 Gordian Busch aus Franklin County heiratete, ließ sie ihre Mutter mit sechs kleinen Kindern zuhause zurück. Für den Jüngsten, den kaum drei Monate alten Wilhelm, hätte Luise bereits Hilfe benötigt. Kurz darauf jedoch starb das Kleinkind im Juli des gleichen Sommers. Im darauffolgenden Mai 1849 wurde Eduard, Friedrichs zwölftes Kind, geboren. Nunmehr kam Münchs Gattin ohne Unterstützung nicht länger aus – das United States Slave Schedule (eine Volkszählung, die nur Sklaven erfasste) für 1850 in Warren County zeigt, dass eine junge, schwarze Sklavin auf dem Grundstück wohnte, um ihr zur Hand zu gehen. Friedrichs Bruder Georg hatte das gleiche Arrangement auch für seine Gattin Charlotte getroffen. Die an Bedienstete gewöhnten Frauen waren auf Beistand angewiesen, um ihre vielen in dieser primitiven Heimat an der Frontier geborenen Kinder großzuziehen.[30]

Trotz derartiger Inkonsequenzen gewährte das Thema der Sklaverei im Allgemeinen dem Nativismus Auftrieb – die Whig-Partei wurde 1840 von sklavenhaltenden Farmern kontrolliert. Gleichzeitig nahm die deutsche Bevölkerung ständig zu; Schätzungen zufolge lebten um 1840 30.000 Deutsche im Staat Missouri. Laut Steve Ehlmann verhalfen die deutschen Einwanderer, „die sich nunmehr zunehmend politisch engagierten […], 1840 dem Präsidenten van Buren zu seiner Wiederwahl in Missouri, weil sie das Schlimmste von einem Sieg der Whigs befürchteten, die großteils nativistische Vorurteile hegten. 1844 war bereits eine beträchtliche Anzahl

On the national level, events in St. Louis had taken center stage. Dred Scott was a slave of Dr. John Emerson, an Army officer at Benton Barracks, southwest of St. Louis. When Emerson was transferred to Fort Snelling, where the Northwest Ordinance prohibited slavery, he took his slaves Dred and Harriet Scott with him. After Emerson returned to Missouri in 1840, with both slaves, he died, leaving his wife Irene the owner of his four slaves, including Scott.

Dred Scott tried to purchase his freedom from Irene Emerson, by suit in St. Louis Circuit Court, but she fought him. When his case won in the Circuit Court, she and the estate's executor appealed the decision. It was overturned in the Missouri Supreme Court, which by that time reflected the pro-slavery stance of a majority of Missouri's citizens. The decision drew the nations' anger when the U.S. Supreme Court upheld that decision in 1857. The stage was set for the Civil War, but for the Germans, this was now home, and there was no going back. They had fought great battles for freedom before, and the Union must be preserved at all costs.

Americans distrusted Germans who continued to use the German language. Nativist agitation against the German language entered the political arena. "Our German peasants were of course without any training in matters pertaining to politics, and so depended at the very beginning largely upon the direction and guidance of a few educated leaders." Muench stated. In St. Charles County, the Jesuit priest of St. Charles Borromeo Parish had written, "I must say that our congregation would be much more flourishing and pious were it not for a multitude of German radicals and infidels that came to reside in St. Charles."[34] Nativists were drawn to the new American Party, which many felt had trappings of a secret fraternal organization, as

an Deutschen zur Wahl berechtigt, die fast alle die Demokraten wählten. Sie verhalfen dem Demokraten James Polk zum Wahlsieg in Missouri und damit zur Präsidentschaft. Die stets wachsende Bevölkerungszahl der Deutschen machte die Demokraten geradezu unschlagbar, solange sie ihre Reihen geschlossen hielten."[31]

Das Leben an der Frontier wurde unterdessen zunehmend leichter. So liest man in einer zeitgenössischen Quelle, die Deutschamerikaner hätten sich ihren Zeitvertreib nicht verbieten lassen; vor allem Tanzen und Tontaubenschießen und ähnliche Vergnügungen hätten in den ihren Dörfern floriert.[32] Die Gesetzgebung reagierte indessen auf diese Tendenzen mit dem sogenannten „Blue Law" (Blaues Gesetz), das bestimmte Sonntagsaktivitäten verbot, wie etwa die Nachmittage in den Weingärten oder die Konzerte der örtlichen Harmonievereine. Gleichzeitig begannen die Deutschen, eigene Schulen zu errichten. Die Deutsche Akademie in St. Louis wurde bereits im Februar 1839 gegründet und vom Staat Missouri anerkannt.[33] Kirchen wurden gebaut, in denen auf Deutsch gepredigt wurde. Man wollte den Neuankömmlingen ermöglichen, ihr Leben genauso wie in der alten Heimat fortzuführen, mit allen Vorteilen, die sich daraus ergaben. Die meisten Deutschen waren der Sklaverei gegenüber grundsätzlich ablehnend eingestellt; Ausnahmen waren jedoch nichts Ungewöhnliches. So kam es beispielsweise auch vor, dass Immigranten amerikanische Frauen heirateten und über die Aussteuer in den Besitz von Sklaven gelangten.

Dennoch wurden die Rufe nach der Sklavenemanzipation immer lauter, wobei die meisten einen allmählichen Wandel befürworteten. Die radikalen Abolitionisten (Sklavereigegner) waren demgegenüber in der Minderzahl, zogen aber größere Aufmerksamkeit auf sich. Als der Sklave Frances McIntosh von einem Mob getötet worden war, sprach der Prediger Elijah Lovejoy, dessen Frau Celia French aus einer bekannten Familie von St. Charles stammte, offen aus, dass „Sklaverei [...] eine Sünde" sei. Infolge dieser Predigt in St. Charles wurde er durch einen Mob von Sklavereibefürwortern angegriffen und kam nur knapp mit dem Leben davon. Wenig später, im Jahr 1837, wurde in Missouri ein Gesetz verabschiedet, um „die Veröffentlichung, Verbreitung und Verkündung abolitionistischer Prinzipien zu verbieten". Münch sah darin einen Angriff auf die Redefreiheit,

„Free soil, free men, Frémont"
Frémonts Wahlspruch, 1856
Frémont's motto, 1856

John C. Frémont in seiner Uniform der Unionsarmee, 1861
//
John C. Frémont in his uniform of the Union Army, 1861

Friedrich Münch 1859 über seinen Besuch der alten Heimat
in Nieder-Gemünden:
„Die Meisten sagten, wäre ich damals mit ihnen gegangen."
(Brief an die Familie aus Deutschland, 14. Juli 1859, Muench
Family Papers, Missouri History Museum, St. Louis)

Friedrich Muench 1859 on his visit to the old home in
Nieder-Gemünden:
"Most said: If only I had gone with you that time."
(Letter to his family from Germany, July 14, 1859)

St. Louis und die Riesenbrücke über den Mississippi (S. Seite 127.)

eine amerikanische Errungenschaft, die er und andere Deutsche mit allen Mitteln verteidigen wollten.

Die gescheiterte Revolution von 1848/49 in Deutschland brachte eine neue Welle von flüchtenden Intellektuellen nach Missouri. Unter dem Namen der „48er" bekannt, wurden sie von den früheren, nun schon älteren und oft bereits ergrauten deutschen Siedlern als „Grüne" bezeichnet. Diese jungen deutschen Einwanderer mit ihrem frischen Geist und revolutionären Gedankengut trugen binnen kurzer Zeit dazu bei, alle Gemüter neu beleben. Sie machten die Deutschamerikaner zu einer Kraft, mit der man im nahenden Bürgerkrieg rechnen musste. 1850 begründeten die Neuankömmlinge die „Freie Gemeinde" von St. Louis, die ihren Schwerpunkt auf die Beförderung des Freidenkertums legte. Drei Jahre später legte ein Missionarsbericht dar, dass die Kirche in Augusta noch immer mit den Rationalisten geteilt werden musste. Tragischerweise wurde die Stadt Hermann in dieser Zeit jedoch von einer Cholera-Epidemie betroffen, die 1854 das Leben von Eduard Mühl kostete – Münchs engem Freund und Mitherausgeber

des „Licht-Freund". Vor allem den 50 Gründungsmitgliedern der „Union freier Menschen" (der Gruppe der Freidenker in Hermann) wurde dieser Verlust schmerzlich bewusst. Mittlerweile hatte sich die Aufmerksamkeit des ganzen Landes Ereignissen in St. Louis zugewandt. Im Zentrum des Geschehens stand Dred Scott, ein Sklave des Offiziers Dr. John Emerson, der in der Benton-Kaserne südwestlich von St. Louis stationiert war. Als Emerson nach Fort Snelling versetzt wurde, nahm er seine Sklaven Dred und Harriet Scott mit sich, obwohl dort durch die sogenannte „Northwest Ordinance" die Sklaverei verboten war. Nachdem Emerson 1840 mit seinen beiden Untergebenen nach Missouri zurückgekehrt war, verstarb er und vererbte seiner Frau Irene im Ganzen vier Sklaven, einschließlich Dred Scott. Dieser versuchte nunmehr durch Klage beim Berufungsgericht von St. Louis gegen Irene Emerson seine Freilassung zu erreichen, doch die letztere kämpfte dagegen an. Als Scott den Prozess schließlich gewann, gingen die Besitzerin und der Nachlasspfleger in Berufung. Das Urteil wurde vom Obersten Gerichtshof des Staates Missouri aufgehoben, was zu dieser Zeit die Einstellung der meisten

Abbildungen aus Münchs „Der Staat Missouri" //
Pictures from Muench's "The State of Missouri"

when asked about the organization, members responded that they "know nothing." This led to the title of the Know-Nothing Party. Soon so many Whigs had become members of the Know-Nothing Party that Missouri's Whig Party ceased to function. And as the Whig Party ended, the pro-slavery element solidified itself within the Democratic Party.

Muench entered the political arena, as a prominent spokesperson against slavery, which he felt was a denial of an unalienable human right. Counties like Gasconade which was 65% Germans, Franklin with 57%, St. Louis with 46%, and even St. Charles with 44%, were chided for not taking a more prominent political position. Germans were outnumbered percentage-wise in St. Louis and St. Charles counties, because these counties had seen a large settlement of slave owners beginning as early as the 1760s, making them even more conflicted. But the newspaper Der Demokrat of St. Charles reminded them all of "their most precious possession, the freedom in this country to 'speak and act' according to how their feelings dictate".[35] St. Charles County residents Conrad and Julius Mallinckrodt held a large influence as outspoken liberals in Augusta, in the Femme Osage Township. Agitations increased, and slave owners became even more paranoid about abolitionists and possible insurrection amongst the slaves. A Saint Charles Grand Jury indicted the German John Wilke in 1857 for allowing 78 slaves to gather on his land in Orchard Farm.

The Nestor

Muench's writing gained him international attention. Muench campaigned for Republican candidate John C. Frémont, in 1856. He joined Friedrich Hecker and others, giving speeches to

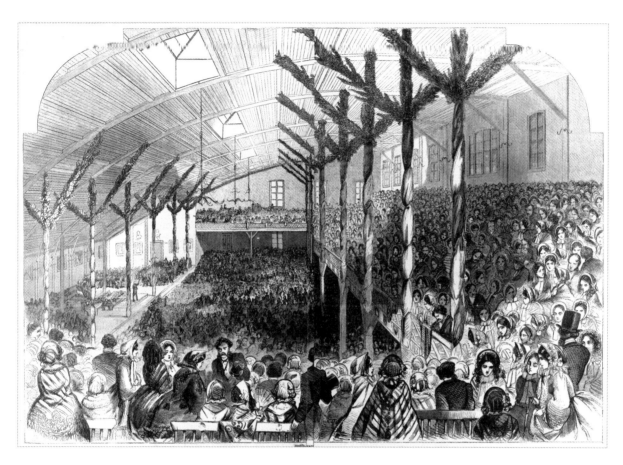

large crowds in the east in Buffalo, Rochester, Philadelphia, Pittsburg, Cincinnati, Indianapolis and New York City's Music Hall, before a crowd of ten thousand.[36] At the same time, he continued to write on everything from religion to viticulture and poetry to immigration. One of his most notable books, The State of Missouri, an account with special reference to German Immigration,[37] is published in Germany, endorsed by Governor Fletcher, was followed 1859 by a very fast book tour through Germany, then Switzerland, from April till September. Memories of his earlier years in Germany, apparently overwhelmed him as he took time to write home to Louise "The cowshed on Harriersand,

opposite Brake, where we stayed 25 years ago, is still just as it was at that time."[38]

For all appearances, Muench was promoting mass emigration, but his personal mission was to fill Missouri with Germans and overcome the institution of slavery. He saw the slave owners as a potential aristocracy; with the financial resources similar to the rulers he had escaped in Germany, threatening to dissolve the very same freedoms that had brought them to Missouri. The Constitution upon which the Government was based, swore to uphold freedoms of everyone, not just whites. Muench, felt there was a ways to go, saying "what Germany has given America up until now is like a down

Kesler, E. – Olbers
9,f,none

Kesler, J. – Olbers
1,m,none

Kesler, J. – Olbers
41,m,farmer

Kesler, J.L. – Olbers
15,m,farmer

Kesler, M. – Olbers
24,f,none

Kesler, M. – Olbers
41,m,farmer

Abraham Lincoln, 1860

Linke Seite // left page: The Wigwam, 1860

DAS DEUTSCHE HAUS
So. E. Cor. Indiana Ave. and Welles St.,
Chicago, Illinois
1860

Deutsches Haus // German House, Chicago

payment that would be lost if subsequent payments are not kept up. ... We are still too weak to have an important effect here and need to be reinforced considerably, and this could be done without causing the old Fatherland any harm. If we were strengthened, as we should be, we would have an easier time maintaining our ethnic identity."[39] Muench still harbored his Utopian dream, that if enough Germans could see what an ideal State for settlement Missouri was, it would become a State where his fellow Germans could enjoy their traditions and culture, those freedoms that still could not be found in Germany. The immensely popular book was recommended by Germans here, to

their relatives still in Germany, as being much better than Duden's in describing Missouri accurately. Munch's Missouri book was also translated into the Italian language, Lo stato Missuri [sic], in 1868.[40]

It would come as no surprise when Muench was chosen to be Warren County's representative at the Republican National Convention in Chicago in May of 1860. After attending the informal meetings of the German delegates at the Deutsches Haus, he attended the Convention at the Wigwam, where family lore passed down through the generations has him aiding and abetting in the alleged falsification of the tickets the previous night. That incident helped to derail William H. Seward's campaign hopes, and likewise achieve the nomination for Abraham Lincoln.

Later, Illinois delegate Gustave Koerner explained that, when they appeared before the Pennsylvania delegation, along with Frank Blair, in support of Edward Bates, "I heard the last part of Blair's speech. He was followed by Fred [sic] Muench, who promised the vote of Missouri for Bates (…)".[41] But Koerner had converted them all to Lincoln. The Germans were the only emigrants represented at the Republican convention, and it was through the German support Abraham Lincoln was enabled in achieving the nomination. Likewise, in response, the Republicans incorporated several pro-emigrant platforms; such as equal rights for foreign-born citizens. And as the General Election approached Muench explained the two contending political views "the first is that there must be masters and servants, rulers and subordinates, free persons and slaves … And the other view is that which first found public expression in the Declaration of Independence, that all men are born with the same rights."[42] The St. Charles De-

Friedrich Münch erinnert sich in seiner Autobiographie:
Ich selbst war in einer weiten Umgegend der von den Rebellen am Meisten Gehaßte. [Es] wurde beschlossen, mich zu erwürgen, mein Haus niederzubrennen, meine ganze Familie gewaltsam zu vertreiben. Ich […] blieb […] wo ich war.
(F. Münch, Erinnerungen aus Deutschlands trübster Zeit, St. Louis und Neustadt 1873, S. 89f.)
//
Friedrich Muench recalls in his autobiography:
For miles around I was the one most hated by the Rebels. …they resolved to kill me, burn my house and violently expell my whole family. I …remained … where I was.
(The Autobiography of Frederick Muench, transl. by Ralph Gregory, Marthasville, 2001)

Friedrich Münch, 1859 //
Friedrich Muench, 1859

Einwohner von Missouri widerspiegelte – die grundsätzliche Befürwortung der Sklaverei. Als 1857 der Oberste Gerichtshof der USA die Entscheidung bestätigte, verärgerte dieses Urteil weite Teile der Nation. Alle Zeichen standen nun auf den nahenden Bürgerkrieg; auch die deutschen Einwanderer sahen sich gezwungen, Stellung zu beziehen. Doch ein Zurück kam für die meisten von ihnen nicht mehr in Frage; die USA waren ihnen zur neuen Heimat geworden. Schon in Deutschland hatten viele von ihnen für die Freiheit gekämpft; nun gehörte es zu ihren Zielen, die Union mit allen Mitteln zu erhalten.

Derartige Ziele mussten polarisieren. Viele Amerikaner begannen nunmehr, deutschen Einwanderern zu misstrauen, die sich noch immer ihrer Muttersprache bedienten. Nativistische Kampagnen gegen die Verwendung der deutschen Sprache hielten Einzug auf der politischen Bühne. „Unsere deutschen Farmer sind ohne jegliche Erfahrung in Sachen Politik und waren daher von Anfang an größtenteils von der Lenkung und Führung ihrer wenigen gebildeten Leitfiguren abhängig", urteilte Münch

über diese Zeit. Der jesuitische Priester der Kirche St. Charles Borromeo in St. Charles County erblickte die Gefahren für das Schicksal seiner Gemeinde demgegenüber eher bei der „Vielzahl von deutschen Radikalen und Ungläubigen, die sich in St. Charles niedergelassen haben".[34] Viele Nativisten befürworteten die neue „Amerikanische Partei", die nach außen hin wie eine Geheimorganisation anmutete: Wann immer man sich nach dem Aufbau der Organisation erkundigte, antworteten die Mitglieder darauf nichts weiter als „know nothing" („weiß nichts"). Dies trug ihr den Namen der „Know-Nothing-Party" ein. Binnen kurzer Zeit wanderten so viele Mitglieder der Whig-Partei zur Know-Nothing-Party ab, dass sie ihre Aktivitäten in Missouri einstellen musste. Zugleich verfestigte sich immer mehr die Gruppe der Sklavereibefürworter in der Demokratischen Partei.

In dieser Situation betrat Friedrich Münch zum ersten Mal die politische Bühne als prominenter Sprecher gegen die Sklaverei, die für ihn die Aberkennung eines unabdingbaren Menschenrechts darstellte. Er rügte Countys wie Gasconade, das

//
"To the Germans of the State of Missouri. ...

When our compatriots just began to settle in the western parts of this country in large numbers almost thirty years ago, it was inevitable that part of the German immigration would come to the state of Missouri, since this place was so richly endowed by nature and could offer advantages of location to be found nowhere else.

Those of us who traveled to Missouri then knew full well that we were going to a slave state, but we did not attribute very great importance to that fact. As long as slavery existed in the territory of the United States – we figured – it made no difference whether we had blacks as close neighbors or as distant ones; we were guaranteed the full enjoyment of all the rights we would ever want by federal law and by the liberal Constitution of the State of Missouri – so we thought – the thought of coming to terms with slavery was entertained by only a few among us; we were sorry that there were slaves here, but we could not do anything about it; we ourselves wanted nothing to do with slavery, so we were not particularly burdened by it.

I confess along with thousands of others that we deceived ourselves in these last expectations. The first few years, when there were no disputes concerning slavery, went by very quietly for us, but gradually we came to realize that slavery and true freedom could not exist side by side. No law can take away the freedom of thought, and so far as one or another thing is not specifically prohibited, the freedom of writing and speech or of action are totally guaranteed by the law of the land, but in practice we were compelled to live in a state of perpetual guardianship in the hands of slave owners. Not everyone was equally sensitive to this, because they were restricted in their ordinary daily lives, and they were bothered little by those things that were not ordinary; but no one can deny the shameful fact that we were not free men in this so called free country as long as the slave owners could control us at a whim.

Were we allowed to tell the owners of human beings what we thought of black servitude? Were we allowed to tell the slaves, or even indicated to them through silent conduct, that we regarded them as human beings and that they had human rights too? Yet even if we said nothing whatsoever and did nothing at all, were not those grand gentlemen suspicious of our inner thoughts because we seldom stood out as praisers of the institution, and since we did not participate actively in trading and breeding human beings?

Not very long ago in the area where I live, a respected German who let slip a simple comment that blacks were people too, was pressingly visited by a group of those gentlemen, cross-examined, and intensively grilled. It also happened that, less than a year ago, a so-called vigilance committee was formed to observe our deeds and speech, and meetings were held and resolutions drafted that designated Germans as a group as thieves of Negroes and cursed them in other ways as well.

It would be better for us to make every effort to save from perdition this state we have chosen as our new homeland; in that case we would be accomplishing as great and important a work as history has to offer. If Germans had never come to Missouri, then slavery would be all that much more dominant, and the state would now be in that same dreadful condition into which all the slave states are rapidly sinking. If we reconcile ourselves to the notion of free labor existing alongside slave labor and continuing so into the future, then we will be guilty of holding our state back from the progress of free states, and we shall never win full freedom for ourselves or our descendants. ...

Fr[iedrich] M[uench]"[95]

„An die Deutschen in Missouri. [...]

Als vor fast 30 Jahren unsre Landsleute anfingen, in größerer Menge im Westen dieses Landes sich anzusiedeln,
konnte es sich nicht fehlen, daß ein Theil der deutschen Einwanderung auch dem Staate Missouri zufiel, indem dieser
von der Natur so reich ausgestattete und durch seine Lage
vor andern begünstigte Staat manche Vortheile darbietet,
welche kaum anderswo anzutreffen sind.

Wir Wanderer nach Missouri wußten, daß wir in einen Sklavenstaat uns begaben, legten aber darauf kein sehr großes
Gewicht. So lange überhaupt Sklaverei im Gebiete der Ver.
Staaten besteht – dachten wir –, macht es keinen wesentlichen Unterschied, ob man die Schwarzen zu näheren oder
entfernteren Nachbarn hat; waren uns doch durch die Bundesgesetze u. durch die freisinnige Verfassung des Staates
Missouri alle Rechte, welche wir nur wünschen mochten,
– wie es schien – vollständig gesichert. Den Gedanken, mit
der Sklaverei selbst sich zu befassen, hegten gewiß sehr
wenige unter uns; wir bedauerten, daß es Sklaven hier gab,
wogegen wir aber nichts thun konnten, – wir wollten mit
dem Sklavenwesen selbst nichts zu thun haben, erwarteten
jedoch, daß auch wir durch dasselbe nicht würden belästigt
werden.

Ich bekenne ohne Widerstreben, und Tausende werden es
mit mir thun, daß wir in dieser letzten Erwartung uns getäuscht haben. Die ersten Jahre, während welcher keinerlei
Aufregung wegen der Sklavenfrage stattfand, gingen zwar
ruhig für uns vorüber, allmählig aber zeigte es sich immer
mehr, daß Sklaventhum und wahre Freiheit in der That
nicht nebeneinander bestehen können. Freiheit des Gedan-
kens kann eigentlich kein Gesetz dem Menschen nehmen,
und Freiheit der Rede und Schrift und Freiheit im ganzen
Benehmen, sofern nicht ausdrücklich das Eine und Andere
verboten ist, sind uns zwar durch die Gesetze des Landes
vollständig verbürgt, in Wirklichkeit aber befanden wir uns
unter einer immerwährenden Bevormundung von Seiten der
Sklavenhalter. Nicht Alle mögen dies gleich empfunden haben, weil sie in ihrem alltäglichen Thun gerade nicht beengt
waren und um andere Dinge sich weniger bekümmerten;
aber leugnen kann Niemand die schmachvolle Thatsache,
daß wir in diesem sogenannten freien Lande keine freien
Menschen waren, vielmehr der Laune der Sklavenhalter uns
fügen mußten.

Durften wir den Menscheneigenthümern sagen, was wir von
der schwarzen Leibeigenschaft denken? Durften wir den
Sklaven sagen, oder auch nur stillschweigend durch unser
Betragen gegen sie es andeuten und merken lassen, daß wir
sie für Menschen halten, u. daß auch sie menschliche Rechte
haben? Und wenn wir gar nichts sagten und gar nichts tha-
ten, wurde nicht bei den hohen Herren unsere Gesinnung
dennoch verdächtig [sic!] und unser geheimster Gedanke
beargwöhnt, weil wir nicht offen als Lobredner der Anstalt
uns darstellten, weil wir an dem Menschenhandel und an
der Menschenzucht nicht thätlich uns betheiligten?
Geschah es doch vor gar nicht langer Zeit in der Umgegend in welcher ich wohne, daß ein geachteter Deutscher
wegen der einfachen Bemerkung, daß die Schwarzen auch
Menschen seien, in anmaßendster Weise von einigen jener
Herren in seiner Wohnung aufgesucht, zur Rede gestellt und
in ein langes Verhör genommen wurde. Es geschah ferner,
daß ebenfalls in dieser Umgegend vor etwas mehr als einem
Jahre sog. Vigilanz-Committeen sich bildeten, um unser
Thun und Reden zu überwachen, daß Versammlungen gehalten und Beschlüsse gefaßt wurden, welche die Deutschen
in Masse für Negerdiebe, für Übertreter der Gesetze, für
Ruhestörer erklärten und in jeder Weise beschimpften. (...)

zu 65% aus deutscher Bevölkerung bestand, Franklin mit 57%, St. Louis mit 46% und sogar St. Charles mit 44% dafür, keine deutlichere politische Haltung einzunehmen. In den Countys St. Louis und St. Charles lagen die deutschen Einwanderer prozentual etwas zurück, da diese infolge größerer Siedlungen von Sklavenhaltern als besonders konfliktträchtig galten. Die deutschsprachige Zeitung „St. Charles Demokrat" indessen erinnerte sie stets an „ihren wertvollsten Besitz in diesem Land: die Freiheit ‚zu sprechen und zu handeln', wie es ihr Gefühl vorschreibt."[35] Conrad und Julius Mallinckrodt, Einwohner von St. Charles County, übten als freimütige Liberale großen Einfluss in Augusta und in der Gemeinde Femme Osage aus. Die Agitation auf allen Seiten nahm unterdessen weiter zu – ebenso wie die Furcht der Sklavenhalter vor den Erfolgen der Abolitionisten und möglichen Aufständen der Sklaven. 1857 klagte ein Geschworenengericht in St. Charles den Deutschen John Wilke an, weil er eine Versammlung von 78 Sklaven auf seinem Grundstück in Orchard Farm erlaubt hatte.

Der Nestor

Münchs Schriften trugen ihm internationale Aufmerksamkeit ein. 1856 betrieb er Wahlkampf für John C. Frémont, den Präsidentschaftskandidaten der neu gegründeten Republikanischen Partei. Er schloss sich dem 48er Friedrich Hecker und anderen an und hielt Reden für Frémont vor großem Publikum im Osten – in Buffalo, Rochester, Philadelphia, Pittsburgh, Cincinnati, Indianapolis und schließlich vor einer Zuhörerschaft von Zehntausend in der New Yorker City Music-Hall.[36] Im gleichen Zeitraum publizierte er, neben poetischen Werken, weiterhin Abhandlungen über die verschiedensten Themen; von der Religion über Weinbau bis hin zur deutschen Einwanderung. Sein einflussreichstes Buch „Der Staat Missouri, geschildert mit besonderer Rücksicht auf teutsche Einwanderung"[37] wurde in Deutschland veröffentlicht und auch von Missouris Gouverneur Fletcher sehr geschätzt. 1859 unternahm Münch von April bis September eine sehr rasche Lesereise durch Deutschland und die Schweiz. Erinnerungen an seine früheren Jahre in Deutschland scheinen ihn auf dieser Fahrt überwältigt zu haben, denn er nahm sich die Zeit, Luise detaillierte Berichte in die neue Heimat zu schicken. Unter anderem meldete er: „Der Kuhstall auf dem Harrier Sande, Brake gegenüber, wo wir vor 25 Jahren einquartiert waren, steht noch gerade wie damals."[38] Allem Anschein nach versuchte Münch in Deutschland für die Massenemigration in die USA zu wirken. Seine persönliche Mission war die weitere Besiedlung Missouris mit Deutschen, von der er sich in der Folge die endgültige Abschaffung der Sklaverei erhoffte. Er betrachtete die Sklavenhalter als eine potentielle Aristokratie, die über ähnliche finanzielle Mittel gebot wie jene Herrscher, vor denen er einst aus Deutschland geflohen war, und die nun gerade diejenigen Freiheiten bedrohte, die die ihn einst nach Missouri geführt hatten. Die Grundlage der Regierung, die Verfassung, sicherte allen Menschen ihre Freiheit zu – nicht nur den Weißen. Münch fühlte, dass es dorthin noch ein weiter Weg war; in einem Zeitungsartikel jener Jahre schrieb er: „Was Deutschland bis heute Amerika gegeben hat, gleicht einer Abschlagszahlung, die verloren ginge, wenn die Folgezahlungen nicht geleistet werden. [...] Wir sind noch immer zu schwach, um hier bedeutenden Einfluss auszuüben und benötigen beträchtliche Verstärkung; all dies könnte geschehen ohne dem alten Vaterland Schaden zuzufügen. Wenn wir so stark wären, wie wir sein sollten, würde es uns leichter fallen, unsere Identität zu bewahren."[39]

Noch immer hegte Münch seinen utopischen Traum: Wenn nur genügend Deutsche die Vorteile erkennen würden, die Missouri den Siedlern bot, würde es ein Staat werden, wo seine

Wir müssen mit aller Anstrengung, deren wir fähig sind, den von uns zur neuen Heimath erwählten Staat vom Verderben zu retten suchen. Im letzteren Falle thun wir ein so großes und wichtiges Werk, daß kaum die Geschichte ein bedeutungsvolleres aufzuweisen hat. Wären niemals Deutsche nach Missouri gekommen, so würde die Sklaverei hier immer übermächtiger werden und der Staat in denselben elenden Zustand verfallen, in welchen alle Sklavenstaaten allmählig gerathen. Beruhigen wir uns dabei, daß neben unserer eigenen frei-en Arbeit die Sklavenarbeit auch ferner besteht, so machen wir uns theils zu Mitschuldigen an dem Zurück-bleiben unseres Staates hinter dem Fortschritte der freien Staaten, theils bringen wir es niemals für uns und unsere Nachkommen zur wahren und vollen Freiheit. (…)
Fr[iedrich] M[ünch]"[45]

mokrat encouraged its readers "Go to it, then German countrymen! It nears, the great battle day, on which it must be decided if freedom or slavery shall be victorious."

On the 23rd of May, 1860 the Anzeiger des Westens published a letter from Chicago, concerning the nominations, "I want to add to this that the German delegates from Missouri demanded that the votes of Missouri be given to Lincoln on the third ballot, but they were unable to prevail before another State corrected its votes … finally the committee on resolutions issued a statement in which a clause on the rights of immigrant citizens and the naturalization laws was literally demanded, which now is in fact found in the platform. I return to my homeland [Missouri] not to rest but to go into battle with an earnestness that has more to do with deeds than with words."[43]

His outspokenness had also gained him enemies, his life, his home and his family was threatened, which was reported in the newspapers far and wide. By January 1861, slave holders near Muench met and stated: "Whereas, there are those in our midst who are in the habit of countenancing negroes as their equals, and treating them as such, thereby rendering our slaves troublesome to manage, and thus working injury both to the slaves and their owners; and whereas, there are those who, to attain a political distinction, are scattering broadcast throughout the land, by communications to papers published in distant places, and in a language different from that used and understood by the great majority of our citizens, opinions and doctrines in opposition to the laws and institutions of our State, thereby placing us, as citizens of a slave State, in an unenviable position before our sister States, as we have so far, by our silence, induced them to believe that we, in feeling at least, are friendly to the opinions set forth by those "fugitives from justice" of foreign lands, who by some trickery, have become citizens of our country"[44].

On March 27th, 1862, the St. Charles Demokrat carried an address by Friedrich Muench, which explains how Muench had become one of the most important German leaders not only in Missouri, but across the country and back to Germany. His views on the issue slavery, explained how a State that had entered the

Landsleute ihre Traditionen und Kulturen aufrecht erhalten und gleichzeitig Freiheiten genießen konnten, auf die man in Deutschland zu dieser Zeit noch vergeblich hoffte.

Münchs überaus populäres Werk über Missouri wurde von deutschen Siedlern ihren Verwandten in der Heimat empfohlen, da die Schilderungen des Staates als genauer als diejenigen Gottfried Dudens empfunden wurden. 1868 wurde das Buch als „Lo stato Missuri" [sic] auch ins Italienische übersetzt. [40]

Es kam nicht unerwartet, als Münch im Mai 1860 zum Repräsentanten von Warren County für die Republikanische Nationalkonvention zur Nominierung des Präsidentschaftskandidaten in Chicago gewählt wurde. Nachdem er bei den informellen Vortreffen der deutschen Delegierten im Deutschen Haus mitgewirkt hatte, nahm er auch am berühmten Kongress im „Wigwam" teil. Eine seit Generationen weitergegebene Familienlegende erzählt, er sei am Vorabend des Nominierungskongresses an der Herstellung von gefälschten Einlasskarten beteiligt gewesen. Dies habe dazu beigetragen, William H. Sewards Hoffnungen zunichte zu machen und die Nominierung Abraham Lincolns zu ermöglichen. Gustav Körner, der Delegierte von Illinois, indessen erinnerte sich später, als sie zusammen mit Frank Blair zur Unterstützung des Kandidaten Edward Bates vor den pennsylvanischen Delegierten erschienen seien, habe sich Folgendes ereignet: „Ich hörte den letzten Teil von Blairs Rede. Danach kam Fred [sic] Münch, der den Wahlsieg für Bates in Missouri versprach."[41] Aber Körner bekehrte alle zu Lincoln. Die Deutschen waren die einzige Einwanderergruppe, die auf dem Nominierungskongress vertreten war; ihrer Unterstützung war es zu verdanken, dass Abraham Lincoln nominiert wurde. Als Reaktion darauf nahmen die Republikaner mehrere emigrantenfreundliche Punkte ins Parteiprogramm auf; etwa

Opfer für die gute Sache.

Missouri, 1. September 1861.

Als einer Spartanerin gemeldet wurde, daß ihr Sohn in der Schlacht gefallen sei, sagte sie gefaßt: „Ich habe ihn dazu geboren, damit Einer da sei, der bereit wäre, für das Vaterland zu sterben."

Ist solche Höhe der Gesinnung unserer Zeit verloren gegangen? Traurig, wenn es so wäre! — Mögen wir es immer aufs Tiefste beklagen, daß unsere so weit vorgeschrittene Zeit doch über dasselbe Barbarenthum, das vor Jahrtausenden bestand, noch nicht sich erhoben hat und noch immer die Fragen, welche Vernunft und Rechtsgefühl lösen sollten, durch rohe Gewalt und Blutvergießen schlichtet, so werden wir doch jetzt und für alle Zukunft so wenig wie in uralter Zeit unsere Anerkennung jenem edlen Muthe versagen, der für Ueberzeugung und Recht das Leben zu opfern bereit ist.

Unter den Freiwilligen des dritten (Sigel'schen) Missouri-Regimentes, welche in der Schlacht bei Springfield fochten, ist mein jüngerer Sohn Berthold nicht zurückgekehrt. Nach mehreren Wochen der größlichsten Spannung darf ich jetzt nicht mehr zweifeln, daß ich ihn verloren habe. Er wurde noch unter den Letzten gesehen, welche bis zum Ende des Kampfes ausdauerten, und dann nicht mehr, als die Uebrigen unter schrecklichem Kartätschenfeuer sich zurückzogen. Wie er umkam, und wo und ob man ihn verscharrt hat, werde ich niemals erfahren. — Er war ein blühender Jüngling, noch nicht achtzehn Jahre alt, von reinem, edlem und treuem Sinn. Noch so jung, wollte er es sich doch nicht nehmen lassen, mit seinem ältern Bruder in den Kampf zu ziehen.

Jede der Millionen Verrätherseelen, die wir in diesem Lande haben, ist mitschuldig an dem vergossenen Blute und an der über Zahllose gebrachten Trauer.

Dies diene meinen theilnehmenden, entfernter wohnenden Freunden zur Nachricht.

Friedrich Münch.

Friedrich Münch klebte seine Trauermeldungen an das Ende
seines Tagebuchs „Gedanken einsamer Stunden", 1861:
//
Friedrich Muench attached his messages of sorrow to the
end of his diary, "Thoughts in Lonely Hours":

Sacrifice for a good cause.

Missouri, September 1, 1861.

*When it was reported to a Spartan woman that her son had
fallen in battle, she responded calmly: "I bore him so that one
would be there, ready to die for the fatherland".*

*Have such noble sentiments become lost in our age? It would
be sad indeed! – We may always complain to our very depths
that our age, so highly advanced yet with the same barbarism
as thousands of years ago, has still not surpassed this and
we still have questions, which reason and a sense of justice
could solve, yet which are covered in blood from brute force,
in this way we will fail to attain the recognition of that noble
courage which is prepared to sacrifice life for conviction and
justice.*

*My youngest son Berthold has not returned from the volun-
teers of the Third (Sigel) Missouri Regiment who fought in the
battle of Springfield. After several weeks of ghastly tension,
I may no longer worry that I have lost him. He was seen
amongst the last who fought until the end and then no longer,
when the remaining retreated under terrible case fire. How
he died, and where and whether he was buried, I will never
know. – He was such a youthful boy, not even eighteen years
old, of pure, noble, and true mind. Still so young, he wanted to
take the opportunity to join his elder brother in battle. Every
one of the millions of souls of traitors which we have in this
country is complicit in the spilled blood and the illimitable
despair.*

*Let this serve us a message to my far-removed friends who
are taking part.*

Friedrich Muench.

//

Opfer für die gute Sache

Missouri, 1. September 1861.

Als einer Spartanerin gemeldet wurde, daß ihr Sohn in der
Schlacht gefallen sei, sagte sie gefaßt: „Ich habe ihn dazu
geboren, damit Einer da sei, der bereit wäre, für das Vaterland
zu sterben."

Ist solche Höhe der Gesinnung unserer Zeit verloren gegangen? Traurig, wenn es so wäre! – Mögen wir es immer aufs
Tiefste beklagen, daß unsere so weit vorgeschrittene Zeit doch
über dasselbe Barbarenthum, daß vor Jahrtausenden bestand,
noch nicht sich erhoben hat und noch immer die Fragen,
welche Vernunft und Rechtsgefühl lösen sollten, durch rohe
Gewalt und Blut vergießen schlichtet, so werden wir doch jetzt
und für alle Zukunft so wenig wie in uralter Zeit unsere Anerkennung jenem edlen Muthe versagen, der für Ueberzeugung
und Recht das Leben zu Opfern bereit ist.

Von den Freiwilligen des dritten (Sigel'schen) Missouri
Regimentes, welche in der Schlacht bei Springfield fochten,
ist mein jüngerer Sohn Berthold nicht zurückgekehrt. Nach
mehreren Wochen der gräßlichen Spannung darf ich jetzt
nicht mehr zweifeln, daß ich ihn verloren habe. Er wurde
noch unter den letzten gesehen, welche bis zum Ende des
Kampfes ausdauerten, und dann nicht mehr, als die Uebrigen
unter schrecklichem Kartätschenfeuer sich zurückzogen. Wie
er umkam, und wo und ob man ihn verscharrt hat, werde
ich niemals erfahren. – er war ein blühender Jüngling, noch
nicht achtzehn Jahre alt, von reinem, edlem und treuem Sinn.
Noch so jung, wollte er es sich doch nicht nehmen lassen, mit
seinem älteren Bruder in den Kampf zu ziehen.

Jede der Millionen Verrätherseelen, die wir in diesem Lande
haben, ist mitschuldig an dem vergossenen Blute und an der
über Zahllose gebrachten Trauer.

Dies diene meinen Theilnehmenden, entfernter wohnenden
Freunden zur Nachricht.

Friedrich Münch.

Nr. 3640.   Neu-Ruppin, Verlag von Oehmigke & Riemschneider.

Union nearly 40 years before, as a southern slave state, could become a northern Union state, because of the thousands of Germans that called it home. Historians today still argue that the outcome of the Civil War, could have been different if not for the influx of German emigrants.

After Lincoln's election, St. Charles County slave owner John Jay Johns expressed "The North has agitated the subject of slavery until the South is maddened to desperation and, unless she retraces her steps, the Union cannot stand." As the secession debate raged across Missouri, Lincoln named Edward Bates his Attorney General. When the Missouri Convention had met on March 21 1861, pro-secessionist Governor Claiborne Fox Jackson was disappointed as former Missouri Supreme Court Justice Hamilton Gamble (a brother-in-law of Bates) led the Convention to reject secession! Jackson's reaction was to order the militia to muster troops for the Confederate Army throughout the State. At the same time, Lincoln's Home Guard regiments composed almost entirely of Germans were forming in St. Louis for the Union Army, under Franz Sigel, a 48er, and Frank Blair. They received permission from Lincoln to arm the Home Guards.

On May 10th, General Lyon's men took and held the U.S. Arsenal at Camp Jackson, for the Union. After the Second, Third and Fourth Regiments, comprised mainly of Germans, took the camp, a riot ensued, in which

Schlacht am Wilson's Creek, zeitgenössische Abbildung aus dem populären Neuruppiner Bilderbogen
//
Battle of Wilson's Creek, contemporary figure of a popular German pictures series

civilians and soldiers were injured and killed. The whole affair polarized the State and the country when the incident was the front page of the New York Times the next day. Two of Muench's son's, twenty-year old Ferdinand, and eighteen-year old Berthold were among those troops, who helped hold the U.S. Arsenal at St. Louis for the Union, a pivotal point in Missouri's history. A network of Germans, meeting for their Turnverein drills, and Society's meetings had succeeded in raising nearly 3,000 German troops. It was those same troops that held Missouri, a State filled with southern sympathizers and slave owners, for the Union. That summer, the Missouri State Radical Emancipation Convention met in Jefferson City, where Arnold Krekel was elected as vice-president and Friedrich Muench was a member of the platform committee.

Within a few months, the second battle of the Civil War occurred in southwest Missouri, near Springfield, at a spot known as Wilson's Creek, on August 10th. It pitted Union forces of General Nathaniel Lyon, accompanied by Major Peter Osterhaus with his small Second Battalion, and Colonel Franz Sigel with his Turners of the Third Missouri Infantry, against the recently aligned Confederate troops of General Ben McCulloch,

gleiche Rechte für im Ausland geborene Bürger. Als dann die landesweiten Präsidentschaftswahlen nahten, beschrieb Münch die beiden Standpunkte, die sich im Wahlkampf gegenüber standen, mit den folgenden Worten: „Der erste ist, dass es Herren und Diener geben muss, Herrscher und Untergebene, freie Menschen und Sklaven. Und die andere Ansicht ist jene, die zum ersten Mal in der Unabhängigkeitserklärung Ausdruck fand: dass alle Menschen mit den gleichen Rechten geboren werden."[42] Der „St. Charles Demokrat" ermutigte seine Leser: „Macht Euch auf, deutsche Landsleute! Der Tag der großen Schlacht rückt näher, an dem entschieden werden muss, ob Freiheit oder Sklaverei siegen werden."

Am 23. Mai 1860 veröffentlichte der „Anzeiger des Westens" einen Brief von Münch aus Chicago zu den Nominierungen: „Ich habe noch zuzufügen, daß im dritten Ballot für Präsident die deutschen Delegaten von Missouri die Stimmen des Staates für Missouri forderten, aber damit nicht durchdringen konnten, bis bereits auch andere Staaten ihre Stimme corrigiert hatten, [...] endlich, daß sie der Committee für Resolutionen eine Erklärung übergaben, worin wörtlich eine Clausel über die Rechte der eingewanderten Bürger und über Naturalisationsgesetze verlangt wird, wie sie jetzt wirklich in der Platform sich findet.

Ich eile nun zur Heimath zurück, nicht um auszuruhen, sondern um in den Kampf zu gehen, mit dem Ernste, dem es nicht um wohlfeile Worte geht, sondern um die erfolgreiche That.
Far West"[43]

Münchs Offenheit brachte ihm auch Feinde ein. Sein Leben, sein Heim und seine Familie gerieten in Gefahr, worüber in vielen

Berthold Münch, 1843-1861 //
Berthold Muench, 1843-1861

Zeitungen ausführlich berichtet wurde. Im Januar 1861 erklärte ganz in der Nähe von Münchs Wohnhaus eine Zusammenkunft von Sklavenhaltern: „Es leben Menschen in unserer Mitte, die die Gewohnheit haben, Neger als ihresgleichen anzusehen, und sie als solche zu behandeln. Unsere Sklaven sind dadurch schwerer zu handhaben, und somit fügen sie sowohl den Sklaven als auch ihren Haltern Schaden zu. Des Weiteren gibt es Personen unter uns, die, um sich in der Politik hervorzutun, Nachrichten über das ganze Land verbreiten, indem sie mit weit entfernt erscheinenden Zeitungen korrespondieren, in einer Sprache, die sich unterscheidet von jener, welche die breite Mehrheit unserer Bürger spricht und versteht. Sie verbreiten Meinungen und Lehren, die im Widerspruch zu den Gesetzen und Institutionen unseres Staates stehen, und bringen uns dadurch als Bürger eines Sklavenstaates in eine wenig beneidenswerte Position gegenüber den anderen Bundesstaaten. Bisher mögen wir sie durch unser Schweigen im Glauben gelassen haben, dass wir, zumindest gefühlt, freundlich gestimmt sind gegenüber jenen Auffassungen, die von diesen ausländischen Justizflüchtlingen vertreten werden, die durch irgendeinen Schwindel Bürger unseres Landes geworden sind."[44]

Am 27. März 1862 veröffentlichte der „St. Charles Demokrat" eine Ansprache von Friedrich Münch, die verdeutlicht, wie dieser zu einer der wichtigsten deutsch-amerikanischen Leitfiguren aufsteigen konnte, nicht nur in Missouri, sondern in den gesamten USA und sogar auch in Deutschland. Mit Blick auf die Sklavenfrage erörterte Münch, wie es dazu gekommen war, dass ein Bundesstaat, der vor fast 40 Jahren als Sklavenstaat der Union beigetreten war, sich nunmehr in den Reihen der Nordstaaten der Union wiederfinden konnte, wobei er auf die Rolle der Tausenden von Deutschen hinwies, die in diesem Staat ihre Heimat gefunden hatten. Historiker vertreten bis heute die Ansicht, dass der Ausgang des Bürgerkrieges ohne den Einfluss der deutschen Emigranten ein anderer hätte werden können.

Nach Lincolns Wahl erklärte der Sklavenhalter John Jay Johns aus St. Charles County: „Der Norden hat das Thema der Sklaverei solange künstlich hochgespielt, bis der Süden zur äußersten Verzweiflung getrieben wurde und wenn er nicht zurück weicht, wird die Union nicht bestehen können." Während in ganz Missouri wilde Abspaltungsdebatten ausbrachen, ernannte Lincoln Edward Bates aus Missouri zu seinem Justizminister. Der sezessionistische Gouverneur Claiborne Fox Jackson musste enttäuscht hinnehmen, dass auf der Staatsversammlung von Missouri am 21. März 1861 der ehemalige Richter des obersten Gerichtshofes von Missouri Hamilton Gamble (ein Schwager von Bates) die Versammlung dazu verleitete, die

Verordnung zur Abschaffung der Sklaverei in Missouri, 1865 //
An Ordinance Abolishing Slavery in Missouri, 1865

and the pro-secessionist Missouri State Guard of General Sterling Price. Both of Muench's sons were in Sigel's troops, however Ferdinand was ill, and wasn't able to take part, an illness that saved his life perhaps. In the horrible battle that ensued that fateful morning, his younger brother, Berthold was killed on Bloody Hill. Sigel had convinced Lyon to divide and attack separately. And although Lyon had succeeded in surprising the enemy, he lost his life that day.

Sigel's troops, worrying about friendly fire, were the ones caught by surprise, outnumbered and ambushed. Both sides claimed victory, but the loss of life was tremendous. It would be weeks, before Muench would learn the fate of his young son. Later he wrote "I did lose one of my sons at the battle of Wilson's Creek, two others were almost lost to typhus (the other one recovered after several months in bed), and I lost my eldest grandson on New Year's Day. He was a splendid boy of twelve." This was Rudolph Busch, his daughter Pauline's first born son.

That November, Muench was elected to the Missouri Senate for the 1st District, which was comprised of St. Charles, Warren and Montgomery Counties, a position that took much of his time and attention. It also took him away from his family a great deal. Not one to shirk, nor miss roll call when in session, Muench stayed at the Bruns' family boarding house while he was in Jefferson City. Muench wrote his family often, penning his letters to his children in Latin, making them do their lessons by first translating his letter.

His nephew, William Follenius, Paul's son, was also elected as a State Representative for St. Charles County in the Missouri government. Muench described him as "a very able young man, just and upright, uncompromising, radical, but cool and sober."[46] Muench, was

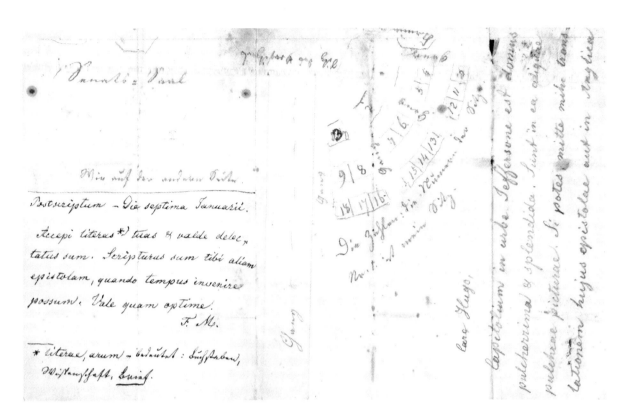

Friedrich Münch, Brief an seinen Sohn Hugo aus Jefferson City. Münchs Platz im Senat ist bei der # 1

//

Friedrich Muench, letter to his son Hugo from Jefferson City. Muench's place in the Senate is in the # 1

Sezession abzulehnen. Jackson reagierte und befahl, Truppen für die Konföderierte Armee aus dem gesamten Bundesstaat zusammenzuziehen. Zeitgleich formierten sich in St. Louis unter dem 1848er Franz Sigel und Frank Blair die Regimenter von Abraham Lincolns Home Guard, die sich fast ausschließlich aus Deutschen zusammensetzten, für die Unions-Armee. Sigel und Blair erhielten von Lincoln die Genehmigung, die Home Guard zu bewaffnen.

Am 10. Mai eroberten General Lyons Männer das US-Arsenal bei Camp Jackson für die Union und konnten es erfolgreich halten. Nachdem die hauptsächlich aus Deutschen bestehenden Zweiten, Dritten und Vierten Regimenter das Camp besetzt hatten, brachen Unruhen aus, bei denen Zivilisten und Soldaten verletzt und getötet wurden. Als über diesen Vorfall auf der Titelseite der „New York Times" berichtet wurde, polarisierte dies den gesamten Bundesstaat und das ganze Land. Zwei Söhne Münchs, der 20-jährige Ferdinand und der 18-jährige Berthold, gehörten zu den Truppen, mit deren Hilfe das US-Arsenal in St. Louis für die Union gehalten werden konnte: ein Wendepunkt in der Geschichte Missouris. Einem Netzwerk

well respected and admired by his colleagues, who would often defer to him. Only Muench was permitted to have a favorite chair and desk in the State's official chambers, and only he was allowed to smoke his long stemmed pipe in the Senate Chambers.

As the war ground on, German Radical influence grew. The prospect of the emancipation of their slaves, made slave owners angry, and refuse to take the Oath, in which they had to proclaim that they had never shown sympathies to the southern cause. These were confusing times, as it was possible to be a Union man and still own slaves. As more men were needed, and Lincoln was convinced that recruiting slaves was politically feasible in Missouri, George Senden was appointed assistant provost marshal for the purpose of enlisting black troops in St. Charles County, in December 1862. Slave owners reacted in various ways, either hiding or locking up their slaves when the recruitment officers came to call. Some wrote the Provost Marshall and reported their slave had run off, and was either in Augusta or Washington (Missouri) about to enlist, and that he would like to be paid the $300 the military bounty that was being was offered for the former slave. John Jay Johns said his negro man Henry had run off, and more were leaving every week. Slave owners also adjusted by moving, to other areas of the State known as "little Dixie" and further west like Idaho, where there were not as many German residents, and the locals didn't insist upon "loyalty oaths" and "enlistment" of your slaves in the Union cause.

By November of 1864, when a call for a State Constitutional Convention was unanimously passed, Friedrich Muench was elected a delegate with his friend Arnold Krekel, elected as President. When Missouri's General Assembly met the following January, German Radicals

Friedrich Münch auf dem Senatorenstuhl, 1866 // Friedrich Muench in Senate chair, 1866

Kleiber, Anna Marie
– Medora
55,f,none
Nonnenweis

Kleiber, Carl F.
– Medora
20,m,shoemaker
Nonnenweis

Knaust, Andreas
– Medora
20,m,weaver
Oberiflingen

Knaust, Catharine
– Medora
29,f,none
Oberiflingen

Knaust, Christian
– Medora
24,m,stocking maker
Oberiflingen

aus Deutschen, das sich zum Trainieren in Turnvereinen und in Gesellgkeitsvereinen traf, war es gelungen, fast 3.000 deutsche Soldaten bereit zu stellen. Die gleichen Truppen hielten auch ganz Missouri auf Seiten der Union; einen Staat, dessen Bewohner sich mehrheitlich aus Sympathisanten der Südstaaten und Sklavenhaltern zusammensetzten.

In diesem Sommer fand eine Versammlung der radikalen Emanzipationsbefürworter des Bundesstaates (Missouri State Radical Emancipation Convention) in Jefferson City statt, auf der Arnold Krekel zum Vizepräsidenten gewählt wurde. Friedrich Münch wurde Mitglied des Programmausschusses.

Wenige Monate später ereignete sich am 10. August im Südwesten von Missouri bei Wilson's Creek nahe Springfield die zweite Schlacht des Bürgerkriegs. Hier trafen Truppen der Union unter General Nathaniel Lyon, gefolgt von Major Peter Osterhaus mit seinem kleinen Zweiten Bataillon und Colonel Franz Sigel mit seinen Turnern von der Dritten Missouri Infanterie auf die kürzlich zur Konföderation übergetretenen Truppen von General Ben McCulloch und der pro-sezessionistischen Missouri State Guard von General Sterling Price. Beide Söhne Münchs gehörten zu Sigels Truppen; Ferdinand erkrankte jedoch und konnte nicht kämpfen, was ihm womöglich das Leben rettete. In der schrecklichen Schlacht, die an jenem schicksalshaften Morgen ausbrach, wurde sein jüngerer Bruder Berthold am Bloody Hill getötet. Sigel hatte Lyon davon überzeugt, seine Kräfte aufzuteilen und getrennt anzugreifen. Und obgleich es Lyon gelungen war, den Feind zu überraschen, verlor auch er im Verlauf dieses Tages sein Leben. Sigels Truppen, die einen Beschuss aus den eigenen Reihen befürchteten, wurden überrascht; sie waren in der Unterzahl und wurden aus dem Hinterhalt überfallen. Beide Seiten beanspruchten den Sieg für sich, doch die Verluste waren enorm. Es dauerte mehrere Wochen, bis Münch vom Schicksal seines Sohnes erfuhr. Später blickte er auf diese Zeit mit den Worten zurück: „Einen meiner Söhne habe ich bei der Schlacht am Wilson's Creek verloren, zwei weitere starben beinahe an Typhus (einer erholte sich erst nach mehreren Monaten Bettruhe), und meinen ältesten Enkel verlor ich am Neujahrstag. Er war ein prächtiger Junge von 12 Jahren." Dies war Rudolph Busch, der Erstgeborene seiner Tochter Pauline.

were in control. When the Convention actually convened in St. Louis, the first issue of business was the emancipation of slavery in the State, which Krekel signed on January 11th.

Muench then introduced, as State Senator, a bill to overturn all earlier laws that had forbid the education of blacks. Eugene Gauss said the Radicals would do anything to make the negroes their political and social equals. Of the 66 members of the Convention, only eight were German, but they were strong. Then, President Krekel suggested that they should not base their franchise on "skin color" and that the prospect of a "Negro President or Governor" presented no "horror" for him. That met with disagreement. The proposition that blacks, like women, minors and criminals, were citizens but had no right to vote carried the day.[47] The Convention also debated the issue of disenfranchising all those who had supported the south. And then, Lincoln's assassination did much to swing the vote to the Radicals. The vote of the so-called "Drake Constitution"[48] was close, so close in fact, that not until the Union Army troops votes

Ludwig Büchner, Bruder von Georg Büchner, ca. 1874 //
Ludwig Büchner, brother of Georg Büchner, ca. 1874

Friedrich Münch mangelte es nicht an Selbstbewusstsein:
.....so haben wir zugleich gerade hier Erfolge errungen von
weltgeschichtlicher Bedeutung."
(Der Deutsche Pionier, Cincinatti, 1869, 190)
//
Friedrich Muench did not lack self-confidence:
"...we have also achieved success right here in world
history."

Im November 1861 wurde Münch in den Senat von Missouri
(eine Kammer des Zweikammer-Parlaments von Missouri) für
den 1. Distrikt gewählt, der die Countys St. Charles, Warren und
Montgomery umfasste. Diese Position als Senator beanspruchte
einen Großteil seiner Zeit und Aufmerksamkeit, was ihn häufig
lange von seiner Familie fernhielt. Münch war niemand, der sich
vor der Verantwortung drückte oder es mit der Anwesenheit bei
Senatssitzungen nicht so genau nahm, daher mietete er sich in
der Hauptstadt Jefferson City im Gasthaus der Familie Bruns ein.
Münch schrieb häufig an seine Familie und verfasste gelegentlich
auch Briefe an seine Kinder in Latein. Auf diese Weise brachte er
sie durch die Übersetzungen dazu, ihre Lektionen zu lernen.

Sein Neffe Wilhelm Follenius, Pauls Sohn, wurde als
Abgeordneter von St. Charles County in das Repräsentantenhaus
von Missouri gewählt (der zweiten Kammer des Parlaments von
Missouri). Münch beschrieb ihn als „einen sehr fähigen, jungen
Mann, rechtschaffen und integer, kompromisslos, radikal,
aber besonnen und nüchtern."[46] Münch selbst genoss hohes
Ansehen bei seinen Kollegen, die ihn oftmals vertrauensvoll um
Rat fragten. Nur Münch war es gestattet, einen „eigenen" Stuhl
und Tisch in den offiziellen Räumen des Senats zu besitzen, und
nur er konnte es sich erlauben, dort seine lange Stielpfeife zu
rauchen.

Mit dem Fortschreiten des Krieges wuchs auch der Einfluss
der deutschen Radikalen. Die Aussicht auf die mögliche

Emanzipation ihrer Sklaven erhöhte den Zorn der Sklavenhalter und ließ viele von ihnen den Eid verweigern, durch welchen sie bezeugen mussten, dass sie niemals Sympathien für die Südstaaten gehegt hätten. Es waren verwirrende Zeiten, in denen es möglich war, Anhänger der Union zu sein und dennoch Sklaven zu besitzen... Als immer mehr Soldaten nötig wurden und Lincoln zu der Überzeugung gekommen war, dass die Rekrutierung von Sklaven in Missouri politisch durchführbar war, wurde George Senden im Dezember 1862 zum stellvertretenden Provost Marshal ernannt, um schwarze Truppen in St. Charles aufzustellen. Die Sklavenhalter reagierten unterschiedlich. Manche von ihnen versteckten ihre Sklaven, oder sperrten sie ein, wenn sie als Rekruten abgeholt werden sollten. Einige schrieben dem Provost Marshal, berichteten, dass ihre Sklaven fortgelaufen seien und sich entweder in Augusta oder in Washington (Missouri) melden würden, und forderten die 300 Dollar Prämie, die vom Militär für ehemalige Sklaven gezahlt wurden. So erklärte auch John Jay Johns, dass sein Neger Henry entflohen sei und viele weitere jede Woche verschwinden würden. Wieder andere Sklavenhalter reagierten, indem sie in jene Gebiete des Staates zogen, die als „little Dixie" bekannt waren, oder sogar noch weiter in den Westen, nach Idaho, wo es nicht so viele deutsche Einwohner gab und die Einheimischen nicht auf Loyalitätseide und die Einberufung der Sklaven für die Union bestanden.

Im November 1864 wurde die Forderung nach einer Verfassungsversammlung des Bundesstaates (State Constitutional Convention) einstimmig verabschiedet und Friedrich Münch zum Delegierten gewählt, gemeinsam mit seinem Freund Arnold Krekel, der zum Vorsitzenden ernannt wurde. Als Missouris Generalversammlung im darauffolgenden Januar zusammentrat, hatten die deutschen Radikalen darin die Oberhand. Bei der konstituierenden Sitzung in St. Louis war der erste Tagesordnungspunkt die Abschaffung der Sklaverei in Missouri, die Krekel am 11. Januar 1865 unterschrieb. Münch brachte als Senator ein Gesetz ein, das alle früheren Gesetze

cast were counted, was it known that because of the troops, so many of which were German, that it carried. On July 1, 1865, nearly thirty-one years after Muench's arrival, the Missouri government was in the control of like-minded radicals. During his tenure in government, Muench had made certain that 20% of the Annual publication of the Records of the State of Missouri were also printed in German.

Muench wrote "The four years, precisely, during which I occupied this office, were the most important and most decisive for our state. In those years, among grave troubles and constant combat, the new order of things had to be established. In consequence of the excessive exertion, particularly during the last session, I returned home so physically weakened that it was some years before I regained my health"[49].

Von links nach rechts: Georg Münch, Georgs zweite Frau Emma. Luise
Münch 1865, Friedrich Münch im Alter von 80 Jahren
//
From left to right: George Muench, George's second wife Emma, Louise
Muench 1865, Friedrich Muench at the age of 80 years

Utopia – "Where the sun of freedom shines"

Appointed by Governor Fletcher to the State Board of Agriculture and to the Board of Emigration Muench would continue to serve on both of these Boards for several years, giving his input on viticulture, and Germany. He would fight for better tariff laws "in our present tariff laws we see an unjustified favoring of some eastern branches of business, to the disadvantage of the western farmer; we demand these laws be changed in a way that all parts of the country may have equal well-being."[50]

On February 7, 1871 Muench wrote to the St. Charles News, in response to an earlier criticism "The [Missouri] Constitution excludes none but the direct and indirect aiders and abetters of the late rebellion. In fact it is an unwarranted provocation to place that class of our citizens

Friedrich Münch in der „Washingtoner Post", Missouri, im Dezember 1881:

„Wo gibt es ein Gemeinwesen, in dem Menschen in Frieden zusammen lebten, in der jeder seine
Energie einsetzte, um von Nutzen zu sein? Wo gibt es ein Gemeinwesen, in dem jeder Erfüllung
in der Erbringung seiner Pflichten findet, in der jeder frohen Mutes genug ist, um anderen frohen
Mutes zu helfen?

Die Menschen sind in der Masse nicht gebildet genug, um über sich selbst zu regieren und werden
daher von raffinierten Politikern regiert, denen es gelingt Ansehen und Macht zu erlangen, um
ihre eigene Position für ihr eigenes Wohl zu nutzen. Es gibt immer noch einen Bedarf an grund-
legendem Verständnis für die Form des Regierens. Die Mehrheit gibt ihre Stimme für die Partei
ab, zu der sie gehört und unterwirft sich den Entscheidungen ihres erfolgreichen Führers. Eine
wachsende Anzahl an hoffnungsvollen Emporkömmlingen steht dabei an der Spitze.

Es gibt vieles worauf man in unserem Gerichten hoffen kann. Durch geschickten Umgang mit
dem Recht werden richtig und falsch vertauscht, und die wohlhabenden und vornehmen Leute
kommen für Verbrechen ungestraft davon, für die die weniger Angesehenen bestraft werden.
[Anmerkung in der englischen Übersetzung: „Dies gibt es 1953 noch genauso. – Eugenia Busch
Kircher."]

Das Deprimierendste ist der Anstieg der Kriminalität und der Sittenlosigkeit. Die Disziplin der
Jugend ist lax und der skrupellose Umgang mit Finanzen ist allgegenwärtig. Dennoch sage ich,
dass wir als Bürger dieses Landes gesegneter sind als in der alten Welt. Hier wird die Freiheit der
Meinungsäußerung toleriert. Wir haben einen weit größeren Kern an Bürgerschaftlichkeit als
jedes andere Land. Hier wird keiner aufgrund seiner Geburt verurteilt oder zu einer Haltung in
Demut genötigt. Das Feld steht jedem offen, dessen aufrichtige Bemühungen ihn dafür qualifizie-
ren.

Die europäischen Länder wenden sich den Waffen zu und verschwenden ihre Energien in Kriege
und Kriegsvorbereitungen. Wir haben keine Kriege oder inneren Unruhen.

Die Jugend verliert weder ihre besten Jahre in fruchtlosem Kasernendienst, noch opfern wir den
Wohlstand unseres Landes für Kriege.

Ich denke auch (ohne von den Verschwendungen in Russland zu sprechen) an die traurigen,
wirtschaftlichen Bedingungen in Deutschland, die Verwirrung in Großbritannien, aber mir bleibt
kein Platz mehr, daher schließe ich hier vorerst.

Fr. Münch

Er schloss für immer. Die vorangehenden Betrachtungen waren die letzten öffentlichen Worte,
die Münch schrieb. Am Morgen seines Todes schickte er uns seine letzte Korrespondenz. Das war
somit das Ende von Arbeit und Mühen."[58]

//

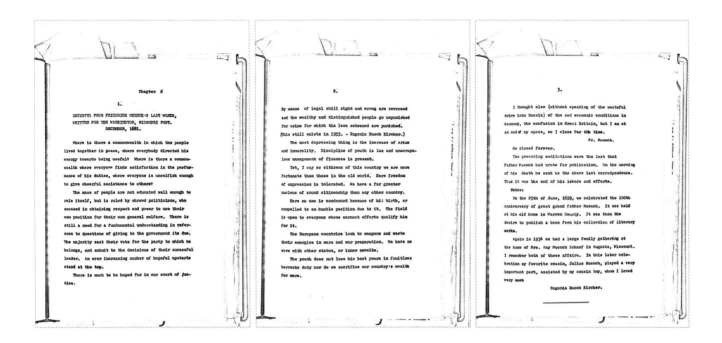

Friedrich Muench in a letter to the Washingtoner Post, Missouri, December 1881:

"Where is there a commonwealth in which the people lived together in peace, where everyone directed his energy towards being useful? Where is there a commonwealth where everyone finds satisfaction in the performance of his duties, where everyone finds satisfaction in the performance of his duties, where everyone is unselfish enough to give cheerful assistance to others?

The mass of people are not educated well enough to rule itself, but is ruled by shrewd politicians, who succeed in obtaining respect and power to use their own position for their own general welfare. There is still a need for a fundamental understanding in reference to questions of government. The majority cast their vote for the party to which he belongs, and submit to the decisions of their successful leader. An ever increasing number of hopeful upstarts stand at the top.

There is much to be hoped for in our court of Justice. By means of legal skill right and wrong are reversed and the wealthy and distinguished people go unpunished for crime[s] for which the less esteemed are punished. (This still exists in 1953. – Eugenia Busch Kircher.)

The most depressing thing is the increase of crime and immorality. Discipline of youth is lax and unscrupulous management of finances is present.

Yet, I say as citizens of this country we are more fortunate than those in the old world. Here freedom of expression is tolerated. We have a far greater nucleus of sound citizenship than any other country. Here no one is condemned because of his birth, or compelled to a humble position due to it. The field is open to everyone whose earnest efforts qualify him for it.

The European countries look to weapons and waste their energies in wars and war preparation. We have no wars with other states, or inner revolts.

The youth does not lose his best years in fruitless barracks duty nor do we sacrifice our country's wealth for wars.

I thought also (without speaking of the wasteful drive into Russia) of the sad economic conditions in Germany, the confusion of Great Britain, but I am at the end of my space, so I close for this time.
Fr. Muench

He closed forever. The preceding meditations were the last words that Muench had written for publication. On the morning of his death he sent us the above last correspondence. Thus it was the end of his labors and efforts."[58]

as "the best and most faithful" in opposition to the others who, with their lives and property, supported the cause. If the Democrats continue to assert that it was a crying injustice reconstructing our state into their own hands, while war was still raging, and to exclude those who even then were in arms against the state government, we must reply that, in the name of common sense, they could not have acted otherwise."

"In the name of common sense" was why so many Germans admired Muench and read his books, and followed his writing in the daily newspapers, the weeklies and the journals, published across the U.S. and Germany. In addition to his family and farm, teaching area children, and his "talks" for the freethinkers, he did find time to write. He wrote his first autobiography in 1846, followed by A Treatise on Religion and Christianity in 1847. By the 1850s he had turned to a different message, by translating the sarcastic anti-Catholic "The Secrets of St. Louis" by Henry Boernstein into English from the German.[51] By 1859, his writing had become political. Muench's The Future of North America and a glance from the New World into the Old[52] and his publication, The State of Missouri (in three editions from 1859 to 1867, published in the States and Germany) continued the pursuit of Muench's lifelong

Koch, E.
- Olbers
22,m,farmer

Koch, Heinrich
- Medora
3,m,none
Coburg

Koch, Ludwig
- Medora
40,m,farmer
Coburg

Koch, Margaretta
- Medora
4,9,f,none
Coburg

Koch, Margaretta
- Medora
31,f,none
Coburg

Koch, Wilhelmine
- Medora
7,f,none
Coburg

Münch Familiengrab am Lake Creek //
Muench family cemetery at Lake Creek

Nachfahren auf Friedrich Münchs ehemaliger
Farm, ca. 1887,
von links nach rechts // Descendants on Fried-
rich Muench's former farm, ca. 1887,
from left to right:
Julius Muench (1866-1950), Elizabeth (Schaaf)
Muench (1843-1895), Eugene Muench (1875-
1944), Christine Muench (1881-1970), Eugenia
(Thamer) Muench (1854-1908), Paula Muench
(1877-1964), Alice Muench (1881-1963), Julia
Muench (1872-1965), Julius Muench (1835-1927),
Sophie Muench (1869-1944)

Weinkeller des von Georg Münch und anderen errichteten Weinguts //
Wine cellar of the winery built by George Muench and others

dream to see Missouri become a German State[53].

By 1868, sixty-nine year-old Muench, worn by the rigors of the war and the travel to Jefferson City as a member of the State Boards, tries to slow down. He writes his will, with a special codicil in German, with special instructions for his family, not to be read into the U.S. Court. He is still writing articles on his passion, viticulture, for the Grape Culturalist. He begins writing regularly for Rattermann's monthly magazine journal, Der Deutsche Pionier, and becomes the subject of one issue. In 1871, he has become philosophical but still maintains his Rationalist views of the world, with Materialism and Dualism[54], The Materialism movement was sweeping the nation, with the most influential propagator of it, Ludwig Büchner with his book "Kraft und Stoff".

Muench again sees freedom endangered, in this case by a philosophy that denies the individual self. Still not to be slowed by age, in 1873 the[55] Spiritual Instruction for the Growing Youth, for the Use of Teachers and Pupils as well as for all Friends of Liberal Thinking, is published in St. Louis. He also publishes Recollections of Germany's Darkest Hours[56], the biographic Sketches of Karl Follen, Paul Follenius and Friedrich Muench, filled with memories of their youth.

In 1874, Heinrich Rattermann, the editor of Der Deutsche Pionier, a journal of national renown, dedicated to all things German for the German-Americans in the U.S., comes from Cincinnati to the small village of Dutzow in Missouri, just to visit Friedrich Muench, and look back at his 75 years. One of the most striking passages is his description of Muench's study, and of the matching portraits of him and his wife Louise, painted in Germany by the

aufhob, die sich gegen die Schulbildung von Schwarzen aussprachen. Eugen Gauß erklärte, dass die Radikalen alles tun würden, um die Neger politisch und sozial gleichzustellen. Zu den 66 Mitgliedern der Konvention gehörten nur acht Deutsche; die aber großen Einfluss besaßen. Als Präsident Krekel dann jedoch vorschlug, dass man die Wahlberechtigung nicht von der „Hautfarbe" abhängig machen solle und dass die Vorstellung eines „Negers als Präsident oder Gouverneur" ihm keinen „Schrecken" einjage. stieß er damit auf Ablehnung. Die Anschauung, dass Schwarze, wie Frauen, Minderjährige und Kriminelle zwar zu den Bürgern gerechnet werden, aber kein Wahlrecht bekommen sollten, beherrschte den Tag.[47]

Gleichzeitig debattierte die Versammlung auch, ob man den Unterstützern des Südens das Wahlrecht absprechen sollte. Schließlich brachte das Attentat auf Präsident Lincoln den Radikalen einen großen Wahlvorsprung. Die Abstimmung über die sogenannte „Drake-Verfassung"[48] verlief so knapp, dass der Ausgang über lange Zeit unklar blieb. Erst als die Stimmen der Unionstruppen ausgezählt worden waren, wurde klar, dass die Verfassung mit den Stimmen der Soldaten, unter denen sich viele Deutschamerikaner befanden, angenommen worden war. Am 1. Juli 1865, fast einunddreißig Jahre nach Münchs Ankunft, lag die Regierung von Missouri in der Hand von ihm gleichgesinnten Radikalen. Während seiner Amtszeit in der Regierung stellte Münch sicher, dass zwanzig Prozent der jährlichen amtlichen Veröffentlichungen des Staates Missouri auch in seiner Muttersprache gedruckt wurden.

Später schrieb er über diese Zeit: „Gerade diese vier Jahre, während welcher ich diese Stelle bekleidete, waren die wichtigsten und entscheidendsten für unsern Staat, indem unter schweren Mühen und steten Kämpfen die neue Ordnung der Dinge festgestellt werden musste. In Folge von unmäßiger Anstrengung besonders während der letzten Sitzung kehrte ich so körperlich angegriffen zurück, daß ich erst nach Jahren mich wieder erholte."[49]

Utopia – Wo der Freiheit Sonne scheint

Nachdem Münch von Gouverneur Fletcher zum Mitglied der Ausschüsse für Landwirtschaft und für Einwanderung in Missouri ernannt worden war, engagierte er sich in diesen

artist Anton Gastauer, for the family back home. Friedrich's older brother Ludwig, a pastor at Wischhausen Germany had just passed away in Germany, and perhaps the portraits had just arrived. The youthful Friedrich is portrayed in his home, the Rectory, at the window in his study. Through the window in the distance, is the Nieder-Gemünden church where the parish had placed a monument to Muench's father in the courtyard. On the wall behind him, is Friedrich Ludwig Jahn, known as Turnvater Jahn, the father of gymnastics. Apparently Muench admired Jahn's nationalist movement, in the days of the Giessen Blacks. A bust of the greek poet Homer, leads one to connect Muench's love of poetry, and literature. He holds an open book in his lap Torquato Tasso "Jerusalem Delivered" his connection to his deep spiritual beliefs.

Rattermann does not comment on another portrait, known to have been painted at the same time and by the same artist, that portrays Muench's wife, Louise, at the window in her sitting room, in their home. Her portrait shares a vase of flowers with their meanings, of beauty, faith and devotion, and etched into a band on the vase is the artists' name. Behind her is a bust of Athena, greek goddess of wisdom and courage. She is beautiful, educated and refined, at her writing desk with pen in hand. Perhaps this companion portrait was just a short distance away, or hanging in her son Julius' home, across the yard from the small cabin, that Muench had lived his entire Missouri lifetime in. The State Missouri goes into a third edition in Bremen, with maps and woodcuts by Theodore Bruere, a German who had immigrated

Ämtern über mehrere Jahre hinweg mit wichtigen Beiträgen und Ratschlägen zu den Themen des Weinbaus und der deutschen Immigration. Gleichzeitig setzte er sich auch für bessere Handelsbedingungen ein: „In unseren momentanen Zollgesetzen sehen wir eine ungerechtfertigte Begünstigung einiger östlicher Geschäftszweige zum Nachteil von Farmern aus dem Westen; wir fordern, dass diese Gesetze so geändert werden, dass es allen Teilen des Landes gleichermaßen wohl ergeht."[50]

Am 7. Februar 1871 schrieb Münch an die „St. Charles News" als Antwort auf eine vorausgegangene Kritik: „Die Verfassung [von Missouri] schließt niemanden aus, außer den direkten und indirekten Unterstützern und Gehilfen der vergangenen Rebellion. Tatsächlich ist es eine unvertretbare Provokation, diese Klasse unserer Bürger als 'die beste und treueste' in Gegensatz zu denjenigen zu stellen, die mit ihrem Leben und ihrem Besitz der Sache gedient haben. Wenn die Demokraten weiterhin behaupten, dass es eine große Ungerechtigkeit sei, dass wir unseren Staat wieder in unsere Hände nahmen, während der Krieg noch tobte und jene auszuschließen, die sogar in jener Zeit gegen die Regierung des Staates waren, müssen wir im Namen des gesunden Menschenverstandes erwidern, dass sie nicht hätten anders handeln können."

Eben für diesen „gesunden Menschenverstand" wurde Münch von vielen Deutschen bewundert, die seine Bücher lasen und seine Artikel in den Tageszeitungen, Wochenzeitungen und Zeitschriften verfolgten. Trotz seiner Arbeiten auf der Farm, des Unterrichts für die Kinder aus der Umgebung und seiner Vorträge für die Freidenker, fand er zu all dem noch die Zeit für seine schriftstellerische Tätigkeit. 1846 schrieb er seine erste Biographie, gefolgt 1847 von „A Treatise on Religion and Christianity". Später in den 1850ern wandte er sich einem neuen Thema zu und übersetzte die sarkastische, anti-katholische Novelle „Die Geheimnisse von St. Louis" von Heinrich Börnstein ins Englische.[51] 1859 hatte er bereits begonnen, sich politischen Themen zu widmen, so etwa mit den Schriften „Die Zukunft von

to Missouri in the 1840s and stayed for a time on Muench's farm, and later becoming editor of the St. Charles newspaper, Der Demokrat. Gone were Muench's closest friends and brothers, when his brother George died in 1879, at his home in Augusta, where he had founded Mount Pleasant Winery.

Gone were all of their siblings, save his sister Marie, Paul's widow, who lived with her son-in-law in St. Louis. "Few only of the companions of my youth are still here," Muench lamented. He continued to instruct his grandchildren and to divide his time between his writing desk, with his beloved vineyard which lay just west of his home, and south of his son Julius' fine home.

"From day to day, almost, I dare not lose any time toward accomplishing what I consider my task. How long will it go on so? I do not know, but I cannot think of a more desirable end than to fall in the midst of earnest endeavor"[57]. When he was called for dinner, on December 14, 1881, and did not appear, the family went looking for him. Papa Muench had passed away with his pruning shears in hand, in his beloved vineyard. He was buried, without a stone as he had requested, on the hilltop where the rest of the family lay buried "where the sun of freedom shines."

The young man whose spirit had first thirsted for freedom in the student rebellions at the University at Giessen, had led countless

Germans to find that freedom in the United States, where he felt the spirit and culture, of his former homeland could live on. He would continue to lead, through his writing for decades, and through his spirit for countless generations. Muench, the most prolific German writer of his day had written articles, pamphlets, and books, for the thousands of Germans that came to the U.S., and to Missouri, where they could live their life as Germans, together freely in the U.S., devoted to those freedoms which they had fought hard to preserve. They had come to be known as determined, noncredulous, and stubborn, within a State with a unofficial motto of "Show Me."

"When the first wave of the mass immigration of the nineteenth century reached the shores of America in the early 1830s, thousands of uprooted German headed for the Midwest. The arrival of these Germans in Missouri marked the origin and created the nucleus of that state's German element. By 1860, Missouri's population totaled 1,182,012. The steady influx of German settlers had pushed Missouri to sixth position among the states in the size of its foreign-born German population with 88,487"[59].

"German culture flourished throughout Missouri after the Civil War, not just in isolated small towns. Many German men became influential in state and local politics. German businesses prospered, helping build the state's industrial economy. Historians refer to the period from after the Civil War until the beginning of World War I as the Golden Age of German Culture in Missouri"[60]. Their parks were filled with gardens and statues of German statesmen and writers. Singing groups and bands gave concerts in the public parks. The private parks served beer, wine, sausages and cheese, often on a Sunday afternoon, considered by the Germans a family day, or a

Nordamerika und Blicke aus der neuen Welt in die alte"[52] und „Der Staat Missouri", von dem 1867 eine dritte Ausgabe erschien. Beide Werke waren von seinem lebenslangen Traum geprägt, dass aus Missouri einmal ein deutscher Staat werde.[53]

Seit etwa 1868 versuchte sich der nunmehr 69-jährige Münch, erschöpft von den Konflikten des Bürgerkriegs und den vielen Reisen nach Jefferson City als Mitglied mehrerer Ausschüsse von Missouri, allmählich aus dem öffentlichen Leben zurückzuziehen. Er schrieb sein Testament mit einem besonderen Testamentsnachtrag in Deutsch mit speziellen Anweisungen für seine Familie, die im Gericht nicht verlesen werden sollten. Noch immer verfasste er Artikel für den „Grape Culturalist" über seine Leidenschaft, den Weinbau. Darüber hinaus begann er zu dieser Zeit auch regelmäßig für Heinrich Rattermanns monatliches Magazin „Der Deutsche Pionier" zu schreiben und wurde selbst zum Thema einer Ausgabe.

1871 bewies er mit der Veröffentlichung von „Materialismus und Dualismus"[54] sein Interesse an philosophischen Themen, hielt seine rationalistische Weltanschauung jedoch weiterhin aufrecht. Die Bewegung des Materialismus begeisterte in diesen Tagen die wissenschaftliche Welt in Amerika und Deutschland – ein einflussreicher Vertreter dieser Richtung war etwa Ludwig Büchner, der Bruder des Dichters Georg Büchner, mit seinem Buch „Kraft und Stoff". Münch sah hierdurch die Freiheit von neuem gefährdet, in diesem Fall von Seiten einer Philosophie, die ihm die Individualität des Einzelnen in Abrede zu stellen schien. Durch sein fortgeschrittenes Alter kaum eingeschränkt, fuhr er fort zu publizieren: 1873 erschien in St. Louis seine „Geisteslehre für die heranwachsende Jugend, zum Gebrauch für Lehrer und Schüler und alle Freunde des freien Denkens".[55] Im gleichen Jahr veröffentlichte er auch seine „Erinnerungen aus Deutschlands trübster Zeit. Dargestellt in den Lebensbildern von Karl Follen, Paul Follenius und Friedrich Münch." [56]

1874 kam Heinrich Rattermann als Herausgeber der Zeitschrift „Der Deutsche Pionier" aus Cincinnati in das kleine Dorf Dutzow in Missouri, um Friedrich Münch zu besuchen und mit ihm auf seine 75 Lebensjahre zurückzublicken. Zu den beeindruckendsten Passages seines Berichts gehört die Beschreibung von Münchs Studierzimmer mit den aufeinander bezogenen Porträts von ihm und seiner Frau Luise, die der Künstler Anton Gastauer in Deutschland für die Familie gemalt hatte. Friedrichs älterer

Bruder Ludwig, Pfarrer in Wischhausen in Deutschland, war kurz zuvor gestorben, und möglicherweise waren die Portraits damals gerade erst aus Deutschland eingetroffen. Der junge Friedrich Münch wurde in seinem Pfarrhaus porträtiert, am Fenster des Studierzimmers. Durch das Fenster sieht man die Kirche von Nieder-Gemünden, in deren Hof die Gemeinde für Münchs Vater Georg ein Denkmal aufgestellt hatte. Hinter ihm hängt ein Bild von Friedrich Ludwig Jahn (bekannt als „Turnvater Jahn"), dem Begründer der Turnbewegung. Offenbar bewunderte Münch Jahns nationalistische Bewegung in seinen Jahren bei den Gießener Schwarzen. Eine Büste des griechischen Poeten Homer lässt Münchs Liebe zur Poesie und zur Literatur erahnen. Auf seinem Schoß hält er ein aufgeschlagenes Buch, Torquato Tassos „Das befreite Jerusalem" – ein Hinweis auf seine tiefen, spirituellen Überzeugungen.

Das Portrait von Münchs Ehefrau Luise erwähnt Rattermann nicht. Es wurde vom gleichen Künstler zur selben Zeit gemalt. Luise sitzt am Fenster in ihrer Wohnstube. Neben ihr ist eine Vase mit Blumen und deren symbolischen Bedeutungen (Schönheit, Glaube und Hingabe) zu sehen. Die Vase zeigt ein Band mit der Signatur des Malers. Hinter Luise befindet sich eine Büste der Athena, der griechischen Göttin der Weisheit und des Mutes. Luise selbst ist schön, gebildet und kultiviert an ihrem Schreibtisch sitzend dargestellt und hält eine Feder in der Hand. Möglicherweise hing das zweite Porträt nicht weit entfernt von dem anderen, oder auch im Haus ihres Sohnes Julius, das auf der anderen Seite des Hofes lag, gegenüber der kleinen Blockhütte, wo Friedrich Münch seine Lebenszeit in Missouri verbrachte.

„Der Staat Missouri" erschien zu dieser Zeit in Bremen in einer dritten Auflage mit Karten und Holzschnitten von Theodor Bruere, einem Deutschen der in den 1840er Jahren nach Missouri gekommen war, eine Weile auf Münchs Farm gelebt hatte und später Herausgeber des „St. Charles Demokrat" geworden war.

Ohne seine alten Freunde und Verwandten blieb Münch zurück, als auch sein Bruder Georg 1879 in seinem Haus in Augusta starb, wo er die Mount Pleasant-Weinkellerei gegründet hatte. All seine Geschwister waren gestorben, bis auf die Schwester Marie, Pauls Witwe, die mit ihrem Schwiegersohn in St. Louis lebte. „Nur wenige der Weggefährten meiner Jugend sind noch immer da", klagte Münch. Nach wie vor unterrichtete er seine Enkel und verbrachte seine Zeit entweder am Schreibtisch oder

day off from the hard work of the weekdays. The more conservative residents often did not approve of these activities, and thought the day should be spent in quiet worship and reflection, which led eventually to Missouri adopting laws forbidding the drinking and music. But the Germans got around that, by putting the band on board a steamboat, floating on the Missouri River, where the law did not apply. The German American community supported all musical establishments, including the St. Louis Symphony Orchestra, where many of its' first

Kraft, G.
- Olbers
26,m,farmer

Kramer, C.
- Olbers
40,m,farmer

Kramer, Carl
- Medora
22,m,butcher
Lich

Kroll, August
- Medora
28,m,farmer
Rohrbach

Kroll, Emilie
- Medora
0,9,f,none
Budingen

Kroll, Henrietta
- Medora
28,f,none
Budingen

Krug, Andreas
- Medora
18,6,m,farmer
Coburg

musicians were German. Missouri's first German theater performance was the great playwright and freedom poet Schiller.

Social organizations were loved, and still are, allowing Germans to gather and enjoy activities, sometimes even in the German language. Halls were built that included concert halls, theatres, ballrooms, bowling alleys, and libraries. There were, and still are, Sängervereine or singing societies, Schützenvereine/Shooting clubs, and benevolent associations. There are clubs for immigrants from the same region in Germany, that still enjoy a "sister-city" friendship, like Stuttgart, Ludwigsburg, and Marbach. Turner Societies had gyms, libraries and rooms for classes and lectures. And festival days fill out the social calendar even today, with Oktoberfests, Wurstfests, Maifests, Strassenfests and Christkindlmarkts.

Missouri's wine industry owes its beginning and its industry to Germans like Friedrich's brother George Muench in Augusta, and George Hussmann in Hermann. Friedrich Muench had made a trip through the Missouri Ozarks, with his soon to be son-in-law Gordian Busch, in search of good rootstock in 1848. Both Duden and Muench said that grapevines grew everywhere in the wilderness. It is the hardy rootstock of Missouri that is credited with helping save the French vineyards in the late 1850s, when the Phylloxera blight nearly wiped them out, by grafting. The American rootstock was not susceptible to the disease. In villages like Hermann, every resident had his plot for his vineyard, where wine-making was common. By the end of the 19th century, Missouri was the second largest wine producing state in the country. Not to be outdone by their wine counterparts, the breweries of Missouri are known all over the world. One of the largest, Anheuser Busch, began with the marriage

of St. Louis German businessman, Eberhard Anheuser's daughter Lilly, to Adolphus Busch, who grew up in a wine merchant's family in Mainz. Prohibition nearly destroyed the wine and beer industry during prohibition, and was years before the industry recovered, when prohibition ended in 1933.

With German immigrants came the traditions and customs for many of our holidays. The Christmas tree, special baked goods and Christmas carols came with them, as did the custom of hanging stockings, from the celebration of St. Nicholas Day. The State maintains the Deutschheim State Historic Site in Hermann, to preserve the German immigrant culture and history, the arts and the architecture, and life as an early German emigrant would have experienced it. To this day, many Missourians enjoy and maintain family customs they insist come from their German ancestors. They explain that they feel not only their traditions, but their family values, and their community's connective feeling come from those German ancestors who carved out lives for their families. With such a predominant and large amount of the States residents, from north to south and east to west, having come from Germany, one cannot wonder traces of Muench's Utopia of a German State in the U.S. can really still be found in the spirit, the culture and the history of those that live there – where the sun of freedom shines – today.

auf dem Weinberg, der westlich von seinem Haus und südlich des Hauses von seinem Sohn Julius lag. „Ich darf von Tag zu Tag fast keine Zeit verlieren, um alles zu beringen, was ich als meine Aufgabe betrachte. Wie lange wird es noch so fortgehen können? Ich weiß es nicht; aber ein erwünschteres Ende kann ich mir nicht denken, als mitten im regsten Bestreben zu fallen."[57]

Als Münch am 14. Dezember 1881 zum Abendessen gerufen wurde und nicht erschien, machte sich die Familie auf die Suche nach ihm. Friedrich Münch war mit der Rebenschere in der Hand in seinem geliebten Weinberg gestorben. Er wurde ohne Grabstein begraben, wie er es sich es gewünscht hatte, am gleichen Ort, wo auch der Rest der Familie beerdigt worden waren, hoch oben auf dem Hügel – wo der Freiheit Sonne scheint.

Der junge Mann, dessen Geist zum ersten Mal in der studentischen Bewegung an der Universität Gießen nach Freiheit gedürstet hatte, hat zahllose Deutsche über den Ozean geführt, um diese Freiheit in den Vereinigten Staaten zu finden. Hier, glaubte er, könnten Geist und Kultur seines einstigen Heimatlandes fortbestehen. Durch seine schriftstellerische Tätigkeit nahm er für mehrere Jahrzehnte, durch seinen Charakter für ganze Generationen eine geistige Führungsrolle ein. Münch, der produktivste deutschamerikanische Autor seiner Zeit, hat Artikel, Pamphlete und Bücher für Tausende von Deutschen geschrieben, die in die USA und nach Missouri gekommen waren, um dort ein gemeinsames, freies Leben zu führen. Sie verschrieben sich diesen Freiheiten und kämpften hart dafür diese zu erhalten. Bald erwarben sie sich einen Ruf als entschlossene, nicht leicht zu beeindruckende, eigensinnige Bürger jenes Staates, der den inoffiziellen Namen des „Show-Me-State" führt.

„Als die erste Welle der Massenimmigration des 19. Jahrhunderts in den frühen 1830er Jahren die Küsten Amerikas erreichte, waren Tausende von entwurzelten Deutschen auf dem Weg in den mittleren Westen. Die Ankunft dieser Deutschen in Missouri begründet den Ursprung und ist der Keim des deutschen Elements dieses Staates. 1860 hatte Missouri 1.182.012 Einwohner. Der konstante Zustrom an deutschen Siedlern beförderte Missouri an die sechste Stelle derjenigen Bundesstaaten mit der größten deutschsprachigen Bevölkerung (mit 88.487 in Missouri geborenen Deutsch-Amerikanern).[59]

„Die deutsche Kultur blühte nach dem Bürgerkrieg in ganz Missouri auf, nicht nur in den kleinen Städten. Viele Deutsche erwarben politischen Einfluss auf staatlicher oder lokaler Ebene. Deutsche Unternehmen florierten und stärkten die industrielle Wirtschaft des Staates. Einige Historiker nennen die Periode vom Ende des Bürgerkrieges bis zum Ausbruch des Ersten Weltkriegs das goldene Zeitalter der deutschen Kultur in Missouri."[60] In den Parks und Gärten standen Statuen deutscher Staatsmänner und Schriftsteller. Gesangsvereine und Kapellen gaben Konzerte in den öffentlichen Anlagen. In privaten Parks wurden Bier und Wein ausgeschenkt, Würstchen und Käse und serviert, oft auch am Sonntagnachmittag, der von den Deutschen als Tag für die Familie angesehen wurde oder als freier Tag nach der harten Arbeit der Wochentage. Die eher konservativen Ansässigen pflegten diese Aktivitäten meist nicht zu billigen und waren der Meinung, der Tag solle in stiller Andacht und Reflexion verbracht werden, was letztendlich dazu führte, dass Missouri Gesetze verabschiedete, die Trinken und Musik an Sonntagen verboten. Dies führte indessen nur dazu, dass die Deutschen das Verbot umgingen, indem sie die Kapellen auf Dampfschiffen auf dem Missouri spielen ließen, wo das Gesetz nicht galt. Die deutschamerikanische Gemeinschaft unterstützte zahlreiche musikalische Institutionen, einschließlich des St. Louis Symphony Orchestra, zu dessen ersten Mitgliedern viele Deutsche gehörten. Das erste deutschsprachige Theaterstück, das in Missouri aufgeführt wurde, entstammte der Feder des großen Dichters der Freiheit, Friedrich Schiller.

Gesellschaftliche Organisationen waren von jeher sehr beliebt und sind es immer noch. Sie ermöglichen es den Deutschamerikanern, sich zu gemeinsamen Aktivitäten zu treffen, manchmal sogar in der deutschen Sprache. Säle wurden gebaut, Konzerthallen, Theater, Ballsäle, Kegelbahnen und Büchereien. Es gab und gibt bis heute Sängervereine, Schützenvereine und wohltätige Organisationen. Es gab Clubs für Immigranten aus ähnlichen Regionen in Deutschland, die zum Teil bis heute Städtefreundschaften pflegen, etwa mit Stuttgart, Ludwigsburg, und Marbach. Turnvereine besaßen Turnhallen, Büchereien und Räume für Kurse und Vorträge. Und verschiedene Festtage sind auch heute noch im gesellschaftlichen Kalender verankert – nicht zuletzt die zahlreichen „Oktoberfests", „Wurstfests", „Maifests", „Strassenfests" und „Christkindlmarkts".

Missouris Weinbau hat seine Ursprünge und seine Blüte maßgeblich dem Wirken deutscher Immigranten zu verdanken, wie etwa Friedrichs Bruder Georg Münch in Augusta und Georg Hussmann in Hermann. 1848 war Friedrich Münch mit Gordian Busch, seinem Schwiegersohn in spe, auf der Suche nach guten Weinstöcken durch die Missouri Ozarks gereist. Duden und Münch berichteten beide, dass Weinreben überall in der Wildnis wuchsen. Dem winterharten Weinstock aus Missouri wird zugeschrieben, die französischen Weingüter in den späten 1850er Jahren durch Pfropfung gerettet zu haben, als die Reblausplage sie beinahe ausgerottet hatte – der amerikanische Weinstock war für die Krankheit nicht anfällig. In Kleinstädten wie Hermann war die Winzerei weithin verbreitet; jeder Einwohner besaß ein Stück Land für den Weinbau. Gegen Ende des 19. Jahrhunderts war Missouri der zweitgrößte weinproduzierende Bundesstaat innerhalb der USA. Die Bedeutung des Weinbaus wird nur von den weltweit bekannten Brauereien Missouris übertroffen. Eine der größten, Anheuser Busch, nahm ihren Ursprung durch die Heirat von Lilly, der Tochter des deutschen Geschäftsmanns Eberhard Anheuser aus St. Louis mit Adolphus Busch, der in einer Weinhändlerfamilie aus Mainz aufgewachsen war. Die Prohibition führte fast zum Zusammenbruch der Wein- und Bierindustrie und es dauerte Jahre, bis sie sich nach der Aufhebung der Prohibition 1933 wieder erholte.

Mit den deutschen Einwanderern kamen auch die Traditionen und Gebräuche für viele unserer Feiertage. Sie brachten den Weihnachtsbaum, spezielles Backwerk und Weihnachtslieder mit, ebenso wie den Brauch, am Nikolaustag Strümpfe aufzuhängen.

Der Bundesstaat Missouri betreibt in Hermann den Deutschheim-Museumskomplex (Deutschheim State Historic Site) um Kultur, Geschichte, Kunst und Architektur der deutschen Immigranten zu bewahren und zu zeigen, wie sie einstmals lebten. Bis zum heutigen Tag bewahren und erfreuen sich viele Bewohner Missouris bestimmter familiärer Traditionen, von denen behauptet wird, dass sie von den deutschen Vorfahren stammten. Sie glauben, dass auch ihre familiären Werte und die innere Verbundenheit ihrer Gemeinden von diesen deutschen Vorfahren kämen, die einst den harten Verhältnissen den Lebensunterhalt ihrer Familien abgerungen hatten. Angesichts der außerordentlich großen Anzahl von Bewohnern des Bundesstaats, die auf deutsche Wurzeln zurückgehen, kommt man nicht umhin, sich zu fragen, ob nicht Spuren von Münchs Utopie eines deutschen Staats in den USA auch heute noch entdeckt werden können; in der Geisteshaltung, in der Kultur, in der Geschichte derer, die dort leben –wo der Sonne Freiheit scheint – bis zum heutigen Tag.

1 - Recorder of Deeds, Warren County Missouri, Deed Record book A, Page 153, 21 July 1834 for $1200.00. He also purchased 80 acres of land in Section 26, of Township 45 North Range 1 West, and 40 acres of land in Section 25, in Section 25 of Township 45 North Range 1 West. U.S. Dept. of the Interior, Bureau of Land Management, U.S. Land Sales.

2 - Duden, Gottfried, Bericht über eine Reise nach den westlichen Staaten Nordamerika's und einen mehrjährigen Aufenthalt am Missouri (in den Jahren 1824, 25, 26 und 1827), in Bezug auf Auswanderung und Übervölkerung, oder: Das Leben im Innern der Vereinigten Staaten und dessen Bedeutung für die häusliche und politische Lage der Europäer, dargestellt a)in einer Sammlung von Briefen, b) in einer besonderen Abhandlung über den politischen Zustand der nordamerikanischen Freistaaten, und c)in einem rathgebenden Nachtrage für auswandernde deutsche Ackerwirthe und Diejenigen, welche auf Handelsunternehmungen denken, von Gottfried Duden. Gedruckt zu Elberfeld im Jahre 1829 bei Sam. Lucas, auf Kosten des Verfassers. Elberfeld, 1829. The full title translated is Report on a Journey to the Western States of North America and a Stay of Several Years along the Missouri (during the Years 1824,'25,'26, and 1827) Concerning emigration and Overpopulation or Life in the Interior of the United States and its Significance for the Domestic and Political Situation of the Europeans, Presented a) in a collection of letters b) in a special treatment of the political situation in the North American Free States and c) in an advisory supplement for emigrating German farmers and those who are planning to engage in trade. For convenience the excellent translation edited by James W. Goodrich, with George H. Kellner, Elsa Nagel, Adolf E. Schroeder, and W.M. Senner (Editors and Translators) published by The State Historical Society of Missouri and University of Missouri Press,1980 (in the following Duden´s Report).

3 - Duden's Report, page 179.

4 - Duden´s Report, page 242.

5 - Bock had written a text for a reform school in Dutzow, Mecklenburg (printed in: Homuth, Brigitte, Dutzow – Chronik eines Grenzdorfes 1230-2004, Dutzow, 2004) and operated the small village school under these rules. The saying in Dutzow is, that the farmers opposed his reform school for their children. And this was one of the reasons why he was disappointed, sold his estate and left for America.

6 - Münch, Friedrich, Erinnerungen aus Deutschlands trübster Zeit. Dargestellt in den Lebensbildern von Karl Follen, Paul Follenius und Friedrich Münch, Witter's, St. Louis and Neustadt an der Haardt 1873, page 81.

7 - Die alte und neue Welt, Philadelphia, June 27, 1835.

8 - Die alte und neue Welt, Phildadelphia, November 14, 1835.

9 - Die alte und neue Welt, Philadelphia, July 23, 1836.

10 - Die alte und neue Welt, Philadelphia, July 30, 1836.

11 - Group consisted of Friedrich Muench, Paul Follenius, Lewis Eversmann, Augustus J. Grabs, Carl Winckelmeyer, Herman Ahmann, Henry Fuhr, L. Kessler, Frederick W. Schuster, Jared Jeude, Gottlieb Berg, J. W. Ahmann, J. Mittler and Friedrich's newly arrived brother, George Muench.

12 - Recorder of Deeds, Warren County Missouri, Deed Book 8, Page 547.

13 - Muench Papers, Missouri History Museum, St. Louis.

14 - Bock's daughter Charlotte, was a friend of the Sibleys, George and Mary. Bock himself was penniless, and dependant on his daughter and all of her friends, when he died in St. Charles, soon after she died.

15 - Recorder of Deeds, Warren County Missouri, Deed Book A, page 181, September 13, 1834; Buys 40 acres of the NW of the W1/2 of NW qtr of Sect 36 in 45-1 and the 80 acres in the E1/2 of the NE 1/4 of Section 35 for $1000 from Augustus Blumner Warren County Deeds Book A, page 181.

16 - Recorder of Deeds, Warren County Missouri, October 4, 1834 -Buys 20 acres from Ludwig Eversmann for $100 Deeds Book A, page 180; October 16, 1834. Buys U.S. Congress Land Certificate # 4880 and #4881 40 acres in Section 36 & 40 acres in Section 35, U.S. Dept. of the Interior, Bureau of Land Management, U.S. Land Sales.

17 - U.S. Dept. of the Interior, Bureau of Land Management, U.S. Land Sales, Certificate #7586 purchased in the name Louisa Muench, 15 August, 1836.

18 - U.S. Dept. of the Interior, Bureau of Land Management, U.S. Land Sales, George Muench purchased U.S. Congress land, certificate # 9564 on September 5, 1837; On October 3, 1837 George Muench purchased U.S. Congress Land, certificate # 9687.

19 - Friedrich Münch. Jesus, der Gottes Sohn oder Welt Messias nach Darstellungen des Lieblings-Jüngers Johannes, ein neuer Versuch über den Logos Joh.1, 1.ss., mit Berücksichtigung anderer Stellen der Joh. Schriften, besonders 1.Joh.1, 1.ss. C.E. Müller, Giessen 1823.

20 - Schneider, Carl German Church on the American Frontier, Haverstick's Missionary Report,

21 - Hillenkamp, F.C.,Hillenkamp Family file, Saint Charles County Historical Society Archives, St. Charles, MO, Translation on file made by S. Hartmann, originals with the family in Germany.

22 - Münch, Friedrich, Die Gießener Auswanderungsgesellschaft, in Der deutsche Auswanderer, Darmstadt 1847, page 564.

Der deutsche Auswanderer, Darmstadt, 1, 1847

23 - Papers of Pauline Muench Busch, private family collection Marilyn H. Merritt.

24 - Deutsche Schnellpost, New York, July 31, 1851.

25 - Anzeiger des Westens, St. Louis, Missouri, 1842.

26 - The meeting took place on April 9, 1844, Licht-Freund, Hermann, Missouri, Mai 1, 1844.

27 - Münch, Friedrich, Über Religion und Christentum, eine Aufforderung zur besonnenen Prüfung an die Deutschen in Nord-Amerika.

28 - Licht-Freund, Hermann, Missouri 1 May 1844.

29 - To find release, Muench turned to his writing. He wrote his first autobiography in November of 1846.

30 - 1850 U.S. Federal Census, Warren County, Missouri, Slave Schedule, U.S. National Archives.

31 - Ehlmann, Steve, Crossroads, A History of St. Charles County, Missouri; Lindenwood University Press, St. Charles, Missouri, 2012, second edition, page 59.

32 - Bek, William G., The Followers of Duden, Missouri Historical Society, 1919.

33 - Laws of the State of Missouri, Passed at the The First Session of the Tenth General Assembly, Begun and held at the City of Jefferson, Printed at the City of Jefferson [Missouri] 1841, page 194.

34 - Ehlmann, page 131, note 28.

35 - Ehlmann, page 133.

36 - New Yorker Staats-Demokrat, New York, N.Y., October 9, 1856.

37 - Münch, Friedrich, Der Staat Missouri, geschildert mit besonderer Rücksicht auf deutsche Einwanderung. Mit zwei Charten, New York, Farmers' and Vine Growers' Society, St. Louis 1859.

38 - Letter from Bremen, May 4, 1859, from Friedrich Muench to Louise Munch, Muench Family Papers, Missouri History Museum, St. Louis, Missouri.

39 - Rowan, Steven, Germans for a Free Missouri: Translations from the St. Louis Radical Press, University of Missouri Press, Columbia MO 1983, p 76.

40 - Federico Münch: Lo stato Missouri. Versione dal Tedesco pel. D. Tiberio Villani (translated from the German by Tiberio Villani). Stefano Caderini e Comp, Reggio nell' Emilia, 1866.

41 - Ehlmann, page 137, citing Memoirs of Gustave Koerner, Vol. II, pp88-89.

42 - Rowan, Steven, Germans for a Free Missouri: Translations from the St. Louis Radical Press, University of Missouri Press, Columbia MO 1983, page 114.

43 - Missouri Republican, January 19, 1861.

44 - Ehlmann, page 163.

45 - St. Charles Demokrat, St. Charles, Missouri, March 27, 1862.

46 - Ehlmann, page 163.

47 - Ehlmann, page 191.

48 - The Drake Constitution was Missouri's second Constitution in 1865, was called that for its chief proponent, Charles D. Drake. It provided that anyone who had ever served in the Confederate service or openly sympathized with the rebellion could not vote, hold office, serve on a jury or hold certain positions such as teacher, preacher, or lawyer without first

taking an oath of allegiance to the United States.

49 - Muench, Frederick [sic]; The Autobiography of Frederick Muench, Translated from the German Language by Ralph Gregory, Three Pines Publishing Company, Marthasville, MO, 2001, page 16.

50 - Ehlmann, page 198.

51 - He also wrote for novellas during this time, even winning literary awards for several of them, from the Turner Bund in 1856. His only novel Der Flüchtling in Missouri [The Fugitive in Missouri] was published in German in 1853, was perhaps an autobiography as well.

52 - Münch, Friedrich, Die Zukunft von Nordamerika und Blick aus der neuen Welt in die alte, Bremen, 1860.

53 - Yet in the midst of the Civil War, in 1863, he published Über Religion und Christentum, eine Aufforderung zur besonnenen Prüfung an die Deutschen in Nord-Amerika [Concerning Religion and Christianity, a Challenge for thoughtful reflection, address to the Germans of North America]. And followed the next year with Zur Geschichte der Emancipation, in the Deutsch-Amerikanische Monatshefte.

54 - Münch, Friedrich, Die sinnliche und die geistige Lebensansicht, oder Materialismus und Dualismus beleuchtet vom Standpunkt der heutigen Wissenschaft. Ein Buch für denkende Leser, Thomas & Söhne, Philadelphia, 1871.

55 - Münch, Friedrich, Geisteslehre für die heranwachsende Jugend, zum Gebrauch für Lehrer und Schüler und alle Freunde des freien Denkens. Manuscript, 1872, Muench Family Papers, Missouri History Museum, St. Louis.

56 - Münch, Friedrich, Erinnerungen aus Deutschlands trübster Zeit. Dargestellt in den Lebensbildern von Karl Follen, Paul Follenius und Friedrich

Münch, Witter's, St. Louis and Neustadt an der Haardt, 1873

57 - Muench, Frederick; The Autobiography of Frederick Muench, Translated from the German Language by Ralph Gregory, Three Pines Publishing Company, Marthasville, MO, 2001, page 16.

58 - Translation from Washingtoner Post, Washington, Missouri, December 1881 by Eugenia Busch Kircher, Busch-Kircher-Meyer Alphabetical file, Missouri History Museum, St. Louis.

59 - Goodrich, James W. Editor, A Report on a Journey to the Western States of North America and a Stay of Several Years Along the Missouri (During the Years 1824, '25, '26, and 1827), The State Historical Society of Missouri and University of Missouri Press; Columbia & London, 1980.

60 - Luebbering and Burnett, German Settlement in Missouri, University of Missouri Press, Columbia MO, 1996, page 82.

//

1 - Recorder of Deeds, Warren County Missouri, Deed Record book A, S. 153, 21. Juli 1834 über $1200.00. Duden erwarb auch 80 Morgen Land in Sektion 26 der Township T45N-R1W und 40 Morgen Land in Sektion 25 der Township T45N-R1W (U.S. Dept. of the Interior, Bureau of Land Management, U.S. Land Sales).

2 - Gottfried Duden: Bericht über eine Reise nach den westlichen Staaten Nordamerika's und einen mehrjährigen Aufenthalt am Missouri (in den Jahren 1824, 25, 26 und 1827), in Bezug auf Auswanderung und Übervölkerung, oder: Das Leben im Innern der Vereinigten Staaten und dessen Bedeutung für die häusliche und politische Lage der Europäer, dargestellt a) in einer Sammlung von Briefen, b) in einer besonderen Abhandlung über den politischen Zustand der nordamerikanischen Freistaaten, und c) in

einem rathgebenden Nachtrage für auswandernde deutsche Ackerwirthe und Diejenigen, welche auf Handelsunternehmungen denken, von Gottfried Duden. Sam. Lucas, Elberfeld, 1829. 1980 wurde eine hervorragende Übersetzung ins Englische veröffentlicht (Gottfried Duden: Report on a Journey to the Western States of North America and a Stay of Several Years Along the Missouri (During the Years 1824, '25, '26, and 1827), hg. u. übers. von James W. Goodrich, George H. Kellner, Elsa Nagel, Adolf E. Schroeder und W. M. Senner. State Historical Society of Missouri und University of Missouri Press, Columbia, Mo., 1980; im Folgenden: Duden: Report).

3 - Duden: Report, S. 179.

4 - Duden: Report, S.242.

5 - Bock hatte eine Schrift über die Begründung einer Reformschule in Dutzow (Mecklenburg) verfasst (abgedruckt in: Brigitte Homuth: Dutzow – Chronik eines Grenzdorfes 1230-2004. Eigenverlag, Dutzow 2004) und betrieb die kleine Dorfschule anhand dieser Regeln. In Dutzow wird berichtet, dass die Bauern seine Reformschule für ihre Kinder abgelehnt hätten. Dies sei einer der Gründe dafür gewesen, warum er enttäuscht seinen Besitz verkauft habe und nach Amerika gezogen sei.

6 - Friedrich Münch: Erinnerungen aus Deutschlands trübster Zeit. Dargestellt in den Lebensbildern von Karl Follen, Paul Follenius und Friedrich Münch, Witter's, St. Louis und Neustadt an der Haardt 1873, S. 81.

7 - Die alte und neue Welt, Philadelphia, 27. Juni 1835.

8 - Die alte und neue Welt, Philadelphia, 14. November 1835.

9 - Die alte und neue Welt, Philadelphia, 23. Juli 1836.

10 - Die alte und neue Welt, Philadelphia, 30. Juli 1836.

11 - Die Gruppe bestand aus Friedrich Münch, Paul Follenius, Ludwig Eversmann, Augustus J. Grabs, Carl Winckelmeyer, Herman Ahmann, Henry Fuhr, L. Kessler, Frederick W. Schuster, Jared Jeude, Gottlieb Berg, J. W. Ahmann, J. Mittler und Friedrichs Bruder, Georg Münch, der neu in den USA angekommen war.

12 - Recorder of Deeds, Warren County Missouri, Deed Book 8, S. 547.

13 - Missouri History Museum, St. Louis, Muench Family Papers, A1107_16,.

14 - Bocks Tochter Charlotte war mit der Familie George und Mary Sibley befreundet. Bock selbst war mittellos und von seiner Tochter und ihren Freunden abhängig, als er in St. Charles starb.

15 - Recorder of Deeds, Warren County, Missouri, Deed Book A, S. 181, 13. September 1834. Kauft am 13. September 1834 40 Morgen Land im Nordwesten der westlichen Hälfte des Nordwest-Viertels von Sektion 36 in der Township 45-1 sowie 80 Morgen in der östlichen Hälfte des Nordost-Viertels von Sektion 35 für $1000 von Augustus Blumner (Warren County Deeds Book A, S. 181).

16 - Recorder of Deeds, Warren County Missouri, 4. Oktober 1834 – Kauft 20 Morgen von Ludwig Eversmann für $100 (Deeds Book A, S. 180); 16. Oktober 1834 – Kauft U.S.-Kongressland (Zertifikat Nr. 4880 und Nr. 4881), 40 Morgen in Sektion 36 und 40 Morgen in Sektion 35 (U.S. Dept. of the Interior, Bureau of Land Management, U.S. Land Sales).

17 - U.S. Dept. of the Interior, Bureau of Land Management, U.S. Land Sales. Kauft Zertifikat Nr. 7586 im Namen von Louisa Münch, 15. August 1836.

18 - U.S. Dept. of the Interior, Bureau of Land Management, U.S. Land Sales. Georg Münch kauft U.S.-Kongressland, Zertifikat Nr. 9564 am 5. September 1837 und Zertifikat Nr. 9687 am 3. Oktober 1837.

19 - Friedrich Münch: Jesus, der Gottes-Sohn oder Welt-Messias nach den Darstellungen des Lieblings-Jüngers Johannes, ein neuer Versuch über den Logos Joh.1, 1.ff., mit Berücksichtigung andrer Stellen der Joh. Schriften, besonders 1. Joh.1, 1.ff. C. E. Müller, Gießen 1823.

20 - Vgl. Carl Schneider: The German Church on the American Frontier. Eden, St. Louis 1939, Haverstick's Missionary Report.

21 - Saint Charles County Historical Society Archives, St. Charles, Mo., Hillenkamp Family File; das Original befindet sich im Familienbesitz in Deutschland.

22 - Friedrich Münch: Die Gießener Auswanderungsgesellschaft. In: Der deutsche Auswanderer. Centralblatt der deutschen Auswanderung und Kolonisirung, Jg. 1847, Nr. 36, Sp. 564.

23 - Papers of Pauline Muench Busch (private Familiensammlung Marilyn H. Merritt).

24 - Deutsche Schnellpost, New York, 31. Juli 1851.

25 - Anzeiger des Westens, St. Louis, Missouri, 1842.

26 - Die Versammlung fand statt am 9. April 1844 (Licht-Freund, Hermann, Missouri, 1. Mai 1844).

27 - Friedrich Münch: Über Religion und Christentum. Eine Aufforderung zu besonnener Prüfung an die Deutschen in Nord-Amerika. Druckerei des Licht-Freundes, Hermann, Mo., 1847.

28 - Licht-Freund, Hermann, Missouri, 1. Mai 1844.

29 - Um Trost zu finden, wandte sich Münch dem Schreiben zu. Er verfasste seine erste Autobiographie im November 1846.

30 - U.S. National Archives, 1850 U.S. Federal Census, Warren County, Missouri, Slave Schedule.

31 - Steve Ehlmann: Crossroads. A History of St. Charles County, Missouri. 2. Aufl. Lindenwood University Press, St. Charles, Mo., 2012, S. 59.

32 - William G. Bek: The Followers of Duden. Missouri Historical Society, Columbia, Mo.,1919.

33 - Laws of the State of Missouri, Passed at the The First Session of the Tenth General Assembly, Begun and held at the City of Jefferson, Printed at the City of Jefferson [Missouri] 1841, S. 194.

34 - Ehlmann: Crossroads, S. 131, Fußnote 28.

35 - Ebd., S. 133.

36 - New Yorker Staats-Demokrat, New York, N.Y., 9. Oktober 1856.

37 - Friedrich Münch: Der Staat Missouri, geschildert mit besonderer Rücksicht auf deutsche Einwanderung. Mit zwei Karten. Farmers' and Vine Growers' Society, New York u. St. Louis 1859.

38 - Friedrich Münch an seine Frau Luise, Bremen, 4. Mai 1859 (Missouri History Museum, St. Louis, Muench Family Papers, A1107_11).

39 - Steven Rowan: Germans for a Free Missouri. Translations from the St. Louis Radical Press, 1857-1862. University of Missouri Press, Columbia, Mo., 1983, S. 76.

40 - Federico Münch: Lo stato Missuri. Manuale per l'Emigrazione Tedesca. Versione dal Tedesco del. D. Tiberio Villani (übersetzt aus dem Deutschen von Dr. Tiberio Villani). Stefano Calderini e Comp., Reggio nell' Emilia. 1866.

41 - Ehlmann: Crossroads, S. 137; vgl. auch Gustave Koerner: Memoirs of Gustave Koerner, 1809-1896. Life-Sketches written at the suggestion of his Children, hg. v. Thomas J. Mc-Cormack. Band II. Iowa Torch Press, Cedar Rapids, Ia., 1909, S. 88f.

42 - Rowan: Germans, S. 114.

43 - Missouri Republican, St. Louis, Missouri, 19. Januar 1861.

44 - Ehlmann: Crossroads, S. 163.

45 - St. Charles Demokrat, St. Charles, Missouri, 27. März 1862.

46 - Ehlmann: Crossroads, S. 191.

47 - Ebd., S. 163.

48 - Die Drake-Verfassung war 1865 Missouris zweite Verfassung und wurde nach ihrem Hauptbefürwor-ter Charles D. Drake benannt. Sie legte fest, dass jeder, der jemals für die Konföderierten gedient oder öffentlich mit der Rebellion sym-pathisiert hatte, vom Wahlrecht, dem Recht, ein öffentliches Amt zu bekleiden, in einem Schwurgericht zu dienen oder bestimmte Berufe (wie z. B. Lehrer, Geistlicher oder Anwalt) auszuüben, ausgeschlossen wurde, wenn er nicht zuvor einen Treueschwur an die Vereinigten Staaten leistete.

49 - Münch: Erinnerungen, S. 90.

50 - Ehlmann: Crossroads, S. 198.

51 - Während dieser Zeit schrieb er auch einige Novellen von denen einige 1856 vom Turnerbund preisgekrönt wurden. Sein einziger Roman „Der Flüchtling in Missouri" [The Fugitive in Missouri" erschien 1853 auf Deutsch und stellte möglicherweise ebenfalls eine Art Autobiographie dar.

52 - Friedrich Münch: Die Zukunft von Nordamerika und Blicke aus der neuen Welt in die alte. Strack, Bremen 1860.

53 - Trotz des Bürgerkriegs veröf-fentlichte er 1863 eine Neuauflage der Schrift "Über Religion und Christentum. Eine Aufforderung zu besonner Prüfung an die Deutschen in Nord-Amerika". Im Jahr darauf folgte der Aufsatz: Zur Geschichte der Emanzipation in Missouri. In: Deutsch-Amerikani-sche Monatshefte 1 (1864), S. 97-106 u. 193-203.

54 - Ders.: Die sinnliche und die geistige Lebensansicht, oder Materialismus und Dualismus, beleuchtet vom Standpunkte der heutigen Wissenschaft. Ein Buch für denkende Leser. F. W. Thomas & Söhne, Philadelphia 1871.

55 - Ders.: Geisteslehre für die heranwachsende Jugend, zum Ge-brauch für Lehrer und Schüler und alle Freunde des freien Denkens. Manuskript 1872 (Missouri History Museum, St. Louis, Muench Family Papers, A1107_32).

56 - Ders.: Erinnerungen.

57 - Ebd., S. 90.

58 - Washingtoner Post, Washing-ton, Missouri, Dezember 1881. Ungekürzt abgedruckt in: Friedrich Münch: Gesammelte Schriften, Witter, St. Louis 1902, S. 511-513; die Transkription einer auszugswei-sen englischen Übersetzung von Eugenia Busch Kircher findet sich im Missouri History Museum, St. Louis, Busch-Kircher-Meyer Alphabetical file, A2276_13.

59 - Duden: Report, hg. u. übers. von James W. Goodrich.

60 - Robyn Burnett u. Ken Luebbe-ring: German Settlement in Missou-ri. New Land, Old Ways. University of Missouri Press, Columbia, Mo., 1996, S. 82.

Seite 252 - Gunter Schröder, Landwirt, betreibt heute
Biolandwirtschaft wo die historische Hofstelle auf
Harriersand ist //
Page 252 - Gunter Schröder, farmer, runs an organic
farm on the location of the historical farm-stead on
Harriersand

Seite 253 - Ralph Gregory, forscht seit Jahrzehnten über
Deutsch-Amerikaner, Marthasville, Missouri //
Page 253 - Ralph Gregory, has been doing research on
German-Americans for decades, Marthasville, Missouri

Seite 254 - Walter Thoma, Hausmeister und Seele des
Alten Forstamts, Romrod, Schauplatz von Paul Folleni-
us Kindheit //
Page 254 - Walter Thoma, caretaker of the Old Forestry
Office, Romrod, scene of Paul Follenius' childhood

Seite 255 - Gerd Winter, Gedächtnis des Harriersands,
erlebte auf der Insel die Eröffnung des „Weltbads" 1926,
Harriersand/Brake //
Seite 255 - Gerd Winter, memory of the Harriersand
island, experienced the opening of the "World Spa"
(Weltbad) in 1926, Harriersand/Brake

Seite 256 - Marijke Schröder, Tochter von Gunter
Schröder, überlegt einstmals den Hof fortzuführen,
Harriersand //
Seite 256 - Marijke Schröder, daughter of Gunter Schrö-
der, is considering to continuing the farm at some time,
Harriersand

Seite 257 - Urban „Chick" Ruether, schrieb "Dutzow – A
Place of Dreams", Dutzow, Missouri //

Seite 257 - Urban "Chick" Ruether, wrote "Dutzow – A
Place of Dreams", Dutzow, Missouri

Seite 258 - Rolf Schmidt, schrieb über die Gießener
Gesellschaft in bislang zwei Romanen, Bremen //
Seite 258 - Rolf Schmidt, wrote about the Giessen Emig-
ration Society in two novels so far, Bremen

Seite 259 - Will McHugh, heutiger Bewahrer von Fried-
rich Münchs ehemaliger Farm, Lake Creek, Missouri //
Seite 259 - Will McHugh, todays preserver of Friedrich
Muench's former farm, Lake Creek, Missouri

Entscheidung für Illinois //
Decision for Illinois

Peter Roloff

Illinois – östlich des Mississippi – war im Gegensatz zu Missouri ein sklavenfreier Staat. Dies zog viele deutsche Einwanderer nach Illinois, gerade solche mit politisch-gesellschaftlichem Engagement. Und so entschieden sich auch einige Mitglieder der Gießener Auswanderergesellschaft für Illinois, unter anderen waren dies Georg Bunsen mit seiner Familie und Cornelius Schubert.

Cornelius Schubert, 1814-1876

Illinois – east of the Mississippi – was a slave-free state, in contrast to Missouri. This drew many German Immigrants to Illinois, and indeed those with political-social commitment. Therefore some members of the Giessen Emigration Society also chose Illinois, among others George Bunsen with his family, and Cornelius Schubert.

An idealist

We already encountered Cornelius Schubert as the somewhat shy diary writer on Harriersand. After the separation of the Giessen Emigration Society, the Dessau native arrived in Belleville in Illinois in 1834. Four years later, Cornelius Schubert brought his mother and siblings over from Germany and in 1842 married Louisa C. Bethmann from Hermann in Missoui.[1]

In 1847, Cornelius, with his wife and son Oswald, took a large daring step – he became co-founder and treasurer of the communist commune "Sociality" in Atchison County, Missouri. In the closing statement of the "Constitution of the Sociality Colony", written by himself and eleven other men, it was stipulated that "only the fundamental principles of communal labour, communal possession, and communal benefit are unalterable."[2] Yet the commune lacked funds and a crop failure in the following year led to their dissolution, whereby most members – including Schubert and his family – remained there as farmers.[3] In Schubert's diary are numerous sketches of agricultural buildings and equipment, which testifies to his enthusiasm for the "Rural Commune" project. In 1859, after the death of their fourth child, they returned to Belleville where other relatives were living. Cornelius Schubert opened a sign-making workshop with a photo studio, and in addition operated the equipment for the theater and even performed

```
Krug, Andreas
(& Peter)
- Medora
65,m,weaver
Coberg

Krug, Bernhard
- Medora
3,9,m,none
Coburg

Krug, Dorothea
- Medora
63,f,none
Coburg

Krug, Edward
- Medora
22,m,farmer
Coburg

Krug, Euphrosnie
- Medora
28,f,none
Coburg

Krug, Fredrick
- Medora
29,m,weaver
Coburg

Krug, Julius
- Medora
0,9,m,none
Coburg

Krug, Ludwig
- Medora
24,m,none
Coburg

Krug, Ludwig
- Medora
58,m,weaver
Coburg
```

```
Krug, Paul
- Medora
20,6,m,weaver
Coburg

Krug, Peter
- Medora
36,m,weaver
Coburg

Krug, Sophia
- Medora
15,f,none
Coburg

Kunze, Herman
- Medora
4,m,none
Altenburg

Kunze, Jonathan
- Medora
32,m,joiner
Altenburg

Kunze, Wilhelmine
- Medora
28,f,none
Altenburg
```

Ein Idealist

Cornelius Schubert begegneten wir bereits als etwas schüchternem Tagebuchschreiber auf dem Harriersand. Nach der Auflösung der Gießener Auswanderergesellschaft kam der Dessauer 1834 nach Belleville in Illinois. Vier Jahre später holte Cornelius Schubert seine Mutter und Geschwister aus Deutschland nach und heiratete 1842 Louisa C. Bethmann aus Hermann am Missouri.[1]

1847 wagte Cornelius mit Louisa und Sohn Oswald einen großen Schritt, er wurde Mitgründer und Schatzmeister der kommunistischen Kommune „Sociality" in Atchison County, Missouri. In der Schlussbemerkung der vom ihm und elf weiteren Männern gezeichneten „Constitution der Colonie Sociality" heißt es: „Nur die Grundprinzipien der gemeinschaftlichen Arbeit, des gemeinschaftlichen Besitzes und gemeinschaftlichen Genusses sind unabänderlich."[2] Doch der Kommune mangelte es an Anfangskapital und eine Missernte im Folgejahr führte zu deren Auflösung, wobei die meisten Mitglieder – so auch Schubert und seine Familie – weiterhin als Landwirte vor Ort blieben.[3] In Schuberts Tagebuch finden sich zahlreiche Skizzen zu landwirtschaftlichen Bauten und Geräten, die seine Begeisterung für das Projekt „Landkommune" bezeugen. 1859 zogen sie nach dem Tod ihres vierten Kindes zurück nach Belleville, wo die weitere Verwandtschaft wohnte. Cornelius Schubert eröffnete eine Schilderwerkstatt mit Fotoatelier, zudem betrieb er die Ausstattung von Theaterstücken und trat auch selbst auf, seine Frau entwarf und nähte die Kostüme. 1862 fiel ihr Sohn Oswald im Bürgerkrieg in der Schlacht von Shiloh, fünf Jahre später ging Cornelius' Schilder- und Fotogeschäft pleite und die Familie zog zurück nach Atchison County, wo kurz darauf der umtriebige Pionier Cornelius Richard Wilhelm Schubert verstarb.[4]

Ein Aktivist

Der 40-jährige Frankfurter Reformpädagoge und Schuldirektor Georg Bunsen reiste mit seiner Frau Henriette und Kindern auf der „Olbers" nach Amerika. Auf dem Schiff arbeitete er als Lehrer für die Kinder der Gießener Auswanderergesellschaft.[5]

Ein Jahr zuvor versteckte Georg Bunsen seinen Bruder, Arzt und Revolutionär Gustav vor der Polizei, die diesen als einen

himself, his wife was designing and was sewing the costumes. In 1862 his son Oswald perished during the Civil War in the battle of Shiloh, five years later Cornelius' sign and photo business went bankrupt and the family moved back to Atchison County, where the bustling pioneer Cornelius Richard Wilhelm Schubert passed away.[4]

An activist

George Bunsen, a 40-year-old pedagogue and principal from Frankfurt, traveled with his wife Henriette and their children on the "Olbers" towards America. On the ship he worked as a teacher for the children of the Giessen Emigration Society.[5]

A year earlier George Bunsen hid his brother Gustave, a doctor and revolutionary, from the police, who believed him to be one of the main players in the assault on the Frankfurt Guardhouse. Gustave Bunsen then fled to the USA and initially attempted to live as a farmer in Belleville, then later as a doctor in Cincinnati, and fought for the independence of Texas from Mexico in the Texas volunteer army in 1835, where he lost his life.[6]

George Bunsen followed the advice of his brother and settled in St. Clair County, becoming a farmer. "He found only a kind of nothingness in the school system" Emil Mannhardt writes.[7] As early as 1836 Bunsen became one of the 16 founding members of a German library in St. Clair County.[8] He continued to carry out his enlightened form of education in the tradition of Johann Heinrich Pestalozzi. Pestalozzi advocated a comprehensive education which empowered people to help themselves and the democratic community simultaneously. Education was to mediate between culture and nature. In 1848 George Bunsen became

member of the Constitutional Convention of Illinois and fighter for a public school system in Illinois. Finally, in 1857, Bunsen became member of the state education department and was counted among the promoters of the "Normal School", the first public university of Illinois, established in 1860 in Bloomington.[9]

In those time, when the question of slavery dominated all others, George Bunsen believed the constitution to be the highest good, a rather unique position amongst the German-Americans: "Do I argue in favor of slavery? A terrible curse this is which burdens the United States, originally brought over from the English government. But once here, and whoever has the unfortunate desire to keep slaves will themselves be protected by the commitments in the Constitution of the United States. ‚Fiat justicia, pereat mundus! Justice, and if the world is to fall into ruin", then this must remain one of the principles of the republic."[10]

Translated by Andrew Cook

Georg/George Bunsen, 1794-1872

Hauptakteur des Frankfurter Wachensturms suchte. Dann floh Gustav Bunsen in die USA und versuchte sich zuerst als Landwirt in Belleville, später als Arzt in Cincinnati und kämpfte 1835 in der texanischen Freiwilligenarmee für die Unabhängigkeit von Texas von Mexiko, wo er verstarb.[6]

Georg Bunsen folgte dem Rat seines Bruders und siedelte als Farmer in St. Clair County. „Er fand auf dem Gebiete des Schulwesens ein Nichts", wie Emil Mannhardt schreibt.[7] Bereits 1836 gehörte Bunsen zu den 16 Gründungsmitgliedern einer Deutschen Bibliothek des St. Clair County.[8] Er führte seine aus Deutschland mitgebrachte aufklärerische Pädagogik in der Tradition Johann Heinrich Pestalozzis fort. Pestalozzi setzte sich für eine umfassende Bildung ein, die den Menschen befähigen sollte, sich selbst und zugleich dem demokratischen Gemeinwesen zu helfen. Pädagogik solle zwischen Kultur und Natur vermitteln. Georg Bunsen wurde 1848 Mitglied im Verfassungskonvent von Illinois und Kämpfer für ein öffentliches Schulwesen in Illinois. Schließlich wurde Bunsen 1857 Mitglied im Staatserziehungsrat und gehörte zu den Beförderern der „Normal-Schule", der ersten öffentlichen Universität von Illinois, die 1860 in Bloomington errichtet wurde.[9]

In der in dieser Zeit alles dominierenden Sklavenfrage setzte Georg Bunsen die Verfassung als höchstes Gut, eine damals eher eigenständige Position unter den Deutsch-Amerikanern: „Rede ich etwa der Sklaverei das Wort? Ein fürchterlicher Fluch ist sie, der auf den Ver. Staaten lastet, ursprünglich durch die Regierung Englands über sie gebracht. Aber ist sie einmal da, und wer Lust zu diesem Unglück hat, Sklaven zu halten, wird darin durch die in der Constitution der Ver. Staaten übernommenen Verpflichtungen derselben geschützt. ‚Fiat justicia, pereat mundus! Gerechtigkeit, und wenn die Welt darüber zu Grunde geht', muss eine der vornehmsten Grundsätze der Republik bleiben."[10]

Familie Bunsen auf ihrer Farm in
Belleville, Illinois, ca. 1857 //
Extended Bunsen family on their
farm in Belleville, Illinois, ca. 1857

1 - Schubert Family Papers, C3005, The State Historical Society of Missouri, Columbia. Darin: Biographical Sketch (http://shs.umsystem.edu/mansucripts/invent/3005.pdf, Download am 12.07.2103).

2 - Schubert Family Papers, Tagebuch.

3 - Gerd A. Petermann: The Communia and Sociality Colonies and Their Roots in the German Social-Reform Movement of St. Louis, 1846-47; in: Communal Societies, Journal of the National Historic Communal Societies Association, Vol. 10, 1990, S. 16 und 21.

4 - Schubert Family Papers, Biographical Sketch.

5 - Mannhardt, Emil: Georg Bunsen. In: Deutsch-Amerikanische Geschichtsblätter, Chicago: Deutsch-Amerikanische Historische Gesellschaft von Illinois, Jg. 3, Heft 2, 1903, S. 4.

6 - Helge Dvorak: Biographisches-Lexikon der Deutschen Burschenschaft, Band 1: Politiker, Teilband 1: A-E, Heidelberg: Universitätsverlag C. Winter, S. 155f. Vgl. Klötzer, Wolfgang (Hg.): Frankfurter Biographie, erster Band A-L, Frankfurt am Main 1994, S. 121.

7 - Mannhardt, S. 1.

8 - St. Clair County History, Philadelphia: Brink, McDonough, and Company, 1881, S. 190.

Langguth, Ernst
- Medora
23,m,lace maker
Meinengen

Laugohr, E
- Olbers
23,f,none

Leopold, S
- Olbers
33,m,mechanic

Linckner
- Olbers
30,m,farmer

Lindner, C
- Olbers
11,m,none

Lindner, H
- Olbers
14,m,none

Lindner, H
- Olbers
38,m,farmer

Lindner, M
- Olbers
7,m,none

Lindner, M
- Olbers
27,f,none

Link, M
- Olbers
44,f,none

Lippert, E.
- Olbers
34,m,none

Lippert, H
- Olbers
6,m,none

Lippert, H
- Olbers
20,m,farmer

Lippert, H
- Olbers
37,m,farmer

Lippert, M
- Olbers
23,f,none

Lippert, W
- Olbers
4,m,none

9 - Mannhardt, S. 4f.

10 - Mannhardt, S. 5.

//

1 - Schubert Family Papers, C3005, The State Historical Society of Missouri, Columbia, Biographical Sketch (http://shs.umsystem.edu/mansucripts/invent/3005.pdf, Download am 12.07.2103).

2 - Schubert Family Papers, Diary.

3 - Gerd A. Petermann, "The Communia and Sociality Colonies and Their Roots in the German Social-Reform Movement of St. Louis, 1846-47" in: Communal Societies, Journal of the National Historic Communal Societies Association, Volume 10, 1990, p. 16 and 21.

4 - Schubert Family Papers, Biographical Sketch.

5 - Emil Mannhardt, "Georg Bunsen" In: Deutsch-Amerikanische Geschichtsblätter, Chicago: "Deutsch-Amerikanische Historische Gesellschaft von Illinois", Volume 3, Book 2, 1903, p. 4.
6 - Helge Dvorak, Biographisches Lexikon der Deutschen Burschenschaft, Volume 1: Politiker, Teilband 1: A-E, Heidelberg: Universitätsverlag C. Winter, 155f. Cf. Klötzer, Wolfgang, ed. Frankfurter Biographie, first volume A-L, Frankfurt am Main 1994, 121.

7 - Mannhardt, p. 1.

8 - St. Clair County History, Philadelphia: Brink, McDonough, and Company, 1881, p. 190.

9 - Mannhardt,p. 4f.

10 - Mannhardt, p. 5.

Gert Goebel and the Giessen Emigration Society // Gert Göbel und die Gießener Auswanderergesellschaft

Walter D. Kamphoefner & Adolf E. Schroeder[1]

Gerhard Göbel, der später die Kurzform seines Namens bevorzugte, wurde am 1. April 1816 als erstes Kind von David. W. Göbel und Henriette Kessel Göbel in Coburg, der Landeshauptstadt eines kleinen thüringischen Fürstentums, geboren. Sein Vater war Professor der Mathematik, Physik und Geographie sowie herzoglicher Verwalter und Bibliothekar.

Ehrenburg castle in Coburg, 1849 // Schloss Ehrenburg in Coburg, 1849

David Goebel // David Göbel

In dieser Eigenschaft diente er als Tutor für Prinz Albert von Sachsen-Coburg-Gotha, der später seine englische Cousine ersten Grades, Königin Victoria von England, heiratete.[2] So wie es für die Gesellschaftsschicht, in die Gert Göbel geboren wurde, üblich war, besuchte er das ehrwürdige Gymnasium Casimirianum in Coburg, an dem sein Vater unterrichtete und er eine umfassende Schulbildung erhielt, die Unterricht in Mathematik und Wissenschaft sowie in Latein, Französisch und Deutsch (jedoch kein Englisch) umfasste. Im Alter von 18 Jahren kam er 1834 mit der zweiten Abteilung der Gießener Auswanderergesellschaft zusammen mit seinen Eltern und seinen zwei jüngeren Schwestern in die Vereinigten Staaten.

In dieser Gruppe befand sich nun David W. Göbel mit seiner Frau und drei Kindern, deren Namen auf der Passagierliste als Gerhard, Alter 18, Hilde, 14, und Gisa, 6, erscheinen. Gert Göbels ehemaliger Klassenkamerad und Reisegefährte Ferdinand Briegleb, Alter 18, ist direkt unterhalb der Namen der Familie Göbel aufgelistet; offenbar begleitete er die Göbels auf ihrer Reise, da scheinbar keine Verwandten von ihm an Bord waren. Weder Münch noch Göbel geben Auskunft darüber, wann oder wie sie aufeinander trafen, aber es scheint, als seien sie persönlich miteinander bekannt gewesen.

David Göbel ist der Einzige, den Münch namentlich erwähnt, als er von „einigen treuen Freunden" spricht, die ihm geholfen haben, die Gesellschaft auf ihrer Reise auf dem Ohio zusammen- zuhalten, und Gert Göbel spricht in einem Nachruf nach Münchs

Lippert, H.
- Olbers
20,m,farmer

Lippert, H.
- Olbers
37,m,farmer

Lippert, M.
- Olbers
23,f,none

Lippert, W.
- Olbers
4,m,none

Long, G.
- Olbers
2,m,none

Mades, G.
- Olbers
23,m,farmer

Mainer, Ferdinand
- Medora
30,m,tailor
Altenburg

Manowsky, Friedrich
- Medora
33,m,tailor
Bromberg

Meier, Lucas
- Medora
23,m,shoemaker
Wessingen

Meiller, C.
- Olbers
3,m,none

Meiller, D.
- Olbers
2,m,none

Gerhard Goebel, who later preferred the abbreviated form of his name, was born on April 1, 1816, the oldest child of David W. and Henriette Kessel Goebel, in Coburg, the capital of a small Thuringian principality. His father was a professor of mathematics, physics, and geography as well as a ducal administrator and librarian. In this capacity he served as a tutor to Prince Albert of Saxe-Coburg-Gotha, who later married his English first cousin, Queen Victoria of England.[2] As was customary for the social class into which Gert Goebel was born, he attended the venerable Gymnasium Casimirianum in Coburg where his father taught, and received a broad education that included the study of mathematics and science as well as Latin, French, and German (but no English). At age eighteen, he came to the United States in 1834 with his parents and his two younger sisters as part of the second detachment of the Giessen Emigration Society, led by Pastor Friedrich Muench.

In this group was David W. Goebel with his wife and three children, whose names appear on the passenger list as Gerhard, age 18, Hilde, 14, and Gisa, 6. Gert Goebel's former classmate and travel companion Ferdinand Briegleb, age 18, is listed directly below the names of the Goebel family; he had apparently joined them for the trip as he seemed to have no relatives on board. Neither Muench nor Goebel states, when or how they came to know each other, but it appears they were personally acquainted. David Goebel is the only one mentioned by name among "several true friends" who Muench says helped him hold the society together on the trip down the Ohio, and Gert Goebel in a remembrance of Muench after his death speaks of "his intimate friend, my father."[3] One suspects that the elder Goebel was quite influential in promoting the Society. At least

on the "Medora", there were more immigrants from Saxe-Coburg (41) than from Hessia (35) where Muench and Follenius originated, and except for an apothecary and a musician, none even approached Goebel in their occupational prestige.[4]

Professor David Goebel settled with his family on a pioneer farm in Franklin County, but as his son put it, "he was not contented to be a frontiersman." Alternating between the farm and St. Louis, he spent some time as a teacher of mathematics and astronomy at public and private schools, perhaps in the winters. In 1844 after his son married, he moved to the city for a longer period, and assisted in the office of the surveyor-general in St. Louis. Returning to Franklin County in 1849, he was appointed county surveyor; his son served as his deputy

Gert Goebel, year unknown //
Gert Göbel, Aufnahmedatum unbekannt

Meiller, F.
- Olbers
40,m
farmer

Meiller, M.
- Olbers
26,f,none

Meisser, Herman
- Medora
24,m,apothecary
Altenburg

Meisser, Sophie
- Medora
23,f,none
Altenburg

Merchede, C.
- Olbers
20,f,none

Merchede, F.
- Olbers
13,m,farmer

Merchede, F.
- Olbers
15,m,farmer

Merchede, F.
- Olbers
47,m,farmer

Merchede, J.
- Olbers
23,m,farmer

Merchede, M. A.
- Olbers
10,m,farmer

and then succeeded him in the position in 1851, serving a four year term. When Gert took over, David Goebel seems to have abandoned the country permanently to teach in the city.[5] Both before and after the Civil War, he taught physics, mathematics, and "Natural Philosophy" at the respected Humboldt Institute in St. Louis, renamed Humboldt Medical College when it switched to the English language in 1866.[6] After his wife died in 1860, the elder Goebel visited Germany in 1861 and again in 1862; finally in 1868 he returned for good and died in his home town of Coburg in 1872.[7]

Gert, who arrived in Missouri at age eighteen, was young enough and flexible enough to become well integrated into American society with an excellent command of English, aided by the fact that few of his immediate neighbors were German. In an 1881 account he contrasts his surroundings with those of Muench: "In our neighborhood on the south side of the Missouri there were very few Germans and I had practically no German companions of my age, so that I grew up among the old backwoods hunters and their sons, and had taken on their language, their habits and customs, but also their skills, although I will not go so far as to assert that I made any particular progress in civilization."[8]

One senses a bit of generational tension in Goebel's account; his father was a learned, but rather impractical man. Gustave Koerner, who knew both of them personally, makes no bones about the striking contrast between father and son: "Of all the many educated Germans who in the early 1830s, despairing of the fate of the Fatherland, sought the ideal of a free existence and a somewhat idyllic way of life in the backwoods, there were not many who were less suited to make themselves at home

Tod über „seinen intimen Freund, meinen Vater".[3] Man kann vermuten, dass der ältere Göbel ziemlich einflussreich bei der Förderung der Auswanderergesellschaft war. Zumindest waren auf der „Medora" mehr Auswanderer aus Sachsen-Coburg (41) als aus Hessen (35), wo Münch und Follenius herkamen, und außer einem Apotheker und einem Musiker reichte keiner an Göbels berufliches Prestige heran.[4]

Professor David Göbel ließ sich mit seiner Familie auf einer Pionierfarm in Franklin County nieder, aber wie sein Sohn sich ausdrückte, „war er nicht damit zufrieden, ein Grenzansiedler zu sein". Er pendelte zwischen der Farm und St. Louis hin und her und unterrichtete einige Zeit Mathematik und Astronomie an öffentlichen und privaten Schulen, möglicherweise nur in den Wintermonaten. Nachdem sein Sohn 1844 heiratete, zog er für eine längere Zeit in die Stadt und assistierte im Büro des Bezirkslandvermessers in St. Louis. Als er 1849 nach Franklin County zurückkehrte, wurde er zum Kreisvermesser ernannt; sein Sohn wurde sein Stellvertreter, übernahm 1851 seine Position und leistete eine Amtszeit von vier Jahren ab. Als Gert übernahm, gab David Göbel scheinbar endgültig das Landleben auf, um in der Stadt zu unterrichten.[5] Vor und nach dem Bürgerkrieg unterrichtete er Physik, Mathematik und „Naturphilosophie" am anerkannten Humboldt-Institut in St. Louis, das später in Humboldt Medical College umbenannt wurde, als 1866 auf die englische Sprache umgestellt wurde.[6] Nachdem seine Frau 1860 starb, besuchte der ältere Göbel 1861 und erneut 1862 Deutschland. Er kehrte schließlich 1868 für immer nach Deutschland zurück und starb 1872 in seiner Heimatstadt Coburg.[7]

Gert, der mit achtzehn Jahren in Missouri eintraf, war jung und flexibel genug, um sich hervorragende Englischkenntnisse anzueignen und sich in die amerikanische Gesellschaft gut einzugliedern, was auch daran lag, dass wenige seiner unmittelbaren Nachbarn Deutsche waren. In einem Bericht von 1881 vergleicht er seine Umgebung mit der Münchs: „In unserer Nachbarschaft auf der Südseite des Missouri, waren nur sehr wenige Deutsche und ich hatte so gut wie gar keine deutsche Altersgenossen und so war ich denn unter den alten Hinterwäldler Jägern und deren Söhnen aufgewachsen und

hatte ihre Sprache, ihre Sitten und Gewohnheiten, aber auch ihre Geschicklichkeiten angenommen. Jedoch will ich eben nicht behaupten, dass ich auch besondere Fortschritte in der Zivilisation gemacht hätte."[8]

In Göbels Bericht ist etwas von der Spannung zwischen den Generationen spürbar; sein Vater war ein gebildeter, aber wenig praktisch veranlagter Mann. Gustav Körner, der beide persönlich kannte, macht keinen Hehl aus dem deutlichen Gegensatz zwischen Vater und Sohn: „Von all den vielen gebildeten Deutschen, welche im Anfang der dreißiger Jahre mißmuthig über die Geschicke des Vaterlandes, das Ideal einer freien Existenz und ein idyllisches Leben im Urwald suchten, waren nicht Viele weniger geeignet, sich in diesem Land heimisch zu machen als gerade David Göbel." Im Gegensatz dazu: „Sein Sohn Gert Göbel war, was die praktische Lebensführung betrifft, ein weit vom Stamm gefallener Apfel."[9] Das Ungeschick des älteren Göbel und die Herzlichkeit ihrer ungehobelten, aber hilfsbereiten amerikanischen Nachbarn erweckte in Gert eine Wertschätzung für die praktischen Fähigkeiten der amerikanischen Grenzsiedler.

Auch wenn es ursprünglich David Göbel war, der das

in this land than of all people David Goebel." By contrast, "His son Gert Goebel was, as far as the practical things of life were concerned, an apple that fell far from the tree."[9] The elder Goebel's floundering, and the open-heartedness of their roughhewn but helpful American neighbors, evoked in Gert an appreciation for the practical skills of the American frontiersman.

Although it was David Goebel who initially purchased the land, it appears that the work of clearing and farming was largely left to his son Gert. While he was no doubt a more capable farmer than his father, neither stood out in the scale of their operations reflected in the agricultural censuses. The 1840 census gives little detail, but lists only two adult males in the household: one was engaged in agriculture, presumably Gert, while the other listed under "Learned Professions, Engineers" was no doubt his father. [10] In 1850, when the entry is still under David Goebel's name, only 16 acres of

his quarter section was listed as improved land. It was just a two-horse operation, producing a mere 100 bushels of corn and less than 100 of small grain.[11] Gert, who had officially taken over the operation by 1860, had obviously been hard at work clearing land during the ensuing decade. The improved acreage had increased to 60, which yielded nearly 1,000 bushels of grain, including 400 of corn, and it required two teams of horses. The value of the farm had doubled from $1,500 to $3,000.[12] By 1870, the farm was, at least officially, in the hands of the third generation, Gert's son August, though he listed only $1,000 worth of real estate compared to Gert's $4,000. Finally the farm was beginning to take on the contours of a commercial operation. Half of its 180 acres were improved, and the farm's value had once again doubled over the decade to $6,000. It yielded about 900 bushels of corn and an equal amount of small grains. Farm wages of $500 indicate at

Washington on the Missouri River //
Washington am Missouri-Fluss

least one full-time hired hand all year, and an unmistakably commercial crop for the first time makes its appearance. 1,400 pounds of tobacco.[13]

By the 1870s, Gert Goebel had taken up the literary pursuits that led to the publication of his memoir in 1877. But it is safe to say that even before he passed along the farm to his son, surveying and other pursuits accounted for a considerable portion of Goebel's income. Although he appears with the occupation "farmer" in every census through 1870, in 1880 with a book to his credit he styled himself "author."[14]

How early and intensively Goebel was involved in politics is difficult to say, given the lack of any surviving newspapers from Franklin County before the Civil War. But there are indications that he only became heavily involved as a result of the war. The position of county surveyor which he held for four years was largely apolitical. In the 1860 election, Abraham Lincoln did not do particularly well in Franklin County, coming in third among four candidates with just 23 percent of the votes cast, evidence that there was not yet a strong German Republican movement, though he did run second in the heavily German town

of Washington.[15] Goebel himself was unclear on the number of gubernatorial candidates running in 1860, suggesting that he had not been following politics closely. His first recorded involvement in the issues of the Civil War was not political but military: on 13 June 1861 he enrolled in Company D of the Franklin County Home Guards, and served a three month term which he describes in his book.[16] Later, he was elected as a state representative in Jefferson City from 1862 to 1864, as a state senator from 1864 to 1868, and was appointed chief clerk of the state register in 1870 and 1871. In 1874,

Gert Goebel, member of the Senate of the State of Missouri
//
Gert Göbel, Mitglied des Senats des Staates Missouri

the local paper commended Goebel for his effectiveness as foreman of the grand jury, but when he sought the Republican nomination for the state legislature later that year, he lost out to a younger man.[17] Nevertheless, Goebel remained a zealous Republican for the rest of his life, also in his capacity as an editor.

Four years after completing his book, Goebel in the summer of 1881 at the ripe age of sixty-five embarked on another major journalistic venture, as editor of the Hermanner Volksblatt and its younger English-language counterpart, the Advertiser-Courier, both owned by the Graf family. Both were weeklies, the Volksblatt appearing on Fridays and the Advertiser-Courier on Wednesdays. This was a full-time job.[18] Goebel expressed some trepidation given his lack of experience at editing, telling his English readers that he "had no other language to offer (...) than the plain talk of an old backwoodsman."

But after six months, Goebel again took his leave; the English paper announced on 28 December 1881 that he had "left for his old home in Franklin County" the previous Friday. He apparently left on good terms, for he "made many warm friends during his brief sojourn." In the Volksblatt Goebel published a personal farewell, "at least for a while," and offered some explanation: "Since we have been accustomed almost our whole life long to activity in the free, fresh air, this sedentary lifestyle in a narrow room, with its constant mental stimulation and excitement, is beginning to show detrimental effects on our health." Goebel seems to have departed rather hastily for it had not yet been determined who his successor would be, only that it would be a "seasoned Republican." [19] On his way out the door Goebel left the German paper with a farewell gift, a memoir of his late

Land gekauft hatte, scheint es, dass die ganze Arbeit des Urbarmachens und Bestellens der Farm zum Großteil seinem Sohn Gert überlassen wurde. Auch wenn er zweifellos ein fähigerer Farmer als sein Vater war, zeichnete sich keiner von beiden durch einen umfangreichen Betrieb des Hofes aus, was aus der landwirtschaftlichen Volkszählung deutlich hervorgeht. Die Volkszählung von 1840 enthält nur wenige Details darüber, doch sind nur zwei erwachsene Männer im Haushalt verzeichnet: Einer war mit der Landwirtschaft beschäftigt, vermutlich Gert, während der andere mit „gelernte Berufe, Ingenieur" aufgelistet wurde – zweifellos sein Vater.[10] 1850, als der Eintrag immer noch auf David Göbels Namen läuft, waren nur 6 Hektar seines Landes als bestelltes Land aufgeführt. Die Arbeit wurde mit zwei Pferden verrichtet und es wurden lediglich 100 Scheffel Mais und weniger als 100 Scheffel Getreide produziert.[11] Gert, der 1860 die Bewirtschaftung offiziell übernahm, arbeitete offensichtlich im Jahrzehnt davor hart daran, das Land urbar zu machen. Es waren nun 24 Hektar kultiviertes Land, welches nahezu 1.000 Scheffel Getreide, einschließlich 400 Scheffel Mais, abwarf, was zwei Pferdegespanne erforderlich machte. Der Wert der Farm verdoppelte sich von $ 1.500 auf $ 3.000.[12] 1870 war der Hof, zumindest offiziell, in den Händen der dritten Generation, Gerts Sohn August, der den Wert seines Grundstücks mit lediglich $ 1.000 angab, im Vergleich zu Gerts Angabe von $ 4.000. Endlich begann die Farm die Formen eines wirtschaftlichen Betriebes anzunehmen. Die Hälfte der 72 Hektar waren bestellt und der Wert der Farm verdoppelte sich im Laufe des Jahrzehnts erneut auf $ 6.000. Es wurden etwa 900 Scheffel Mais und eine gleiche Menge an Getreide geerntet. Die gezahlten Löhne von $ 500 lassen auf mindestens eine Vollzeitkraft für das ganze Jahr schließen, und ein unverkennbar kommerzieller Ertrag tritt zum ersten Mal in Erscheinung: 700 Kilogramm Tabak.[13]

In den 1870er Jahren beschäftigte sich Gert Göbel mit dem Schreiben, was 1877 zu der Veröffentlichung seiner Memoiren führte[14]. Man kann sicherlich sagen, dass in der Zeit, bevor er die Farm seinem Sohn übergab, seine Landvermessungen und andere Tätigkeiten den Großteil von Göbels Einkommen ausmachten. Während er in jeder Volkszählung bis 1870 mit dem Beruf „Farmer" genannt ist, stilisiert er sich bei der Volkszählung 1880 mit einem veröffentlichten Buch zum „Schriftsteller".[15]

Angesichts der Tatsache, dass keine der Zeitungsexemplare aus Franklin County vor dem Bürgerkrieg erhalten sind, ist schwierig zu sagen, wie früh und wie intensiv sich Göbel mit Politik beschäftigte. Doch es gibt Hinweise darauf, dass er sich erst aufgrund des Krieges stark zu engagieren begann. Die Position des Kreislandvermessers, die er vier Jahre inne hatte, war zum Großteil unpolitisch. Bei den Wahlen 1860 erzielte Abraham Lincoln keine besonders guten Ergebnisse in Franklin County und stand bei vier Kandidaten an dritter Stelle mit lediglich 23 Prozent der abgegebenen Stimmen. Dies belegt, dass die deutsche Bewegung der Republikaner noch nicht stark ausgeprägt war, auch wenn Lincoln in der Kleinstadt Washington mit ihren vielen Deutschen an zweiter Stelle lag.[16]

Göbel selbst war sich im Unklaren über die Zahl der Gouverneurskandidaten im Jahr 1860, was andeutet, dass er die politischen Entwicklungen nicht besonders verfolgte. Seine erste belegte Mitwirkung bei den Geschehnissen des Bürgerkrieges war nicht politisch, sondern militärisch: Am 13. Juni 1861 verpflichtet er sich bei der D Kompanie der Franklin County Home Guards (Heimwehr) und diente drei Monate; eine Zeit, die er auch in seinem Buch beschreibt.[17] Später wird er von 1862 bis 1864 in das Unterhaus des Landtags (General Assembly) in Jefferson City gewählt, dann von 1864 bis 1868 in den Senat, und 1870 und 1871 wird er zum Leiter des Katasteramtes des Staates (chief clerk of the state register) ernannt.

1874 wurde Göbel von der lokalen Zeitung für seine Leistungen als Obmann der Anklagejury gelobt, aber als er sich später im gleichen Jahr um die Nominierung der Republikaner als Abgeordneter bemüht, verliert er gegen einen jüngeren Mann.[18] Nichtsdestotrotz blieb Göbel, auch in seiner Tätigkeit als Redakteur, ein begeisterter Anhänger der Republikaner.

Vier Jahre nachdem er seine Memoiren veröffentlicht hatte, begann Göbel im Sommer 1881 im reifen Alter von 65 Jahren ein anderes großes journalistisches Projekt als Redakteur des „Hermanner Volksblattes" und des jüngeren Gegenstücks, dem englischsprachigen „Advertiser-Courier". Beide Zeitungen gehörten der Familie Graf. Beides waren Wochenzeitungen: das „Volksblatt" erschien freitags und der „Advertiser-Courier" mittwochs. Dies war eine Vollzeitbeschäftigung.[19] Göbel äußerte

friend and mentor from the Giessen Society: "From the private life of the old veteran Fr. Muench in former times." The series ran in installations all the way through February 17 of the following year, followed by an exchange between Goebel and a reader who had taken issue with his rationalist views.[20]

Goebel continued his role as a public intellectual down to his death, and in a certain sense even beyond the grave. The local newspaper reported in 1885 that he had returned from a visit to Southeast Missouri and written about it for the Westliche Post, the leading German-language newspaper in St. Louis. As late as 1890, approaching age 75, he made a speech at the German Day celebrations in Morrison, Missouri, a thirty-mile train ride from home. As the Westliche Post noted in its obituary, "His pen never entirely rested."[21] Characteristically,

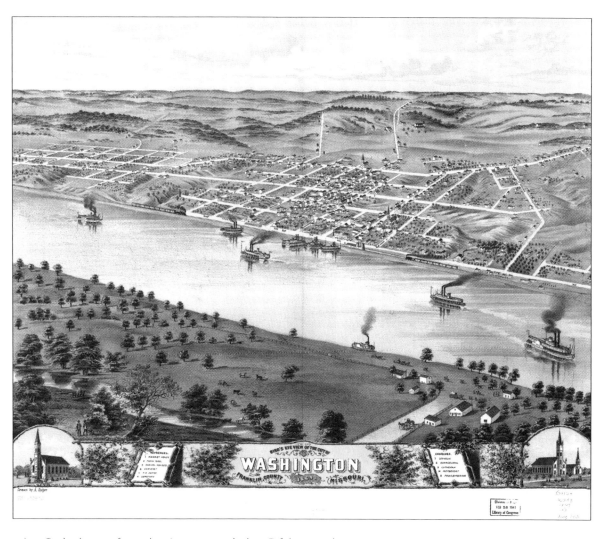

seine Bedenken aufgrund seiner mangelnden Erfahrung als Redakteur und teilte seinen englischsprachigen Lesern mit, dass er „keine andere Sprache anbieten könne (…) als die einfache Sprache eines alten Hinterwäldlers."

Aber nach sechs Monaten verließ Göbel die Zeitungen wieder. Die englischsprachige Zeitung meldet am 28. Dezember 1881, dass er am vergangenem Freitag „in seine alte Heimat nach Franklin County" zurückgekehrt sei. Man trennte sich offenbar im Guten, da er „viele gute Freunde während seiner kurzen Tätigkeit gefunden hat." Göbel veröffentlichte im „Volksblatt" einen persönlichen Abschiedsgruß, „wenigstens für eine Weile", und gibt eine Erklärung ab: „Da wir fast unser ganzes Leben lang an Bewegung in freier frischer Luft gewöhnt waren, so fängt die sitzende Lebensweise im engen Zimmer bei fortwährender geistiger An- und Aufregung an, nachtheilige Wirkungen auf unsere Gesundheit zu äußern." Göbel scheint recht überstürzt

```
Metten, L.
- Olbers
29,mmechanic

Miller, Agathe
- Medora
21,f,none
Hechingen

Miller, Malpuga
- Medora
27,f,none
Hechingen

Molitor, C.
- Olbers
13,m,farmer

Molitor, F.
- Olbers
18,m,farmer

Molitor, F.
- Olbers
49,m,farmer
```

aufgehört zu haben, da seine Nachfolge noch nicht entschieden war, außer, dass sie nur einem „erprobten Republikaner" anvertraut werden sollte.[20] Göbel hinterließ der deutschen Zeitung noch ein Abschiedsgeschenk, die Memoiren seines verstorbenen Freundes und Mentors der Gießener Gesellschaft: „Aus dem Privatleben des alten Veteranen Fr. Münch aus früher Zeit." Die Serie erschien bis zum 17. Februar des darauffolgenden Jahres, gefolgt von einem Austausch zwischen Göbel und einem Leser, der mit seinen rationalistischen Ansichten nicht einverstanden war.[21]

Göbel blieb bis zu seinem Tod seiner Rolle als Intellektueller treu und in einem gewissen Sinn auch über seinen Tod hinaus. 1885 berichtete die lokale Zeitung, dass er von einem Besuch aus dem Südwesten von Missouri zurückkehrt war und darüber für die „Westliche Post", der führenden deutschsprachigen Zeitung in St. Louis, berichtet hatte. Im Jahr 1890, Göbel ging bereits auf die 75 zu, hielt er eine Rede bei den Feierlichkeiten des Deutschen Tages in Morrison in Missouri, eine Zugreise von 50 Kilometern

Washington, Missouri

Molitor, M.
– Olbers
51,f,none

Munch, Adolph
– Medora
5,6,m,none
Niedergemünden

Munch, Eleonore
– Medora
37,f,none
Niedergemünden

Munch, Frederick
– Medora
35,m,clergy
Niedergemünden

Munch, Louise
– Medora
21,f,none
Lich

Munch, Pauline
– Medora
7,f,none
Niedergemünden

Munch, Richard
– Medora
0,6,m,none
Niedergemünden

Muschenheim, F.
– Olbers
28,m,farmer

Naumberg, Sophie
– Medora
24,f,servant
Erfurt

Neuhoff
– Medora
m,none

Neyfeld, C.
– Olbers

Nich, Ephraim
– Medora
34,m,blacksmith
Mühlhausen

he wrote in his will: "My personal property, consisting mostly of books [is] insignificant (...) and my children [may] dispose of all these articles to suit themselves, I would, however, advice [sic] them, not to sell my books at public auction. The most of these books are valuable scientific works and they would only be thrown away if disposed of at public sale." [22]

Goebel says very little about his wife and children in his book, although what little he does say suggests a warm family life: "My late wife (...) was when I married her a very fine country girl from a highly respectable family of farmers. She was a model housewife, a good mother, and infinite kindness of heart shone in her eyes." Much of what can be reconstructed from local history and genealogical sources points in the same direction.[23] He spent some months in 1838 working for Friedrich Muench and living in his household, perhaps in an attempt to find a German wife, since in that neighborhood, by contrast to his own, "The few Americans who had settled in the very hilly forests along Lake Creek and Femme Osage Creek had almost all left, and masses of Germans, many of whom were members of the Giessen Society, had succeeded them." In March 18, 1842 he married someone from this area, Carolina Becker, who had immigrated as a ten-year-old on the same ship as Goebel; officiating was none other than Friedrich Muench.[24] All three had not only crossed the ocean together on the "Medora", but also shared a freight wagon on the way west from Baltimore to Wheeling, and were probably on the same steamboat the rest of the way to Missouri. In their twenty-two years together, the Goebels had seven children, but Carolina died on March 23, 1864, only forty years old. It is unclear how Gert coped with the task of raising his children, the youngest of whom, Edward,

von seinem Zuhause entfernt. Wie die „Westliche Post" in ihrem Nachruf formulierte: „Seine Feder hatte nie ganz geruht."[22] Bezeichnend für ihn schrieb er in seinem Testament: „Mein persönlicher Besitz, hauptsächlich aus Büchern bestehend, [ist] unbedeutend […] und meine Kinder [mögen] über all diese Dinge verfügen, wie es ihnen gefällt, ich würde jedoch empfehlen meine Bücher nicht in einer öffentlichen Auktion zu verkaufen. Die meisten Bücher sind wertvolle wissenschaftliche Werke und würden nur weggeworfen werden, wenn man sie bei einem öffentlichen Verkauf loswerden wollte."[23]

In seinem Buch berichtet Göbel sehr wenig über seine Frau und Kinder, auch wenn das wenige, was er zu sagen hat, ein herzliches Familienleben vermuten lässt: „Meine selige Frau […] war, als ich sie heiratete, ein einfaches, aber sehr braves Landmädchen aus einer hochachtbaren Farmerfamilie, sie war eine musterhafte Hausfrau, eine gute Mutter und unergründliche Herzensgüte konnte man ihr aus den Augen leuchten sehen." Vieles, was aus der Lokalgeschichte und von genealogischen Quellen rekonstruiert werden kann, deutet in die gleiche Richtung.[24] 1838 arbeitete er einige Monate für Friedrich Münch und lebte in dessen Haus, vielleicht in der Hoffnung eine deutsche Frau zu finden. Im Gegensatz zu der Gegend, wo er wohnte, denn: „Die wenigen Amerikaner, welche sich in den sehr hügeligen Wäldern am Lake-Creek und Femme-Osage niedergelassen hatten, waren fast alle fort, und die Deutschen, von denen Viele der Gießener-Auswanderungs-Gesellschaft angehört hatten, waren massenweise nachgerückt."

Am 18. März 1842 heiratete er eine Frau aus der Umgebung, Carolina Becker, die als 10-Jährige mit dem gleichen Schiff wie Göbel ausgewandert war; die Trauung führte kein geringerer als Friedrich Münch durch.[25] Die drei hatten nicht nur den Ozean gemeinsam auf der „Medora" überquert, sondern auch einen Frachtwagen auf dem Weg westwärts von Baltimore nach Wheeling geteilt und waren womöglich auch auf dem gleichen Dampfschiff für den Rest des Weges nach Missouri. In ihren zweiundzwanzig gemeinsamen Jahren bekamen die Göbels sieben Kinder, aber Carolina starb am 23. März 1864 mit nur 40 Jahren. Es ist unklar, wie Gert mit der Aufgabe, seine Kinder zu erziehen, zurecht kam. Der jüngste, Edward, war gerade mal

was only three years old, but he was no doubt helped by his eldest daughter Julia, who was eighteen by the time her mother died.

If Gert Goebel was an apple that fell far from the tree, the same could not be said of the next generation. The Goebel children married within a circle that was not only German but strongly reflective of their father's Unionist and Republican ethos as well. Goebel's funeral reflected much of the ethos by which he had lived. He was buried beside his wife at the family cemetery on the farm that he had cleared with his own hands. The local chapter of the Grand Army of the Republic, the Union veteran society of which he was a member, provided his final escort. One Carl Mueller or Charles Miller spoke some words at his grave on the life and works of the old pioneer. Though not further identified, he does not appear to have been an orthodox clergyman. Goebel remained a rationalist to the end, which even his obituary made no attempt to disguise: "His creed was to do right." [25]

An ardent Unionist and emancipationist, Goebel who served in the county Home Guard, and as a state legislator and senator was allied with the most radical wing of Missouri Republicans during the Civil War and Reconstruction. But despite the passions of this era and the bitterness with which the conflict was carried out in Missouri, Goebel shows respect for Confederates who fought openly in uniform, saving his ire mostly for "bushwhackers" and guerillas. He even admits that "There is no doubt that in the many revolver executions for which the [Unionist] militias were responsible, sometimes a harmless and innocent Rebel who had never been guilty of murder or robbery, lost his life." [26] It was more than mere courtesy to Goebel's survivors that prompted this statement in his obituary: "He was a strong political partisan, but was always respected by his opponents." [27]

drei Jahre alt. Aber zweifellos wurde Göbel von seiner ältesten Tochter Julia unterstützt, die achtzehn Jahre alt war, als ihre Mutter starb.

Wenn Gert Göbel ein Apfel war, der weit vom Stamm gefallen ist, konnte man dies nicht von der nächsten Generation behaupten. Göbels Kinder heirateten innerhalb eines Kreises, der nicht nur aus lauter Deutschen bestand, sondern auch stark die Haltung des Vaters, dem Unionisten und Republikaner, widerspiegelte. Göbels Begräbnis zeigte viel von dem Ethos, das er gelebt hatte. Er wurde auf dem Familienfriedhof neben seiner Frau beerdigt, auf der Farm, die er mit seinen eigenen Händen urbar gemacht hatte. Der Ortsverband der „Grand Army of the Republic" (Große Armee der Republik), der Veteranenverein der Union, deren Mitglied er war, richtete sein letztes Geleit aus. Ein gewisser Carl Mueller oder Charles Miller sprach an seinem Grab ein paar Worte über das Leben und Werk des alten Pioniers. Wenn diese Person auch nicht näher identifiziert werden kann, so scheint er doch kein orthodoxer Geistlicher gewesen zu sein. Göbel blieb bis zum Ende Rationalist, was auch in seinem Nachruf nicht verheimlicht wurde: „Es war seine Religion, Gutes zu tun." [26]

Als leidenschaftlicher Unionist und Emanzipationist diente Göbel in der Home Guard und war als Abgeordneter und Senator während des Bürgerkrieges und der „Reconstruction" mit den radikalsten Anhängern der Republikaner in Missouri verbündet. Trotz der heftigen Emotionen dieser Zeit und der Bitterkeit, mit der dieser Konflikt in Missouri ausgetragen wurde, zeigt Göbel Respekt für Konföderierte, die offen in ihrer Uniform kämpften, und zeigte seine Wut nur gegenüber Südstaaten-Guerillas. Er gibt sogar zu: „Es ist nicht zu bezweifeln, dass bei den vielen Revolver-Executionen, welche die [Unions-]Milizen in Scene setzten, auch manchmal ein harmloser und unschuldiger Rebell, der niemals gemordet oder geraubt hatte, das Leben verlor." [27] Es war mehr als nur reine Höflichkeit Göbels Hinterbliebenen gegenüber, die sich in der folgenden Aussage im Nachruf widerspiegelte: „Er war ein starker politischer Parteianhänger, aber er wurde von seinen Gegnern respektiert." [28]

Übersetzt von Timea Gremsperger

1 - An earlier version of this essay appeared in Gert Goebel, Longer than a Man's Lifetime in Missouri, edited and with an introduction by Walter D. Kamphoefner and Adolf E. Schroeder, (Columbia: The State Historical Society of Missouri, 2013) and is reproduced here with the kind permission of The State Historical Society of Missouri.

2 - Album der Lehrer und Schüler des Gymnasium Casimirianum zu Coburg (Coburg, 1855), 7. Friedrich Julius Gustorf, The Uncorrupted Heart: Journals and Letters of Frederick Julius Gustorf, 1800-1845, ed. Fred Gustorf (Columbia: University of Missouri Press, 1969), 140. Gustorf visited the Goebels at their home on August 24, 1836.

3 - Friedrich Muench, "Aus dem Leben von Friedrich Münch. Von ihm selbst, " in Gesammelte Schriften von Friedrich Muench (St. Louis: Witter, 1902), 115.

4 - Muench, "Aus dem Leben von Friedrich Münch," 115. „Medora" passenger list, Bremen to Baltimore, arriving 24 July 1834, National Archives Microfilm, Series M255, Roll 1. Another 41 immigrants were from Saxe-Altenburg, another Thuringian principality, but since it lies 80 miles from Coburg, they may have had no connection to Goebel. Two of Gert Goebel's schoolmates from the class ahead of him were also listed as having settled in St. Louis. Album, 25.

5 - History of Franklin, Jefferson, Washington, Crawford, & Gasconade Counties, Missouri, (Chicago, 1888; Reprint ed., Cape Girardeau, Missouri,1970), 238, 752-3;Gustav Koerner, Das deutsche Element in den Vereinigten Staaten von Nordamerika, 1818-1848 (Cincinnati, 1880; reprint New York: Peter Lang, 1986), 311-12.

6 - Prof. Goebel is listed as teaching a course in Experimental Physics from 1 October 1859 to 15 January 1860. The 1866 Prospectus of the school describes him as one of the twelve charterers, and lists him as Professor of Natural Philosophy, and (perhaps

erroneously) as a Ph.D. James Moores Ball, Dr. Adam Hammer, Surgeon and Apostle of Higher Medical Education (St. Louis : Medical Press, 1909) , 12-15. Apparently the only year Goebel was listed in the St. Louis city directory was 1860, suggesting that he mainly sojourned in the city.

7 - Koerner, Das deutsche Element, 311-12. David Goebel applied for a passport in preparation for his departure from New York on April 13, 1861; he returned that fall, arriving in New York on the "Teutonia" on 25 Oct. 1861, listing his occupation, oddly enough, as a farmer. Passport application, 9 April 1861; "Teutonia" Passenger List; original images on Ancestry.com.

8 - "Aus dem Privatleben des alten Veteranen Fr. Münch aus früher Zeit," Hermanner Volksblatt, 23 Dec. 1881.

9 - Koerner, Das deutsche Element, 311-12.

10 - 1840 Census: Boeff, Franklin, Missouri; Roll: 223; Page: 203. The entry is indexed under "Jans W Gold," [almost certainly wrong], with an alternative reading "David W Gold" which is implausible given that no Golds were listed in the 1850 census of the county. The age categories listed fit the Goebel family perfectly.

11 - Manuscript Agricultural Schedule, 1850 U.S. Census, Franklin Co., MO, pp. 225-6.

12 - Manuscript Agricultural Schedule, 1860 U.S. Census, Franklin Co., MO, Boeff Twp., pp. 3-4.

13 - Manuscript Agricultural Schedule, 1870 U.S. Census, Franklin Co., MO, Boeff Twp., pp. 23-24. In 1878, the county plat book shows G[ert] Goebel owning the original 80 acres of his father's initial purchase, and his son A[ugust] Goebel owning the 80 acres immediately east of it, plus an additional 21 acres on the north edge of the plot. But August presumably farmed all their land. Atlas Map of Franklin

County Missouri (St. Louis: St. Louis Atlas Publishing Company, 1878), 47. The Goebel farms are in Section 15 of the township.

14 - 1850 Census: District 31, Franklin, Missouri; Roll: M432_399; Page: 114B; 1860 Census: Boeuf, Franklin, Missouri; Roll: M653_619; Page: 7; 1870 Census: Boeuf, Franklin, Missouri; Roll: M593_775; Page: 48A; 1880 Census: Lyon, Franklin, Missouri; Roll: 686; Page: 146B; Enumeration District: 073.

15 - St. Louis Missouri Republican, 7 Nov. 1860. Walter D. Kamphoefner, "Missouri Germans and the Cause of Union and Freedom," Missouri Historical Review 106 (2012), 115-136, here 120. On the 1860 governor's race see Chap. 27 below.

16 - Goebel held the rank of Private, and was mustered out on 13 Sept. 1861. Missouri Digital Heritage, Soldiers' Records Database.

17 - Washingtoner Post, 28 May, 17 Sept., 15 Oct. 1874, excerpted in Kiel Collection, Washington Historical Society. History of Franklin, 801-2.

18 - Washingtoner Post, 30 June 1881; Franklin County Record, 30 June 1881, excerpted in Kiel Collection, Washington Historical Society. Advertiser-Courier, 22 June 1881, 5 July 1882. Hermanner Volksblatt, 24 June 1881.

19 - Advertiser-Courier, 28 Dec. 1881; Hermanner Volksblatt , 23 Dec. 1881.

20 - "Aus dem Privatleben," Hermanner Volksblatt , 23 Dec. 1881, 13 Jan., 3 Feb., 10 Feb., 17 Feb. 1882. Goebel's "Refutation" of a letter of 10 Feb. appeared on 3 March; this provoked another letter published on 10 March, which Goebel answered on 17 March 1882.

21 - Washingtoner Post, 30 Nov. 1885, 10 Nov. 1890, excerpted in Kiel Collection, Washington Historical Society. Obituary in Washingtoner Post, 11 Sept. 1896, reprinted from Westliche Post.

22 - Gert Goebel will, dated 4 April 1889, Goebel probate file, Franklin County Courthouse Annex, Union Mo.

23 - Besides the probate file, the most important sources are the biographical sketch in History of Franklin, 752; an obituary in Union Tribune-Republican, 11 Sept. 1896; another in Washingtoner Post, 11 Sept. 1896; and William G. Bek, "Followers of Duden, Seventh Article, Gert Goebel," Missouri Historical Review 16 (1922), 289-90, which included information supplied by his eldest son August.

24 - "Aus dem Privatleben," Hermanner Volksblatt , 23 Dec. 1881. Mrs. Howard W. Woodruff, comp., Marriage Records, Warren County Missouri, 1833-1860 (Independence, MO, 1969), 12, 62.

25 - Washingtoner Post, 11 Sept. 1896; Goebel's probate settlement includes $10 paid to Chas. Miller, funeral service, but neither source includes a clerical appellation. He was probably the immigrant machinist Charles Miller whose biography appears in History of Franklin, 788-89, which indicates he was a lay minister in the New Jerusalem Church. "He says this earth will not be destroyed as the Church teaches, but will stand forever."

26 - Goebel, Länger als ein Menschenleben, chap. 31.

27 - Union Tribune-Republican, 11 Sept. 1896.
//
1 - Eine frühere Version dieser Abhandlung erschien in Gert Göbel: Longer than a Lifetime in Missouri. Herausgegeben und mit einer Einführung von Walter D. Kamphoefner und Adolf E. Schroeder. Columbia, The State Historical Society of Missouri, 2013, und wird hier mit freundlicher Erlaubnis der State Historical Society of Missouri wiedergegeben.

2 - Album der Lehrer und Schüler des Gymnasium Casimirianum zu Coburg (Coburg, 1855), S. 7. Fried-

rich Julius Gustorf, The Uncorrupted Heart: Journals and Letters of
Frederick Julius Gustorf, 1800-1845,
ed. Fred Gustorf (Columbia: University of Missouri Press, 1969), S. 140.
Gustorf besuchte die Göbels am 24.
August 1836.

3 - Friedrich Münch, „Aus dem Leben von Friedrich Münch. Von ihm
selbst," in: Gesammelte Schriften
von Friedrich Münch (St. Louis:
Witter, 1902), S. 115.

4 - Münch, „Aus dem Leben von
Friedrich Münch," 115. „Medora"
Passagierliste, Bremen to Baltimore,
arriving 24 July 1834, National
Archives Mikrofilmrolle, Series
M255, Roll 1.Weitere 41 Immigranten waren aus Sachsen-Altenburg,
einem anderen Thüringischen
Fürstentum, aber da es 80 Meilen
von Coburg entfernt ist, bestand
wohl keine Verbindung zu Göbel.
Zwei Mitschüler Gert Göbels aus
der Klasse über ihm, waren auch als
nach St. Louis gesiedelt aufgelistet.
Album, S. 25.

5 - History of Franklin Jefferson, Washington, Crawford, & Gasconade

Counties, Missouri (Chicago, 1888),
S. 238, S. 752-3; Gustav Koerner,
Das deutsche Element in den
Vereinigten Staaten von Nordame-
rika, 1818-1848 (Cincinnati, 1880;
Neuauflage New York: Peter Lang,
1986), S. 311-12.

6 - Prof. Göbel wird als Lehrer eines
Kurses zu experimenteller Physik
geführt; vom 1. Oktober 1859 bis
zum 15. Januar 1860. Die Schulbro-
schüre von 1866 beschreibt ihn als
einen der zwölf Gründer; er wird als
Professor für Naturphilosophie und
(vielleicht irrtümlicherweise) mit
einem Ph.D. geführt. James Moores
Ball, Dr. Adam Hammer, Surgeon
and Apostle of Higher Medical
Education (St. Louis : Medical Press,
1909), S. 12-15. Offenbar, ist 1860
das einzige Jahr, in dem Göbel im
Einwohnerverzeichnis von St. Louis
aufgeführt wird, was darauf schließen lässt, dass er sich zu jener Zeit
hauptsächlich in der Stadt aufhielt.

7 - Körner, Das deutsche Element,
S. 311-12. David Göbel beantragte
einen Pass in Vorbereitung für seine
Abreise von New York am 13. April

Missouri Bridge at Washington //
Missouri-Brücke bei Washington

1861; er kam im gleichen Herbst zurück, und kam am 25. Oktober 1861 in New York auf der „Teutonia" an, und gab als Beruf merkwürdigerweise Farmer an. Antrag für einen Pass , 9. April 1861; „Teutonia" Passagierliste; Originalabbildungen bei www.ancestry.com.

8 - "Aus dem Privatleben des alten Veteranen Fr. Münch aus früher Zeit," Hermanner Volksblatt, 23. Dezember 1881.

9 - Körner, Das deutsche Element, S. 311-12.

10 - Volkszählung von 1840: Boeff, Franklin, Missouri; Mikrofilmrolle: 223; Seite: 203. Der Eintrag ist unter "Jans W Gold" verzeichnet, [höchstwahrscheinlich falsch], mit einer alternativen Lesart "David W Gold", was unwahrscheinlich ist, da keine Golds in der Volkszählung von 1850 für den County gelistet waren. Die aufgeführten Altersgruppen passen genau zur Familie Göbel.

11 - Urbögen der Agrarzählung 1850 in den USA (1850 U.S.Census), Franklin Co., MO, S. 225-6.

12 - Urbögen der Agrarzählung 1860 in den USA (1860 U.S.Census), Franklin Co., MO, Boeff Twp., S. 3-4.

13 - Urbögen der Agrarzählung 1870 in den USA (1870 U.S.Census), Franklin Co., MO, Boeff Twp., S. 23-24. Der Kataster des County vom 1878 zeigt, dass G[ert] Göbel der Eigentümer der 32 ha des ursprünglichen Kaufs seines Vaters ist, und seinem Sohn A[ugust] Göbel die 32 ha direkt östlich davon gehören, und weitere 8 ha am nördlichen Ende des Grundstücks. Vermutlich hat aber August das ganze Land bewirtschaftet. Atlas Map of Franklin County Missouri (St. Louis: St. Louis Atlas Publishing Company, 1878), S. 47. Die Farmen der Göbels befinden sich in der Sektion 15 der Siedlung.
14 - Gert Göbel, Länger als ein Menschenleben in Missouri, St. Louis, Witter's, 1877.

15 - Volkszählung 1850: Distrikt 31, Franklin, Missouri; Mikrofilmrolle: M432_399; Seite: 114B; Volkszählung 1860: Boeuf, Franklin, Missouri; Mikrofilmrolle: M653_619; Seite: 7; Volkszählung 1870: Boeuf, Franklin, Missouri; Mikrofilmrolle: M593_775; Seite: 48A; Volkszählung 1880: Lyon, Franklin, Missouri; Mikrofilmrolle: 686; Seite: 146B; Erhebungsdistrikt: 073.

16 - St. Louis Missouri Republican, 7. November 1860. Walter D. Kamphoefner, "Missouri Germans and the Cause of Union and Freedom," Missouri Historical Review 106 (2012), S. 115-136, hier 120. Zur Gouverneurswahl 1860 siehe Göbel, Menschenleben, Kapitel 27 unten.

17 - Göbel hatte den Rang eines Private (ein Gefreiter) inne, und wurde am 13. September 1861 ausgemustert. Missouri Digital Heritage, Datenbank über die Soldatenaufzeichnungen.

18 - Washingtoner Post, 28. Mai, 17. September, 15. Oktober 1874, ein Auszug aus Kiel Collection, Washington Historical Society. History of Franklin, S. 801-2.

19 - Washingtoner Post, 30. Juni 1881; Franklin County Record, 30. Juni 1881, ein Auszug aus Kiel Collection, Washington Historical Society. Advertiser-Courier, 22. Juni 1881, 5. Juli 1882. Hermanner Volksblatt, 24. Juni 1881.

20 - Advertiser-Courier, 28. Dezember 1881; Hermanner Volksblatt , 23. Dezember 1881.

21 - „Aus dem Privatleben," Hermanner Volksblatt, 23. Dezember 1881, 13. Januar, 3. Februar, 10. Februar, 17. Februar 1882. Göbels „Gegenschrift" eines Briefes vom 10. Februar erschien am 3. März; dies provozierte einen weiteren Brief, der am 10. März veröffentlicht wurde, den Göbel am 17. März 1882 beantwortete.

22 - Washingtoner Post, 30. November 1885, 10. November 1890, Auszug aus Kiel Collection, Washington Historical Society. Nachruf in Washingtoner Post, 11. September 1896, Nachdruck aus Westliche Post.

23 - Gert Göbels Testament, datiert zum 4. April 1889, Göbels Testamentsabschrift, Franklin County Courthouse Annex, Union Mo.

24 - Neben der Testamentsabschrift sind die wichtigsten Quellen die biographischen Entwürfe in History of Franklin, S. 752; ein Nachruf in Union Tribune-Republican, 11. September 1896; ein weiterer in Washingtoner Post, 11. September 1896; und William G. Bek, "Followers of Duden, Seventh Article, Gert Göbel," Missouri Historical Review 16 (1922), S. 289-90, die Informationen enthielten, die sein ältester Sohn August beigesteuert hatte.

25 - „Aus dem Privatleben," Hermanner Volksblatt, 23. Dezember 1881. Mrs. Howard W. Woodruff, comp., Aufzeichnungen des Standesamtes, Warren County Missouri, 1833-1860 (Independence, MO, 1969), S. 12, 62.

26 - Washingtoner Post, 11. September 1896; In Göbels Nachlassregelungen werden $ 10 an Chas. Miller, Bestattungsdienst, bezahlt, aber keine der Quellen verweist auf eine geistliche Benennung. Er war möglicherweise der immigrierte Mechaniker Charles Miller, dessen Biographie in History of Franklin, S. 788-89, erscheint, was darauf schließen lässt, dass er ein Laienpfarrer in der New Jerusalem Church war. „Er sagt seine Erde wird nicht zerstört werden, wie die Kirche lehrt, sondern ewiglich stehen."

27 - Göbel, Länger als ein Menschenleben, Kapitel. 31.

28 - Union Tribune-Republican, 11. September 1896.

Oertelt, Gottlieb
- Medora
41,m,goldsmith
Altenburg

Peters, D.
- Olbers
9,m,none

Peters, F.
- Olbers
7,m,none

Peters, J.
- Olbers
3,m,none

Peters, J.
- Olbers
36,m,farmer

Peters, M.
- Olbers
34,fnone

Petrasch, F.
- Olbers
18,m,farmer

Porzig, Dorothea
- Medora
22,f,none
Altenburg

Porzig, Louisa
- Medora
1,6fnone
Altenburg

Porzig, Wilhelm
- Medora
32,m,clock maker
Altenburg

Pulte, H.
- Olbers
2,m,none

Pulte, H.
-Olbers
25,f,none

Pulte, P.
- Olbers
35,m,farmer

Rauschenbach, Michael
- Medora
30,m,carpenter
Altenburg

Reck, E.
- Olbers
29,m,farmer

Reihnard, M.
- Olbers
24,m,farmer

Reiter, E.
- Olbers
16,m,farmer

Reiter, J.
- Olbers
16,m,farmer

Reiter, T.
- Olbers
49,m,farmer

Remmer, D.
- Olbers
30,m,farmer

Growing Up in the Footsteps of the Giesseners // Kindheit und Jugend in den Fußstapfen der Gießener Gesellschaft

Walter D. Kamphoefner

Ich wuchs auf einer Farm bei Femme Osage, Missouri, auf – keine 20 Kilometer entfernt von der Farm, auf der sich Friedrich Münch niederließ. Mehr als ein Jahrhundert nachdem sich die Gießener hier niedergelassen haben, lassen sich ihre Spuren immer noch in der Gemeinde finden. Eine der sechzehn Verästelungen meines eigenen Familienstammbaums geht auf die Gesellschaft zurück. Auch wenn die meisten meiner Vorfahren zu den unterbäuerlichen Schichten der Region Tecklenburg-Osnabrück zählten, kam einer meiner Ururgroßväter, der arme Schuhmachersohn Conrad Weinrich, aus Alten-Buseck in der unmittelbaren Nähe von Gießen. Drei seiner älteren Geschwister sind mit Paul Follenius auf der „Olbers" immigriert; 1837 folgte Conrad mit seiner verwitweten Mutter und seinen vier anderen Geschwistern. An die Schulbildung und den Vermögensstand der meisten anderen Gießener kamen sie nicht heran, doch hatten sie eine direkte Verbindung zu Friedrich Münch: Sein Bruder Ludwig war in Alten-Buseck Pfarrer gewesen und sie hatten möglicherweise Friedrich persönlich erlebt, als er das Dorf 1825 besuchte, um seinen Neffen zu taufen. Unter den Mitgliedern der kleinen, lutherischen Gemeinde in Augusta, meiner Heimatstadt, gab es Nachkommen der Gießener Gesellschaft mit den Namen Weinrich, Becker, Berg und Fuhr (und möglicherweise diverse andere Nachkommen auf mütterlicher Seite).

Die Familie Becker muss gesondert erwähnt werden. Es gibt natürlich überall in Deutschland und den USA Beckers, aber Vorfahren dieser bestimmten Beckers stammen aus Friedrich Münchs Heimatstadt Nieder-Gemünden und sind mit ihm auf der „Medora" übergesiedelt. In meiner Jugend war ich Mitglied eines „4-H Clubs" (Landjugendverein) und wir erfuhren harte Konkurrenz durch mehrere Becker-Brüder und -Cousins aus

I grew up on a farm in Femme Osage Township, Missouri, just a dozen miles as the crow flies from the farm that Friedrich Muench settled. More than a century after the Giesseners' arrival, their traces could still be detected in the community. One of the sixteen branches of my own family goes back to the Society. Although most of my ancestors were of peasant stock from the Tecklenburg-Osnabrueck area, one of my great-great grandfathers, Conrad Weinrich, was the son of a poor Hessian shoemaker from Alten-Buseck, near Giessen. Three of his elder siblings had immigrated with Paul Follenius on the "Olbers"; Conrad followed with his widowed mother and four other siblings in 1837. They could not match the education and wealth of most Giesseners, but they had a direct connection to Friedrich Muench: his brother Ludwig had been their pastor in Alten-Buseck, and they had probably heard Friedrich preach when he visited the village to baptize his nephew in 1825. Among the members of the little Lutheran congregation in Augusta where I grew up, there were Giessener descendants or followers bearing the names Weinrich, Becker, Berg, and Fuhr (and probably various other descendants on maternal lines).

The Becker family deserves particular note. There are of course Beckers all across Germany and America, but ancestors of these particular Beckers originated from Friedrich Muench's home town of Nieder-Gemünden, and came across with him on the "Medora". In my youth as a member of a 4-H club (Landjugendverein), we faced stiff competition from several Becker

My Groenemann and Gausmann ancestors arrived in Femme
Osage in 1834 and 1836 at the same time as the Giesseners,
and are buried on the cemetery next to the Evangelical
School. Their first pastor, Hermann Garlichs, whose house is
pictured here, maintained friendly relations with Muench
and Follenius despite their theological differences. //

Gleichzeitig mit den Gießenern sind meine Groenemann und Gausmann
Vorfahren 1834 bzw. 1836 in Femme Osage angekommen, sie sind neben
der Evangelical School begraben. Ihr erster Pastor, Hermann Garlichs,
dessen Wohnhaus hier abgebildet ist, pflegte trotz theologischer Gegensätze
freundlichen Umgang mit Münch und Follenius.

einem rivalisierenden Verein in Femme Osage. Ihre Väter besaßen angrenzende Farmen in diesem idyllischen Tal, in dem sich ihre eingewanderten Vorfahren bereits in den 1830er Jahren niedergelassen hatten. Dort kombinierten sie traditionelle Bodenständigkeit mit modernster landwirtschaftlicher Technik. 1980 hielt ich einmal in Dutzow bei der John Deere Niederlassung der Schweissguth Brüder an, um nach dem Weg zu Münchs Farm zu fragen. Die jüngeren Mitarbeiter sagten, ich sollte „Opa" fragen, der mir den Weg genau sagen könnte. Als ich einen deutschen Akzent in seinem Englisch heraushörte, fragte ich: „Sprechen sie Deutsch?" – „Das ist meine Muttersprache", war seine Antwort. Er war Nachkomme hessischer Immigranten und er erzählte mir, dass sie Hochdeutsch sprechen und echte Probleme hätten, das Osnabrücker oder Oldenburger Plattdeutsch, das einige ihrer Kunden sprachen, überhaupt zu verstehen.

In Augusta, wo ich zur Grundschule ging, gab es eine „Vereinshalle", die vielen Zwecken in der Gemeinde diente: Picknicks, Tanzabende, Hochzeitsempfänge, Theateraufführungen und Wohltätigkeitsveranstaltungen. Unsere Kirchengemeinde hielt dort sogar einige Wochen die Sonntagsgottesdienste ab, als das Kirchengebäude renoviert wurde. Lateinische Farmer aus der Gegend, darunter Friedrich Münchs Bruder Georg, gründeten den „Harmonie-Verein", eine Gesellschaft, die sich dem sozialen Austausch, dem geistigen Streben und der Musik verschrieb. Der Verein ließ in den 1860er Jahren auch diese Halle und die Grünfläche für Picknicks errichten mit einem Musikpavillon, der bis zum heutigen Tage noch steht. In den frühen Jahren war ein anderes Gründungsmitglied, der hessische Einwanderer John Fuhr, bekannt für seine hervorragende Blaskapelle, die dort spielte. Zu meiner Zeit gehörte die Halle nicht mehr dem Harmonie-Verein. Er löste sich gegen 1920 auf und verkaufte ironischerweise seinen Besitz an den Ortsverband der amerikanischen Legion, die von Veteranen aus dem 1. Weltkrieg gegründet wurde.

Augusta, ein Ort mit kaum 300 Einwohnern, hatte einst elf Weingüter. Hessen, viele oder die meisten mit Verbindungen zur Gießener Gesellschaft, machten die Hälfte der Winzer in der

brothers and cousins from a rival club in Femme Osage. Their fathers owned adjacent farms in this idyllic valley that their immigrant ancestors had settled well before the Civil War, combining traditional geographic persistence with the most modern farming techniques.

Once around 1980 I stopped at the Schweissguth brothers' John Deere dealership in Dutzow to ask directions to the site of the Muench farm. The younger workers advised me to ask "grandpa," who told me exactly where to go. Detecting a German accent in his English, I asked: "Sprechen sie Deutsch?" "Das ist meine Muttersprache," was his answer. Also a descendant of Hessian immigrants, he told me they spoke Hochdeutsch and had difficulty even understanding the Osnabruecker or Oldenburger Platt spoken by some of their customers.

In Augusta, where I went to grade school, there was a "Vereinshalle" that served many purposes in the community: picnics, dances, wedding receptions, plays, fundraising dinners. Our congregation even held Sunday services there for a few weeks when the church building was being renovated. Latin Farmers of the area, among them Friedrich Muench's brother Georg, had founded the "Harmonie-Verein," a society devoted to social intercourse, intellectual pursuits, and music, and in the 1860s built this hall and picnic grounds with a bandstand that has lasted to the present. In its early years, another of the founding members, Hessian immigrant John Fuhr, was known for his excellent brass band that played there. In my days, the Harmonie-Verein no longer owned the hall: it had disbanded around 1920 and ironically sold its property to the local American Legion post, formed by veterans of World War I.

Augusta, a town of scarcely 300 inhabitants, was once home to eleven wineries. Hessians,

Umgebung aus und brachten mehr als der Hälfte der gesamten Weinlese auf. Unter ihnen waren die Brüder Georg und Friedrich Münch und Wilhelm Follenius, Sohn des Mitbegründers der Gießener Gesellschaft. Bei der Hundertjahrfeier der Stadt 1959, die ich als Jugendlicher miterlebte, gab es nur noch ein Weingut: Mount Pleasant, mit einem wunderbaren alten Mauergewölbekeller, der 1869 von keinem geringeren als Georg Münch gebaut wurde. Als Augusta sein 150-jähriges Jubiläum feierte, bei dem ich ebenfalls zugegen war, erlebte die Weinwirtschaft von Augusta eine bemerkenswerte Wiederbelebung und überflügelte die vorangegangene Blütezeit vor der Prohibition. Auch wenn es wenige direkte persönliche Verbindungen zu Gründern der lateinischen Farmer gibt, so lebt das Erbe der Gießener Gesellschaft doch fort.

Übersetzt von Timea Gremsperger

many or most of them with Giessen Society connections, accounted for half of the wine growers in the area and an even larger share of the production. Among them were the Muench brothers and William Follenius, son of the other Giessen Society leader. At the 1959 Augusta centennial that I witnessed as a youth, the town was down to one winery: Mount Pleasant, featuring a fine old brick wine cellar built in 1869 by none other than George Muench. By the time Augusta celebrated its 150th anniversary which I also witnessed, the Augusta wine industry had undergone a remarkable revival, surpassing its previous apex before the prohibition era. Even if there are few direct personal connections remaining to the Latin Farmer founders, the heritage of the Giessen Society lives on.

„Der Amerikamüde" // "The
America-Weary"

Henry Schneider

Die Epoche von 1815 bis 1848 wird Restaurationszeit oder Biedermeier genannt, und das klingt, als wäre in dieser Ära nichts los gewesen. Ganz im Gegenteil. Es gab ein Knäuel von Bewegungen und Gegenbewegungen, Aufruhr und Resignation, Attentate und Kerkerhaft. Viel Dampf unterm Deckel, den die Obrigkeit aber immer wieder festschrauben konnte. Der Druck machte sich dann notdürftig Luft in oppositionellem Augenzwinkern und heimlichen Verständigungszeichen, politischem Streit in akademischem Gewand, subversiver Belletristik, Spottgesängen und Redensarten mit Doppelsinn. Ganz ähnlich war es in der DDR, und wer etwas Geschichtsbewusstsein hatte, spürte die Parallelen. Bücher und Filme über das Biedermeier gab es deshalb reichlich, die Verlage durchforsteten die Literatur jener Zeit, um selbst Unbekanntes wieder aufzulegen. So kam es, dass auch ein verschollener Roman von Ferdinand Kürnberger erschien: „Der Amerikamüde".

The period from 1815 to 1848 is called the Restoration or Biedermeier, making it sound as if nothing was happening in this era. Quite the contrary. There was a slew of movements and counter-movements, riots and resignations, assassinations and imprisonment. There was a lot of steam brewing under the lid, which the authorities were continually able to screw down. The pressure, then. barely let them blow off some steam through oppositional winks and secret gestures, political disputes dressed in academic apparel, subversive fiction, mocking songs and ways of speaking with double meanings. It was really very similar in the East German Democratic Republic and whoever had a bit of awareness of history could detect the parallels. For this reason there was an abundance of books and films about the Biedermeier era, and the publishing houses combed through the literature of that time in order to find and republish obscure works. And in this way a forgotten book by Ferdinand Kürnberger appeared: "The America-weary" (Der Amerikamüde).

The title electrified me because of its funny reversal of "The Europe-weary" (Die Europamüden), Ernst Willkomm's novel of purpose. Alright, the opposite direction, already interesting. It appeared that Kürnberger utilized his friend Nikolaus Lenau's experiences in the novel. Lenau had taken himself (Europe-weary) to America, bought some land, and, appalled,

```
Remmer, D.
- Olbers
42,m,farmer

Remmer, J.
- Olbers
3,m,none

Remmer, J.
- Olbers
12,m,none

Remmer, M
- Olbers
31,m,farmer

Remmer,D.
- Olbers
6,m,none

Richter, E.
- Olbers
23,m,mechanic

Rohn, H.
- Olbers
28,m,farmer
```

KÜRNBERGER

DER AMERIKA-MÜDE

Ferdinand Kürnberger: „Der Amerikamüde",
DDR-Ausgabe 1972 / /
Ferdinand Kürnberger: "The America-weary",
GDR edition 1972

Der Titel elektrifizierte mich, denn er war eine witzige Umkehrung von „Die Europamüden", Ernst Willkomms Tendenzroman. Also die Gegentendenz, schon deshalb interessant. Es zeigte sich, dass Kürnberger darin die Erlebnisse von Nikolaus Lenau verarbeitet, mit dem er befreundet war. Lenau hatte sich (europamüde) nach Amerika begeben, etwas Land gekauft, und entsetzt wieder die Kurve genommen. Lyriker Lenau hatte nur Roheit und Habgier gesehen, ein „Land ohne Nachtigall". Amerika als gewaltige Enttäuschung. Das gefiel mir nicht besonders, denn Amerika war auch für mich ein Ort höherer Bedeutung (heute sieht das natürlich ganz anders aus). Aber es gab – wie fast immer, und oft penetrant – ein Nachwort zum Roman, als Lesehilfe. Es beschrieb die deutsche Auswanderung nach Amerika, darunter Pläne von frustrierten Revolutionären, per Massenauswanderung dort eine eigene Republik zu gründen. Nur wenige Sätze, aber sie umrissen ein komplettes Drama. Hier hatten Leute den Druck nicht ausgehalten, der Entmündigung entkommen wollen, ohne ihre Ideale aufzugeben. Sie hatten den lähmenden Gedankenzirkel „Man muss was machen – man kann nichts machen" abgebrochen und sich aufgerafft. Lieber etwas Aussichtsloses unternehmen als gar nichts. Das schien mir die richtige Botschaft für DDR-Bürger zu sein. Und weil mir sofort Bilder von geheimen Treffen, von Schiffen und weitem Land erschienen, war es ein Filmstoff, ganz klar. Das Problem war nur: Ich wusste fast nichts darüber. Aber die Idee, ungefüttert wie sie war, interessierte Dramaturgen der DEFA doch soweit, dass sie eine Stoff-Recherche finanzierten. Dass über ein unbekanntes Ereignis vor fast 150 Jahren viel Material zu finden wäre, glaubte ich nicht – doch so unbeachtet war die Sache seinerzeit gar nicht geblieben. Man sprach und schrieb darüber beiderseits des Atlantik, und sogar der originale Aufruf der Gießener Gesellschaft war zu finden, in der Uni-Bibliothek Rostock. Und dann die Beschreibung des wochenlangen „Biwaks" auf der Weserinsel! Es war genug Stoff da, um ein Drehbuch rund zu

pulled a U-turn. Lenau the lyricist had only seen rawness and avarice, a "poetically-barren landscape". America as a powerful disappointment. I did not like that very much because even for me America was a place of great appeal (although it looks quite different nowadays). But there was – as there almost always is, and often obtrusively – an afterword to the novel, as a reading aid. It described the German emigration to America, amongst others, the plans of frustrated revolutionaries who wanted to emigrate en masse in order to found their own republic. Only a few sentences but they delineated a complete drama. Here they had not withstood the pressure, wanted to escape their disenfranchisement without giving up their ideals. They had broken the crippling circular thought of "we have to do something – we can't do anything" and pulled themselves together. Better to undertake something unpromising than nothing at all. That seemed to me to be the right message for the GDR citizens. I immediately saw images of secret meetings, ships and faraway lands – the stuff of films, to be sure. The only problem was: I knew almost nothing about it. But the idea, unformed as it was, interested film editors of the DEFA (the state-owned film studio in East

Germany) so much that they financed research into it. I didn't believe that there could be so much material concerning an unknown event 150 years ago – yet the matter had certainly not gone unnoticed at the time. It was spoken and written about on both sides of the Atlantic, and even the original "Call" of the Giessen Emigration Society was to be found in the university library in Rostock. And then the description of "bivouac" as they were stranded for weeks on Harriersand! There was certainly enough material there to make a full screenplay. That nothing came from it in the end has to do of course with the subject matter itself. All parties knew that it was politically precarious and a couple of nuances from the editors made it obvious that there could be many difficulties. However when the treatment was submitted it was criticized exclusively from an aesthetic point of view and a whole new plot deemed necessary. The suspicion that the aesthetics had only served as a pretext, and with the next attempt serving again as a pretext, the desire to create a second version certainly died, and the treatment remained where it was. So be it, but to have pulled the story out of oblivion is by all means gratifying.

Translated by Andrew Cook

machen. Dass dann doch nichts daraus wurde, hat natürlich mit dem Thema selbst zu tun. Dass es politisch heikel war, wussten alle Beteiligten, und ein paar Zwischentöne in der Dramaturgenrunde ließen ahnen, dass es viele Schwierigkeiten geben würde. Aber als dann das Treatment vorlag, wurde es ausschließlich unter ästhetischem Gesichtspunkt bemängelt und ein ganz anderer Handlungsaufbau für nötig erklärt. Der Verdacht, dass das Ästhetische nur vorgeschoben war und beim nächsten Versuch wieder vorgeschoben würde, ließ die Lust zu einer zweiten Fassung allerdings ersterben, das Treatment blieb liegen. Sei's drum, die Geschichte aus der Vergessenheit gezogen zu haben, ist durchaus befriedigend.

```
Rohn, J.
- Olbers
25,m,farmer

Roper, J.
- Olbers
27,m,farmer

Roper, J.
- Olbers
31,m,farmer

Ross, S.
- Olbers
21,m,farmer

Roth, E.
- Olbers
26,f,none

Rothenbucher, A.
- Olbers
7,f,farmer

Rothenbucher, C.
- Olbers
11,m,farmer
```

Flucht in die neue Welt im 19. Jahrhundert // Political Emigration from Germany in the 19th Century

Steffen Wiegmann

Rothenbucher, E.
- Olbers
12,m,farmer

Rothenbucher, F.
- Olbers
1,f,none

Rothenbucher, F.
- Olbers
23,m,farmer

Rothenbucher, H.
- Olbers
10,m,farmer

Rothenbucher, J.
- Olbers
3,f,none

Rothenbucher, M.
- Olbers
37,m,farmer

Runckwitz, Carl
- Medora
32,m,bookbinder
Altenburg

Alle großen Auswanderungswellen des 19. Jahrhunderts bestanden zur großen Mehrheit aus Menschen, die ihre Heimat aus wirtschaftlichen und sozialen Gründen verließen. Marginal erscheint hier die Zahl derjenigen, die aus politischen Motiven Deutschland den Rücken kehrten. In der Tat ist die politische Auswanderung eine so genannte Elitenwanderung im Kontext des 19. Jahrhunderts, sie ist jedoch ein Phänomen, das deutsche Zeitgeschichte mit amerikanischer Zeitgeschichte auf spezielle und vielfältige Art und Weise verbindet und ebenso vielfältige Erkenntnisse zur Entwicklung gesellschaftlicher Phänomene oder auch Identitätsproblematiken bietet.

Betrachtet man die deutschen Auswanderungen des 19. Jahrhunderts in ihrer sozialen Struktur, wird zunächst einmal ersichtlich, dass es drei die Statistik dominierende Auswanderungswellen gegeben hat, welche von ca. 1845 bis 1857, von 1864 bis 1873 und von 1880 bis 1893 reichten. Die politisch motivierte Auswanderung ist generell eine als eigenständige Bewegung schwierig zu identifizierende Migration. Dies liegt hauptsächlich daran, dass diese Wanderung in den dafür qualifiziertesten Dokumenten nicht festgehalten wurde, sprich, in den Passagier- und Einwanderungslisten.

Als ab 1892 mit Ellis Island auf Grundlage neuer Bundesgesetze die erste offizielle Einwanderungsstation der USA eröffnet wurde, setzte eine bürokratische Entwicklung ein, durch die im Laufe der Zeit Hürden für eine Einwanderung in die Vereinigten Staaten erhöht und neu errichtet wurden.

All significant waves of emigration in the 19th century consisted largely of people who left their homeland due to economic or social reasons. The number of politically motivated emigrants who turned their back on Germany, seems marginal indeed. In fact, political emigration is elite emigration in the context of the 19th century. Yet, it is a phenomenon that connects German and American history in a special and varied manner, just as it offers a range of findings for the development of social phenomenon and problems of identity.

When regarded in terms of their social structure, it becomes obvious that the German emigrations of the 19th century occurred in three waves according to the statistics: between 1845 and 1857, 1864 and 1873, and from 1880 to 1893. The politically motivated emigration is generally a migration that is difficult to identify as an independent movement. This is mainly because the migration was not captured in the documents intended for it – that is to say, in the passenger and immigration lists.

In accordance with new federal laws, the USA's first official immigration station was opened in 1892 on Ellis Island, and with it came a bureaucratic process which gradually raised and instituted hurdles for the immigrants. The questions posed to the new arrivals now targeted their biographical or political

Die Fragen an die Neuankömmlinge zielten nun auch auf den biographischen bzw. politischen Hintergrund der Personen, und gewiss lassen sich politisch motivierte Auswanderungen aufgrund dieser Antworten vermuten. Aber diese Daten sind im Hinblick auf eine gezielte Ermittlung politisch motivierter Auswanderer innerhalb des Auswandererstroms oder gar der Ermittlung deutscher Auswanderer dieser Motivation nutzlos, da weder der Wahrheitsgehalt der Antworten unbesehen vorausgesetzt werden kann, als auch die Informationen nicht immer angegeben oder abgefragt wurden.

Die Identifikation politisch motivierter Auswanderer muss vorwiegend im Hinblick auf die Auslöser der Wanderung bzw. Flucht geschehen. Peter Marschalck schreibt in seiner in den weitesten Teilen immer noch aktuellen Übersicht ebenfalls über dieses Problem in dem Zusammenhang, dass oftmals

Ellis Island, New York, Great Hall, 1910-1915
Ellis Island, New York, Außenansicht // exterior,
1910-1920

background as well, and certainly assumed politically motivated emigration based on these answers. But this information is useless with regard to a targeted investigation of German emigrants within the larger stream of emigrants or even the investigation of German emigrants possessing this motivation, for neither the verisimilitude of the answers could be objectively determined, nor was the information always given or even asked for.

The identification of politically motivated emigrants must occur almost entirely with respect to the trigger of the migration or flight. Peter Marschalck also wrote in his overview, still current to this day, about this problem in connection with the fact that often other reasons than the political were decisive for emigrations; that the political events were only the external trigger. However he states: "Certainly there were political fugitives in Germany in the 19th century; The Carlsbad Decrees of 1819, the revolutions of 1830 and 1848, and the uprisings in Baden and in the Palatinate in summer 1849 drove many from their homes, [...] the work of German-Americans in their new home, in the press and educational system and most of all in politics, provide evidence of the most significant effect that this numerically small group had in the life of the American population."[1]

Heinrich Boernstein, 1805-1892:
Heinrich Börnstein emigrierte 1849 nach Missouri und wurde
in St. Louis Redakteur beim „Anzeiger des Westens. Friedrich
Münch übersetzte 1851 dessen anti-katholischen Kolportage-
roman „Die Geheimnisse von St. Louis" ins Englische
//
Henry Boernstein, 1805-1892:
Henry Boernstein emigrated to Missouri in 1849. In St. Louis
he became editor of the "Anzeiger des Westens". Friedrich
Muench translated his 1851 anti-Catholic dime novel "The
Mysteries of St. Louis" into English

The events listed by Marschalck are points of orientation which at times can produce a structure, to which may be added the years of the socialist legislation stretching from 1878 to 1890. These events mark the beginning and course of time in which politically motivated emigrations from Germany increased.[2]

The political emigration from Europe in the 19th century was summed up by Dirk Hoerder, Jan and Leo Lucassen in 2007: „Political flight continued to be of prime importance to the aristocratic regimes with regard to the movements for democracy in the 19th century. After the end of the era of revolutions, the lack of political rights of participation in the dynasty states of Europe led to increasing internal opposition. Reactionary governments forced reformers and revolutionaries into exile, successful revolutions let supporters of the old

```
Runckwitz, Charlotte
- Medora
3,f,none
Altenburg

Runckwitz, Dorothea
- Medora
27,f,none
Altenburg

Runckwitz, Henrietta
- Medora
6,f,none
Altenburg

Runckwitz, Thekla
- Medora
0,1,f,none
Altenburg

Sack, C.
- Olbers
1,f,none
```

regime flee. Populations were no longer defined according to their religious orientation and expelled in the case of the "wrong" confession, rather political persuasion now offered criteria for inclusion or exclusion."[3]

The 1830s

We have already seen that it is not possible to acquire exact numbers regarding the political emigrations of the 19th century. Certainly, within the methodology, values can be determined in connection with the quoted groups which create a relation to other forms of emigration and allow a classification in the context of the transatlantic migration. The Mainz-based Central Investigation Commission surveilled and systematically persecuted the liberal middle-class opposition in the 1820s and registered over 1000 persons; its successor in the 1830s, the Federal Central Authority, listed 1867 persons in its "black book" of which 259 were clas

andere Gründe als die politischen für Auswanderungen ausschlaggebender gewesen sind, dass die politischen Ereignisse nur die äußeren Anlässe für die Wanderung gegeben hätten. Dennoch konstatiert auch er: „Sicherlich gab es politische Flüchtlinge im Deutschland des 19. Jahrhunderts; die Karlsbader Beschlüsse 1819, die Revolutionen von 1830 und 1848 und die Aufstände in Baden und in der Pfalz im Sommer 1849 haben manchen aus der Heimat vertrieben, […] und das Wirken der Deutschamerikaner in ihrer neuen Heimat, in Presse und Erziehungswesen und vor allem in der Politik geben Zeugnis von dem bedeutenden Anteil, den diese zahlenmäßig kleine Gruppe am Leben des amerikanischen Volkes gewonnen hat."[1]

Die von Marschalck aufgeführten Ereignisse sind die Orientierungsaspekte, nach denen eine phasenweise Strukturierung erfolgen kann, hinzu kommen allerdings die Jahre des Sozialistengesetzes, welche von 1878 bis 1890 reichten. Diese Ereignisse markieren den Beginn und Verlauf von Zeitabschnitten, in denen vermehrt politisch motivierte Auswanderung bzw. Flucht aus Deutschland stattgefunden hat.[2]

Zur politischen Emigration aus Europa im 19. Jahrhundert wird 2007 von Dirk Hoerder, Jan und Leo Lucassen resümiert: „Politische Flucht blieb angesichts der Bewegungen zur Demokratisierung der aristokratischen Regime im 19. Jahrhundert von großer Bedeutung. Nach dem Ende des Zeitalters der Revolutionen führte der Mangel an politischen Mitspracherechten in den dynastischen Staaten Europas zu wachsender interner Opposition. Reaktionäre Regierungen zwangen Reformer und Revolutionäre ins Exil, erfolgreiche Revolutionen ließen Anhänger des alten Regimes fliehen. Bevölkerungen wurden nicht mehr nach ihrer religiösen Orientierung definiert und im Fall der ´falschen´ Konfession des Landes verwiesen, vielmehr boten nunmehr politische Überzeugungen Kriterien für Zugehörigkeit oder Ausschluss."[3]

Die 1830er Jahre

Aus dem bisher Erörterten wird ersichtlich, dass es nicht möglich ist, exakte Zahlen zur politischen Auswanderung des 19. Jahrhunderts zu liefern. Allerdings lassen sich Werte im Zusammenhang mit den in der Methodik angeführten Gruppen ermitteln, die eine Relation zu anderen Formen der

Auswanderung erzeugen und eine Einordnung im Kontext der transatlantischen Migration erlauben. Die Mainzer Kommission, die in den 1820er Jahren die bürgerlich-liberale Opposition beobachtete und systematisch verfolgte, erfasste über 1.000 Personen, ihre Nachfolgerin in den 1830er Jahren, die Bundeszentralbehörde, führte in ihrem so genannten „Schwarzen Buch" 1.867 Personen, von denen 259 als Flüchtige eingestuft wurden. Im Vormärz hatten die USA als Fluchtziel keine herausragende Bedeutung, zwei Drittel der Flüchtlinge bevorzugten Frankreich und die Schweiz, allerdings waren die Vereinigten Staaten transatlantisches Ziel Nummer 1. Darüber hinaus lässt sich nicht genau ermitteln, wie viele Personen nach ihrer Flucht ins europäische Nachbarland anschließend nicht doch noch den Weg in die „Neue Welt" antraten. Insgesamt sind für die 1820er und 1830er Jahre jedoch nicht mehr als einige hundert politisch motivierte Auswanderer aus den Gebieten des Deutschen Bundes festzustellen.[4] Diese Auswanderer waren zum großen Teil Presseleute und publizierende politische Aktivisten und das auslösende Moment dieser Fluchtbewegung der so genannten 1830er waren repressive Maßnahmen des Deutschen Bundes nach dem Hambacher Fest 1832 und dem Frankfurter Wachensturm 1833.[5] Das Lager der Personen, gegen die aufgrund „revolutionärer Umtriebe im Untersuchungswege"[6] ermittelt wurde, vergrößerte sich rasch. Um 1827 hatte die in Mainz beheimatete Zentraluntersuchungskommission ihre seit 1819 während Tätigkeit vorerst eingestellt, 1833 nahm ihre Nachfolgerin, die Frankfurter Bundeszentralbehörde infolge der zuvor genannten Ereignisse ihren Dienst auf.[7]

Die Auswanderung nach 1848/49

Mehr als eine Million Deutsche wanderten zwischen 1846 und 1857 in die USA aus, 1854 fand dieser Strom mit mehr als 200.000 Menschen seinen Höhepunkt. Auch die politische Auswanderung des Jahrhunderts fand hier ihren zahlenmäßigen Scheitelpunkt: es wird heute von nahezu 4.000 so genannten Achtundvierzigern, die in die USA auswanderten, ausgegangen.[8] Ein großer Teil dieser Auswanderer bestand aus Teilnehmern der badischen und pfälzischen Revolutionen 1849, wodurch allein aus der Pfalz rund 1.000 Menschen in die „Neue Welt" emigrierten.[9]

sified as refugees. In the Pre-March period the USA was not of any particular significance as a place of refuge, for two-thirds of the refugees preferred France or Switzerland (although the United States was the primary overseas location). Above and beyond this it cannot be determined exactly how many persons might have then continued on to the "new world" after their flight abroad. However for the 1820s and 1830s, no more than a few hundred politically motivated emigrants from the German Federation can be ascertained.[4] These emigrants were for the most part members of the press and actively publishing political activists; the cause for this collective flight was the repressive measures of the German Confederation in the wake of the Hambacher Fest in 1832 and the assault on the Frankfurt Guardhouse in 1833.[5] The compound, where persons were being investigated of "revolutionary activities while in detention", enlarged quickly.[6] Around 1827 the Central Investigation Commission, which had been operating since 1819, ceased its activities for the time being – in 1833 its successor, the Frankfurt Federal Central Authority, resumed its activities as a result of the above-mentioned events.[7]

The Emigration after 1848/49

More than a million Germans emigrated to the
USA between 1846 and 1857, reaching a climax
in 1854 with more than 200,000 people. Even
the political emigration of the century reached
its numerical apex: it is presently assumed that
nearly 4,000 so called "Forty-Eighters" emigrated to the USA.[8] A large portion of these
emigrants consisted of participants in the revolutions of Baden and the Palatinate in 1849,
whereby around 1,000 from the Palatinate alone emigrated to the "new world".[9]

The 1848ers have been extensively
researched and discussed by scholars, and the
group has significant characteristics which
should be noted. This is evidently connected
with the condition of the post-revolutionary
era: in both the Pre-March period and later,
the time of socialist legislation, a longer
period of repression for the oppositional
forces predominated. However, the politically
motivated emigrations between 1848 and
1854 were, in contrast to these longer phases
of suppression, a clear flight-response as a
result of confrontations with the state and the

upper-class – therefore a more structurally homogenous and coherent group than either the emigrants of the 1830s or those during the period of socialist legislation (1878 – 1890). Evidence of this can be found in the biographies of the emigrants: While the 1848ers exhibit some clearly mutual or similar political persuasion throughout the course of their lives, this aspect is is not necessarily to be found with the other two groups. Here there are very different lines of development which point to differing suppositions between the emigrants.

strongholds of Hamburg, Berlin, Leipzig, and Frankfurt am Main.

A large number of socialist and social demo-cratic workers left Germany, and predominately the industrialized metropolitan areas. Thus certain professional groups were particularly politicized and thereby active, like the cigar-makers, for example. The profession of cigar-maker was a well paid trade in the second half of the 19th century. The workers were extremely mobile in comparison to the other professions, required no sophisticated machinery, were not tied to a

The Socialist Legislation 1878 – 1890

The last political wave of emigration took place between 1878 and 1890. During this time the "socialist legislation"[10] was in force. Reichskanzler Otto von Bismarck enacted this legislation to "combat the efforts of the social democrats which constitute a public danger" It prohibited all socialist and social-democratic activities or associations within the German Reich. By virtue of this law, a so called "state of siege" could be declared in an area, some civil rights would be suspended for the "target group", and the police given special authority. This was put into force a few times during the 12 years of the legislation, chiefly in the social democratic

Friedrich Hecker, 1811-1881:
Friedrich Hecker führte 1848 von Baden aus einen revolutionären Aufstand an. Acht Jahre später hielt er in New York mit Friedrich Münch und dem 1848er-Emigranten Gustav Struve Wahlreden vor 10.000 Zuschauern für den ersten republikanischen Präsidentschaftskandidaten Frémont
//
Friedrich Hecker led a revolutionary uprising out of Baden in 1848. Eight years later in New York, he held speeches in front of 10 000 spectators for the first republican presidential candidate Frémont, along with Friedrich Muench and the one of the 1848ers, emigrant Gustav Struve

particular place, and could go to where wages were better. Large groups of cigar-makers and rollers had settled in Hamburg at the end of the 1860s. Their work took place in large halls, and the workers sat together in the hundreds producing cigars; for entertainment the workers would read out loud from the daily newspaper. The cigar-makers became thereby one of the most politically well-informed groups amongst the workers. No other professional group amongst the craftsmen had such access to information at work.[11] Correspondingly, a substantial number from this profession could be found amongst the expelled workers.

Of the 800 people who were affected by the deportation paragraphs of the socialist legislation, 147 emigrated to the USA: this presents a large proportion, yet one becomes conscious of the fact that an expulsion from a particular area in Germany did not necessarily mean the complete expulsion of the person from the country. It is possible to get a number for the politically motivated emigrations more precisely in this last grouping, for notices can be taken from the pages of administrative bodies, due to the bureaucratic implementation of the law or the deportation procedure. The above-mentioned number of 800 describes however only the number of political emigrations that can be gleaned from the documents: as some individuals were preferably expelled, namely, those whom a large number of people depended upon (in the form of business associations or their executive functions), then this number grows even further. Above and beyond this, relatives of the expelled often emigrated as well, and therefore it is not unrealistic to speak about over 1,200 affected persons, and thereby to raise the proportion of emigrants to the USA accordingly.[12]

Translated by Andrew Cook

Die Gruppe der 1848er ist in der Forschungsliteratur intensiv bearbeitet worden und signifikante Merkmale sind zu bemerken. Dies hängt augenscheinlich auch mit der Beschaffenheit der postrevolutionären Zeit zusammen: Der Vormärz und die spätere Zeit der Sozialistengesetze beschreiben einen jeweils längeren Zeitraum, in dem eine repressive Situation für oppositionelle Kräfte vorherrschte. Die politisch motivierten Auswanderungen zwischen 1848 und 1854 waren jedoch im Gegensatz zu diesen langen „Unterdrückungsphasen" eine eindeutige Fluchtreaktion in Folge von Auseinandersetzungen mit dem Staat und der Obrigkeit, also eine in ihrer Struktur homogener und kohärenter gestaltete Gruppe als die der 1830er oder die der Auswanderer während der Zeit der Sozialistengesetze (1878-1890). Belege hierfür sind in den Biographien der Auswanderer zu finden: Während die 1848er in ihren Lebensläufen nach ihrer Auswanderung einige eindeutig gemeinsame oder ähnliche politische Einstellungen und Aktivitäten aufweisen, ist bei den anderen beiden Gruppen nicht unbedingt davon auszugehen. Hier finden sich sehr unterschiedliche Entwicklungslinien, die auch auf differierende Vorstellungswelten der Auswanderer hinweisen.

Das Sozialistengesetz 1878 – 1890

Die letzte zu nennende politische Auswanderungswelle fand zwischen 1878 und 1890 statt. Während dieser Zeit waren die „Sozialistengesetze"[10] im Deutschen Reich gültig. Reichskanzler Otto von Bismarck initiierte dieses Gesetz zur „Bekämpfung der gemeingefährlichen Bestrebungen der Sozialdemokratie": es verbot alle sozialistischen und sozialdemokratischen Aktivitäten und Vereine im Deutschen Reich. Aufgrund dieses Gesetzes konnten auch so genannte „Kleine Belagerungszustände" über Gebiete ausgerufen werden, in denen Teile der Bürgerrechte für die betreffende „Zielgruppe" außer Kraft gesetzt wurden und besondere Befugnisse für die Polizei galten. Dieser Zustand galt in den 12 Jahren des Gesetzes einige Male, vorzugsweise in den sozialdemokratischen Hochburgen Hamburg, Berlin, Leipzig und Frankfurt am Main.

Eine große Anzahl sozialistischer und sozialdemokratischer Arbeiter verließ Deutschland und vor allem auch die industriellen Ballungsgebiete. Dabei existierten bestimmte

Berufsgruppen, die besonders politisiert und dementsprechend aktiv waren, wie zum Beispiel die Zigarrenmacher. Der Beruf des Zigarrenmachers war in der zweiten Hälfte des 19. Jahrhunderts eine gut bezahlte Facharbeit. Die Arbeiter waren im Gegensatz zu den meisten anderen Berufsgruppen extrem mobil, benötigten keine aufwändigen Arbeitsgeräte, waren nicht ortgebunden und wanderten den guten Löhnen hinterher. In Hamburg siedelten sich ab dem Ende der 1860er Jahre große Gruppen von Zigarrenmachern und -drehern an. Während ihrer Arbeit wurde in den großen Hallen, in denen die Handwerker zu Hunderten saßen und produzierten, zur Unterhaltung aus der täglichen Zeitung vorgelesen. So waren die Zigarrenmacher tatsächlich immer die am besten politisch informierte Gruppe unter den Arbeitern, keine andere Berufsgruppe unter den Handwerkern hatte tagsüber solch einen Zugang zur Information bei der Arbeit.[11] Dementsprechend findet sich unter den ausgewiesenen Arbeitern eine beachtliche Anzahl dieser Berufsgruppe.

Von den gut 800 Personen, die vom Ausweisungsparagraphen des Sozialistengesetzes von 1878 bis 1890 betroffen waren, wanderten 147 Personen in die USA aus: Dies stellt einen großen Anteil dar, macht man sich bewusst, dass eine Ausweisung aus einem bestimmten Gebiet im Deutschen Reich noch nicht zwangsläufig eine Auswanderung der Person bedeuten musste. Es ist möglich, die politisch motivierte Auswanderung in dieser letzten Gruppierung präziser zu beziffern, da von Seiten der Behörden aufgrund der bürokratischen Gesetzesdurchführung bzw. der Ausweisungsprozedur Bescheide vorhanden sind. Die hier genannte Zahl von 800 ausgewiesenen Personen beschreibt allerdings nur den von den Dokumenten her zu bestimmenden Anteil der politischen Auswanderung: Da bevorzugt Personen ausgewiesen wurden, von denen in Form von Geschäftsbeziehungen oder ihrer leitenden Funktion ein größerer Kreis Menschen abhängig waren, vergrößert sich hier die anzunehmende Zahl. Darüber hinaus wanderten oftmals Angehörige der Ausgewiesenen ebenfalls aus und so ist es nicht unrealistisch, mindestens von über 1.200 betroffenen Personen zu sprechen und den in die USA ausgewanderten Anteil entsprechend zu erhöhen.[12]

Vier Einwanderer // four immigrants, New York, 1912

1 – Peter Marschalck: Deutsche Überseewanderung im 19. Jahrhundert. Stuttgart: Klett 1973, S.58f., 58 f.

2 – Concerning the individual forms of emigration, Klaus J. Bade gives a current overview in the Handbuch der Sozialiehre:"The land that often offered foreign refugees entrance throughout its history has itself forced many abroad through emigrations of escape or coercion. Such was the case in the 19th century i.e. for the "demagogue persecutions" after the Carlsbad Decrees of 1819 and for the escape of persecuted revolutionaries of 1848 – 49 who are called "Forty-Eighters" in the USA and even Australia. (...)". In Anton Rauscher et al. ed. Handbuch der katholischen Soziallehre, Berlin 2008, 1052

3 – Dirk Hoerder, Jan Lucassen, and Leo Lucassen, "Terminologien und Konzepte in der Migrationsforschung" in Klaus J. Bade et al. ed. Enzyklopädie Migration in Europa, Paderborn 2007, 28-53, here 42.

4 – Cf. concerning the 1830s: Wolfram Siemann, Deutschlands Ruhe, Sicherheit und Ordnung. Die Anfänge der politischen Polizei 1806-1866, Tübingen 1985; Herbert Reiter, Politisches Asyl im 19. Jahrhundert. Die deutschen politischen Flüchtlinge des Vormärz und der Revolution 1848/49 in Europa und den USA, Berlin 1992, 121-142; Walter D. Kamphoefner, "Dreissiger and Forty-Eighter: The Political Influence of Two Generations of German Political Exiles" in Hans L. Trefousse ed., Germany and America: Essays on Problems of International Relations and Immigration, New York 1980, 89-102.

5 – See, amongst others, Cornelia Foerster, Der Press- und Vaterlandsverein von 1832/33: Sozialstruktur und Organisationsformen der bürgerlichen Bewegung in der Zeit des Hambacher Festes, Trier 1982.

6 – Ernst Rudolf Huber, Verfassungsgeschichte seit 1789. Bd.2. Der Kampf um Einheit und Freiheit 1830-1850,Stuttgart et al. 1968, 174;

Herbert Reiter, Politisches Asyl im 19. Jahrhundert. Die deutschen politischen Flüchtlinge des Vormärz und der Revolution von 1848/49 in Europa und in den USA,Berlin 1992, 100-104.

7 – Cf. Eberhard Weber, Die Mainzer Zentraluntersuchungskommission, Karlsruhe 1970, 18 f., and Werner Kowalski, Vom kleinbürgerlichen Demkratismus zum Kommunismus. Die Hauptberichte der Bundeszentrale in Frankfurt am Main von 1838 bis 1842 über die deutsche revolutionäre Bewegung, Berlin 1978.

8 – Concerning the Forty-Eighters: Eitel Wolf Dobert, Deutsche Demokraten in Amerika. Die Achtundvierziger und ihre Schriften, Göttingen 1958; Herbert Reiter, Politisches Asyl im 19. Jahrhundert. Die deutschen politischen Flüchtlinge des Vormärz und der Revolution von 1848/49 in Europa und in den USA,Berlin 1992, 174-186; Wolfram Siemann, Der ´Polizeiverein´ deutscher Staaten. Eine Dokumentation zur Überwachung der Öffentlichkeit nach der Revolution von 1848/49, Tübingen 1983; A.E. Zucker, The Forty-Eighters. Political Refugees of the German Revolution of 1848, New York 1950; Marino Mania, Deutsches Herz und amerikanischer Verstand. Die nationale und kulturelle Identität der Achtundvierziger in den USA, Frankfurt am Main 1993.

9 – Cf. Joachim Heinz, „Bleibe im Land und nähre dich redlich!". Zur Geschichte der pfälzischen Auswanderung vom Ende des 17. bis zum Ausgang des 19. Jahrhunderts, Kaiserslautern 1989, 196-200; Sigrid Faltin, Die Auswanderung aus der Pfalz nach Nordamerika im 19. Jahrhundert unter besonderer Berücksichtigung des Landkommissariates Bergzabern, Frankfurt am Main 1987, 16-123; Werner Hacker, Auswanderung aus Rheinpfalz und Saarland im 18. Jahrhundert, Stuttgart 1987.

10 – Some expansions and addenda were added to the socialist legislation during the years of its enforcement, hence the reason for its plural (German) form: Sozialistengesetze.

11 – Cf. Horst Rössler, ",Amerika, du hast es besser' – Zigarrenarbeiter aus dem Vierstädtergebiet wandern über den Atlantik 1868-1886" in Demokratische Geschichte. Jahrbuch für Schleswig-Holstein, 4th edition, Kiel 1989, 87-121.

12 – Information according to Heinzpeter Thümmler, Sozialistengesetz $ 28. Ausweisungen und Ausgewiesene 1878-1890, Berlin 1979, 244 f. For more about the emigrations of 1878 – 1890: Horst Karasek, Belagerungszustand! Reformisten und Radikale unter dem Sozialistengesetz 1878-1890, Berlin 1978; Ignatz Auer, Nach zehn Jahren. Material und Glossen zur Geschichte des Sozialistengesetzes. I. Historisches. II. Die Opfer des Sozialistengesetzes, London 1889 and 1890; Richard J. Evans, London 1889 u. 1890; Richard J. Evans, Kneipengespräche im Kaiserreich. Stimmungsberichte der Hamburger Polizei 1892-1914, Reinbeck 1989.

//

1 – Peter Marschalck: Deutsche Überseewanderung im 19. Jahrhundert. Stuttgart: Klett 1973, S.58f.

2 – Zu den einzelnen Wanderungsformen gibt Klaus J. Bade einen aktuellen Überblick im Handbuch der Katholischen Soziallehre: „Das Land, das in seiner Geschichte oft fremden Flüchtlingen Aufnahme bot, zwang selber viele zur Erfahrung der Fremde durch Flucht- und Zwangswanderungen. Das galt im 19. Jahrhundert z.B. für die ´Demagogenverfolgungen´ nach den Karlsbader Beschlüssen von 1819 und für die Flucht verfolgter Revolutionäre von 1848/49, die man in den USA, aber auch in Australien ´Forty-Eighters´ nannte. [...]" In: Rauscher, Anton u.a. (Hrsg.): Handbuch der katholischen Soziallehre. Berlin 2008. S.1052.

3 – Hoerder, Dirk und Jan Lucassen, Leo Lucassen: Terminologien und Konzepte in der Migrationsforschung. In: Bade, Klaus J. und Pieter C. Emmer, Leo Lucassen, Jochen Olt-

mer (Hrsg.): Enzyklopädie Migration in Europa. Paderborn 2007. S. 28-53. Hier S.42.

4 – Vgl. zu den 1830ern: Siemann, Wolfram: Deutschlands Ruhe, Sicherheit und Ordnung. Die Anfänge der politischen Polizei 1806-1866. Tübingen 1985; Reiter, Herbert: Politisches Asyl im 19. Jahrhundert. Die deutschen politischen Flüchtlinge des Vormärz und der Revolution 1848/48 in Europa und den USA. Berlin 1992. S.121-142; Kamphoefner, Walter D.: Dreissiger and Forty-Eighter: The Political Influence of Two Generations of German Political Exiles. In: Trefousse, Hans L.(Hrsg.): Germany and America: Essays on Problems of International Relations and Immigration. New York 1980. S.89-102.

5 – Siehe. u.a. Foerster, Cornelia: Der Press- und Vaterlandsverein von 1832/33: Sozialstruktur und Organisationsformen der bürgerlichen Bewegung in der Zeit des Hambacher Festes. Trier 1982.

6 – Huber, Ernst Rudolf. Deutsche Verfassungsgeschichte seit 1789. Bd.2. Der Kampf um Einheit und Freiheit 1830-1850. Stuttgart u.a. 1968. S.174; Reiter, Herbert: Politisches Asyl im 19. Jahrhundert. Die deutschen politischen Flüchtlinge des Vormärz und der Revolution von 1848/49 in Europa und in den USA. Berlin 1992. S.100-104

7 – Vgl. Weber, Eberhard: Die Mainzer Zentraluntersuchungskommission. Karlsruhe 1970. S.18f. und Kowalski, Werner: Vom kleinbürgerlichen Demokratismus zum Kommunismus. Die Hauptberichte der Bundeszentrale in Frankfurt am Main von 1838 bis 1842 über die deutsche revolutionäre Bewegung. Berlin 1978.

8 – Zu den 1848ern: Dobert, Eitel Wolf: Deutsche Demokraten in Amerika. Die Achtundvierziger und ihre Schriften. Göttingen 1958; Reiter, Herbert: Politisches Asyl im 19. Jahrhundert. Die deutschen politischen

Flüchtlinge des Vormärz und der Revolution 1848/48 in Europa und den USA. Berlin 1992. S.174-186; Siemann, Wolfram: Der ´Polizeiverein´ deutscher Staaten. Eine Dokumentation zur Überwachung der Öffentlichkeit nach der Revolution von 1848/49. Tübingen 1983; Zucker, A.E.: The Forty-Eighters. Political Refugees of the German Revolution of 1848. New York 1950; Mania, Marino: Deutsches Herz und amerikanischer Verstand. Die nationale und kulturelle Identität der Achtundvierziger in den USA. Frankfurt a.M. 1993.

9 – Vgl. Heinz, Joachim: „Bleibe im Land und nähre dich redlich!". Zur Geschichte der pfälzischen Auswanderung vom Ende des 17. bis zum Ausgang des 19. Jahrhunderts. Kaiserslautern 1989. S.196-200; Faltin, Sigrid: Die Auswanderung aus der Pfalz nach Nordamerika im 19. Jahrhundert unter besonderer Berücksichtigung des Landkommissariates Bergzabern. Frankfurt am Main 1987. S.16-123; Hacker, Werner: Auswanderung aus Rheinpfalz und Saarland im 18. Jahrhundert. Stuttgart 1987

10 – Das Sozialistengesetz wurde in den Jahren seiner Gültigkeit mit einigen Erweiterungen und Zusätzen versehen, so wurde der grammatikalische Plural des Begriffs gebräuchlich.

11 – Vgl. Rössler, Horst: ‚Amerika, du hast es besser' – Zigarrenarbeiter aus dem Vierstädtergebiet wandern über den Atlantik 1868-1886. In: Demokratische Geschichte. Jahrbuch für Schleswig-Holstein. Ausgabe 4. Kiel 1989. S.87-121.

12 – Angabe nach Thümmler, Heinzpeter: Sozialistengesetz § 28. Ausweisungen und Ausgewiesene 1878-1890. Berlin 1979. S.244f. Weiter zu den Auswanderern 1878-1890: Karasek, Horst: Belagerungszustand! Reformisten und Radikale unter dem Sozialistengesetz 1878-1890. Berlin 1978; Auer, Ignatz: Nach zehn Jahren. Material und Glossen zur Geschichte des Sozialistengesetzes. I. Historisches. II. Die Opfer des Sozialistengesetzes. London 1889 u. 1890; Evans, Richard J.: Kneipengespräche im Kaiserreich. Stimmungsberichte der Hamburger Polizei 1892-1914. Reinbeck 1989

```
Schleenbaker, J.
- Olbers
3,m,none

Schleenbaker, J.
- Olbers
7,m,none

Schleenbaker, J.
- Olbers
34,m,farmer

Schleenbaker, M.
- Olbers
5,m,none

Schleenbaker, M.
- Olbers
32fnone

Schleenbaker, P.
- Olbers
1,m,none

Schmidt, C.
- Olbers
1,m,none

Schmidt, E.
- Olbers
8,f,none

Schmidt, H.
- Olbers
21,m,farmer
```

Hessen im Vormärz, 1819-1835 // Hesse in Pre-March, 1819-1835

Ludwig Brake

Friedrich Ludwig Weidig, Karl Follen, Paul Follenius, and Friedrich Muench[1] began their lives in the 18th century in the Holy Roman Empire of the German Nation, a political union which for centuries had structured the German principalities. These men grew up in the time in which this outer framework shattered and something new arose.

In the middle of the 18th century, profound transformations had begun which seized the entirety of the old European society and eventually flowed into a new epoch. On the surface this transition was exhibited by the "West European Double-Revolution"[2], firstly

Friedrich Ludwig Weidig, Karl Follen, Paul Follenius und Friedrich Münch[1] begannen ihr Leben im 18. Jahrhundert, im Heiligen Römischen Reich Deutscher Nation, das seit Jahrhunderten den festen Beziehungsrahmen für die Welt der deutschen Fürstentümer darstellte. Sie wuchsen auf in der Zeit, als dieser äußere Rahmen zerbrach und Neues entstand.

Seit der Mitte des 18. Jahrhunderts hatten tiefgreifende Veränderungen begonnen, welche die gesamte alteuropäische Gesellschaft erfassten und schließlich in eine neue Epoche mündeten. Äußerlich zeigte sich dieser Wandel in der „westeuropäischen Doppelrevolution"[2], zuerst in der industriellen Revolution in England und danach in der politischen Französischen Revolution. Auch das politisch und ökonomisch eher rückständige Deutschland erhielt Anstöße durch die im Westen sich vollziehenden Umbrüche.

Es ist die Zeit tiefgreifender Veränderungsprozesse, die ineinander verwoben waren und sich gegenseitig bedingten. Sie liefen zwar nicht gleichzeitig ab, trugen aber dennoch insgesamt zu dem großen Wandlungsprozess des 19. Jahrhunderts bei: Der Transformation von der feudal-agrarischen Gesellschaft hin zur bürgerlich-industriellen Klassengesellschaft, „vom ständisch-korporativen Staat zum bürokratisch-konstitutionellen Staat".[3]

In den Jahren ab der Wende vom 18. zum 19. Jahrhundert änderte sich für die Menschen in Deutschland vieles. Die alte, über Jahrhunderte als sicher geglaubte Welt des Heiligen Römischen Reiches deutscher Nation fiel unter dem Ansturm der Truppen der Französischen Revolution auseinander. Frankreich hatte nun die Macht übernommen. Fremde bestimmten in vielen Teilen Deutschlands. In diesen Jahren der Unsicherheit brach für viele Deutsche ihre traditionelle Welt in sich zusammen. Es herrschte eine allgemeine Verunsicherung. Welche neue Ordnung würde sich einspielen? Würde Anarchie herrschen? Durch wen würde eine neue Ordnung etabliert werden? Dies waren Fragen, die sich viele gebildete Menschen in dieser Zeit stellten. Gerade sie konnten sich eine neue Ordnung, eine neue Gesellschaft vorstellen. Veränderungen würden sich einstellen müssen.

In der alten, ständischen Gesellschaft kannte jeder seinen Platz. Aufstiegschancen waren vielfach durch Geburt bestimmt und den Stand, dem man angehörte. In der neuen, der bürgerlichen Gesellschaft konnte man seine gesellschaftliche Stellung durch eigene Leistung selbst finden, sei es durch Bildung und Erziehung oder durch ökonomischen Erfolg. Und, nach den Erfahrungen der Französischen Revolution bestand die Hoffnung auf ein neues Verständnis von Herrschaft und Gesellschaft, wo das Volk in das Regierungshandeln einbezogen war und an den Entscheidungsprozessen teilhaben konnte. Es gab Hoffnung auf eine neue Gesellschaft und auf eine Reform des Staates.

Getragen wurden diese Hoffnungen vor allem von der wachsenden Schicht des gebildeten Bürgertums, von wo aus immer stärker auf Veränderungen gedrängt wurde.

Doch die Veränderungen und Erneuerungen kamen zunächst nicht von innen oder von unten. Sie erfolgten häufig auf äußeren Druck und wurden zudem von oben verordnet. Nach der Abdankung des Kaisers und nach dem

Schmidt, L.
- Olbers
10,m,none

Schmidt, M.
- Olbers
37,f,none

Schmidt, P.
- Olbers

Schmultz, Christiane
- Medora
33,m,none

Froberg
Schmultz, Gottlieb
- Medora
32,m,mason
Altenburg

Schmultz, Joanne
- Medora
4,6,fnone
Altenburg

Schmultz, Wilhelmine
- Medora
6,f,none
Altenburg

Schnecko, Christian
- Medora
30,m,sadler
Giessen

Schnecko, Louise
- Medora
0,9,f,none
Giessen

Schnecko, Marie
- Medora
36fnone
Giessen

Schneider, B.W.
- Olbers
32,m,farmer

Schneider, W.
- Olbers
23,m,farmer

Schneunkeldäng, D.
- Medora
63,m,teacher
Bremen

Schone
- Olbers
25,m,farmer

Schone, C.
- Olbers
3,m,none

through the industrial revolution in England followed by the political French revolution. Even the somewhat politically and economically antiquated Germany gained impetus from the upheaval in the West.

It is the time of profound fundamental processes of change which were interwoven and mutually causal. They did not occur simultaneously but nevertheless contributed altogether to the great transformation of the 19th century: from the feudal-agrarian society to the civil-industrial class-based society, "from an estate-corporative to a bureaucratic-constitutional state"[3].

Much changed for the people in Germany in the years from the 18th to the 19th century. The world of the old Holy Roman Empire of the German Nation, for centuries believed to be secure, collapsed under the onslaught of the troops of the French Revolution. France had seized power. Foreigners were in charge in many parts of Germany. For many Germans, the world fell apart in these years of instability. There was a general sense of uncertainty everywhere. Which new order would come into being? Would anarchy take over? Who would establish the new order? These were questions which many educated people asked themselves during this time. These people could imagine a new order, a new society. Changes would have to happen. In the old, corporative society everyone knew their place. Opportunities for advancing oneself were in many cases defined from birth and the class which one belonged to. In the new, civil society, you could create your own social status, be it through education and schooling or economic success. And, based on the experiences taken from the French Revolution, there was always the hope for a new understanding of leadership and society, where the people were included in governance and could participate in decision making. There was hope for a new society and for a reform of state. These hopes were carried above all by the growing educated middle class, who pushed more and more for such changes.

However the transformations and reformations did not initially come from inside or below. They frequently occurred through external pressure and were furthermore enacted from above. After the abdication of the Kaiser and after the Reichsdeputationshauptschluß (Principal Decree of the Imperial Deputation) of 1803[4], the Holy Roman Empire of the German Nation was dissolved. It was initially only the founding of the Confederation of the Rhine, the "Confédération du Rhin", which presented any kind of orientational framework. The military force of France was indeed very strong, yet the accession to the Confederation of the Rhine also offered advantages to the German principalities. In this way they primarily gained on the one hand increased prestige – as in the case of the elevation of the Landgraviate (Landgrafschaft) of Hesse-Darmstadt to the rank of Grand Duchy – and on the other hand the re-organization and enlargement of their territory.

Finally, Napoleon had one more decisive card in his possession: state sovereignty. All German principalities, who at least formally were subject to the Kaiser, were now independent and able to act on their own internationally. All hindering factors within the states were now disabled and the powerful new states could make their own decisions autonomously.

These possibilities existed, however, only through the security of imperial France and within the framework of the Confederation of the Rhine. At the time, this was the true source

of power and from here the limits of the new sovereignty were exposed. France rigidly utilized the financial and military power of the Confederation states and brought them to the brink of financial ruin. In the many years of the Napoleonic campaigns several thousand Hessians fought and died on the battlefields of Europe before Darmstadt left the Napoleonic forces and joined the victors in 1813.[5]

Against this backdrop the history of Hesse unfolded. This Hesse is however not to be compared with what we today understand. Until the middle of the 19th century, a whole string of individual states were situated along present-day Hesse (the Grand Duchy of Hesse, the Duchy of Nassau, the Electorate of Hesse, the Principality of Waldeck, the Landgraviate of Hesse-Homburg, and the Free City of Frankfurt), places which had completely different traditions and also quite varied political, social, and economical developments.

The Napoleonic time had divided the population in Hesse. There were supporters of Napoleon who defended the achievements of the French, above all in the area of constitutional and civil law. Yet the number of opponents was growing larger and larger – for these people the accession to the Confederation of the Rhine was nothing more than a brutal system of takeover by the French, sucking the resources of state and citizen dry, and moreover letting the younger generation bleed to death on the battlefields of Europe. In this situation, many German intellectuals, tradesmen, craftsmen, farmers, and aristocrats felt similarly. They wanted to get rid of the foreign rule; the French had to be expelled. The liberation movement

Napoléon Bonaparte

Schone, C.
- Olbers
6,m,none

Schone, C.
- Olbers
46,m,farmer

Schone, E.
- Olbers
8,f,none

Schone, F.
- Olbers
12,m,farmer

Schone, G.
- Olbers
15,m,farmer

Schone, J.
- Olbers
11,m,farmer

Schone, J.
- Olbers
38,m,farmer

Schone, J.
- Olbers
42,m,farmer

Schone, M.
- Olbers
27,f,none

Schone, M.
- Olbers
38,f,none

Schubert, Cornelius
- Medora
20,m,bookseller
Dessau

Reichsdeputationshauptschluß von 1803[4], war das Heilige Römische Reich Deutscher Nation aufgelöst. Erst die Gründung des Rheinbundes, der Confédération du Rhin, war es, die eine Art neuen Orientierungsrahmen bot. Der militärische Druck Frankreichs war zwar hoch, doch bot der Beitritt zum Rheinbund deutschen Fürstentümern auch Vorteile. So erlangten sie einerseits meist eine Prestigeerhöhung – im Falle der Landgrafschaft Hessen-Darmstadts die Erhebung in den Rang eines Großherzogtums – und andererseits die Arrondierung ihrer Staatsgebiete.

Schließlich gab ihnen Napoleon ein weiteres entscheidendes Instrument in die Hand: die staatliche Souveränität. Alle deutschen Fürstentümer, die früher dem Kaiser zumindest formell unterstanden, waren nun selbständig und in der Lage, auch international eigenständig zu agieren. Alle beeinträchtigenden Faktoren innerhalb der Staaten ließen sich nun ausschalten, und die mächtigen neuen Staaten konnten ohne Rücksichten alleine Entscheidungen treffen.

Diese Möglichkeiten bestanden allerdings nur durch die Garantien des imperialen Frankreich und im Rahmen des Rheinbundes. Hier lag zu dieser Zeit die eigentliche Quelle der Macht und von hier aus wurden sogleich die Grenzen der neuen Souveränität aufgezeigt. Frankreich zog die Staaten des Rheinbundes rigide zu Finanz- und Militärleistungen heran und brachte sie so an den Rand des finanziellen Ruins. In den jahrelangen napoleonischen Feldzügen kämpften und starben viele tausend Hessen auf den Schlachtfeldern Europas, ehe Darmstadt die napoleonische Seite verließ und sich 1813 den Gewinnern anschloss.[5]

Vor diesem Hintergrund vollzog sich auch die Geschichte Hessens in dieser Zeit. Dabei ist Hessen nicht gleichzusetzen mit dem, was heute darunter verstanden wird. Bis zur Mitte des 19. Jahrhunderts befanden sich auf dem Gebiet des heutigen Bundeslandes eine ganze Reihe von Einzelstaaten (das Großherzogtum Hessen, das Herzogtum Nassau, das Kurfürstentum Hessen, das Fürstentum Waldeck, die Landgrafschaft Hessen-Homburg und die Freie Stadt Frankfurt), die völlig unterschiedliche Traditionen aufwiesen und auch sehr verschiedene politische, gesellschaftliche und ökonomische Entwicklungen verzeichneten.

Das Vaterland ist frey! Viktoria! //
The country is free! Victory!

Schutte, J.
- Olbers
26,m,farmer

Schutte, J.
- Olbers
29,m,farmer

Schwanecker, Adolph
- Medora
35,m,mathematician
Hengelo

Seybold, C.
- Olbers
7,f,none

Seybold, C.W.
- Olbers
35,f,none

Seybold, M.
- Olbers
24,f,none

Sick, Crispen
- Medora
17,joiner
Hohenzollen

Siek, Chrispen
- Medora
17,m,joiner
Weilheim

Simkan, J.
- Olbers
21,m,farmer

Smidt, Andreas
- Medora
30,m,farmer
Coburg

Spanke, A.
- Olbers
39,m,farmer

Die napoleonische Zeit hatte die Menschen in Hessen gespalten. Es gab Anhänger Napoleons, die die französischen Errungenschaften vor allem auf dem Gebiet des Verfassungs- und Zivilrechts verteidigten, doch war die Zahl der Gegner größer. Für sie war durch den Beitritt zum Rheinbund lediglich ein brutales System französischer Fremdherrschaft etabliert worden, welches Staaten und Menschen bis aufs letzte Hemd aussaugte und überdies die Jugend auf den europäischen Schlachtfeldern verbluten ließ. In dieser Situation empfanden viele deutsche Intellektuelle, Gewerbetreibende, Handwerker, Bauern und Adlige auf ganz ähnliche Weise. Sie wollten die Fremdherrschaft loswerden; die Franzosen mussten vertrieben werden.

Aus der Gruppe der Napoleon-Gegner speiste sich die hauptsächlich vom Bildungsbürgertum und von Studenten getragene Befreiungsbewegung, die den Kampf gegen das französische Unterdrückungsregime propagierte. Im Frühjahr 1813 versetzten sie durch ihre kämpferische Freiheitslyrik und ihre Flugschriften große Teile der deutschen Bevölkerung in einen romantisch nationalen Freiheitstaumel.[6]

Die Bildung von Freiwilligenverbänden, an denen sich auch Studenten aus Gießen beteiligten, war ein Zeichen, den Kampf gegen die französischen Unterdrücker aus der Mitte der Gesellschaft zu unterstützen. So standen sie Seite an Seite mit ihren Fürsten, im Kampf gegen Napoleon und Frankreich.

Militärisch blieben diese Freiwilligenverbände zwar ohne Wirkung, doch trugen sie durch den von ihnen verkörperten deutsch-französischen Gegensatz zur Etablierung und Verbreitung von patriotischen und nationaldeutschen Gedanken bei, die über die Einzelstaaten hinausgingen und einen gesamtdeutschen Rahmen für eine spätere Neuordnung annahmen. Sie kämpften nicht nur gegen Napoleon, sie kämpften auch für ein geeintes und freiheitlicheres Deutschland.

Der Sieg über das napoleonische Frankreich gab diesen Gruppen Hoffnung, doch wurden die Erwartungen enttäuscht, denn nach der Niederlage Napoleons waren es die Fürsten, die Einzelstaaten, die auf dem Wiener Kongress für eine Neuordnung Deutschlands sorgten; und zwar in ihrem eigenen Sinne. Eine Beteiligung anderer politischer oder gesellschaftlicher Kräfte

Hessische Freiwillige Jäger //
Hessian volunteer light infantry

was composed mainly of the educated class and students who advocated the fight against the oppressive French regime, and drew upon the group hostile to Napoleon. Through lyrical poems and pamphlets they had moved large parts of the German population to a romantic nationalistic rapture for freedom by the spring of 1813.[6]

The formation of volunteer groups – in which many students from Giessen were also involved – was a sign to support the fight to oust the French oppressor. In this way they stood side by side with their princes, in the fight against Napoleon and France.

These volunteer groups were certainly militarily ineffective, but they contributed to the spread and establishment of patriotic and nationalistic sentiments through their anti-French stance. Such sentiments rose above the individual states and assumed a nationalistic form for a possible new order that had to come. They were not only fighting against Napoleon,

Friedrich Muench, Thoughts in Lonely Hours:
"A part of my general education in this time, conviction of belief and principles for the remainder of my life – I owe these to my trusting relationship with a number of chosen friends, whose memory will stay with me eternally. My time at university lasted two years and a quarter: it was an unsteady time and perilous for the younger ones, because of such political occurrences to which the youth – in response to the events of our time – had given themselves over, because of the [reactions] of the parties and the proceedings of the authorities; but within my circle of acquaintances there was at least a sense of scholarship, contempt of all actions coarse and void, within which friendship, respect for religion, and moral freedom, – whereby of course more rapture had coalesced (which manifested itself in particular in the aspiration to an ideal political state and audacious thoughts of reshaping the world as it was beneficial to each of us."

but also for a united and more liberalized Germany. The victory over Napoleonic France gave these groups hope, yet they were soon disappointed again, for it was the princes and the individual states who arranged the new order at the Congress of Vienna after Napoleon's defeat – and of course in their own interests. The participation of other political or social powers was not considered and the princes ensured a stabilization of the situation on the surface only.

Under this impression, many commoners drew back inwardly and founded many associations and societies where they could discuss societal matters in private. Students organized themselves into fraternities and territorial associations. Yet they eventually began, in particular in Giessen and Jena, to articulate their concerns more and more openly, considered new state and societal orders, and ways to achieve these.

The authorities stayed constantly alert, however, when things took place which were

//

Friedrich Münch, Gedanken einsamer Stunden:
„Einen Theil meiner allgemeinen Bildung in dieser Zeit, Befestigung in Überzeugung und Grundsätzen für die ganze Lebens Dauer – verdanke ich dem vertrauten Umgang mit einer Zahl auserwählter Freunde, deren Andenken mir unvergeßlich bleibt. Zwei Jahre und ein Viertel währte meine Universitätszeit: es war eine vielbewegte für den jüngeren gefahrvolle Zeit durch das politische Treiben, dem sich die Jugend – in Folge der stattgehabten Zeitereignisse – ergeben hatte, durch die [Reactionen] der Partheien und das Verfahren der Behörden; aber es herrschte in dem Kreis meiner Bekannten wenigstens ächt wissenschaftlicher Sinn, Verachtung alles rohen und nichtigen Treibens, worinn Freundschaft, Achtung der Religion und freye Sittlichkeit, – womit freilich mehr Schwärmerei sich verbunden hatte (die besonders im Erstreben eines idealen politischen Zustandes und dem kühnen Gedanken an eine Umbildung der Welt sich offenbarte), als jedem von uns heilsam gewesen ist."
(Muench Family Papers, Missouri History Museum, St. Louis)

blieb außerhalb der Betrachtung und die Fürsten sorgten zunächst für eine äußere Stabilisierung der Verhältnisse.

Unter diesem Eindruck zogen sich viele Bürgerliche ins private Innere zurück, gründeten Vereine und Gesellschaften, wo sie, ganz unter sich, Dinge von gesellschaftlichem Interesse diskutieren und besprechen konnten. Studenten organisierten sich in Burschenschaften und Landsmannschaften. Doch begannen sie sich, insbesondere in Gießen und Jena, auch nach außen zu artikulieren und dachten über neue staatliche und gesellschaftliche Ordnungen nach und über Wege, dies zu erreichen.

Die Autoritäten blieben jedoch stets wachsam, wenn sich Dinge taten, die nicht von ihnen offiziell initiiert waren. Sie beobachteten solche Entwicklungen sehr genau, hatten ihre Spitzel überall, waren daher über alles informiert und konnten sofort eingreifen, wenn sich neue Ideen regten oder Opposition entstand.

not officially initiated by themselves. They watched such developments very closely and had informers everywhere. They were aware of everything and could intervene immediately if new ideas began to take root or opposition started to form.

Especially in Giessen and Jena, the students reacted to this by becoming radical. They formed small conspirative groups like "die Unbedingten" (The Unconditionals) or "die Schwarzen" (The Blacks) which were dangerous underground movements in the eyes of the state because they could not be easily controlled or oppressed. A central and especially charismatic figure within this movement was the Giessen-based (and later Jena-based) private lecturer Karl Follen. The students continued to radicalize under the state's attempt to oppress. Some pushed for a violent overthrow and vehemently demanded the establishment of a German republic.

They knew their enemies: conservative politicians and representatives of the

Besonders in Gießen und Jena reagierten die Studenten darauf, indem sie sich radikalisierten. Sie bildeten kleinere, konspirative Gruppierungen wie „die Unbedingten" oder „die Schwarzen", die in den Augen der Staaten eine gefährliche Untergrundbewegung darstellten, weil sie sich nicht leicht kontrollieren und unterdrücken ließen. Eine zentrale und besonders charismatische Figur innerhalb dieser Bewegung war der Gießener und später Jenaer Privatdozent Karl Follen.

Unter dem Eindruck der staatlichen Unterdrückungsversuche radikalisierten sich die Studenten weiter. Einige propagierten den gewaltsamen Umsturz und forderten vehement die Errichtung einer deutschen Republik.

Sie kannten ihre Feinde: konservative Politiker und Vertreter der Obrigkeit. Sie galt es zu bekämpfen. Als einer dieser militanten Studenten, Karl Ludwig Sand, den Lustspieldichter August von Kotzebue ermordete, gab dies den Anlass für bis dahin ungekannte Unterdrückungs- und Verfolgungsmaßnahmen seitens der Staaten, die sich insbesondere auf Universitäten und deren Studentenverbindungen sowie auf das Presse- und Verlagswesen erstreckte. August von Kotzebue war als Vertreter der konservativen Seite zum Opfer ausgewählt worden, weil er die Freiheits- und Demokratiebestrebungen der Studenten in besonders scharfer Form verspottete.

Nun errichtete der Deutsche Bund eine Zentraluntersu-chungsbehörde, die deutschlandweit agieren konnte. Sie entfaltete eine unnachsichtige Verfolgung aller Gruppen und Individuen, die oppositioneller Bestrebungen verdächtigt wurden. Mit größter Akribie wurden Protokolle angefertigt, Akten und Personenverzeichnisse angelegt und verdächtigte Personen beobachtet, verfolgt und unter Druck gesetzt. Dies traf insbesondere auf politisch aktive Studenten zu, deren Organisationen aufgelöst und verboten wurden. Viele Exponenten der Studentenbewegung mussten ins Ausland fliehen. Unter ihnen war auch Karl Follen, der 1819 über Frankreich in die USA auswanderte.

Von diesem Zeitpunkt an standen alle, die in diesem Beobachtungssystem erfasst waren, unter Generalverdacht. Wer als militanter Student aktenkundig war, konnte nur durch Anpassung, Wohlverhalten und Kooperation für ein akzeptables Auskommen und eine Karriere sorgen. Trotz der engen polizeilichen Überwachung sind viele der in den Jahren von 1814 bis 1819 entstandenen persönlichen Beziehungen und Netzwerke in den späteren Jahren erhalten geblieben. Doch die Träume von einem geeinten und besseren Deutschland, die Utopie einer demokratischen und humanen Gesellschaft waren zunächst ausgeträumt. Alle gesellschaftlichen Bestrebungen zu einer Veränderung wurden im Keim erstickt.

Doch zu einem Entwicklungsstillstand kam es nicht. Zu groß waren die Veränderungen und die daraus entstandenen Herausforderungen für Hessen-Darmstadt nach dem Zerfall des Heiligen Römischen Reichs Deutscher Nation. Reformprozesse mussten eingeleitet werden, die alle Teile der Gesellschaft betrafen. Und es waren die Staaten, die diese Reformen herbeiführten.

So wurden die im Auflösungsprozess des Reiches unter der napoleonischen Herrschaft ermöglichten Gebietsver-änderungen auf dem Wiener Kongress 1815 erneut verhandelt und auch Hessen-Darmstadt die Souveränität und neue territoriale Gewinne zugestanden.

Im Gegensatz zur Zeit des Reiches, wo die Zersplitterung der Territorien ein wesentliches Kennzeichen der deutschen Mittelstaaten war, gelang es nun, einigermaßen flächige, relativ

authorities. They had to be combatted. When one of these militant students, Karl Ludwig Sand, murdered the comedian poet August Kotzebue, the state seized the opportunity and initiated heretofore unparalleled suppression and persecution measures, extending especially to universities and their student groups, as well as to the press and publishing houses. As representative of the conservative side, August Kotzebue was selected as a victim because he ridiculed and mocked the students' push for democracy particularly sharply.

At this point the German Confederation established a central bureau for investigation which could operate Germany-wide. It cracked down harshly on all groups and individuals who were suspected of oppositional sympathies. With painstaking meticulousness protocols were prepared, files and registry of persons created, and suspected individuals watched, followed, and bullied. This especially affected politically active students, whose organizations were disbanded and forbidden. Many exponents of the student movement had to flee abroad. Among them was also Karl Follen, who emigrated to the USA through France in 1819.

Großherzogthum Hessen:
Mit Erreichen des 25. Lebensjahres konnten Unter-
tanen des Großherzogs das Bürgerrecht erwerben.
Dazu wurde ihnen und auch allen Zugezogenen öf-
fentlich der folgende Eid abgenommen: „Ich schwöre
Treue dem Großherzoge, Gehorsam dem Gesetze und
Beobachtung der Staatsverfassung."
//
Grand Duchy of Hesse:
Upon reaching the age of 25, subjects could acquire
citizenship of the Grand Duchy. The following oath
had to be sworn in public: "I pledge allegiance to the
Grand Duchy, obedience to the law, and observation
of the constitution."

Situation ab 1815:
Die Gießener Universität blieb die einzige im Staat. „Man bemühte sich einerseits um die Universität […]. Andererseits unterdrückte man jede nicht konforme Regung schon aus Furcht vor Österreich und Preußen. […] So war
auch das wichtigste, was in Gießen in der ersten Hälfte des 19. Jahrhunderts geschah, mehr von der Universität
als von der Stadt bestimmt. Neben Jena kann Gießen als Heimat des Prototyps der politisierten Vormärz-Univer-
sität gelten. Die Enttäuschung über den Ausgang der Freiheitskriege war bei den jungen Leuten am größten. Die
oppositionelle burschenschaftliche Bewegung war in Gießen besonders stark. Hinter dem Studenten Sand, der
den russischen Staatsrat Kotzebue ermordete, um die „Reaktion" an und für sich zu treffen, stand als „Ideologe"
der Gießener Privatdozent Karl Follen. Diese Tat löste die bekannten Karlsbader Beschlüsse von 1819 aus, die tief
in die Souveränität der Einzelstaaten eingriffen".
(Peter Moraw: Gießen, in: Hans Sarkowicz (Hrsg.), Stadtluft macht frei. Hessische Stadtporträts - eine Reise in
die Vergangenheit. Stuttgart 1993, 156-157)
//
Situation from 1815:
The Giessen University remained the only one in the state. "On the one hand you would try to gain admission to
the university …. On the other hand every non-conformist stirring was suppressed purely from fear of Austria
or Prussia. … Therefore the most important things which happened in Giessen in the first half of the 19th century
were more defined by the university than by the city. Alongside Jena, Giessen counts as the home to the proto-
type of the politicized Vormärz-universities. The disappointment in the outcome of the wars of liberation was
felt most strongly by the young people. The oppositional movement of the fraternities was particularly strong
in Giessen. Standing behind Sand, the student who murdered the Russian state councilor Kotzebue (a symbol of
the establishment, whose death was used to strike back at the reactionary powers), was Giessen private lecturer
Karl Follen, the "ideologue". This attack triggered the famous Carlsbad Decrees of 1819, which encroached signi-
ficantly upon the sovereignty of the individual states."

We the People

of the United States, in Order to form a more perfect Union, establish Justice, insure domestic Tranquility, provide for the common defence, promote the general Welfare, and secure the Blessings of Liberty to ourselves and our Posterity, do ordain and establish this Constitution for the United States of America.

Article. I.

Section. 1. All legislative Powers herein granted shall be vested in a Congress of the United States, which shall consist of a Senate and House of Representatives.

Section. 2. The House of Representatives shall be composed of Members chosen every second Year by the People of the several States, and the Electors in each State shall have the Qualifications requisite for Electors of the most numerous Branch of the State Legislature.

No Person shall be a Representative who shall not have attained to the Age of twenty five Years, and been seven Years a Citizen of the United States, and who shall not, when elected, be an Inhabitant of that State in which he shall be chosen.

Representatives and direct Taxes shall be apportioned among the several States which may be included within this Union, according to their respective Numbers, which shall be determined by adding to the whole Number of free Persons, including those bound to Service for a Term of Years, and excluding Indians not taxed, three fifths of all other Persons. The actual Enumeration shall be made within three Years after the first Meeting of the Congress of the United States, and within every subsequent Term of ten Years, in such Manner as they shall by Law direct. The Number of Representatives shall not exceed one for every thirty Thousand, but each State shall have at Least one Representative; and until such enumeration shall be made, the State of New Hampshire shall be entitled to chuse three, Massachusetts eight, Rhode Island and Providence Plantations one, Connecticut five, New York six, New Jersey four, Pennsylvania eight, Delaware one, Maryland six, Virginia ten, North Carolina five, South Carolina five, and Georgia three.

When vacancies happen in the Representation from any State, the Executive Authority thereof shall issue Writs of Election to fill such Vacancies.

The House of Representatives shall chuse their Speaker and other Officers; and shall have the sole Power of Impeachment.

Section. 3. The Senate of the United States shall be composed of two Senators from each State, chosen by the Legislature thereof, for six Years; and each Senator shall have one Vote.

Immediately after they shall be assembled in Consequence of the first Election, they shall be divided as equally as may be into three Classes. The Seats of the Senators of the first Class shall be vacated at the Expiration of the second Year, of the second Class at the Expiration of the fourth Year, and of the third Class at the Expiration of the sixth Year, so that one third may be chosen every second Year; and if Vacancies happen by Resignation, or otherwise, during the Recess of the Legislature of any State, the Executive thereof may make temporary Appointments until the next Meeting of the Legislature, which shall then fill such Vacancies.

No Person shall be a Senator who shall not have attained to the Age of Thirty Years, and been nine Years a Citizen of the United States, and who shall not, when elected, be an Inhabitant of that State for which he shall be chosen.

The Vice President of the United States shall be President of the Senate, but shall have no Vote, unless they be equally divided.

The Senate shall chuse their other Officers, and also a President pro tempore, in the Absence of the Vice President, or when he shall exercise the Office of President of the United States.

The Senate shall have the sole Power to try all Impeachments. When sitting for that Purpose, they shall be on Oath or Affirmation. When the President of the United States is tried, the Chief Justice shall preside: And no Person shall be convicted without the Concurrence of two thirds of the Members present.

Judgment in Cases of Impeachment shall not extend further than to removal from Office, and disqualification to hold and enjoy any Office of honor, Trust or Profit under the United States: but the Party convicted shall nevertheless be liable and subject to Indictment, Trial, Judgment and Punishment, according to Law.

Section. 4. The Times, Places and Manner of holding Elections for Senators and Representatives, shall be prescribed in each State by the Legislature thereof; but the Congress may at any time by Law make or alter such Regulations, except as to the Places of chusing Senators.

The Congress shall assemble at least once in every Year, and such Meeting shall be on the first Monday in December, unless they shall by Law appoint a different Day.

Section. 5. Each House shall be the Judge of the Elections, Returns and Qualifications of its own Members, and a Majority of each shall constitute a Quorum to do Business; but a smaller Number may adjourn from day to day, and may be authorized to compel the Attendance of absent Members, in such Manner, and under such Penalties as each House may provide.

Each House may determine the Rules of its Proceedings, punish its Members for disorderly Behaviour, and, with the Concurrence of two thirds, expel a Member.

Each House shall keep a Journal of its Proceedings, and from time to time publish the same, excepting such Parts as may in their Judgment require Secrecy; and the Yeas and Nays of the Members of either House on any question shall, at the Desire of one fifth of those Present, be entered on the Journal.

Neither House, during the Session of Congress, shall, without the Consent of the other, adjourn for more than three days, nor to any other Place than that in which the two Houses shall be sitting.

Section. 6. The Senators and Representatives shall receive a Compensation for their Services, to be ascertained by Law, and paid out of the Treasury of the United States. They shall in all Cases, except Treason, Felony and Breach of the Peace, be privileged from Arrest during their Attendance at the Session of their respective Houses, and in going to and returning from the same; and for any Speech or Debate in either House, they shall not be questioned in any other Place.

No Senator or Representative shall, during the Time for which he was elected, be appointed to any civil Office under the Authority of the United States, which shall have been created, or the Emoluments whereof shall have been encreased during such time; and no Person holding any Office under the United States, shall be a Member of either House during his Continuance in Office.

Section. 7. All Bills for raising Revenue shall originate in the House of Representatives; but the Senate may propose or concur with Amendments as on other Bills.

Every Bill which shall have passed the House of Representatives and the Senate, shall, before it become a Law, be presented to the President of the

einheitliche Staatsgebiete zu bilden. Das Großherzogtum Hessen ordnete sich die verschiedenen, früher selbstständigen, Standesherrschaften in Starkenburg und Oberhessen unter; und für Gebietsverluste in Westfalen erhielt es nach 1815 die neue, jenseits des Rheins gelegene Provinz Rheinhessen. Der neue Staat der Großherzöge von Hessen hatte mit nunmehr 627.000 Untertanen seine Einwohnerzahl gegenüber der alten Landgrafschaft mehr als verdoppelt.[7]

Doch diese Territorien waren nur in der Fläche einheitlich. Mit den hinzugewonnenen neuen Landesteilen kamen neue Bevölkerungsgruppen mit anderem kulturellen Hintergrund, unterschiedlicher Konfessionen, mit verschiedenen Rechtstraditionen und anderen wirtschaftlichen Orientierungen, bis hin zu den jeweils eigenen Maß- und Münzsystemen. Die scheinbare äußere Einheitlichkeit der Territorien wurde im Inneren durchbrochen durch die Vielfalt des neu zu Integrierenden.

Zunächst ging es darum, die neuen Landesteile mit einer einheitlichen hessischen Verwaltung zu durchdringen. Mit der neugewonnenen Souveränität im Rücken konnte der Wille

From this point in time onwards, everyone who was included in the surveillance system was under general suspicion. Whoever was on record as being a militant student could not gain any acceptable livelihood or career except through conformity, good conduct, and cooperation. In spite of the close monitoring by the police, many personal contacts and networks which arose between 1814 and 1819 also remained in the years following. Yet the dream of a united and better Germany, the utopia of a democratic and humane society came to an end for the time being. Every social push for transformation was completely stifled.

Yet it did not come to a deadlock. The changes and challenges arising from the collapse of the Holy Roman Empire of the German Nation were too great for Hesse-Darmstadt. Reforms had to be introduced which concerned all parts of the society. And it was the states that precipitated these reforms. In this way the territory changes, enacted during the dissolution process under Napoleon's rule, came to be re-negotiated at the Congress of Vienna in 1815 – and Hesse-Darmstadt was granted yet again new territory as well.

Verfassung der Vereinigten Staaten von Amerika, 1787 //
Constitution of the United States of America, 1787

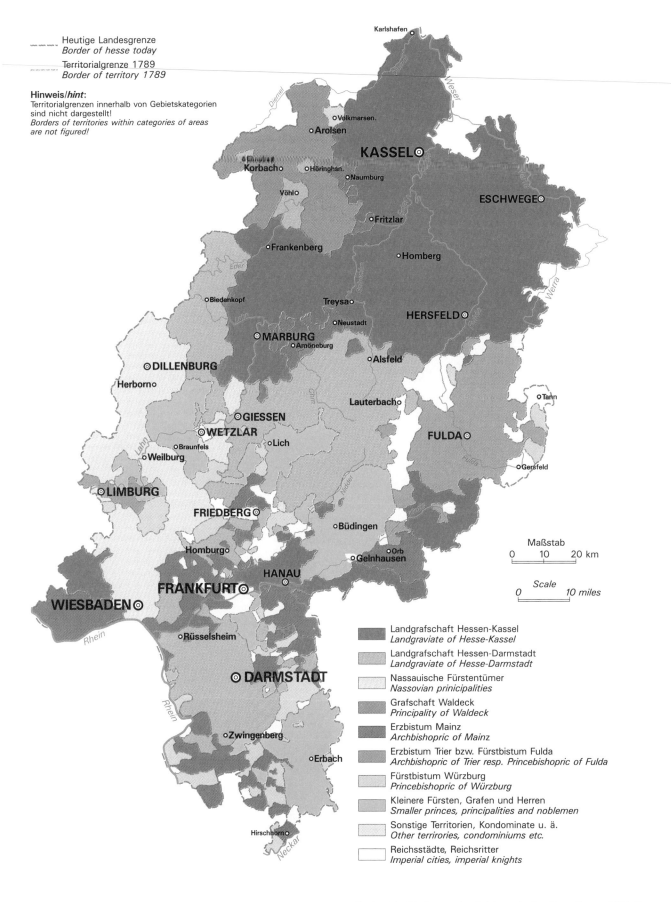

Karlshafen

Heutige Landesgrenze
Border of hesse today

Territorialgrenze 1789
Border of territory 1789

Hinweis/*hint*:
Territorialgrenzen innerhalb von Gebietskategorien
sind nicht dargestellt!
*Borders of territories within categories of areas
are not figured!*

○Volkmarsen.
●Arolsen

KASSEL○

Korbach○   ○Höringhsn.   **ESCHWEGE**○
Vöhl○   ○Naumburg

○Fritzlar

Frankenberg○   ○Homberg

○Biedenkopf   **Treysa**○
HERSFELD○
○Neustadt

MARBURG○
○Amöneburg
○Alsfeld   ○Tann

DILLENBURG○
Herborn○   Lauterbach○   **FULDA**○

GIESSEN○
WETZLAR○   ○Lich
Braunfels○   ○Gersfeld
Weilburg○

LIMBURG○

FRIEDBERG○   ○Büdingen

Homburg○   ○Orb
FRANKFURT○   ○Gelnhausen
HANAU○

WIESBADEN○
○Rüsselsheim

Maßstab
0   10   20 km

Scale
0   *10 miles*

◎ **DARMSTADT**

Landgrafschaft Hessen-Kassel
Landgraviate of Hesse-Kassel

Zwingenberg○

Landgrafschaft Hessen-Darmstadt
Landgraviate of Hesse-Darmstadt

○Erbach

Nassauische Fürstentümer
Nassovian prinicipalities

Grafschaft Waldeck
Principality of Waldeck

Erzbistum Mainz
Archbishopric of Mainz

Erzbistum Trier bzw. Fürstbistum Fulda
Archbishopric of Trier resp. Princebishopric of Fulda

Fürstbistum Würzburg
Princebishopric of Würzburg

Kleinere Fürsten, Grafen und Herren
Smaller princes, principalities and noblemen

Hirschhorn○

Sonstige Territorien, Kondominate u. ä.
Other terrirories, condominiums etc.

Reichsstädte, Reichsritter
Imperial cities, imperial knights

Territoriale Gliederung des Gebietes des heutigen Hessen 1789 //
Territorial segmentation of 1789 in the boundaries of today Hesse

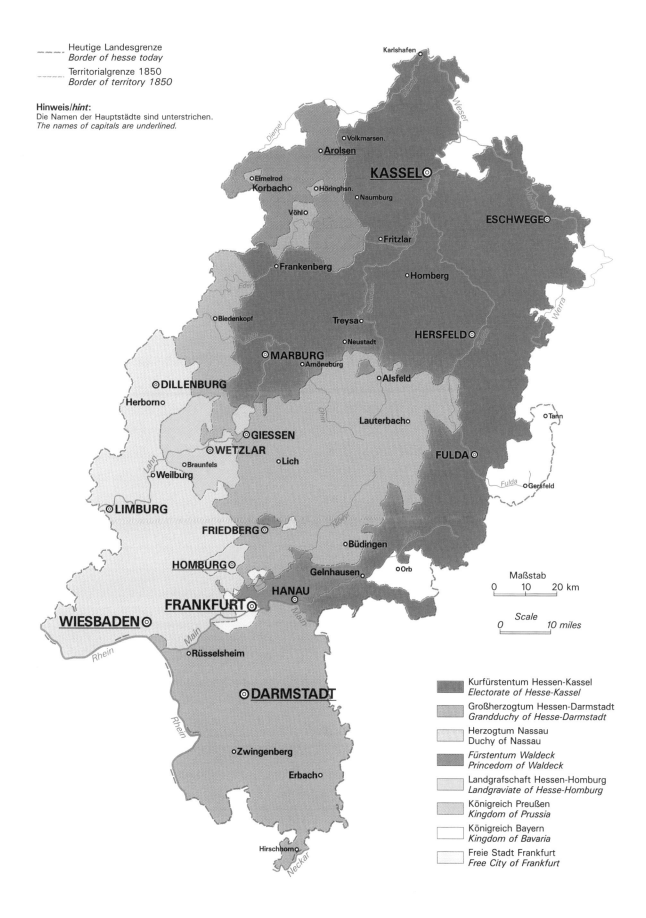

Hinweis/*hint*:
Die Namen der Hauptstädte sind unterstrichen.
The names of capitals are underlined.

Karlshafen

Volkmarsen.
<u>Arolsen</u>

KASSEL

Eimelrod
Korbach   Höringhsn.
Naumburg

Vöhl
ESCHWEGE

Fritzlar

Frankenberg   Homberg

Biedenkopf   Treysa   **HERSFELD**
Neustadt

MARBURG
Amöneburg   Alsfeld

DILLENBURG
Lauterbach
Herborn   Tann

GIESSEN   **FULDA**
WETZLAR
Braunfels   Lich   Gersfeld
Weilburg

LIMBURG

FRIEDBERG
Büdingen
HOMBURG   Orb
Gelnhausen
HANAU
FRANKFURT

WIESBADEN

Rüsselsheim

DARMSTADT

Zwingenberg

Erbach

Hirschhorn

Maßstab
0   10   20 km

Scale
0   10 *miles*

	Kurfürstentum Hessen-Kassel *Electorate of Hesse-Kassel*
	Großherzogtum Hessen-Darmstadt *Grandduchy of Hesse-Darmstadt*
	Herzogtum Nassau *Duchy of Nassau*
	Fürstentum Waldeck *Princedom of Waldeck*
	Landgrafschaft Hessen-Homburg *Landgraviate of Hesse-Homburg*
	Königreich Preußen *Kingdom of Prussia*
	Königreich Bayern *Kingdom of Bavaria*
	Freie Stadt Frankfurt *Free City of Frankfurt*

Territoriale Gliederung des Gebietes des heutigen Hessen 1850 //
Territorial segmentation of 1850 in the boundaries of today Hesse

In contrast to the time of the Empire, where the fragmentation of the territories was an essential characteristic of the middle sized states, there now occurred the formation of spatially connected, relatively uniform territories. The Grand Duchy of Hesse subordinated the formerly independent, small secular states in Starkenburg and Oberhesse; and for the loss of territories in Westphalia it received the new province of Rheinhesse, located beyond the Rhine. With 627,000 subjects, the new state of the Grand Dukes of Hesse had now more than doubled in population compared with the previous Landgraviate.[7]

However these territories were only uniform in a geographical sense. With the newly acquired territory came also new population groups with different cultural backgrounds and confessions, various legal traditions, and different economic orientation – even their own measuring and monetary system. The apparent external uniformity of the territories was breached internally by the multiplicity of those yet to be integrated.

Initially it was only about penetrating the new territory with a unified Hessian administration. With the newly gained sovereignty behind him, the ruler's power could now stretch into every corner of the territory. Hesse-Darmstadt annulled all traditional corporative right of participation and secured unrestrained access to all resources of the land for the government bureaucracy.[8]

This became the time of unbridled bureaucracy. Now without any of the previous obstacles, drastic changes were brought about in the administrative process which transformed the individual territories into uniform states. Yet a new public identity could not be so easily created. The consent of the subjects was still lacking.

Even during the introduction of the reform processes, the government of the Grand Duchy of Hesse perceived the varied and growing resistance to the measures. There was no institutional instrument that the government bureaucracy could control. In the old empire there had been tools with which the estates could exercise control. However these had been dissolved.

Ever since the wars of liberation, the subjects had been calling louder and louder for participation in the political process. It was arranged such that the ruler and bureaucracy had sole power to decide about the welfare of the land. A movement formed which from the one side was composed of and fed by the old corporative powers. From the other side came the vigorous push for a constitution by the educated middle classes.[9] Originating from the student protest in Giessen (which became increasingly radical based on the now-deflated hope for a liberal and united Germany, commencing with the results of the Congress of Vienna), the subjects' calls for a constitution, for involvement, rights of participation and a greater say became louder and louder. To give the territories and governments a legitimate foundation – because legitimacy by divine order of the Holy Roman Empire was now non-existent – state constitutions were to be enacted according to the resolutions of the Congress of Vienna. This was demanded very strongly in Hesse-Darmstadt.

Congresses for such constitutions were convened, petitions were delivered to rulers, and pamphlets were printed en masse which brought the land into restless anticipation. Yet again, the Hesse-Darmstadt government uti-

Spanke, M.
- Olbers
32,f,none

Stahlschmidt, A.
- Olbers
6,m,none

Stahlschmidt, A.
- Olbers
37,m,farmer

Stahlschmidt, F.
- Olbers
4,m,none

Stahlschmidt, J.
- Olbers
1,m,none

Stahlschmidt, M.
- Olbers
34,f,none

Stallmeister, C.
- Olbers
48,m,farmer

Stallmeister, M.
- Olbers
57,f,none

Staude, Auguste
- Medora
24,m,rope maker
Saxony

Staude, Franz
- Medora
22,joiner
Saxony

Steimieller, A.
- Olbers
34,m,farmer

Steinmiller, C.E.
- Olbers
12,m,none

Steinmiller, D.
- Olbers
19,m,farmer

des Landesherrn bis in die letzten Winkel des Territoriums zur Geltung gebracht werden. Hessen-Darmstadt hob daher alle überkommenen ständischen Mitwirkungsrechte auf und sicherte seiner Staatsbürokratie den ungehinderten Durchgriff auf alle Ressourcen des Landes.[8]

Es war die Stunde der entfesselten Bürokratie. Ohne die früheren Behinderungen ließen sich auf dem Verwaltungsweg einschneidende Veränderungen herbeiführen, welche die einzelnen Territorien schließlich in einheitliche Staaten umwandelten. Doch eine neue staatliche Identität konnte so nicht geschaffen werden. Es fehlte die Zustimmung der Untertanen.

Schon während der eingeleiteten Reformprozesse nahm die Regierung des Großherzogtums Hessen vielfältige und wachsende Widerstände gegen die Maßnahmen der Regierung wahr. Es gab kein Instrumentarium, das die staatliche Bürokratie kontrollieren konnte. Im Alten Reich hatte es die Landstände gegeben, die gewisse Kontrollfunktionen ausüben konnten. Doch diese waren aufgelöst worden.

Seit den Freiheitskriegen waren daher immer wieder Forderungen laut geworden, die nach einer Beteiligung der Untertanen riefen. Dem Landesherrn und der Bürokratie wurde die Befugnis abgesprochen, allein über das Wohl des Landes zu entscheiden. Es konstituierte sich eine Bewegung, die sich einerseits aus den altständischen Kräften speiste. Andererseits kamen die intensivsten Vorstöße der Verfassungsbewegung aus dem gebildeten Bürgertum.[9] Ausgehend von dem studentischen Protest in Gießen, der sich aufgrund der enttäuschten Hoffnungen auf ein freiheitliches und geeintes Deutschland nach dem Wiener Kongress zunehmend radikalisierte, wurden die Rufe nach einer Verfassung, nach Beteiligungs-, Mitwirkungs- und Mitspracherechten der Untertanen immer lauter. Um den neu gebildeten Territorien und Regierungen eine legitime Grundlage zu geben – denn die Legitimation durch die göttliche Ordnung des Heiligen Römischen Reiches war ja nicht mehr existent –, sollten gemäß den Beschlüssen des Wiener Kongresses landständische Verfassungen erlassen werden. Dies wurde nun in Hessen-Darmstadt sehr konkret eingefordert.

Verfassungskongresse wurden einberufen, Petitionen an den Landesherrn übergeben und Flugschriften in großer Zahl

Der Hessische Landbote:

„Im Jahr 1834 sieht es aus, als würde die Bibel Lügen gestraft. Es sieht aus, als hätte Gott die Bauern und Handwerker am 5ten Tage, und die Fürsten und Vornehmen am 6ten gemacht, und als
hätte der Herr zu diesen gesagt: Herrschet über alles Getier, das auf Erden kriecht, und hätte die
Bauern und Bürger zum Gewürm gezählt. Das Leben der Vornehmen ist ein langer Sonntag, sie
wohnen in schönen Häusern, sie tragen zierliche Kleider, sie haben feiste Gesichter und reden eine
eigne Sprache; das Volk aber liegt vor ihnen wie Dünger auf dem Acker. Der Bauer geht hinter dem
Pflug und treibt ihn mit den Ochsen am Pflug, er nimmt das Korn und läßt ihm die Stoppeln. Das
Leben des Bauern ist ein langer Werktag; Fremde verzehren seine Äcker vor seinen Augen, sein
Leib ist eine Schwiele, sein Schweiß ist das Salz auf dem Tische des Vornehmen."
(Georg Büchner, Ludwig Weidig: Der Hessische Landbote. Texte, Briefe, Prozessakten, kommen-
tiert von Hans Magnus Enzenberger. Frankfurt a. M. 1965)
//
The Hessian Messenger:

*"In the year 1834 it looks as if the Bible was proved wrong. It looks as if God had made the far-
mers and craftsmen on the fifth day, and the princes and upper classes on the sixth, and as if the
Lord said to the latter: "You shall have dominion over all animals that crawl upon the earth", and
had counted the farmers and townspeople amongst the worms. The life of an upper-class citizen
is a long Sunday, they live in beautiful houses, they wear graceful dresses, they have plump faces
and speak their own language; however the populace lie before them like dung on the fields. The
farmer goes behind the plow and pushes it with the oxen attached by the yoke, he takes the grain
and leaves the stubble. The life of the farmer is a long workday; strangers consume his fields
before his very eyes, his body is calloused, his sweat is the salt on the table of the upper classes."*

```
Steinmiller, G.
- Olbers
9,m,none

Steinmiller, J.
- Olbers
24,m,farmer

Steinmiller, J.
- Olbers
52,m,farmer

Steinmiller, L.
- Olbers
8,m,none

Steinmiller, M.
- Olbers
48,f,none

Stoer, C.
- Olbers
30,f,farmer

Stopp, Carl
- Medora
28,m,joiner
Altenburg
```

lized the assassination of August Kotzebue in order to forbid any constitutional movement.

In the end the government had to act when there were calls for tax boycotts at an illegal assembly in Hesse-Darmstadt in the summer of 1819. It arrested the main contributors to the Hessian constitutional movement and suppressed the resulting unrest in Odenwald with military force[10].

However only a little later in spring of 1820 did the Grand Duchy find itself ready to grant a constitution. Without the push of any social force, the people of Hesse-Darmstadt were given a constitution that was to contribute to legitimization of control over elections, and to a new identity and territorial integrity.

Simultaneously the economic issues still persisted after the final defeat of Napoleon. In particular, agriculture exhibited grave structural problems and was only competitive to a very limited extent, and was still the main area of employment in the Grand Duchy of Hesse until the middle of the 19th century[11]. The reasons for this were mainly the small-scale operations, the low soil quality, as well as unfavorable climatic conditions in the mountain and hilly areas of the Grand Duchy. The agrarian reforms of the government had only led to limited improvements in structure.

The "emancipation of the peasants" (that is, the abolition of all duties and charges weighing on people or property, enacted for a high fee) between 1811 and 1821 was meant to mobilize the agricultural industry and make it more flexible. Many farmers could not raise the high sums of money necessary for the removal of their charges or had to enter into debt for an extremely long time. As a general price collapse for agri-

gedruckt, die das Land in unruhige Erwartung versetzte. Auch hier bildete das Attentat auf August von Kotzebue und die darauf beschlossenen Unterdrückungsmaßnahmen des Deutschen Bundes der hessen-darmstädtischen Regierung eine Handhabe zum Verbot der Verfassungsbewegung.

Als schließlich im Sommer 1819 auf illegalen Versammlungen in Hessen-Darmstadt zur Steuerverweigerung aufgerufen wurde, musste die Regierung handeln. Sie ließ die Hauptverantwortlichen der Hessischen Verfassungsbewegung verhaften und schlug die daraufhin im Odenwald ausbrechenden Unruhen militärisch nieder.[10]

Dennoch fand sich das Großherzogtum nur wenig später, im Frühjahr 1820, zur Gewährung einer Verfassung bereit. Ohne Beteiligung der gesellschaftlichen Kräfte wurde dem Volk in Hessen-Darmstadt im Jahre 1820 eine liberale Verfassung gegeben, die zur Legitimierung der Herrschaft über Wahlen und durch begrenzte Mitwirkungsrechte zu einer Identitätsstiftung und zur territorialen Integrität beitragen sollte.

Gleichzeitig bestanden auch nach der endgültigen Niederlage Napoleons die wirtschaftlichen Probleme fort. Insbesondere die Landwirtschaft, die noch bis in die Mitte des 19. Jahrhunderts den Hauptbeschäftigungssektor im Großherzogtum Hessen darstellte[11], wies gravierende Strukturprobleme auf und war nur in sehr geringem Maße konkurrenzfähig. Ursachen dafür waren vor allem kleine Betriebsgrößen, die geringe Bodenqualität sowie ungünstige klimatische Bedingungen in den Berg- und Hügelregionen des Großherzogtums. Die Agrarreformen der Regierung hatten hier nur bedingt zu Strukturverbesserungen geführt.

So sollte in der Zeit von 1811 bis 1821 die „Bauerbefreiung", d. h. die Abschaffung aller auf Personen oder Grundstücken lastenden Dienste und Abgaben gegen hohe Geldzahlungen die Landwirtschaft mobilisieren und flexibilisieren. Viele Bauern konnten die hohen Geldsummen zur Ablösung ihrer Lasten nicht aufbringen oder mussten sich auf lange Zeit hinaus hoch verschulden. Da gleichzeitig ein allgemeiner Preisverfall für landwirtschaftliche Produkte einsetzte und die Verdienstmöglichkeiten in der Landwirtschaft einschränkte,

cultural products set in, and the income opportunities in agriculture became more restricted, continual devastating crises in the Hesse-Darmstadt industry occurred until the end of the 1820s. When climatic disaster and crop failure were added to this, many of the farmers' very existence was put under threat. The agricultural industry had problems feeding its own people. Famines and food riots were the consequences.[12]

Things did not look any different as far as commerce was concerned, with production dominated by handicrafts and traditional local craftwork. No noteworthy industry had been able to develop in the Grand Duchy of Hesse between the Congress of Vienna and the middle of the 19th century. Quite the contrary – the existing structures of the proto-industrialized cloth production collapsed when the Continental Blockade was lifted, bringing in cheaper and better machine-made products from England. This development led in parts to a "re-agriculturalization"[13] of whole regions[14] – resulting in the people coming from defaulted commercial sectors not being able to earn a living. They could not find a place in structurally weak agriculture, and certainly not in industrial production[15], which was only sporadically establishing itself. Until the 1850s this critical phenomenon exacerbated itself in such a way that mass poverty and famines became characteristic of some parts of the Grand Duchy of Hesse.[16]

Migration was the only remaining option for many people who had nothing left to lose at home. In the first half of the 19th century, many Hessians emigrated to the more industrialized areas abroad, where they could hire themselves out as seasonal laborers.

Many emigrated much further, for example to Paris, to perform the most menial work –

wirkten sich die bis zum Ende der zwanziger Jahre anhaltenden Agrarkrisen auf die hessen-darmstädtische Landwirtschaft verheerend aus. Wenn Klimakatastrophen oder Ernteausfälle hinzukamen, wurde dies für viele Landwirte zur Bedrohung für ihre Existenz. Die Landwirtschaft hatte Probleme die eigene Bevölkerung zu ernähren. Hungersnöte und Hungerrevolten waren die Folgen.[12]

Nicht anders sah es in der von Handwerk und traditionellem Heimgewerbe dominierten gewerblichen Produktion aus. In den Jahrzehnten seit dem Wiener Kongress bis in die Mitte des 19. Jahrhunderts hatte sich im Großherzogtum Hessen nicht nur keine nennenswerte Industrie herausbilden können. Im Gegenteil, die bestehenden Strukturen in der protoindustriellen Tuchproduktion brachen zusammen, als sie nach Aufhebung der Kontinentalsperre der Konkurrenz der billigeren und besseren englischen Maschinenprodukte ausgesetzt wurden. Diese Entwicklung brachte in Teilen eine „Reagrarisierung"[13] ganzer Regionen.[14]

Dies führte zu der Situation, dass weder das übersetzte Handwerk noch die strukturschwache Landwirtschaft und schon gar nicht die erst punktuell sich etablierende industrielle Produktion[15] die Menschen aus dem notleidenden Gewerbesektor aufnehmen und ihnen auskömmliche Arbeit geben konnten. Bis in die 50er Jahre des 19. Jahrhunderts verschärften sich die krisenhaften Erscheinungen in einer Weise, dass Massenarmut und Hungersnöte kennzeichnend für einige Landesteile des Großherzogtums Hessen wurden.[16]

Für viele Menschen, die in der Heimat nichts zu verlieren hatten, blieb nur die Migration. So wanderten schon in der ersten Hälfte des 19. Jahrhunderts viele Hessen in die stärker industrialisierten Gebiete des deutschen Auslandes aus, wo sie sich als Saisonarbeiter verdingten.

Sehr viel weiter führte die Wanderung diejenigen, die sich z. B. nach der französischen Hauptstadt Paris wandten, um dort die niedrigsten Arbeiten zu verrichten, sie arbeiteten als Straßenkehrer, sammelten Müll, entleerten die Gülle- und Dunggruben oder betrieben die Abdeckerei.[17]

Am weitesten in der Welt herum kamen die sogenannten „Hurdy-Gurdy Girls". Seit den zwanziger Jahren des 19. Jahrhunderts

Hurdy-Gurdy Frauen in Kanada, 1865 //
Hurdy-Gurdy women in Canada, 1865

Sudinger, Heinrich
- Medora
33,m,tailor
Heddesdorf

Sudinger, Josiphin
- Medora
24,f,none
Sayn

Tausch, Carl
- Medora
46,m,farmer
Erfurt

Tausch, Charlotte
- Medora
17,f,none
Erfurt

Tausch, Wilhelm
- Medora
7,m,none
Erfurt

Teseil, M
- Olbers
25,m,farmer

Trafel
none

Utrier, J
- Olbers
16,m,farmer

Vitt, J T
- Olbers
24,m,farmer

Volz, C
- Olbers
6,m,none

Volz, E
- Olbers
3,m,none

Ludwig II, Großherzog von Hessen //
Louis II, Grand Duke of Hesse

zogen Fliegenwedelhändler aus einigen Dörfern Oberhessens durch die Welt. Zur Förderung des Verkaufs nahmen sie junge Mädchen mit, die zum Spiel der Drehleier (Hurdy Gurdy) sangen und tanzten. Diese „Hurdy-Gurdy Girls" erreichten über England auch die Vereinigten Staaten von Nordamerika und kamen sogar bis nach Kalifornien. Viele verarmte Eltern ließen ihre Mädchen mit den Landgängern (Fliegenwedelhändlern) mitziehen. Häufiger kehrten sie ohne Geld und krank zurück. Oft genug gerieten sie an die Grenzen zu Prostitution und Kriminalität. Jene Mädchen aber, die mittels des Hurdy-Gurdy-Daseins zu Wohlstand kamen, kehrten in ihre Heimatorte zurück, um dort andere Mädchen anzuwerben.[18]

Diese Formen der Migration hatten nicht das Ziel, die Heimat endgültig zu verlassen. Die Menschen folgten hier vielmehr temporären Möglichkeiten, sich einen Verdienst zu erarbeiten, um danach wieder in die Heimat zurückzukehren. Daneben entdeckten immer mehr Hessen die Auswanderung – d. h. die endgültige Abkehr von der Heimat – als Möglichkeit, der persönlichen Notlage zu entkommen.

War die hessen-darmstädtische Regierung bis dahin eher zögerlich gegenüber Auswanderungswünschen gewesen, begann sie nun, angesichts der politischen und wirtschaftlichen Dauerkrise, die Auswanderung aus einem anderen Blickwinkel zu betrachten.[19]

they worked as street sweepers, emptying the garbage, the slurry and manure pits, or operated the rendering plant.[17]

Yet the so-called "Hurdy-Gurdy Girls" went furthest around the world. Since the 1820s, fly whisk merchants had been coming from villages in Hesse to wander the world. To promote sales they took young girls along who danced and sang to the melody of the hurdy-gurdy. These "Hurdy-Gurdy Girls" reached the United States via England, and even made it as far as California. Many impoverished parents let their girls go with these merchants. Frequently they returned home sick and without money, and often enough had driven them to prostitution and crime. Some girls, however, having profited from this existence, returned home to recruit others.[18]

The people undertaking these forms of migration did not have the intention to leave their homeland for good: rather they pursued the temporary possibilities open to them, to work hard, then to return home. In addition, many Hessians discovered emigration – in the permanent sense – as a real possibility for escaping their personal plight.

If the Hesse-Darmstadt government had been hesitant to approach the subject of emigration until this point, they now began to regard the matter from another perspective, in light of the sustained political and economic crisis.[19] In 1820, the Constitution of Hesse began to allow subjects to leave the country legally.

If the government in Darmstadt had heretofore been trying to prevent emigration, they now saw in it a possible pressure valve that could unburden the land from social weakness, perturbed lower classes, and criminal or radical elements – they hoped to stabilize public order

Seit 1820 sah die Hessische Verfassung eine rechtliche Regelung vor, die das Verlassen des Untertanenverbandes vorsah. Hatte die Regierung in Darmstadt bis dahin versucht, Auswanderungen zu verhindern, so sah sie in ihr nun ein Ventil, durch welches man sich von sozial Schwachen, unruhigen Unterschichten, kriminellen oder auch radikalen Elementen entlasten konnte. Gleichzeitig erhoffte man sich durch den Wegzug „unruhiger Volksteile" eine Stabilisierung der staatlichen Ordnung. Entsprechend wurden nun Regelungen geschaffen, welche das Verlassen des Untertanenverbandes erleichterten.[20] Die Auswanderungszahlen stiegen daraufhin zwar an, doch konnte allein durch die Emigration keines der bestehenden Probleme gelöst werden.

Die Landwirtschaft und die gewerbliche Produktion des Großherzogtums befanden sich dauerhaft in einem desolaten Zustand, die Staatseinnahmen stagnierten. Die ambitionierten Reformprogramme waren vielfach steckengeblieben und auch die parlamentarische Beteiligung der Bevölkerung geschah nur halbherzig. So sah sich die Regierung von Hessen-Darmstadt vielen Problemfeldern gleichzeitig gegenüber. Die Staatskasse war leer, Einnahmen über Steuern flossen nur spärlich und es gab immer wieder Lebensmittelknappheit in einzelnen Landesteilen.

Vor diesem Hintergrund strahlte die Revolution in Frankreich im Frühjahr 1830 auf Hessen-Darmstadt aus. Durch ihren Einfluss kam es zu kurzfristigen Lockerungen der Zensur- und Überwachungsmechanismen. Erneut gab es Hoffnung auf eine Verbesserung der Situation, auf eine größere parlamentarische Beteiligung und auf eine Liberalisierung der Gesellschaft und Wirtschaft. Der gleichzeitig erfolgte Regierungswechsel in Darmstadt wies jedoch in die entgegengesetzte Richtung.[21]

Dies wurde sehr deutlich, als es in Oberhessen im Herbst 1830 zu Hungerunruhen und zu Bauernaufständen kam. Die Regierung ließ sie durch Militär blutig niedergeschlagen. Damit beschwor sie jedoch nur noch heftigere Angriffe der Opposition in der politischen Publizistik und in der Presse herauf. Während die fortschrittlichen Kräfte nun ihre Agitation gegen die bürokratische Obrigkeit verstärkten und auf eine beschleunigte Liberalisierung und Demokratisierung innerhalb des gegebenen Verfassungsrahmens drängten, radikalisierten

through the riddance of "restless parts of the population" at the same time. Correspondingly, provisions were enacted to facilitate the emigration of subjects.[20] While the numbers of emigrants certainly increased, none of the existing problems could be solved solely through emigration.

Agriculture and commercial production in the Grand Duchy was in a wretched state and was stagnating government revenue. The ambitious reform programs had ground to a halt and even the participation of the population in parliament occurred only half-heartedly. The government of Hesse-Darmstadt was thereby confronted with manifold problems. The treasury was empty, revenue from taxes was sparse, there were always food shortages in parts of the country.

Against this backdrop the revolution in France impacted Hesse-Darmstadt in 1830. Its influence led to short-term abatement of the censoring and monitoring mechanisms. There was renewed hope for improving the situation, for greater participation in parliament, and for a liberalization of society and economy. The simultaneous change of government in Darmstadt, however, pointed in the opposite direction.[21]

This became very clear when food riots and farmer rebellions occurred in Upper Hesse. The government subdued the uprisings with a bloody military intervention. However they only managed to invoke more vehement attacks from the opposition in the press and political journalism.

Some other groups radicalized further, while the progressive forces intensified their agitation against the bureaucratic authorities and pushed for an accelerated liberalization and democratization within the preexisting sich andere weiter. Sie drängten nun auf den gewaltsamen Umsturz der staatlichen Ordnung und planten direkte Aktionen.

Eine kleine Gruppe versuchte in Frankfurt am Main, am Sitz des ständigen Gesandtenkongresses des Deutschen Bundes, in einer spektakulären, aber dilettantisch durchgeführten Aktion, durch den Sturm auf die Konstablerwache eine allgemeine Revolution in ganz Deutschland auszulösen. Einen kleinen Zirkel, der sich in Hessen-Darmstadt um den Butzbacher Rektor Friedrich Ludwig Weidig gebildet hatte, trieb dies zu noch größerer Radikalität. Als Georg Büchner zu dieser Gruppe stieß, veröffentlichte sie im Sommer 1834 die Flugschrift der „Hessische Landboten", worin sie zur Revolution im Großherzogtum Hessen aufrief und zum gewaltsamen Aufstand gegen die „Vornehmen".[22]

Vor diesem Hintergrund gerieten ab 1830 alle freiheitlich und demokratisch Gesinnten – oftmals handelte es sich um

The Hessian Messenger:
"First Message
Darmstadt, July 1834
Preliminary report
This page shall declare the truth to the land of Hesse, but whoever speaks the truth will be hanged, and even those who read the truth may be punished by perjured judges. Those who have received this page must observe the following:
1. You must keep the page safe outside of your home, away from the police.
2. You may only pass it on to loyal friends.
3. Those who you do not trust, including yourself, may only lodge it somewhere in secret.
4. If the page is found and read by someone, this person must confess that he wanted to bring it to the local authorities.
5. If this page has been found on a person but remains unread, this person is of course innocent."

//
Der Hessische Landbote:
„Erste Botschaft
Darmstadt, im Juli 1834
Vorbericht
Dieses Blatt soll dem hessischen Lande die Wahrheit
melden, aber wer die Wahrheit sagt, wird gehenkt,
ja sogar der, welcher die Wahrheit liest, wird durch
meineidige Richter vielleicht gestraft. Darum haben die,
welchen dies Blatt zukommt, folgendes zu beobachten:
1. Sie müssen das Blatt sorgfältig außerhalb ihres Hauses vor der Polizei verwahren;
2. sie dürfen es nur an treue Freunde mitteilen;
3. denen, welche sie nicht trauen, wie sich selbst, dürfen
sie es nur heimlich hinterlegen;
4. würde das Blatt dennoch bei Einem gefunden, der
es gelesen hat, so muß er gestehen, daß er es eben dem
Kreisrat habe bringen wollen;
5. wer das Blatt nicht gelesen hat, wenn man es bei ihm
findet, der ist natürlich ohne Schuld."
(Georg Büchner, Ludwig Weidig: Der Hessische Landbote. Texte, Briefe, Prozessakten, kommentiert von Hans
Magnus Enzenberger. Frankfurt a. M. 1965)

Friedrich Münch, Gedanken einsamer Stunden:
„Indessen waren im Sommer 1832 solche politische Verhältnisse in Teutschland eingetreten, die [aber] sowenig mit den besonders seit 1830 gehegten
Erwartungen der Vaterlandsfreunde entsprachen, als sie gegründete Hoffnung zu einer Verbesserung des öffentlichen Zustandes unseres Volks übrig
liesen. Der Blick vieler der Entschlossenen richtete sich auf das freie Nordamerika, - und so geschah es dann, daß [von] meinem Schwager Follenius
und mir eine Auswanderung im Großen aus Teutschland nach den westlichen
Theilen der nordamerikanischen Freistaaten verabredet und unternommen
wurde."
(Muench Family Papers, Missouri History Museum, St. Louis)
//
Friedrich Muench, Thoughts in Lonely Hours:
"Meanwhile so many political conditions had been introduced to Germany
in summer 1832 which corresponded so little to the cherished expectations
held by patriots of the fatherland since 1830 especially as they left no reaso-
nable hope for improvement in the public affairs of our people. The gaze of
the determined fell on free North America, – and so it happened then, that
my brother-in-law and I organized and undertook a mass emigration from
Germany to the western parts of the North American free states."

Nieder-Gemünden

constitutional framework – they were pushing now for the violent overthrow of the state order and were planning direct action.

In Frankfurt, at the permanent residence of the emissaries' congress, a small group attempted to ignite a general revolution in all of Germany through an attack on the guard house Konstablerwache.

Another small group, which had formed around Butzbach rector Friedrich Ludwig Weidig in Hesse-Darmstadt, performed even more radical actions. In the summer of 1834, when Georg Büchner joined the group, they published the pamphlet "Der Hessische Landbote" (The Hessian Messenger) in which they called for revolution in the Grand Duchy of Hesse and for the violent uprising against the "upper classes".[22]

Given this context all liberal or democratically-minded people (often the same group of people under suspicion since 1819) were targeted anew by the police starting in 1830. Due to the meticulousness of the files, all those who were under suspicion in the years before could be seized yet again – and yet again they were spied upon, interrogated, and arrested.

denselben Personenkreis, der schon nach 1819 unter Verdacht stand – erneut ins Visier der Polizeiorgane. Aus den akribisch geführten Akten konnten nun all jene erneut hervorgeholt werden, die sich schon früher verdächtig gemacht hatten. Erneut wurden sie bespitzelt, verhört und verhaftet.

Viele der demokratisch gesinnten Persönlichkeiten gerieten in existenzielle Bedrängnis. Wer sich unmittelbar an umstürzlerischen Aktionen, wie dem „Wachensturm" oder der „Hessischen Verschwörung" Büchners und Weidigs beteiligt hatte, tat gut daran, sich durch Flucht ins Ausland abzusetzen.[23]

Doch auch jene, die sich nicht aktiv beteiligt hatten, aber dennoch auf Veränderungen im Staat dringend hofften, gerieten in eine Entscheidungssituation. Sie mussten sich die Frage stellen, ob gesellschaftliche Veränderungen gegen die alles beherrschende Staatsbürokratie im Rahmen des politischen Systems und unter den gegebenen Kräfteverhältnissen überhaupt durchsetzbar waren.

Seit 1820 hatten sich viele der damals radikalen Studenten im autoritär-bürokratischen System des Großherzogtums eingerichtet und so ihren Lebensunterhalt gesichert, hatten sich in Nischen zurückgezogen und auf Besserung gehofft. Sie zogen nun Bilanz und erkannten, dass alle Versuche innerhalb des Systems Einfluss zu nehmen, gescheitert und gewaltsame Aktionen gegen die Obrigkeit aufgrund der aktuellen Kräfteverhältnisse aussichtslos waren.

Daher war ihre Antwort: Eine Verbesserung kann hier in der hessischen Heimat nicht herbeigeführt werden. Die Konsequenz war Emigration. Wenn eine Chance zu einer freieren, demokratischeren und stärker selbstbestimmten Lebensweise bestand, dann konnte sie nur in der neuen Welt realisiert werden.

Vor diesem politischen Hintergrund verließen zu Beginn und in der Mitte der dreißiger Jahre viele Hessen die Heimat. In der Regel waren sie relativ gut ausgebildet, ohne direkte materielle Nöte und daher lagen Ihre Beweggründe nicht darin, existenziell wirtschaftlicher Not zu entkommen oder in der Nutzung von ökonomischen Chancen im Ausland. Die Motive zur Auswanderung lagen vielfach in der Hoffnung auf bessere Entfaltung der eigenen Persönlichkeit und in der festen Überzeugung, eine freiere und gerechtere Gesellschaft errichten zu können.

Many of the democratically-minded people fell into existential fear. Whoever participated directly in subversive actions, like the "Wachensturm" (assault on the Frankfurt guard house) or the "Hessian Conspiracy" of Büchner and Weidig, did well to flee abroad.[23]

Yet also those who had not actively participated but who nevertheless desperately hoped for change in the state had to face a difficult decision. They had to ask themselves if social change could be effected against the all-powerful state bureaucracy within the framework of the political system and the preexisting balance of power.

Since 1820 many formerly radical students had established themselves in the authoritarian-bureaucratic system of the Grand Duchy and thereby assuring their livelihood, had withdrawn into niches, and hoped for improvement. Assessing the situation they recognized that any attempts to influence the system from the inside would fail, and that violent actions against the authorities were hopeless due to the current balance of power. Hence their answer: an improvement cannot be brought about here in the Hessian homeland. The consequence was emigration. If there was a chance for a freer, more democratic, and more self-determined way of life, it could only be realized in the new world.

In this political context, many Hessians left their homeland in the first half of the 1830s. In general they were relatively well-educated, suffered from no direct material deprivation. They were not motivated to escape an existential economic crisis or to exploit an economy abroad. Their motives for emigration arose in many cases from the hope for their individual pursuit of happiness, and from the firm conviction that they may build a freer and more just society.

Translated by Andrew Cook

```
Volz, H.
- Olbers
8mnone

Volz, H.
- Olbers
38mfarmer

Volz, M.
- Olbers
29fnone

Walther, N.
- Olbers
35,m,farmer

Weber, Margaretha
- Medora
24,f,Coburg

Weidenbach, Wilhelm Julius
- Medora
38,m,farmer
Niedergemünden

Weinrich, E.
- Olbers
22,f,none
```

1 - Friedrich Ludwig Weidig (geboren 1791), Karl Follen (geboren 1796), Paul Follen (geboren 1799) und Friedrich Münch (geboren 1799).

2 - Helmut Berding: Moderner Antisemitismus. Suhrkamp/Insel. Frankfurt 1988. S. 20.

3 - Berding: Antisemitismus, S. 20.

4 - Thomas Nipperdey: Deutsche Geschichte 1800-1866. Bürgerwelt und starker Staat. C. H. Beck. München 1983.

5 - Eckhart G. Franz: Der Staat der Großherzöge von Hessen und bei Rhein 1806-1918. In: Das Werden Hessens. Hg. v. W. Heinemeyer. Marburg 1986. S. 482-483.

6 - Helmut Berding/Hans-Werner Hahn: Handbuch der deutschen Geschichte Bd. 14. Reformen, Restauration und Revolution 1806-1848/49. Klett-Cotta, Stuttgart 2010, S. 99.

7 - Franz. Der Staat. S. 484.

8 - Franz: Der Staat. S. 482-483.

9 - Franz: Der Staat. S. 484-485.

10 - Franz: Der Staat. S. 485.

11 - Hans-Werner Hahn: Wirtschaft und Verkehr. In: Handbuch der Hessischen Geschichte. Band 1. Bevölkerung, Wirtschaft und Staat in Hessen 1806-1945. Hg. Historische Kommission für Hessen. Marburg 2010. S. 73-249, hier S. 96 u. 104-105.

12 - Hahn: Wirtschaft und Verkehr, S. 100-103.

13 - Hahn: Wirtschaft und Verkehr, S. 109.

14 - Hahn: Wirtschaft und Verkehr, S. 104-109.

15 - Hahn: Wirtschaft und Verkehr, S.105:"Im Jahre 1834 gab es im Großherzogtum Hessen erst 1.854 männliche und 430 weibliche Fabrikarbeiter."

16 - Hahn: Wirtschaft und Verkehr, S. 113.

17 - Mareike König: Deutsche Handwerker: Arbeiter und Dienstmädchen in Paris. Eine vergessene Migration im 19. Jahrhundert. Oldenbourg. München 2003.

18 - Ottokar Schupp: Hurdy-Gurdy. Bilder aus einem Landgänger-Dorf. Espa 1867.

19 - Hans Richter: Hessen und die Auswanderung. In: Mitteilungen des Oberhessischen Geschichtsvereins. NF 32. Töpelmann. Gießen 1934, S. 49-139, hier S. 73.

20 - Richter: Auswanderung, S. 86-87 u. S. 92-96. Vgl. Peter Assion: Von Hessen in die Neue Welt. Insel. Frankfurt 1987; S. 47-49 u. Wolf-Heino Struck: Zur dreihundertjährigen Geschichte der hessischen Auswanderung in die Vereinigten Staaten von Nordamerika. In: Hans Herder (Hg.), Hessisches Auswandererbuch, Insel Verlag, Frankfurt a. M. 1983, S. 13-62, hier S. 34.

21 - Franz: Der Staat, S. 490.

22 - Der Hessische Landbote. in: Georg Büchner, Ludwig Weidig: Der Hessische Landbote. Texte, Briefe, Prozeßakten, kommentiert von Hand Magnus Enzensberger. Insel. Frankfurt a. M. 1965.

23 - Struck, S. 36-37.

//

1 - Friedrich Ludwig Weidig (born in 1791), Karl Follen (born in 1796), Paul Follen (born in 1799) und Friedrich Muench (born in 1799).

2 - Helmut Berding: Moderner Antisemitismus. Suhrkamp/Insel. Frankfurt 1988, p. 20.

3 - Berding: Antisemitismus, p. 20.

4 - Thomas Nipperdey: Deutsche Geschichte 1800-1866. Bürgerwelt und starker Staat. C. H. Beck. München 1983.
5 - Eckhart G. Franz: Der Staat der Großherzöge von Hessen und bei Rhein 1806-1918. In: Das Werden Hessens. Hg. v. W. Heinemeyer. Marburg 1986. p. 482-483.

6 - Helmut Berding/Hans-Werner Hahn: Handbuch der deutschen Geschichte Bd. 14. Reformen, Restauration und Revolution 1806-1848/49. Klett-Cotta, Stuttgart 2010, p. 99.

7 - Franz: Der Staat. p. 484.

8 - Franz: Der Staat. p. 482-483.

9 - Franz: Der Staat. p. 484-485.

10 - Franz: Der Staat. p. 485.

11 - Hans-Werner Hahn: Wirtschaft und Verkehr. In: Handbuch der Hessischen Geschichte. Band 1. Bevölkerung, Wirtschaft und Staat in Hessen 1806-1945. Hg. Historische Kommission für Hessen. Marburg 2010, p. 73-249, see p. 96 u. 104-105.

12 - Hahn: Wirtschaft und Verkehr, p. 100-103.

13 - Hahn: Wirtschaft und Verkehr, p. 109.

14 - Hahn: Wirtschaft und Verkehr, p. 104-109.

15 - Hahn: Wirtschaft und Verkehr, p.105:"In 1834 there were only 1.854 male and 430 female factory workers in the Grand Duchy of Hessen".

16 - Hahn: Wirtschaft und Verkehr, p. 113.

17 - Mareike König: Deutsche Handwerker: Arbeiter und Dienstmädchen in Paris. Eine vergessene Migration im 19. Jahrhundert. Oldenbourg. München 2003.

18 - Ottokar Schupp: Hurdy-Gurdy. Bilder aus einem Landgänger-Dorf. Espa 1867.

19 - Hans Richter: Hessen und die Auswanderung. In: Mitteilungen des Oberhessischen Geschichtsvereins. NF 32. Töpelmann. Gießen 1934, p. 49-139, hier p. 73.

20 - Richter: Auswanderung, p. 86-87 and p. 92-96. See Peter Assion: Von Hessen in die Neue Welt. Insel. Frankfurt 1987; p. 47-49 and Wolf-Heino Struck: Zur dreihundertjährigen Geschichte der hessischen Auswanderung in die Vereinigten Staaten von Nordamerika. In: Hans Herder (Hg.), Hessisches Auswandererbuch, Insel Verlag, Frankfurt a. M. 1983, p. 13-62, see p. 34.

21 - Franz: Der Staat, p. 490.

22 - Der Hessische Landbote. in: Georg Büchner, Ludwig Weidig: Der Hessische Landbote. Texte, Briefe, Prozeßakten, kommentiert von Hand Magnus Enzensberger. Insel. Frankfurt a. M. 1965.

23 - Struck, p. 36-37.

Nieder-Gemünden

Weinrich, M.
- Olbers
16,f,none

Weinrick, J.
- Olbers
26,m,farmer

Weliker, Wilhelm
- Medora
28,m,cooper
Neuwied

Welker, A.
- Olbers
1,m,none

The Giessen Emigration Society – Success or Failure? // Die Gießener Auswanderergesellschaft – Vision und Wirklichkeit

Kilian Spiethoff

Ever since the 1880s and 1890s the adventurous story of the "Giessen Emigrant Society" has attracted interest from historical research for the most varied reasons.[1] In the nationalistically and imperialistically tense atmosphere of the late 19th and early 20th century, the attention was primarily upon the expansive and colonial traits of the undertaking. As a consequence the answer to the question of whether the project could altogether be considered as successful usually varied between a resigned "No" and a defiant "But yes!"

No doubt – whoever wants to regard Friedrich Muench and Paul Follenius exclusively as the trailblazers of a new Germany[2] will surely be disappointed by their low degree of success: the "harsh reality" had "shattered the romantic dreams" reasoned Rudolf Cronau in 1909[3]; and Ewald Schnitzer reckoned that the whole project had been a "failure".[4] A historian from the years of the Third Reich enthusiastically praised the initiators' "nationalistic intention", but on the other hand regretfully complained about them having been "influenced too deeply by an individualistic conception of the world" for these tasks, and "concerned too much about their personal freedom and personal equality".[5] Other scholars were not willing to put up with such disillusioning judgments – above all many German-American historians who were anxious to underline the significance of the German

Schon seit den 1880er und 1890er Jahren hat die abenteuerliche Geschichte der „Gießener Auswanderergesellschaft" aus den verschiedensten Gründen das Interesse der historischen Forschung auf sich gezogen.[1] In der nationalistisch und imperialistisch aufgeheizten Atmosphäre des späten 19. und frühen 20. Jahrhunderts galt die Aufmerksamkeit dabei zunächst vor allem den expansiven und kolonisatorischen Zügen des Unternehmens. Die Antworten auf die Frage, ob das Projekt im Ganzen als erfolgreich bezeichnet werden könne, variierten demzufolge gewöhnlich zwischen einem resignierten „Nein" und einem trotzigen „Und doch".

Wer in Friedrich Münch und Paul Follenius partout nur die Wegbereiter eines neuen Deutschlands[2] erblicken wollte, den musste das Maß des Erreichten freilich enttäuschen: Die „rauhe Wirklichkeit" habe die „romantischen Träume [...] zunichte" gemacht, urteilte Rudolf Cronau 1909[3]; das gesamte Projekt sei ein „Fehlschlag" gewesen, meinte Ewald Schnitzer.[4] Eine Historikerin aus den Jahren des „Dritten Reichs" bemängelte gar, die beiden Initiatoren hätten zwar durchaus „nationale Absichten gehabt", seien aber ansonsten „für diese Aufgabe schon zu sehr von einer individualistischen Weltauffassung beeinflusst, zu sehr auf ihre persönliche Freiheit und persönliche Gleichberechtigung bedacht" gewesen...[5] Andere Wissenschaftler dagegen wollten sich mit derart ernüchternden Urteilen nicht zufrieden geben – hierzu zählten vor allem deutschamerikanische Historiker, denen es ein Anliegen war, die Bedeutung der deutschen Einwanderung für die kulturelle Entwicklung der USA zu unterstreichen. So beharrte etwa

Albert Faust: „No German state was formed […] but Germans accomplished what earlier settlers had not done: they gained a permanent foothold for themselves, their descendants and thousands of their countrymen, and they nobly served the land of their adoption".[6] Und ein gewisser Karl Gundlach aus St. Louis verstieg sich zu der Behauptung, den „hochgebildeten" Gießenern (sowie dem „Deutschtum in Missouri" überhaupt) wäre „vorzugsweise die Entwickelung des industriellen und politischen Lebens des Staates zu verdanken"(!).[7]

Die chauvinistisch gefärbten Macht- und Überlegenheitskomplexe jener Jahre gehören glücklicherweise der Vergangenheit an. Darüber hinaus erschiene es aus heutiger Sicht aber auch zu einseitig, Erfolg oder Scheitern der Gießener Auswanderergesellschaft allein an staatspolitischen Kriterien zu messen. Vielmehr gilt es, daneben auch die Ziele und Visionen, welche die individuellen Teilnehmer zur Emigration bewegt hatten, in einer Gesamtbewertung zu berücksichtigen. Hierzu zählt natürlich an erster Stelle die erhoffte Freiheit der „innersten Überzeugung" und ihres „Ausdrucks in Wort und That".[8] Dieser Wunsch ging für alle Teilnehmer in hohem Maß in Erfüllung. Gerade Friedrich Münch schwärmte sein Leben lang über das „erhebende Gefühl, in der Hauptsache sich alles selbst sein und leisten zu können" und über die „ungehemmteste Bewegung in aller Art des Thuns, die es ganz in Vergessenheit bringt, dass man regiert wird".[9] Auch das Maß an religiöser Toleranz innerhalb der USA wurde im Allgemeinen recht positiv gewertet.[10] Deutlich uneinheitlicher fiel das Ergebnis dagegen hinsichtlich der Mittel für die Sicherung der „leiblichen Existenz" aus.[11] Während Münch 1847 in einer öffentlichen Darstellung noch behauptete, dass sich „die Theilnehmer […] nach einem mitunter harten Anfang jetzt wohl und zufrieden" befänden, „viele wohlhabend" geworden seien, andere sich eines „unabhängigen Besitzes" erfreuten und keiner den getanen Schritt bereuen würde[12], zeichneten seine mündlichen Äußerungen in einem Gespräch mit Heinrich Rattermann dreißig Jahre später ein völlig anderes Bild: „Unseren gelehrten theoretischen Farmern […] kamen die schweren Feldarbeiten ungewohnt vor. […] Nur wenige haben die herbe Prüfungszeit überlebt und sie sind jetzt behäbige Bauern in der Umgegend geworden. Zu diesen freue ich mich zu gehören. Die meisten […] aber sind zum Theil nach allen Richtungen hin wieder fortgezogen, zum Theil gestorben,

Welker, F.
– Olbers
3,m,none

Welker, F.
– Olbers
34,m,farmer

Welker, M.
– Olbers
23,m,none

Werheim, C.
– Olbers
6,m,none

Werheim, C.
– Olbers
13,m,farmer

Werheim, C.
– Olbers
22,m,farmer

Werheim, G.
– Olbers
3,m,none

Werheim, J.
– Olbers
19,m,farmer

Werheim, J.
– Olbers
52,m,farmer

Werheim, M.
– Olbers
28,f,none

immigration for the cultural development of the USA. Albert Faust insisted that "No German state was formed … but Germans accomplished what earlier settlers had not done: they gained a permanent foothold for themselves, their descendants and thousands of their countrymen, and they nobly served the land of their adoption".[6] And a certain Karl Gundlach from St. Louis very seriously made the claim that the whole development of the industrial and political life of the state had been primarily due to the "highly educated" Germans and the extent of the German immigration to Missouri...[7]

The chauvinist-tinged power and superiority complexes of those years are luckily behind us. It would also appear too one-sided, from our present point of view, to measure the success or failure of the Giessen Emigration Society exclusively using the criteria of national policy. Instead it is also necessary to consider the goals and visions which had inspired the individual participants to emigrate as part of a more complete evaluation. This includes of course first and foremost the hoped-for freedom of the "deepest conviction" and its "expression in word and deed."[8] This wish came true to a large extent for many participants. Especially Friedrich Muench was enthusiastic his whole life about the "uplifting feeling of being able to be and provide everything for yourself for the main" and about the "most uninhibited movement in every kind of action which nearly causes one to forget that he is being governed".[9] Also the degree of religious tolerance in the USA was judged quite positively by most.[10] By contrast, however, the conclusions were much more inconsistent regarding the resources for securing their actual "physical existence".[11] In 1847, while Muench still maintained in public that "the participants …, after a sometimes difficult beginning, now found themselves well and content", "many (had become) wealthy", others delighted in "independent ownership", and no one regretted a single step[12], his verbal statements in private paint an entirely different picture, as we can see in a conversation with Heinrich Rattermann thirty years later: "The difficult field work was unfamiliar … to our learned, theoretical farmers. … Only a few survived the harsh ordeal and have now become stately farmers in this area. I am happy to count myself amongst this group. Concerning most of them … a portion of them migrated in any direction imaginable, some died, rotted. They had a bitter time to

fight through, and it was the ruin of many of them."[13] Communication from the emigrants' own circles conform to this account. In 1834, a "cheated mother" from Coburg published a scathing attack in many newspapers against the "emigration chiefs" Muench and Follenius – who allegedly had "brought so many good families to ruin … with their luring statutes".[14] In the end it probably depended on the degree of political persecution suffered by each individual, whether they "continually mourned what they had left behind, found everything here detestable and insupportable and always measured the local standard of living solely against the German one"[15] or even in hard times looked back on their undertaking "with satisfaction, not with remorse".[16] "The only ones who will not feel deceived" judged Carl Neyfeld, a former Polish captain, "are those which arrive ready for the most strenuous physical exertion and effort, in exchange for which they may lead an independent life as a free citizen of a free country.[17]

Coming now to the third large target of the project's initiators – the "persistence of German civilization, language, etc"[18] – it may be asserted that it was not completely missed but rather attained for a certain period of time. Even without the "protection" afforded by an independent state institution, many immigrants retained their cultural and linguistic habits and tended to settle together in connected strips of land. In Warren, St. Charles, Franklin, and Gasconade counties, a

Gießen // Giessen

Werheim, M.
- Olbers
52,f,none

Werheim, P.
- Olbers
28,m,farmer

Werheim, T.
- Olbers
16,m,farmer

Werheim, V.
- Olbers
10,m,farmer

Werner, H.
- Olbers
5,m,none

Werner, J.
- Olbers
8,m,none

Werner, J.
- Olbers
33,m,farmer

Werner, M.
- Olbers
41,f,none

Wessel, Edmund
- Medora
29,m,brewer
Bonn

Wessel, J.
- Olbers
31,m,farmer

verdorben. Sie hatten eine herbe Zeit zu durchkämpfen und Mancher ist darin untergegangen."[13] Dieser Darstellung entsprechen Mitteilungen aus Kreisen der Auswanderer selbst. Eine „betrogene Familienmutter" aus Coburg veröffentlichte Mitte 1834 in mehreren deutschen Zeitungen scharfe Angriffe gegen die „Auswanderungshäuptlinge" Münch und Follenius – diese hätten mit ihren „anlockenden Statuten [...] so manche brave Familie ins Verderben gestürzt".[14] Letztendlich kam es wohl immer auf das Maß der politischen Verfolgung der Einzelnen an, ob sie „beständig um das, was sie verlassen, trauerten, alles hier abscheulich und unerträglich fanden, und das hiesige Leben blos vergleichsweise mit dem deutschen beurtheilten"[15], oder auch in kritischen Zeiten „mit Zufriedenheit, nicht mit Reue" auf ihr Unternehmen zurückblickten.[16] „Nur derjenige wird sich nicht getäuscht finden" urteilte etwa der ehemals polnische Hauptmann Carl Neyfeld, „der mit der Überzeugung hier ankommt, dass ihn hier die größten körperlichen Anstrengungen und Mühen erwarten, wofür er aber ein unabhängiges Leben als freier Bürger eines freien Landes führen darf".[17]

Kommt man endlich auf das dritte große Ziel der Initiatoren zu sprechen – die Sicherung des „Fortbestehens teutscher Gesittung, Sprache usw."[18] –, so bleibt festzuhalten, dass es jedenfalls nicht vollständig verfehlt, sondern zumindest für einen gewissen Zeitraum erreicht wurde. Auch ohne den „Schutzmantel" einer eigenständigen staatlichen Organisation behielten viele Einwanderer ihre kulturellen und sprachlichen Gewohnheiten bei und neigten dazu, sich in zusammenhängenden Landstrichen anzusiedeln. In den Counties Warren, St. Charles, Franklin, und Gasconade (einem Gebiet von der doppelten Größe des Saarlands) bestand Ende des 19. Jahrhunderts die große Mehrheit der Bevölkerung aus Deutschen oder Nachkommen von Deutschen.[19] Selbst außenstehende Beobachter fanden sich Ende der 1860er Jahre bereit, zu bestätigen, dass das, was „er [Münch] und sein Freund erreichen wollten", im Wesentlichen erreicht worden sei, nämlich ein „verjüngtes Deutschthum in der nordamerikanischen Republik, kräftig wachsend durch die außerordentlichen Hülfsquellen dieses Landes, frei sich entfaltend unter seinen Staatseinrichtungen und nicht allzu schwer in geistiger Verbindung zu erhalten mit dem alten Vaterlande und seinen reichen Mitteln der Bildung".[20] Erst in der zweiten und dritten

large majority of the population were either Germans or descendants of Germans in the late 19th century.[19] At the end of the 1860s, even outside observers found themselves ready to confirm that what "he [Muench] and his friend wanted to attain" had in essence been attained, namely, a "rejuvenated German population in the North American republic, growing strong through the exceptional resources of this land, burgeoning freely under its state institutions and not altogether difficult to remain in intellectual connection with the old fatherland and its fortune in education".[20] The use of the German language in these regions only gradually started to dissipate with the second and third generations and especially with the experiences of the First and Second World Wars.

Soon after the first few years in the new world, even the two initiators of the project distanced themselves from their original plans of founding a purely German state in the Union. The initial skepticism and hesitancy towards the Anglo-Americans gave way bit by bit to a friendlier outlook. Regarding Paul Follenius, one reads that "instead of spoiling the time uselessly lamenting and longing", he sought to "re-root the better and more beautiful elements of the old homeland into the new one and to pleasantly ramify the praiseworthy attitudes of both countries[21]: "He plowed the furrows of his field, he planted the fruit-bearing trees and grapevines in his farmsteads; his noble heart rejoiced in the warm rays of the sun of freedom and dreamt, in loving remembrance, of German

Generation sowie vor allem durch die Erfahrungen des Ersten und Zweiten Weltkriegs ging der Gebrauch der deutschen Sprache in diesen Regionen allmählich verloren.

Von ihren ursprünglichen Plänen zur Gründung eines rein deutschen Staates in der Union haben sich die beiden Initiatoren des Projekts nach ihren ersten Jahren in der Neuen Welt bald selbst distanziert. Die anfängliche Skepsis und Zurückhaltung gegenüber den Angloamerikanern wich nach und nach einer freundlicheren Einstellung. Von Paul Follenius heißt es, er habe „anstatt mit unnützen Sehnsuchtsklagen die Zeit zu verderben, […] das Bessere und Schöne des alten Heimatlandes auf das neue zu verpflanzen und die preiswürdigen Richtungen beider Länder freundlich zu verzweigen" gesucht[21]: „[Er] zog mit seinem Pfluge die Furchen des Ackers; er pflanzte in seinem Gehöfte die fruchttragenden Bäume und den Weinstock; sein edles Herz freute sich der warmen Strahlen der Freiheitssonne und träumte, liebenden Angedenkens, von den deutschen

Fluren und Gefilden. Den Plan aber, hier ein neues Germanien zu gründen, hat er später oft selbst als thöricht belächelt."[22] Auch Friedrich Münch lebte sich immer besser in den amerikanischen Verhältnissen ein. Als 1848 in Deutschland die Revolution ausbrach und alle Zeichen auf eine freiheitliche Entwicklung zu deuten schienen, beobachtete er die dortigen Kämpfe zwar mit Interesse, fühlte sich aber für eine Rückkehr längst zu "fest gewurzelt in dem Leben der neuen Welt".[23] Nachdem dann gar seit 1849 die deutschen Fürsten wieder die Oberhand gewannen, empfand Münch für seine alte Heimat über längere Zeit nur noch tiefste Verbitterung. Neuerliche deutsche Staatsgründungspläne innerhalb der USA verspottete er mit grimmigem Sarkasmus: "Doch gelänge auch die Sache bis dahin, da der Staat als ein deutscher construirt wäre, so würde die rechte Noth erst angehen. Es versteht sich von selbst, daß der ‚radikale' Theil der Bevölkerung das Gemeinwesen nach radikalen Grundsätzen zu gestalten verlangen würde. Aber würde auch nur ein Dutzend Radikaler sich finden, welche über das, was werden und nicht werden soll, einverstanden wären? Und während diese noch im Hader lägen, würde die große Mehrzahl der Nicht-Radikalen, von ihren Priestern geleitet, durch ihre überwiegenden Stimmen die Radikalen sämmtlich über Bord werfen und einen ‚Musterstaat' des Pfaffenthums und der Dummheit einrichten, in welchem es kein vernünftiger Mensch aushalten könnte."[24] Er, Friedrich Münch, wäre der letzte, der "seinen jetzigen Aufenthalt zwischen Amerikanern, die zwar auch befangen sind, aber wenigstens politischen Takt haben, mit dem in einem solchen Staate zu vertauschen Lust hätte".[25]

Erst in späteren Lebensjahren ging diese Haltung wieder in eine mildere Stimmung über. 1864 meinte er: "Einen rein deutschen Staat hier zu gründen, wird wohl niemals ausführbar sein, und es ist die Frage, ob es wünschenswerth wäre. Aber mächtiger mit jedem Tage dringt das deutsche Element in alle Lebensverhältnisse ein, erringt für sich Gleichberechtigung und Achtung, läutert sich hoffentlich an den ihm gegenüber stehenden Volks-Elementen und theilt diesen mit, was es selbst Vorzügliches von Natur oder durch Ausbildung hat."[26] Die Deutschen sollten der amerikanischen Nation sich einfügen "als einer ihrer wichtigsten Bestandtheile, ohne darum jemals ihres Ursprunges zu vergessen, oder ihrem Volke und dessen geistigem Fortschritte sich zu entfremden".[27]

Dieser Hoffnung ist Münch letztlich bis an sein Lebensende treu geblieben. Dass auch sie auf Dauer nicht enttäuscht worden ist, beweisen unter anderem bis heute die vielfältigen Forschungen und Aktivitäten auf dem Gebiet der deutsch-amerikanischen Geschichte beiderseits des Atlantiks. Schon seit vielen Jahrzehnten führen die weit verbreiteten Familien Münch und Follenius in den USA regelmäßig große "family reunions" durch.[28] Aber auch bei anderen Nachfahren der Emigranten von 1833/34 hat sich gerade in den letzten Jahren wieder steigendes Interesse an ihrer Herkunft und ihren Ursprüngen geregt.[29] In Deutschland wiederum vermögen der abenteuerliche, utopische Charakter des Gießener Unternehmens, ebenso wie der kompromisslose Einsatz seiner Initiatoren für Freiheit und Gleichheit viele Menschen bis heute zu faszinieren – das gegenwärtige Ausstellungsprojekt ist ein Ergebnis dieser Begeisterung. Zu wünschen wäre es, dass all diese Aktivitäten eine baldige Fortsetzung und weitere Intensivierung erfahren mögen. Die Geschichte der "Gießener Auswanderergesellschaft" ist die Geschichte eines Kontakts zwischen zwei Kulturen, der im Zeichen von Konkurrenz, Misstrauen und Abschottung begann, um im Geiste gegenseitiger Anerkennung und Freundschaft zu enden. Es ist eine Geschichte, die prädestiniert ist, Brücken zu bauen und den transatlantischen Dialog zwischen Deutschen und Amerikanern zu fördern – jenes unvergängliche Ziel, das Präsident Barack Obama in seiner Berliner Rede am 24. Juli 2008 mit den Worten umschrieb: "Listen to each other, learn from each other and, most of all, trust each other".[30]

meads and leys. However, later on he often smiled fondly at his original plan of founding a new Germania here, which he himself called foolish in retrospect."[22] Friedrich Muench also settled into the American life better and better. When the revolution broke out in Germany in 1848, and all signs seemed to point to a liberal development in his homeland, he certainly observed the events with interest but felt too "deeply-rooted in the new world"[23] to return. When the German princes then gained the upper hand again in 1849, for a long time Muench felt only the deepest bitterness for his old home. He ridiculed with vicious sarcasm the renewed plans of the German oppositionals for the founding of a state in the USA: "Yet, should the matter succeed until there were construed a German state, then the real trouble would come about. It is self-evident that the "radical" portion of the population would demand the community to be formed according to radical policies. Yet were there only a dozen radicals to find each other, who did agree about what should and should not be? And while they bickered with each other, the large majority of non-radicals, led by their priests, would throw every last radical overboard by virtue of their disproportionate voices and erect a "model state" of clergy and stupidity, in which no rational person could bear it.[24] He, Friedrich Muench, would be the last who "would swap his current residence amongst the Americans, who are indeed prejudiced but at least have political tact, with a residence in such a state."[25]

Only in his later years did this stance transition to a more mild sentiment. In 1864 he reckoned that "to found a purely German state here will probably never be feasible and the question is only if it is even desirable. But with every passing day the German element powerfully penetrates all living conditions,

gaining equality and esteem, hopefully refining itself against the other national elements which stand opposite to it, and communicating its own merits, bestowed from nature or education."[26] The Germans should integrate themselves into the American nation "as one of its most integral parts, without ever forgetting its origin or alienating itself from its people and their intellectual progress."[27]

Muench remained true to this hope right up to the end of his life. That also this has not been belied in the long run is proved by the comprehensive scientific research and cultural activities in the field of German-American history which have taken place on both sides of the Atlantic up to the present. The widespread Muench and Follenius families have been regularly holding reunions for many decades in the USA.[28] Also other descendants of the emigrants of 1833-34 have shown increasing interest in their background and origins in recent years.[29] In turn, many people in Germany have been fascinated by the adventurous, utopian character of the Giessen enterprise as well as the uncompromising commitment of its initiators to freedom and equality – the present exhibition is a result of that enthusiasm. It would be hoped that all these activities experience a continued longevity and intensification. The story of the "Giessen Emigration Society" is the story of contact between two cultures, characterized by competition, mistrust, and seclusion at the beginning, and ending in the spirit of mutual recognition and friendship. It is a story predestined to build bridges and to foster the transatlantic dialogue between Germans and Americans – that everlasting goal paraphrased by President Barack Obama in his Berlin speech on July 24 2008 with the words: "Listen to each other, learn from each other and, most of all, trust each other."[30]

Translated by Andrew Cook

1 - Cf. for example Gustav Körner, Das deutsche Element in den Vereinigten Staaten von Nordamerika 1818-1848, A. E. Wilde & Co., Cincinnati 1880, 300-307, and Heinrich Rattermann "Friedrich Münch" in Der Deutsche Pionier 14 (1882/83), 283-292, 395-400, 434-437, 455-464

2 - Cf. Ewald Schnitzer, Der National-gedanke und die deutsche Auswanderung nach den Vereinigten Staaten von Amerika in der ersten Hälfte des 19. Jahrhunderts, Hirzel, Leipzig 1935, 88

3 - Rudolf Cronau, Drei Jahrhunderte deutschen Lebens in Amerika. Eine Geschichte der Deutschen in den Vereinigten Staaten, Dietrich Reimer, Berlin 1909, 296f.

4 - Schnitzer, Der Nationalgedanke, 88

5 - Irmgard Erhorn, Die deutsche Einwanderung der Dreißiger und Achtundvierziger in die Vereinigten Staaten und ihre Stellung zur nordamerikanischen Politik, Hans Christian, Hamburg 1937, 18

6 - Albert B. Faust, The German Element in the United States with Special Reference to Its Political, Moral, Social and Educational Influence, Houghton Mifflin Company, Boston and New York 1909, 446

7 - Karl Gundlach, "Die Deutschen in Missouri" in Das Buch der Deutschen in Amerika, Max Heinrici (ed.), Walther's Buchdruckerei, Philadelphia 1909, 219ff., here 219

8 - Paul Follenius/Friedrich Muench, Aufforderung und Erklärung in Betreff einer Auswanderung im Grosen (sic!) aus Teutschland in die nordamerikanischen Freistaaten, J. Ricker, Giessen 1833, 9

9 - Friedrich Muench, "Die Gießener Auswanderungsgesellschaft" in Der deutsche Auswanderer, Centralblatt der deutschen Auswanderung und Kolonisierung, 1847, Nr. 35, col. 545-550, and Nr. 36, col. 561-565, here col. 565

10 - Cf. for example, ibid., col. 561

11 - Cf. Follenius/Muench Aufforderung und Erklärung, 10

12 - Muench, Die Gießener Auswanderungsgesellschaft, col. 564

13 - Heinrich Rattermann "Ein Besuch bei Friedrich Muench (Far West)", in Der Deutsche Pionier 7 (1875/76), 53-59, here 58f.

14 - Cf. Regensburger Zeitung Nr. 129 (May 31 1834), no page reference

15 - Cf. Bertha Behrens, "Amerikanisches Ansiedlerleben", In Unterhaltungen am häuslichen Herd 1 (1861), 162-168, 181-189, 201-208, 227-232, 245-250 and 269-272, here 231

16 - Cf. Maria Follenius an ihren Schwager August Follen, Warren County, MO, October 20 1847, (Zentralbibliothek Zürich, Ms. Z II 420 a.3,3)

17 - "Mittheilung des polnischen Kapitäns Neufeld aus St. Louis im Staate Missouri", printed in Beilage zur Frankfurter Ober-Postamts-Zeitung, Nr. 210 (July 31 1835), no page reference

18 - Cf. Follenius/Muench Aufforderung und Erklärung, 4

19 - Walter D. Kamphoefner, Westfalen in der Neuen Welt. Eine Sozialgeschichte der Auswanderung im 19. Jahrhundert, V&R unipress, Göttingen 2006, 110f.

20 - Cf. [Anonymous], "Friedrich Muench" in Illustrirte Zeitung, Nr. 1191 (April 28 1866), 279f., here 279

21 - Behrens, Amerikanisches Ansiedlerleben, 231f.

22 - Ibid., 232

23 - Friedrich Muench, "Die drei Perioden der neueren deutschen Auswanderung nach Nordamerika" in Der Deutsche Pionier 1 (1869/70), 243-250, here 245f.

24 - Cf. an essay by "Far West" (that is, Friedrich Muench) for Karl Heinzen's "Pionier", 1855, printed in [Anonymous] "Deutsche Staaten in Amerika", in Atlantische Studien 7 (1855) 172-177, here 173

25 - Ibid., 174

26 - Friedrich Muench, "Zur Geschichte der deutschen Einwanderung" in Deutsch-Amerikanische Monatshefte für Politik, Wissenschaft und Literatur 1 (1864), 481-495, here 494f.

27 - Ibid., 495

28 - Cf. Alice H. Finckh (ed.), Three Latin Farmers. Paul Follenius, Frederick Muench, George Muench. For the Reunion of Muench and Follenius Descendants, Augusta, Mo., October 6, 1984, 3. There also exists a "Muench Family Association" (www.muenchfamilyassociation.com)

29 - Cf. for example Paul C. Nagel, The German Migration to Missouri. My Family's Story, Kansas City Star Books, Kansas City, Mo 2002

30 - Barack Obama, "A World That Stands as One" in Change We Can Believe In. Barack Obama's Plan to Renew America's Promise, idem. (ed.) Crown Publ., New York 2008, 271-281, here 276

//

1 - Vgl. als früheste „historiographische" Darstellungen etwa Gustav Körner: Das deutsche Element in den Vereinigten Staaten von Nordamerika 1818-1848. A. E. Wilde & Co., Cincinnati 1880, S. 300-307, und Heinrich Rattermann: Friedrich Münch. In: Der Deutsche Pionier 14 (1882/83), S. 283-292, 395-400, 434-437 u. 455-464.

2 - So Ewald Schnitzer: Der Nationalgedanke und die deutsche Auswanderung nach den Vereinigten Staaten von Amerika in der ersten Hälfte des 19. Jahrhunderts. Hirzel, Leipzig 1935, S. 88.

3 - Rudolf Cronau: Drei Jahrhunderte deutschen Lebens in Amerika. Eine Geschichte der Deutschen in den Vereinigten Staaten. Dietrich Reimer, Berlin 1909, S. 296f.

4 - Schnitzer: Der Nationalgedanke, S. 88.

5 - Irmgard Erhorn: Die deutsche Einwanderung der Dreißiger und Achtundvierziger in die Vereinigten Staaten und ihre Stellung zur nordamerikanischen Politik. Hans Christian, Hamburg 1937, S. 18.

6 - Albert B. Faust: The German Element in the United States with Special Reference to Its Political, Moral, Social and Educational Influence. Houghton Mifflin Company, Boston u. New York 1909, S. 446.

7 - Karl Gundlach: Die Deutschen in Missouri. In: Max Heinrici (Hg.): Das Buch der Deutschen in Amerika. Walther's Buchdruckerei, Philadelphia 1909, S. 219ff., hier S. 219.

8 - Paul Follenius/Friedrich Münch: Aufforderung und Erklärung in Betreff einer Auswanderung im Grosen (sic!) aus Teutschland in die nordamerikanischen Freistaaten. J. Ricker, Gießen 1833, S. 9.

9 - Friedrich Münch: Die Gießener Auswanderungsgesellschaft. In: Der deutsche Auswanderer. Centralblatt der deutschen Auswanderung und Kolonisirung, Jg. 1847, Nr. 35, Sp. 545-550, u. Nr. 36, Sp. 561-565, hier Sp. 565.

10 - Vgl. etwa ebd., Sp. 561

11 - Vgl. zu diesem Ziel Follenius/Münch: Aufforderung und Erklärung, S. 10.

12 - Münch: Die Gießener Auswanderungsgesellschaft, Sp. 564.

13 - Heinrich Rattermann: Ein Besuch bei Friedrich Münch (Far West). In: Der Deutsche Pionier 7 (1875/76), S. 53-59, hier S. 58f.

14 - Abgedruckt etwa in der Regensburger Zeitung Nr. 129 (31.5.1834), o. S.

15 - Vgl. Bertha Behrens: Amerikanisches Ansiedlerleben. In: Unterhaltungen am häuslichen Herd 1 (1861), S. 162-168, 181-189, 201-208, 227-232, 245-250 u. 269-272, hier S. 231.

16 - So etwa Maria Follenius in den schwierigen Jahren nach dem Tod ihres Gatten Paul; vgl. Maria Follenius an ihren Schwager August Follen, Warren County, Mo, 20.10.1847 (Zentralbibliothek Zürich, Ms. Z II 420 a.3,3).

17 - „Mittheilung des polnischen Kapitäns Neufeld aus St. Louis im Staate Missouri", abgedruckt in Beilage zur Frankfurter Ober-Postamts-Zeitung Nr. 210 (31.7.1835), o. S.

18 - Vgl. Follenius/Münch: Aufforderung und Erklärung, S. 4.

19 - Walter D. Kamphoefner: Westfalen in der Neuen Welt. Eine Sozialgeschichte der Auswanderung im 19. Jahrhundert. V&R unipress, Göttingen 2006, S. 110f.

20 - Vgl. [Anonym]: Friedrich Münch. In: Illustrirte Zeitung Nr. 1191 (28.4.1866), S. 279f., hier S. 279.

21 - Behrens: Amerikanisches Ansiedlerleben, S. 231f.

22 - Ebd., S. 232.

23 - Friedrich Münch: Die drei Perioden der neueren deutschen Auswanderung nach Nordamerika. In: Der Deutsche Pionier 1 (1869/70), S. 243-250, hier S. 245f.

24 - Mitteilung von „Far West" (= Friedrich Münch) für Karl Heinzens „Pionier", Jg. 1855, abgedruckt in: [Anonym]: Deutsche Staaten in Amerika. In: Atlantische Studien 7 (1855), S. 172-177, hier S. 173.

25 - Ebd., S. 174.

26 - Friedrich Münch: Zur Geschichte der deutschen Einwanderung. In: Deutsch-Amerikanische Monatshefte für Politik, Wissenschaft und Literatur 1 (1864), S. 481-495, hier S. 494f.

27 - Ebd., S. 495.

28 - Vgl. Alice H. Finckh (Hg.): Three Latin Farmers. Paul Follenius, Frederick Muench, George Muench. For the Reunion of Muench and Follenius Descendants, Augusta, Mo., October 6, 1984, S. 3. Es existiert auch eine eigene „Muench Family Association" (www.muenchfamily-association.com).

29 - Vgl. etwa Paul C. Nagel: The German Migration to Missouri. My Family's Story. Kansas City Star Books, Kansas City, Mo. 2002.

30 - Barack Obama: A World That Stands as One. In: Ders. (Hg.): Change We Can Believe In. Barack Obama's Plan to Renew America's Promise. Crown Publ., New York 2008, S. 271-281, hier S. 276.

Abbildungsverzeichnis //
List of Figures

47 - www.uvaguides.org

48 - Hessisches Staatsarchiv Darmstadt, Bestand D12 Nr. 50, Bl. 69

49 - Josef Kriehuber, www.wikimedia.de

51 - www.de.wikipedia.org

53 - Collection Dorris Keeven-Franke

58 - Missouri History Museum, St. Louis, PS1961-168-0001, Photo: F. Winkelmann

59 - Collection Dorris Keeven-Franke/Reisende Sommer-Republik

62 - Photo: P. Roloff

64 - www.gasthof-zickler.de

65 - Stadtarchiv Gießen, L 1212

68, 69 - Von Schlieben, Atlas von Amerika, Leipzig 1830

70 - S094481putadtarchiv Friedberg (Hessen), Sondersammlung Wetterau DF 202 476, Auswandererbriefe der Familie Klingelhöffer-Rinck 1833-1869

73 -Stadtarchiv Gießen

86 - Missouri History Museum, St. Louis, Muench Family Papers, A1107_35

87 - Hessisches Staatsarchiv Darmstadt, Bestand G26A, Nr. 572/12

89 –L. Weidig: Stadtarchiv Butzbach, Photo: F. Winkelmann

89 –G. Büchner (zugeschrieben/contributed): Universitätsarchiv Gießen, Depositum Michel

90, 91 - Missouri History Museum, St. Louis, PS1961-168-0001, PS1961-168-0002, Photos: F. Winkelmann]

92 - Universitätsbibliothek Rostock, Qi-4353-3

97 - Missouri History Museum, St. Louis, Muench Family Papers, A1107_20

103 - Staatsbibliothek Berlin, Kart Y 12734

108 - Thüringisches Staatsarchiv Altenburg, Privatarchiv, Nr. 3433, Bl. 34

112 - Staatsarchiv Bremen, 2-R.11.p.4 Bd. 83

116 - Staatsarchiv Bremen, 10, B AL-1697 Nr. 27

117 - Staats- und Universitätsbibliothek Bremen, Handschr.-LS Kt. I-21

118 - Harriersand 1789: Staatsarchiv Oldenburg, Best. 298 C VII Nr. 9

118, 122 – Cornelius Schubert: Western Historical Manuscript Collection, Columbia MO, Schubert Family Papers, C 3005, f.5

125- Missouri History Museum, St. Louis, Muench Family Papers, A1107_42

127 - Thüringisches Staatsarchiv Altenburg, Handschriften der GAGO, Nr. 351 Bd. 1, S. 16a

131 - Missouri History Museum, St. Louis, Muench Family Papers, A1107_8, A1107_26

133 - Sammlung Dr. Pawlik, Bremen

134, 135 - Staatsarchiv Bremen, 2-R.11.p.4 Bd. 83

136 - Stiftung Hanseatisches Wirtschaftsarchiv, Safebestand der Commerzbibliothek, Allgemeine Auswanderer-Zeitung H 94/15 4°, 1847

139 - Painted & engraved by W.J. Bennett, Library of Congress, 00193u

142 - Missouri History Museum, St. Louis, n20432

144, 145 - Photo: P. Roloff

149 - Geheimes Staatsarchiv Preußischer Kulturbesitz, Berlin, I. HA Rep. 105 Nr. 24

150 - Friedrich Münch, Der Staat Missouri, 3. Auflage, Bremen 1875

154 - Missouri History Museum, St. Louis, n37195

156, 157 - Private collection Marilyn H. Merritt , Missouri

158 - Missouri History Museum, St. Louis

160 - Muench Family Association

161 - Hessisches Staatsarchiv Darmstadt, Bestand O6 Nr. 265

174 - Photo: P. Roloff

178 - Drawing by Dorris Keeven-Franke

179 - Drawing by Chester Harding, www.liveinternet.ru

181 - Collection Dorris Keeven-Franke

184 - University of Illinois at Urbana-Champaign, University Library

186 - Photo: P. Roloff

188 – Library of Congress, 094474pu, 094477pu, 094478pu, 094480pu, 094481pu

190 - Collection Dorris Keeven-Franke

191 - Heimat im Bild, Gießen, 19.07.1964

194 - Erinnerung an den Ehrwürdigen Hermann Garlichs, New York 1865

194 – Photo: P. Roloff

197 - Collection Dorris Keeven-Franke

200 - The State Historical Society of Missouri, Columbia, reel number 13957

202 - Slave census, Warren County MO, www.familysearch.org

204 - Private collection Marilyn H. Merritt

205 - Muench Family Association, Photo: F. Winkelmann

207 - Die Gartenlaube, Leipzig, Heft 1, 1894, 12; de.wikisource.org

208 - www.wikimedia.org

211 - www.wikimedia.org

212, 213 - Friedrich Münch, Der Staat Missouri, 3. Auflage, Bremen 1875

214 - Library of Congress, 3c32553u

215 - Library of Congress, 07598u

215 - F. I. Herriott, The Conference in the Deutsches Haus, in: Transactions of the Illinois State Historical Society, Springfield 1928

216 - Collection Dorris Keeven-Franke

217 - Missouri History Museum, St. Louis, n12876

222 - Missouri History Museum, St. Louis, Muench Family Papers, A1107_40

224 - Die Schlacht bei Springfield in Nord-Amerika, Neuruppin 1861 [?], Library of Congress, 33124u

226 - Collection Dorris Keeven-Franke

227 - Collection Dorris Keeven-Franke

228 - Missouri History Museum, St. Louis, Muench Family Papers, A1107_43

229 - Collection Dorris Keeven-Franke

231 - www.geschwisterbuechner.de

[Friedrich Münch, 72 Jahre] Collection Ralph Gregory

232,233 - Muench Family Association, Photo: F. Winkelmann

235 - Missouri History Museum, St. Louis, Busch-Kir-cher-Meyer Alphabetical file, A2276_13
237 - Collection Dorris Keeven-Franke
238 - Library of Congress, 097854pu
241 - Muench Family Association, Photo: F. Winkelmann
261 - Gerd A. Petermann, Der Antipfaff. The Communia and Sociality Colonies, in: Journal of the National Historic Communal Societies Association, 10/1990
264, 265 - Labor & Industry Museum Belleville, Illinois
267- Library of Congress, 01085u
268 - Courtesy of Washington Historical Society, Missouri
270 - Courtesy of Washington Historical Society, Missouri
274 - Missouri History Museum, St. Louis, n42573
277 - A. Ruger, Library of Congress, pm004510
286 - Library of Congress, 097898pu
288 - Library of Congress, 097896pu
290 - Ferdinand Kürnberger, Der Amerikamüde, Weimar 1973
294 - Exterior, Library of Congress, 4a25609a
295 - Great Hall, Library of Congress, 4a25608a
296 - Missouri History Museum, St. Louis, n11676
299 - www.commons.wikimedia.org
300 - Carl Schurz, Reminiscences, Volume Three, McClure Publishing Co., 1907, facing p. 64
302 - Library of Congress, 3g05584u
305 - Universitätsarchiv Gießen, HS 1217a
308 - Stadtarchiv Gießen
310 - www.wikipedia.de
311 - Technische Universität Darmstadt, Die Achenbach-Bilderhandschrift 1813/14
316 - National Archives and Records Administration
318, 319 - Lutz Münzer, Stadtarchiv Gießen
325 - Image G-00817 courtesy of Royal BC Museum, BC Archives, Canada
326 - www.royaltyguide.nl
338 - Oberhessisches Museum Gießen

Biografien //
Biographies

Ludwig Brake

Archivist and historian. Studied History at the Justus-Liebig-Universität in Giessen, dissertation on the early period of the railway construction in Hesse, trained as a scientific archivist at the Archives School in Marburg. Head of the City Archives in Giessen since 1991. Involved with the Summer Republic since 2006.

Andrew Cook

Translator. Grew up in Canada. In 2004 he graduated from Carleton University's College of the Humanities, a 4-year interdisciplinary intensive study program focusing on history, philosophy, and language. Since then he has worked as an English teacher and translator in a variety of fields and projects. He currently resides in Berlin. He feels a kind of kinship with these people who left for the other side of the world in search of their own Utopia.

Timea Gremsperger

Translator. Born in Budapest and grew up in Germany. She has lived since 2009 in Berlin and works as a state-certified freelance translator. She translates from English, French, and Hungarian, mainly in the area of website-localization as well as culture, education, and film subtitles.

Walter D. Kamphoefner

Historian. Descendant of five generations of Missouri Germans on all sides of his family, grew up on a farm only 20 miles from the Goebel farmstead. He earned his Ph.D. in History at the University of Missouri-Columbia in 1978 and is now Professor of History at Texas A & M University. He has worked extensively with immigrant letters and spent three years of guest professorships at the German universities of Bremen, Bochum and Osnabrueck.

Ludwig Brake

Archivar und Historiker. Studierte Geschichtswissenschaften an der Justus-Liebig-Universität Gießen, Dissertation über die Frühzeit des Eisenbahnbaus in Hessen, Ausbildung zum wissenschaftlichen Archivar an der Archivschule in Marburg. Seit 1991 Leiter des Stadtarchivs in Gießen. Ab 2006 mit der Sommer-Republik verbunden.

Andrew Cook

Übersetzer. Aufgewachsen in Kanada. 2004 Abschluss des interdisziplinären Studiums der Humanwissenschaften an der Carleton Universität. Wirkt seitdem als Englischlehrer und Übersetzer in vielen Bereichen und Projekten, wohnt und arbeitet z.Zt. in Berlin. Er fühlt sich stark verbunden mit dieser Geschichte von Menschen, die Ihr Glück und ihre Zukunft auf der anderen Seite der Welt suchen.

Timea Gremsperger

Übersetzerin. Sie wurde in Budapest geboren und wuchs in Deutschland auf. Seit 2009 lebt sie in Berlin und ist tätig als freiberufliche Staatlich geprüfte Übersetzerin. Sie übersetzt aus dem Englischen, Französischen und Ungarischen, hauptsächlich im Bereich Webseiten-Lokalisierung sowie Kultur, Bildung und Film (Untertitelung).

Walter D. Kamphoefner

Historiker. In fünfter Generation Nachfahre verschiedenster deutscher Einwanderer in Missouri. Wuchs auf einer Farm auf, die nur 30 km von Göbels Hof entfernt lag. Er promovierte 1978 in Geschichte an der Universität von Columbia, Missouri und lehrt heute Geschichte an der A & M Universität von Texas. Über lange Zeit forschte er über Einwandererbriefe und lehrte insgesamt drei Jahre als Gastprofessor in Bremen, Bochum und Osnabrück.

Dorris Keeven-Franke

Historian, archivist, journalist, book author, and professional genealogist. Lives in Saint Charles, Missouri and is the archivist for the Saint Charles County Historical Society. Writes for magazines and television, as well as a blog on the historical German emigration from Germany to Missouri. Currently concluding work on a biography of Gottfried Duden. Keeven-Franke directs the activities of the Traveling Summer Republic in Missouri since 2009.

Peter Roloff

Filmmaker. Studied Social and Economic Communication at the University of the Arts (Universität der Künste) Berlin, was research assistant for Theory and Practice of Audiovisual Communication from 1990-95. A film producer, author, and director, he has been running maxim film in Berlin and Bremen since 1995. In 2004, together with Oliver Behnecke, developed the Traveling Summer Republic.

Rolf Schmidt

Author. School theater maker in Bremen since 1969. He provides scene work for youth theater in the framework of the Traveling Summer Republic, amongst others "Waiting for Medora" at the Island Congress of 2005 ("Warten auf Medora", Inselkongress 2005). Author of "The Departure – from the Weser to Missouri" (Der Auszug – Von der Weser zum Missouri) from 2013, "Waiting for the Tide – a Historical Harriersand Novel" (Warten auf die Flut – ein historischer Harriersand-Roman) from 2008, and with Peter Roloff Publisher of the non-fiction book "Harriersand – Island in the Stream" (Harriersand – Insel im Strom) from 2006.

Ulla Schmidt

Designer. Obtained the Industrial Design Diploma from the Muthesius-Hochschule in Kiel in 1995. Trade fair, exhibition, product design and book design. Lives in Berlin. Has been developing and maintaining the visual element of the Traveling Summer Republic.

Dorris Keeven-Franke

Historikerin, Journalistin, Buchautorin, Genealogin und Archivarin. Sie schreibt für Zeitschriften, Zeitungen und Fernsehen über die historische Auswanderungsbewegung Deutschland/Missouri. Seit 2011 Archivarin der St. Charles County Historical Museum and Archives, lebt in St. Charles, Missouri. Keeven-Franke leitet seit 2009 die Aktivitäten der Sommer-Republik in Missouri.

Peter Roloff,

Filmemacher. Studium der Gesellschafts- und Wirtschaftkommunikation an der Universität der Künste Berlin, 1990-95 dort wissenschaftlicher Mitarbeiter für Praxis und Theorie der audiovisuellen Kommunikation. Filmproduzent, Autor und Regisseur, leitet seit 1995 in Berlin und Bremen maxim film. Entwickelte mit Oliver Behnecke ab 2004 die Reisende Sommer-Republik.

Rolf Schmidt

Autor. Seit 1969 Schultheatermacher in Bremen. Im Rahmen der Reisenden Sommer-Republik realisierte er szenische Arbeiten für Jugendtheater, u.a. „Warten auf Medora" (Inselkongress 2005). Autor von „Der Auszug – Von der Weser zum Missouri" (2013) und „Warten auf die Flut – ein historischer Harriersand-Roman" (2008), mit Peter Roloff Herausgeber des Sachbuchs „Harriersand – Insel im Strom" (2006).

Ulla Schmidt

Gestalterin. Erwarb 1995 das Industriedesign-Diplom an der Muthesius-Hochschule in Kiel. Messe- und Ausstellungsdesign, Produktdesign und Buchgestaltungen. Lebt in Berlin. Entwickelt und betreut seit 2004 das visuelle Erscheinungsbild der Reisenden Sommer-Republik.

Kilian Spiethoff

Historiker. Studium der Neueren und Neuesten Geschichte, der Historischen Grundwissenschaften und Historischen Medienkunde, sowie der Kommunikationswissenschaft an der Ludwig-Maximilians-Universität München. 2013 Abschluss Magister Artium (M. A.) mit einer Arbeit über die frühe politische Entwicklung der Brüder Karl und August Follen. Lebt in Bad Reichenhall.

Steffen Wiegmann

Historiker. Studierte Geschichte und Politikwissenschaft an der Westfälischen Wilhelms-Universität Münster und der Universität Hamburg. Promovierte an der Universität Oldenburg mit der Arbeit „Transnationale Perspektiven im 19. Jahrhundert – Studien zum Identitätsbewusstsein politisch motivierter deutscher Auswanderer in die USA" (erscheint 2013). Tätig in Museen, u.a. als wissenschaftlicher Mitarbeiter beim Deutschen Auswandererhaus Bremerhaven.

Folker Winkelmann

Fotograf. Mitglied der Fotografengruppe Nordaufnahme. Ausstellungsbeteiligungen „örtlich nördlich" 2009/10 (Landesmuseum Emden, Landesmuseum Oldenburg, Nordwolle Delmenhorst, Worpsweder Kunsthalle Netzel). Einzelausstellungen „A Trip to a Forgotten Utopia" u.a. in Hamburg (aplanat Galerie für Fotografie), Bremen (Altes Fundamt, Atelierhaus „Roter Hahn") und Washington, Missouri, USA in der Missouri Photojournalism Hall of Fame im Rahmen der "Utopia Revisited" Forschungsreise 2011.

Kilian Spiethoff

Historian. Studied Modern and Contemporary History, Historical Sciences, and Historical Media Studies, as well as communication studies at Ludwig-Maximilians-Universität in Munich. Obtained the Master of Arts (M. A.) in 2013 with a thesis about the early political development of brothers Karl and August Follen. Lives in Bad Reichenhall, Bavaria.

Steffen Wiegmann

Historian. Studied History and Political Science at the University of Münster and the University of Hamburg. Dissertation on „Transnational Perspectives in the 19th Century – Studies on the identity consciousness of politically motivated German emigrants to the United States" (to be published in 2013) at the University of Oldenburg. He has worked in various museums, among others as a research associate at the German Emigration Center Bremerhaven.

Folker Winkelmann

Photographer. Member of the North Photographers Group (Nordaufnahme). Exhibition participation „local north" 2009/10 (Landesmuseum Emden, State Museum Oldenburg, Museum Nordwolle Delmenhorst, Kunsthalle Netzel Worpswede). Single exhibitions "A Trip to a Forgotten Utopia" in Hamburg (aplanat Galerie für Fotografie), Bremen (Altes Fundamt, Atelierhaus „Roter Hahn"), and Washington MO in the Missouri Photojournalism Hall of Fame (research trip "Utopia Revisited" in 2011).

Wittmar, E.
- Olbers
10,f,none

Wittmar, M.
- Olbers
11,m,farmer

Zimmermann, Frederick
- Medora
22,m,joiner
Altenburg